www.nanumant.com

한국세무사회 주관 국가공인 전산세무회계자격시험

NCS 국가직무능력표준
National Competency Standards

수험용
프로그램
다운로드

한국세무사회 자격시험 홈페이지
https://license.kacpta.or.kr
기초데이터는 LG U+ 웹하드에서 제공
www.webhard.co.kr [ID: ant6545 / PW: 1234]

2025
개정판

강쌤의

전산회계 1급
기출문제집

강원훈 편저

Contents

I. 회계원리

chapter 1. 회계의 첫걸음 ··· 8
    1. 회계의 개념 ··· 8
    2. 거래의 종류 및 계정과목 ··· 25
    3. 회계 흐름 ··· 28

chapter 2. 계정과목별 이론 정리 ·· 32
    1. 현금 및 현금성자산 ·· 32
    2. 재고자산 ·· 35
    3. 매출채권과 기타채권 ·· 41
    4. 대손회계 ·· 44
    5. 지분증권 ·· 47
    6. 채무증권 ·· 49
    7. 유형자산 ·· 53
    8. 무형자산 및 기타비유동자산 ··· 58
    9. 유동부채 / 비유동부채 ·· 59
    10. 주식회사자본 ··· 61
    11. 수익과 비용 ··· 66

chapter 3. 단원별 이론 기출문제 ·· 71
    1. 회계개념과 순환과정 기출문제 ·· 71
    2. 현금 및 현금성자산 기출문제 ·· 74
    3. 재고자산 기출문제 ··· 77
    4. 매출채권과 기타채권, 대손회계 기출문제 ··· 80
    5. 투자자산 - 유가증권 기출문제 ·· 83
    6. 유형자산 기출문제 ··· 86
    7. 무형자산 기출문제 ··· 89
    8. 부채 기출문제 ··· 92
    9. 자본 기출문제 ··· 95
    10. 수익과 비용 기출문제 ·· 98

II. 원가회계

chapter 1. 원가회계 이론 ·· 102
1. 원가 흐름 ·· 102
2. 요소별 원가계산(1) ·· 103
3. 요소별 원가계산(2) ·· 105
4. 제조간접비 배부 및 예정배부 ·· 107
5. 부문별 원가계산 ·· 109
6. 제품별 원가계산 ·· 112

chapter 2. 원가회계 이론 기출문제 ·· 117
1. 원가의 흐름 기출문제 ·· 117
2. 요소별, 부문별, 제조간접비배부 기출문제 ·· 121
3. 개별원가계산 기출문제 ·· 124
4. 종합원가계산 기출문제 ·· 127

III. 부가가치세

chapter 1. 부가가치세 이론 ·· 132
1. 부가가치세 총설 ·· 132
2. 매입세액 불공제 ·· 136
3. 부가가치세 과세대상 - 재화의 공급 ·· 138
4. 부가가치세 과세대상 - 간주공급 중 자가공급 ·· 142
5. 부가가치세 과세대상 - 용역의 공급, 재화의 수입 ································ 147
6. 영세율과 면세 ·· 149
7. 부가가치세 과세표준 및 납부세액 계산 ·· 154
8. 세금계산서 실무 ·· 157

chapter 2. 부가가치세 이론 기출문제 ··· 159

chapter 3. 부가가치세 분개 연습문제 ··· 162

Ⅳ. 이론 및 분개 기출문제 및 해답

chapter 1. 이론 기출문제 및 해답 ··· 172

chapter 2. 분개 기출문제 및 해답 ··· 194

Ⅴ. 실기 기초 흐름

chapter 1. 프로그램 다운로드 ·· 222

chapter 2. 전산회계 1급 실기 기초 흐름 ··································· 223

chapter 3. 기출문제 데이터 설치 ·· 261

VI. 기출문제 및 해답

제106회 전산회계1급 기출문제 …………………………………………… 266
제107회 전산회계1급 기출문제 …………………………………………… 275
제108회 전산회계1급 기출문제 …………………………………………… 285
제109회 전산회계1급 기출문제 …………………………………………… 295
제110회 전산회계1급 기출문제 …………………………………………… 306
제111회 전산회계1급 기출문제 …………………………………………… 316
제112회 전산회계1급 기출문제 …………………………………………… 326
제113회 전산회계1급 기출문제 …………………………………………… 337
제114회 전산회계1급 기출문제 …………………………………………… 349
제115회 전산회계1급 기출문제 …………………………………………… 360
제116회 전산회계1급 기출문제 …………………………………………… 371
제117회 전산회계1급 기출문제 …………………………………………… 383

전산회계1급 기출문제 해답 ………………………………………………… 394

I 회계원리

chapter 1 회계의 첫걸음

chapter 2 계정과목별 이론정리

chapter 3 단원별 이론 기출문제

Chapter 1 회계의 첫걸음

01 회계의 개념

1. **회계란** 정보제공 ⇒ 제공자(회사)→ **전자공시시스템** → 이용자 : 투자자, 경영자, 은행, 세무서, 잠재적 투자자

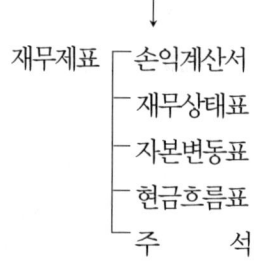

※ 제조원가명세서, 합계잔액시산표 → 재무제표가 아니다.

★ 상장회사와 비상장회사 중 외부감사 대상 회사의 재무제표는 전자공시시스템에서 다운 받아 볼 수 있다.
★ 회계란 회계 이용자가 합리적인 판단이나 의사결정을 할 수 있도록 기업의 경제적 활동을 화폐로 측정, 기록 계산하여 회계 정보이용자들에게 전달하는 과정이다.
★ 외부 이용자들인 투자자, 채권자, 은행, 세무서 등에게 정보를 제공하는 것을 목적으로 하는 "재무회계"와 기업의 내부정보이용자인 경영자에게 관리적 의사결정에 유용한 정보를 제공하는 "관리회계"가 있다.

2. **부기의 종류** : 가계부기, 학교부기, 은행부기, 관청부기, 기업부기
   1) 기록 계산 방법 ① 단식부기(단식 회계) : 일정한 원리원칙이 없다.
                    ② 복식부기(복식 회계) : 일정한 원리원칙이 있다.
   2) 영리목적 ① 영리회계 : 영리단체 ex) 은행부기, 기업부기
              ② 비영리회계 : 비영리단체 ex) 가계부기, 학교부기, 관청부기
   3) 기업(영리추구 단체) ① 개인기업
                        ② 법인 기업(주식 회사)
      → 개인기업과 법인 기업의 회계 처리는 모두 같다. 단, 자본구조만 틀리다.

3. **부기의 주된 목적**
   1) 일정 시점의 기업의 재무 상태(자산, 부채, 자본)를 파악하는 데 있다.
   2) 일정 기간의 기업의 경영 성과(이익, 손실)을 파악하는 데 있다.

4. 재무상태표 - 기업의 일정 시점의 재무 상태를 나타내는 정태적 보고서

ex) 기업 설립 시 예상 자금 200,000,000원 필요

순자산 150,000,000 : 자본
대 출 50,000,000 : 부채
총재산 200,000,000 : 자산

1/1 현재　　　　　　　　　재무상태표　　　　　　　　　　기업이름

자　산	금　　액	부채·자본	금　　액
임차 보증금	50,000,000	차 입 금	50,000,000
시 설 장 치	50,000,000	자 본 금	150,000,000
비　　품	20,000,000		
상　　품	10,000,000		
보 통 예 금	70,000,000		
	200,000,000		200,000,000

　　←　　　　　　　　　　=　　　　　　　　　　→
차변 : 자금의 운용상태　　　　　대변 : 자금의 조달 원천 표시
대차평균의 원리에 의해 차변과 대변의 합계금액은 항상 일치.

① **자산** : 기업이 보유하고 있는 재화(현금, 비품, 상품 등)나 채권(외상매출금, 대여금 등)을 의미
② **부채** : 기업이 미래에 갚아야 할 채무(차입금 등)
③ **자본** : 자산에서 부채를 차감한 순재산

12/31 현재　　　　　　　　재 무 상 태 표　　　　　　　　기업이름

자　산	금　　액	부채·자본	금　　액
임차 보증금	50,000,000	차 입 금	30,000,000
시 설 장 치	50,000,000	미 지 급 금	20,000,000
비　　품	30,000,000	외상매입금	5,000,000
차량 운반구	30,000,000	자 본 금	235,000,000
상　　품	20,000,000	(당기순이익)	(85,000,000)
보 통 예 금	100,000,000		
현　　금	10,000,000		
	290,000,000		290,000,000

1) 자본 공식 : 자산 - 부채 = 자본
2) 재무상태표 등식 :　자산 = 부채 + 자본
3) 재산법 공식 : 기말자본 - 기초자본 = 당기순이익
　　　　　　　　기초자본 - 기말자본 = 당기순손실

5. 손익계산서 – 기업의 일정 기간 동안의 경영 성과를 나타내는 동태적 보고서

ex) 당기순이익

<u>손 익 계 산 서</u>
1/1 ~ 12/31

비 용	금 액	수 익	금 액
급 여	100,000,000	매 출	300,000,000
지급 임차료	50,000,000		
광고 선전비	30,000,000		
복리 후생비	10,000,000		
소 모 품 비	10,000,000		
이 자 비 용	15,000,000		
당기 순이익	85,000,000		
	300,000,000		300,000,000

ex) 당기순손실

<u>손 익 계 산 서</u>
1/1 ~ 12/31

비 용	금 액	수 익	금 액
급 여	200,000,000	매 출	300,000,000
지급 임차료	50,000,000	당기순손실	20,000,000
광고 선전비	50,000,000		
복리 후생비	20,000,000		
	320,000,000		320,000,000

1) 손익계산서 등식

　① 총비용 + 당기순이익 = 총수익

　② 총비용 = 총수익 + 당기순손실

2) 손익법 공식

　① 총수익 - 총비용 = 당기순이익

　② 총비용 - 총수익 = 당기순손실

3) 공식문제

서울 상점	기초재무상태			기말재무상태			경영성과		
	자산	부채	자본	자산	부채	자본	총수익	총비용	순손익
	90,000	20,000	(①)	(②)	30,000	90,000	(③)	30,00	(④)

* 해답 : ① 70,000원　② 120,000원　③ 50,000원　④ 20,000원
* 해설 : 기말자본과 기초자본을 비교한 당기순이익과 총수익, 총비용을 비교한 당기순이익은 항상 동일해야 한다.

6. 계정

1) 재무상태표 계정 : ① 자산계정 : 현금, 보통예금, 상품, 비품, 차량운반구, 시설 장치 등
   ② 부채계정 : 차입금, 미지급금, 외상매입금 등
   ③ 자본계정 : 자본금
2) 손익계산서 계정 : ① 수익계정 : 매출 등
   ② 비용계정 : 급여, 임차료, 광고선전비, 복리후생비, 소모품비 등

★ 계정 : 거래가 발생하면 기록 계산하게 되는데, 이때 기록, 계산, 정리하기 위해서 설정한 단위를 계정이라고 하며, 명칭을 계정과목이라고 한다.

7. 분개

1) 거래 발생 → 전표 발행
   요령 : 분개 - 1. 계정과목
   2. 금액
   3. 차변 / 대변 결정

거래의 8 요소	
자산 증가	자산 감소
부채 감소	부채 증가
자본 감소	자본 증가
비용 발생	수익 발생

① 거래가 발생하면 전표를 발행해야 하는데 전표 발행하는 요령을 분개라고 하며, 분개가 가장 기초이지만 가장 중요하다.
② 분개를 하기 위해서는 ①계정 과목, ②금액, ③차변과 대변 결정을 할 수 있어야 한다.
③ 차변/ 대변 결정은 위에 있는 거래의 8요소를 이용해야 하지만 좀 더 쉽게 접근하려면 돈(현금, 보통예금, 당좌예금)이나 물건(상품, 비품, 건물, 차량운반구, 기계장치 등)이 들어오면 차변, 나가면 대변에 기록하고, 반대편에는 들어온 이유, 나간 이유를 적는다.
→ 들어온 것 / 들어온 이유
→ 나간 이유 / 나간 것
→ 비용은 차변에 기록, 수익은 대변에 기록.

예 오늘 버스비 1,000원을 현금으로 낸 것을 분개해 보자... 현금이 나갔으므로 대변에 현금을 적고, 반대편인 차변에는 현금이 나간 이유인 교통비를 적는다.
여비교통비 1,000 / 현금 1,000

예 오늘 점심 식대 10,000원을 체크카드로 결제한 것을 분개해 보자... 체크카드로 결제하면 보통예금통장에서 돈이 나가므로 대변에 보통예금을 적고, 반대편인 차변에는 돈이 나간 이유인 복리후생비를 적는다.
복리후생비 10,000 / 보통예금 10,000

예 오늘 차량에 100,000원 주유를 하고 신용카드로 결제한 것을 분개해 보자... 신용카드로 결제하면 지금 당장 돈이 나가지 않으므로 현금이나 예금 대신에 대변에 미지급금을 적는다. 그리고 반대편인 차변에는 신용카드를 사용한 이유인 차량유지비를 적는다.
차량유지비 100,000 / 미지급금 100,000

예 한 달 뒤 카드 대금이 보통예금에서 자동으로 이체된 것을 분개해 보자... 보통예금 통장에서 카드 대금이 나갔으므로 대변에 보통예금을 적고, 반대편인 차변엔 카드 대금(미지급금)이 나갔으므로 미지급금을 적는다.
미지급금 100,000 / 보통예금 100,000

대차평균원리에 의해 분개를 하면 차변 합계와 대변 합계는 항상 일치해야 한다.

♠ 거래란? 자산·부채·자본의 증감 변화를 가져오는 것.
♠ 거래가 아닌 것 (분개할 필요가 없는 것) : 계약, 주문, 약속, 담보를 제공, 종업원 채용

2) 분개 연습문제

1. 사무실 임차료 ₩150,000을 임대인에게 현금으로 지급하였다.
   - 현금이라는 돈이 나갔으므로 대변에 현금, 반대편인 차변엔 현금이 나간 이유인 임차료를 적는다.

차 변	대 변

2. 전화료 ₩50,300원과 전력비 ₩67,800을 보통예금 계좌에서 이체 납부하다.
   - 보통예금이 나갔으므로 대변에 보통예금을, 차변엔 보통예금이 나간 이유인 통신비와 전력비를 적는다.

차 변	대 변

3. ㈜석봉에서 상품 ₩2,500,000을 매입하고, ₩1,000,000은 현금 지급하고 나머지는 외상으로 하다.
   - 현금이라는 돈이 나갔으므로 대변에 현금, 상품이라는 물건이 들어왔으므로 상품은 차변, 그리고, 대변에 부족한 금액은 외상매입금을 적는다. 대차평균원리에 의해 항상 차변과 대변 금액은 동일해야 한다.

차 변	대 변

4. 영업에 필요한 컴퓨터(세진컴퓨터랜드)를 ₩1,750,000 외상으로 구입하다.
   - 이 문제에서는 돈이 없으므로 물건을 찾아본다. 영업에 필요한 컴퓨터나 책상 등을 비품이라고 하며, 비품이 들어왔으므로 차변에 비품, 반대편엔 대금을 아직 지급하지 않았으므로 미지급금을 적는다. 상품, 원재료일 때만 외상매입금을 사용하며, 그 외의 것을 외상으로 했을 때는 미지급금을 사용한다.

차 변	대 변

5. 백제도예에 상품 ₩3,000,000을 외상 매출하였다.
   - 이 문제에서는 돈이 없으므로 물건을 찾아본다. 상품을 판매했으므로 상품을 대변에 적되 매출 시에는 반드시 "상품매출"로 적는다. 반대 변인 차변에는 돈을 아직 받지 못했으므로 외상매출금을 적는다. 상품을 매입 시에는 "상품", 상품 매출 시에는 "상품매출"

차 변	대 변

6. 영업용 차량을 ₩7,000,000에 12개월 할부로 구입하다.
   - 이 문제에서는 돈이 없으므로 물건을 찾아본다. 차량을 구입하여 차가 들어왔으므로 차변에 차량운반구, 반대편인 대변에는 돈을 아직 지급하지 못했으므로 미지급금을 적는다. 상품, 원재료가 아니므로 외상매입금이 아니다.

차 변	대 변

7. 보험료 1년분 ₩100,000을 현금으로 지급하다.
   - 현금이라는 돈이 나갔으므로 대변에 현금, 반대편인 차변엔 나간 이유인 보험료를 적는다.

차 변	대 변

8. 예진에 상품 ₩4,500,000을 외상으로 매출하다.
   - 이 문제에서는 돈이 없으므로 물건을 찾아본다. 상품을 판매했으므로 상품을 대변에 적되 매출 시에는 반드시 "상품매출"로 적는다. 반대 변인 차변에는 돈을 아직 받지 못했으므로 외상매출금을 적는다.

차 변	대 변

9. 시외출장비 ₩100,000을 현금으로 지급하다.
   - 현금이라는 돈이 나갔으므로 대변에 현금, 반대편인 차변엔 나간 이유인 가지급금을 적는다. 가지급금이란 돈은 나갔는데, 출장 가서 얼마를 쓸지 정확하지 않을 때 잠시 사용하는 임시계정과목이다. 출장에서 돌아오면 확정된 금액을 여비교통비로 처리하여야 한다.

차 변	대 변

10. 자동차세 등 공과금 ₩170,000을 현금으로 납부하다.
    - 현금이라는 돈이 나갔으므로 대변에 현금, 반대편인 차변엔 나간 이유인 세금과공과를 적는다.

차 변	대 변

11. ㈜석봉에서 상품 ₩2,000,000을 외상매입하다.
    - 상품이라는 물건이 들어왔으므로 상품은 차변, 그리고, 대변에 외상매입금을 적는다.

차 변	대 변

12. 백제도예에 상품 ₩4,000,000을 현금으로 매출하다.
   • 현금이 들어왔으므로 차변에 현금. 반대편엔 상품매출을 적는다.

차 변	대 변

13. 백제도예의 외상매출금 ₩2,000,000을 현금으로 회수하다.
   • 현금이 들어왔으므로 차변에 현금. 반대편엔 들어온 이유가 외상대금 회수이니 외상매출금을 적는다.

차 변	대 변

14. 한빛은행에서 1년 이내 상환목적으로 현금 ₩15,000,000을 차입하였다.
   • 차입의 뜻이 빌려오는 것이다. 현금이 들어왔으므로 차변에 현금. 반대편엔 돈이 들어온 이유가 차입해서이니 차입금을 적는다. 다만, 기간이 1년이내일 때는 "단기차입금", 1년 이상일 때는 "장기차입금"을 사용한다.

차 변	대 변

15. 백제도예에 상품 ₩2,500,000을 약속어음을 받고 매출하다.
   • 약속어음은 지금 돈을 주고받지 않고, 미래의 약속한 날짜(만기일)에 돈을 주고받기로 한 증서이다. 상품이 나갔으므로 대변에 상품매출을 기록하고, 반대편인 차변에는 약속어음을 받아 가지고 있으면 미래의 약속 날짜인 만기일에 돈을 받을 수 있게 되는데 이때 "받을어음"이라고 한다.

차 변	대 변

16. 한빛은행에 차입금에 대한 이자 ₩15,000을 현금으로 지급하다.
   • 현금이 나갔으므로 대변에 현금. 반대편인 차변엔 나간 이유인 이자비용을 적는다.

차 변	대 변

17. ㈜석봉으로부터 상품 ₩2,000,000을 현금으로 매입하다.
   • 현금이 나갔으므로 대변에 현금. 반대편인 차변엔 나간 이유인 상품을 적는다.

차 변	대 변

18. 예진에 상품 ₩3,200,000을 매출하고 ₩1,200,000을 현금으로 나머지는 어음으로 받다.
   - 상품이 나갔으므로 대변에 상품매출을 기록하고, 반대편인 차변에는 현금과 약속어음을 받았으므로 받을어음을 기록한다.

차 변	대 변

19. 한빛은행에 단기차입금 중 일부분인 ₩1,200,000을 현금으로 지급하다.
   - 현금이 나갔으므로 대변에 현금, 반대편인 차변에는 나간 이유인 단기차입금을 기록한다.

차 변	대 변

20. 전화료 ₩65,350을 현금으로 납부하다.
   - 현금이 나갔으므로 대변에 현금, 반대편인 차변에는 나간 이유인 통신비를 기록한다.

차 변	대 변

21. 직원의 식대비 ₩50,000을 현금으로 지급하다.
   - 현금이 나갔으므로 대변에 현금, 반대편인 차변에는 나간 이유인 복리후생비를 기록한다.

차 변	대 변

22. 직원회식비 ₩200,000을 현금으로 지급하다.
   - 현금이 나갔으므로 대변에 현금, 반대편인 차변에는 나간 이유인 복리후생비를 기록한다.

차 변	대 변

23. 직원의 급여 ₩1,500,000 중 소득세 등 ₩126,000을 차감한 후 현금으로 하다.
   - 현금이 나갔으므로 대변에 현금 1,374,000원, 반대편인 차변에는 나간 이유인 급여 1,500,000원을 기록한다. 대변에 소득세만큼 차이 나는데 이는 "예수금"으로 기록한다. 예수금이란 내 돈이 아닌 것을 잠시 보관하고 있을 때 사용한다. 급여줄 때 세금을 징수하고 줬지만 세금은 다시 세무서에 납부해야 하는 돈이다.

차 변	대 변

24. 한빛은행에서 이자 ₩30,000이 보통예금 통장에 입금된 것을 통보받다.
   - 보통예금이 들어왔으므로 차변에 보통예금, 반대편인 대변에는 들어온 이유인 이자수익을 기록한다.

차 변	대 변

25. 토우의 홍보를 위해 전단지를 각 회사별로 보냈는데, 우표값으로 ₩14,630, 전단지 ₩100,000 들었다. 우체국에는 현금으로, 광고 회사에는 외상으로 하다.
   - 우체국에는 현금이 나갔으므로 대변에 현금, 반대편인 차변에는 나간 이유인 통신비를 기록한다.
   - 광고비는 돈이 아직 안 나갔으므로 대변에 미지급금, 반대편인 차변에는 이유인 광고선전비를 기록한다.

차 변	대 변

26. 차량수리비 ₩200,000을 현금으로 지급하다.
   - 현금이 나갔으므로 대변에 현금, 반대편인 차변에는 나간 이유인 차량유지비를 기록한다.

차 변	대 변

27. 장부의 현금이 ₩5,000의 부족한 것을 발견하다. (잡손실로 처리할 것)
   - 현금이 나갔으므로 대변에 현금, 반대편인 차변에는 나간 이유를 모르므로 잡손실을 기록한다.

차 변	대 변

28. 한국통신에 전화요금 ₩200,000원을 현금으로 지급하다.
   - 현금이 나갔으므로 대변에 현금, 반대편인 차변에는 나간 이유인 통신비를 기록한다.

차 변	대 변

29. 거래처 동양상사에 상품 ₩4,500,000을 매출하고 대금은 동점 발행 수표로 받다.
   - 수표로 받으면 은행 가서 현금으로 찾으면 되므로 현금으로 분개한다. 반대편 입장에서는 돈이 은행에서 나가게 되는데 이때 당좌예금이라는 계정과목을 사용한다. 현금이 들어왔으므로 차변에 현금, 대변에는 상품매출을 기록한다.

차 변	대 변

30. 영업용 책상, 의자를 ₩800,000에 구입하고 대금은 현금으로 지급하다.
   - 현금이 나갔으므로 대변에 현금, 반대편인 차변에는 나간 이유인 비품을 기록한다.

차 변	대 변

31. 희망산업으로부터 상품 ₩3,000,000을 매입하고, 대금 중 ₩2,000,000은 수표를 발행하여 지급하고 잔액은 외상으로 하다.
   - 29번 수표로 받을 때는 현금이지만, 반대편 입장에서는 수표를 발행하여 지급하면 돈이 은행에서 나가므로 당좌예금이라는 통장에서 돈이 나간다. 그러므로 당좌예금으로 분개한다. 상품이 들어왔으므로 차변에 상품, 대변엔 당좌예금이 나갔으므로 당좌예금과 외상매입금을 기록한다.

차 변	대 변

32. 화재보험을 가입하고 보험료 ₩500,000을 현금으로 지급하다.
   - 현금이 나갔으므로 대변에 현금, 반대편인 차변에는 나간 이유인 보험료를 기록한다.

차 변	대 변

33. 거래처 승진산업㈜로부터 상품 ₩2,000,000을 매입하고 대금은 외상으로 하다. 단, 인수운임 ₩50,000은 현금으로 지급하다.
   - 외국여행에서 돌아오는 길에 비싼 가방을 900만 원에 구입하고, 입국 시에 세관에 세금을 100만 원 납부하였는데, 친한 언니가 가방을 원가에 달라고 하면, 얼마를 받아야 할까? 900만 원? 아님 1,000만 원? 당연히 1,000만 원을 받아야 한다. 이런 경우처럼, 어떤 물건을 구입할 때 즉, 상품, 차량운반구, 건물, 토지를 구입할 때 운임, 취등록세, 중개 수수료와 같은 비용이 발생하게 된다. 이때 발생하는 돈은 물건값에 포함을 시킨다. 그러므로 상품 금액은 2,050,000이 된다. 상품이 들어왔으므로 차변에 상품, 대변에는 외상매입금, 현금을 기록한다.

차 변	대 변

34. A4용지 등 사무용 소모품 ₩1,200,000을 구입하고 대금은 월말에 지급하기로 하다.
   - 소모품(문구류 등)은 닳아서 없어지는 물건으로 비품(1년 이상 사용하는 물건으로 중고로 판매할 수 있음)과는 구분해야 한다. 소모품이 들어왔으므로 차변에 "소모품비", 대변에는 돈을 아직 지급하지 않았으므로 미지급금을 기록한다.

차 변	대 변

35. 사무직원 인건비 ₩20,000,000 중 원천소득세 ₩350,000, 건강보험료 ₩150,000을 차감하고 현금으로 지급하다.
   - 현금이 나갔으므로 대변에 현금 19,500,000원, 반대편인 차변에는 나간 이유인 급여 20,000,000원을 기록한다. 대변에 소득세, 건강보험료만큼 차이 나는데 이는 "예수금"으로 기록한다.

차 변	대 변

36. 전화요금 ₩125,000을 현금으로 납부하다.
   - 현금이 나갔으므로 대변에 현금, 반대편인 차변에는 나간 이유인 통신비를 기록한다.

차 변	대 변

37. 거래처 광주상사에 상품 ₩3,300,000을 매출하고 대금은 외상으로 하다.
   - 상품이 나갔으므로 대변에 상품매출, 차변에는 외상매출금을 기록한다.

차 변	대 변

38. 영업용 토지 ₩50,000,000을 매입하고 대금은 수표를 발행하여 지급하다. 단, 취득세 및 등록세 ₩550,000은 현금으로 지급하다.
   - 33번에서 설명한 것처럼 토지를 구입할 때 취등록세, 중개 수수료와 같은 비용이 발생하게 된다. 이때 발생하는 돈은 토지 값에 포함을 시킨다. 그러므로 토지는 50,550,000원이 된다. 수표를 발행해서 지급하면 돈이 은행에서 나가므로 당좌예금이다. 차변에 토지, 대변에 당좌예금, 현금을 기록한다.

차 변	대 변

39. 희망산업으로부터 상품 ₩2,500,000을 매입하고 대금은 외상으로 하다.
   · 상품이 들어왔으므로 차변에 상품, 대변에는 외상매입금을 기록한다.

차 변	대 변

40. 종업원 근로소득세 예수금 ₩350,000과 건강보험료 예수금 ₩150,000을 서울은행에 현금으로 납부하다.
   - 현금이 나갔으므로 대변에 현금, 반대편인 차변에는 나간 이유인 예수금을 기록한다.

차 변	대 변

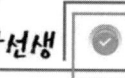

41. 점포건물에 대한 임대료 ₩2,000,000을 동점발행수표로 받아 당좌예금하다.
    - 수표로 받으면 현금이라고 했는데, 이 문제에서는 바로 당좌예금을 했으므로 당좌예금으로 분개한다. 차변에 당좌예금, 대변에는 집세를 받으면 임대료라고 한다. 참고로 지급하면 임차료이다.

차 변	대 변

42. 신문구독료 ₩16,000을 현금으로 지급하다.
    - 현금이 나갔으므로 대변에 현금, 반대편인 차변에는 나간 이유인 도서인쇄비를 기록한다.

차 변	대 변

43. 사무직원 인건비 ₩22,000,000 중 원천소득세 ₩380,000, 건강보험료 ₩165,000을 차감하고 현금으로 지급하다.
    - 현금이 나갔으므로 대변에 현금 21,455,000원, 반대편인 차변에는 나간 이유인 급여 22,000,000원을 기록한다. 대변에 소득세, 건강보험료만큼 차이 나는데 이는 "예수금"으로 기록한다.

차 변	대 변

44. 소지하고 있던 약속어음 ₩5,000,000을 만기일 전에 할인하고 할인료 ₩100,000을 차감한 실수금은 당좌예금하다.
    - 어음을 할인한다는 것은 약속어음은 만기일이 되어야만 돈으로 받을 수 있는 것인데, 만기일 이전에 돈이 필요하여 거래은행에 만기일 이전에 매각(처분) 하는 것을 말한다. 즉, 은행에 정기예금을 했는데, 만기일 이전에 해약을 하면 이자를 손해 보듯이 어음도 만기일 이전에 할인하면 손해 보는 금액이 있는데, 이를 할인료라고 하며, "매출채권처분손실"로 분개한다. 받을어음을 은행에 매각하였으므로 대변에 받을어음을, 차변에는 당좌예금하였으므로 당좌예금, 손해 보는 할인료는 매출채권처분손실로 기록한다.

차 변	대 변

45. 단기매매목적으로 주식 500주 액면@₩5,000에 대하여 @₩4,000에 구입하고 대금은 수표를 발행하여 지급하다.
    - 단기 투자 목적으로 주식을 구입 시에는 "단기매매증권"으로 기록한다. 수표를 발행하여 지급하였으므로 대변에는 당좌예금을 기록한다.

차 변	대 변

46. 종업원 식대 ₩285,000을 현금으로 지급하다.
   - 현금이 나갔으므로 대변에 현금, 반대편인 차변에는 나간 이유인 복리후생비를 기록한다.

차 변	대 변

47. 종업원 근로소득세 예수금 ₩380,000과 의료보험료 예수금 ₩165,000을 서울은행에 현금으로 납부하다.
   - 현금이 나갔으므로 대변에 현금, 반대편인 차변에는 나간 이유인 예수금을 기록한다.

차 변	대 변

48. 직원의 시외 교통비 ₩52,500을 현금으로 지급하다.
   - 현금이 나갔으므로 대변에 현금, 반대편인 차변에는 나간 이유인 여비교통비를 기록한다.

차 변	대 변

49. 사무용 USB ₩500,000을 구입하고 대금은 월 말에 지급하기로 하다.
   - USB는 소모품비로 처리하며, 대변에는 미지급금을 기록한다.

차 변	대 변

50. 동양상사에 상품₩12,000,000을 매출하고 대금은 외상으로 하다.
   - 상품이 나갔으므로 대변에 상품매출, 차변에는 외상매출금을 기록한다.

차 변	대 변

51. 종업원에 대한 급여 ₩22,900,000 중 소득세 ₩386,000과 건강보험료 ₩238,000을 공제한 후 현금으로 지급하다.
   - 현금이 나갔으므로 대변에 현금 22,276,000원, 반대편인 차변에는 나간 이유인 급여 22,900,000원을 기록한다. 대변에 소득세, 건강보험료만큼 차이 나는데 이는 "예수금"으로 기록한다.

차 변	대 변

52. 종업원 김갑숙에게 출장을 명하고 출장여비 ₩250,000을 현금으로 지급하다.
   - 현금이 나갔으므로 대변에 현금, 반대편인 차변에는 나간 이유인 가지급금을 기록한다.

차 변	대 변

53. 영업용 비품 취득원가 ₩1,000,000을 ₩500,000에 매각 처분하고 대금은 현금으로 받다. 단, 감가상각 누계액은 250,000원이다.
   - 감가상각 누계액이라는 것은 차량운반구, 건물, 비품, 기계장치와 같은 자산을 유형자산이라고 하는데, 이런 자산은 사용할수록 가치가 떨어진다. 이때 가치가 떨어진 금액을 "감가상각 누계액"이라고 하며, 항상 비품 반대편에 기록한다.
   100만 원에 취득한 비품이 25만 원 가치가 하락하였으므로 실제 가치는 75만 원인데, 50만 원에 처분하였으므로 25만 원만큼 손실이 된다. 이 손실을 "유형자산처분손실"이라고 하며, 손실은 비용이므로 차변에 기록한다.
   제일 먼저 비품을 처분하여 나갔으므로 대변에 비품, 반대편인 차변에 감가상각 누계액, 유형자산처분손실, 현금을 기록한다.

차 변	대 변

54. 상공회의소 회비 ₩50,000과 조합비 ₩100,000을 현금으로 납부하다.
   - 상공회의소 회비, 조합비, 재산세, 자동차세를 납부 시에는 세금과공과로 처리한다.

차 변	대 변

55. 단기매매목적으로 사채를 ₩9,800,000으로 구입하고 대금은 수표를 발행하여 지급하다.
   - 단기 투자 목적으로 주식이나 사채를 취득 시 "단기매매증권"으로 처리하며, 수표를 발행하여 지급 시에는 당좌예금으로 처리한다.

차 변	대 변

56. 외상 매출한 상품 중 ₩50,000이 불량으로 반품되다.
   - 불량품이 반품되어 오는 것을 "환입"이라고 하며, 이때는 매출 시 분개와 똑같이 하고, "−"를 붙인다.

차 변	대 변

57. 희망산업의 외상매입금 ₩15,000,000을 동점 앞 약속어음을 발행하여 지급하다.
   • 약속어음을 발행 지급 시에는 "지급어음"으로 처리한다. 어음이 나갔으므로 대변에 지급어음을 기록, 차변에는 외상매입금을 기록한다.

차 변	대 변

58. 건물 임대료 ₩250,000을 현금으로 받아 당좌예금하다.
   • 현금으로 받았지만 당좌예금하였으므로 차변에는 당좌예금을 대변에 임대료를 기록한다.

차 변	대 변

59. 거래처 동양상사의 외상매출금 ₩300,000이 당점의 당좌예금에 입금되었으나 기장 누락되어 있음을 발견하다.
   • 기장이 누락되었다는 표현은 분개를 하지 않았다는 표현이므로 그냥 분개를 하면 된다. 당좌예금이 들어왔으므로 차변에 당좌예금을 대변에는 이유인 외상매출금을 기록한다.

차 변	대 변

60. 외상으로 매입한 상품 ₩100,000은 불량품으로 확인되어 반품하다.
   • 불량품을 반품하는 것을 "환출"이라고 하며, 이때는 매입 시 분개와 똑같이 하고, "−"를 붙인다.

차 변	대 변

※ 기초 분개 60문제를 반복해서 3~4번 풀어보시면 회계에서 사용하는 기본적인 계정과목을 습득할 수 있게 됩니다. 반드시 3~4번 풀어보신 후 다음 진도를 진행하시기 바랍니다.

전산회계 1급

NO	차 변	대 변	NO	차 변	대 변
1	지급임차료 150,000	현금 150,000	31	상품 3,000,000	당좌예금 2,000,000 외상매입금 1,000,000
2	통신비 50,300 수도광열비 67,800	보통예금 118,100	32	보험료 500,000	현금 500,000
3	상품 2,500,000	현금 1,000,000 외상매입금 1,500,000	33	상품 2,050,000	외상매입금 2,000,000 현금 50,000
4	비품 1,750,000	미지급금 1,750,000	34	소모품비 1,200,000	미지급금 1,200,000
5	외상매출금 3,000,000	상품매출 3,000,000	35	급여 20,000,000	예수금 500,000 현금 19,500,000
6	차량운반구 7,000,000	미지급금 7,000,000	36	통신비 125,000	현금 125,000
7	보험료 100,000	현금 100,000	37	외상매출금 3,300,000	상품매출 3,300,000
8	외상매출금 4,500,000	상품매출 4,500,000	38	토지 50,550,000	당좌예금 50,000,000 현금 550,000
9	가지급금 100,000	현금 100,000	39	상품 2,500,000	외상매입금 2,500,000
10	세금과공과 170,000	현금 170,000	40	예수금 500,000	현금 500,000
11	상품 2,000,000	외상매입금 2,000,000	41	당좌예금 2,000,000	임대료 2,000,000
12	현금 4,000,000	상품매출 4,000,000	42	도서인쇄비 16,000	현금 16,000
13	현금 2,000,000	외상매출금 2,000,000	43	급여 22,000,000	예수금 545,000 현금 21,455,000
14	현금 15,000,000	단기차입금 15,000,000	44	당좌예금 4,900,000 매출채권처분손실 100,000	받을어음 5,000,000
15	받을어음 2,500,000	상품매출 2,500,000	45	단기매매증권 2,000,000	당좌예금 2,000,000
16	이자비용 15,000	현금 15,000	46	복리후생비 285,000	현금 285,000
17	상품 2,000,000	현금 2,000,000	47	예수금 545,000	현금 545,000
18	현금 1,200,000 받을어음 2,000,000	상품매출 3,200,000	48	여비교통비 52,500	현금 52,500
19	단기차입금 1,200,000	현금 1,200,000	49	소모품비 500,000	미지급금 500,000
20	통신비 65,350	현금 65,350	50	외상매출금 12,000,000	상품매출 12,000,000
21	복리후생비 50,000	현금 50,000	51	급여 22,900,000	예수금 624,000 현금 22,276,000
22	복리후생비 200,000	현금 200,000	52	가지급금 250,000	현금 250,000
23	급여 1,500,000	예수금 126,000 현금 1,374,000	53	감가상각누계액 250,000 현금 500,000 유형자산처분손실 250,000	비품 1,000,000
24	보통예금 30,000	이자수익 30,000	54	세금과공과 150,000	현금 150,000
25	통신비 14,630 광고선전비 100,000	현금 14,630 미지급금 100,000	55	단기매매증권 9,800,000	당좌예금 9,800,000
26	차량유지비 200,000	현금 200,000	56	외상매출금 -50,000	상품매출 -50,000
27	잡손실 5,000	현금 5,000	57	외상매입금 15,000,000	지급어음 15,000,000
28	통신비 200,000	현금 200,000	58	당좌예금 250,000	임대료 250,000
29	현금 4,500,000	상품매출 4,500,000	59	당좌예금 300,000	외상매출금 300,000
30	비품 800,000	현금 800,000	60	상품 -100,000	외상매입금 -100,000

02. 거래의 종류 및 계정과목

1. 거래의 종류

1) 교환거래 : 자산·부채·자본만 나타나는 거래
2) 손익거래 : 어느 한 변에 수익이나 비용이 독자적으로 발생하는 거래
3) 혼합거래 : 교환거래 + 손익거래
즉, 수익이나 비용이 어느 한 변에 독자적이 아니라 자산·부채·자본과 함께 나타나는 거래

    ex) 상품 100,000원을 매입하고 대금은 외상으로 하다.
        상품 100,000   /   외상매입금 100,000   ⇒ 교환거래
        자산증가   부채증가

    ex) 급여 100,000원을 현금으로 지급하다.
        급여 100,000   /   현금 100,000   ⇒ 손익거래
        비용발생   자산감소

    ex) 대여금 100,000원과 이자 10,000원을 현금으로 수령하다.
        현금 110,000   /   대여금 100,000   ⇒ 혼합거래
        자산증가   자산감소
                        이자수익 10,000
                        수익발생

① 거래의 이중성

    회계상의 모든 거래는 반드시 차변 요소와 대변 요소가 대립되어 성립하며, 양쪽에 같은 금액으로 기입되는데, 이것을 "거래의 이중성"이라고 한다.

② 대차평균의 원리

    모든 거래는 반드시 거래의 이중성에 의하여 차변과 대변에 같은 금액이 기입되어 차변 합계와 대변 합계는 반드시 일치하게 되는데, 이것을 "대차평균의 원리"라고 한다. (복식부기의 자기검증기능)

2. 계정과목

1) 재무상태표 계정

① 자 산

구 분		내 용
유동자산	당좌자산	현금및현금성자산, 단기금융상품, 단기매매증권, 단기대여금, 매출채권(외상매출금, 받을어음), 단기대여금, 미수금, 미수수익, 선급금, 선급비용
	재고자산	상품, 제품, 재공품, 원재료, 소모품 등
비유동자산	투자자산	장기금융상품, 매도가능증권, 만기보유증권, 장기대여금, 투자부동산, 지분법적용투자주식 등
	유형자산	토지, 건물, 구축물, 비품, 기계장치, 선박, 차량운반구, 건설중인자산 등
	무형자산	산업재산권(특허권, 실용신안권, 의장권, 상표권), 라이선스와 프랜차이즈, 소프트웨어, 개발비, 영업권, 광업권 등
	기타비유동자산	장기성매출채권, 보증금 등

② 부채

구 분	내 용
유동부채	매입채무(외상매입금, 지급어음), 단기차입금, 미지급금, 선수금, 선수수익, 예수금, 미지급비용, 미지급세금, 미지급배당금, 유동성장기부채 등
비유동부채	사채, 장기차입금, 퇴직급여충당부채 등

③ 자본

구 분	내 용
자본금	보통주 자본금, 우선주 자본금
자본잉여금	주식발행초과금, 감자차익, 자기주식처분이익 등
자본조정	자기주식, 자기주식처분손실, 주식할인발행차금, 미교부주식배당금, 감자차손 등
기타포괄손익	매도가능증권평가이익(또는 매도가능증권평가손실)

구 분	내 용	
이익잉여금	이익준비금	
	기타 법정적립금	
	임의적립금	
	미처분이익잉여금	전기이월이익잉여금, 당기순이익

2) 손익계산서계정

① 수 익

구 분	내 용
영업상수익	매출액
영업외수익	이자수익, 배당금수익, 대손충당금환입, 임대료, 보험수익, 단기매매증권처분이익, 단기매매증권평가이익, 외환차익, 외화환산이익, 유형자산처분이익, 사채상환이익, 전기오류수정이익, 채무면제이익, 자산수증이익 등

② 비 용

구 분	내 용	
영업비용	매출원가	
	판매비와 일반 관리비	급여, 퇴직급여, 복리후생비, 임차료, 접대비, 감가상각비, 무형자산상각비, 세금과공과, 광고선전비, 연구비, 대손상각비 등
영업외비용	기타의 대손상각비, 이자비용, 재해손실, 단기매매증권처분손실, 단기매매증권평가손실, 재고자산감모손실, 외환차손, 외화환산손실, 기부금, 유형자산처분손실, 사채상환손실, 전기오류수정손실 등	
법인세비용		

03 회계 흐름

1. 거래 발생 → 장부기록 → 보고서 작성 → 정보제공
                  총계정원장   1. 손익계산서
                                   2. 재무상태표

ex) 1. 현금 10,000,000원을 출자 영업을 개시하다.
       현금 10,000,000 / 자본금 10,000,000

   2. 은행에서 20,000,000원을 차입하고 보통예금하다.
       보통예금 20,000,000 / 단기차입금 20,000,000

   3. 인테리어 비용 5,000,000원을 현금 지급하다.
       시설 장치 5,000,000 / 현금 5,000,000

   4. 영업용 컴퓨터·책상 등 10,000,000원에 구입하고, 보통예금에서 이체하다.
       비품 10,000,000 / 보통예금 10,000,000

   5. 수강료 15,000,000원을 받고 보통예금하다.
       보통예금 15,000,000 / 매출 15,000,000

   6. 광고비 1,000,000원을 월 말에 지급하기로 하다.
       광고선전비 1,000,000 / 미지급금 1,000,000

   7. 급여 5,000,000원을 보통예금에서 이체하였다.
       급여 5,000,000 / 보통예금 5,000,000

       ⇓ 위 내용을 총계정원장에 "**전기**" 한다.

총계정원장

현금	
자본금 10,000,000	시설장치 5,000,000

자본금	
	현　금 10,000,000

보통예금	
단기차입금 20,000,000	비　품 1,000,000
매　　출 15,000,000	급　　여 5,000,000

시설장치	
현　금 5,000,000	

비품	
보통예금 10,000,000	

단기차입금	
	보통예금 20,000,000

미지급금	
	광고선전비 1,000,000

매출	
	보통예금 15,000,000

광고선전비	
미지급금 1,000,000	

급여	
보통예금 5,000,000	

• 총계정원장의 정확 여부 확인 ⇒ 합계잔액시산표 작성.

합계잔액시산표

차 변		계정 과목	대 변	
잔 액	합 계		합 계	잔 액
5,000,000	10,000,000	현　　　금(자산)	5,000,000	
20,000,000	35,000,000	보 통 예금(자산)	15,000,000	
10,000,000	10,000,000	비　　　품(자산)	-	
5,000,000	5,000,000	시 설 장 치(자산)	-	
	-	미 지 급 금(부채)	1,000,000	1,000,000
	-	단기차입금(부채)	20,000,000	20,000,000
	-	자 본 금(자본)	10,000,000	10,000,000
	-	매　　　출(수익)	15,000,000	15,000,000
5,000,000	5,000,000	급　　　여(비용)	-	
1,000,000	1,000,000	광고선전비(비용)	-	
46,000,000	66,000,000		66,000,000	46,000,000

2. 시산표 등식

기말자산 + 총비용 = 기말부채 + 기초자본 + 총수익

* 참고 : 위 공식에서 알 수 있듯이 자산과 비용의 잔액은 항상 차변에, 부채, 자본, 수익의 잔액은 항상 대변에 남는다.

3. 시산표에서 발견할 수 없는 오류

시산표는 차변의 금액과 대변의 금액만을 가지고 정확성 여부를 판단하기에 아래와 같은 경우에는 시산표에서 오류를 발견할 수 없다.
① 누락
② 중복 기입
③ 차 / 대변 반대로 기록
④ 계정과목 잘못 선택(외상매입금을 미지급금으로 잘못 기재 등)

4. 보고서(재무제표) 작성 순서

1. 합계잔액시산표의 수익과 비용을 이용하여 손익계산서를 먼저 작성하면 당기순이익을 알 수 있다.
2. 합계잔액시산표의 기말자산, 기말부채를 비교하면 기말자본을 계산할 수 있는데, 이는 기초자본에 당기순이익을 더한 값과 같다.

1) 손익계산서 작성-당기순이익 계산

손익계산서

급 여	5,000,000	매 출	15,000,000
광고선전비	1,000,000		
당기순이익	9,000,000		
	15,000,000		15,000,000

2) 재무상태표 작성-당기순이익을 자본금에 합산

재무상태표(개인회사)

현 금	5,000,000	미 지 급 금	1,000,000
보통예금	20,000,000	단기차입금	20,000,000
비 품	10,000,000	자 본 금	19,000,000
시설장치	5,000,000	(당기순이익	9,000,000)
	40,000,000		40,000,000

3) 재무상태표 작성-당기순이익을 자본금에 합산하지 않고, 별도로 기재

재무상태표(주식회사)

현 금	5,000,000	미 지 급 금	1,000,000
보통예금	20,000,000	단기차입금	20,000,000
비 품	10,000,000	자 본 금	10,000,000
시설장치	5,000,000	미처분이익잉여금	9,000,000
	40,000,000		40,000,000

① 주식회사의 재무상태표는 자본금 표시 방법이 다르다. 기초 자본금 밑에 당기순이익을 미처분이익잉여금으로 별도로 표시한다.
② 주식회사는 주주총회를 열어 당기순이익을 배당 등으로 처분해야 하는데, 처분하기 전까지 미처분이익잉여금이라는 계정과목을 사용한다.

Chapter 2 계정과목별 이론 정리

01 현금 및 현금성자산

현금 및 현금성자산	현금	통화	지폐, 주화
		통화대용증권	① 수표 : 자기앞수표, 타인발행당좌수표 ② 만기 : 공사채만기이자표 ③ 기타 : 우편환증서, 배당금지급통지표 ※ 우표, 차용증서, 주식, 어음, 인지대 → 현금×
	예금		보통예금, 당좌예금
	현금성자산		① 큰 거래비용 없이 현금전환 용이 하고 ② 이자율 변동에 따른 가치변동위험 적고 ③ 취득 시로부터 만기가 3개월 이내인 것.

1. 현금과부족

현금의 장부 재고액과 현금의 시재가 불일치할 경우 처리하는 가계정(임시계정)

예제1 8/13 현금 장부잔액 100,000원
               현금 시   재 80,000원
               20,000원 부족 원인불명
             : **현금과부족** 20,000 / 현   금 20,000

         9/05 위 부족액 중 15,000원은 교통비로 판명되었다.
             : 여비교통비 15,000 / **현금과부족** 15,000

         12/31 결산 시까지 현금과부족 차변 잔액 5,000원 원인불명이다.
             : 잡 손 실 5,000 / **현금과부족** 5,000

예제2 12/31 결산 시 현금 장부잔액 100,000원
　　　　　　현 금 시 재　80,000원
　　　　　　20,000원 부족 원인불명
　　　　: 잡 손 실 20,000 / 현　　금 20,000

예제3 8/13 현금 장부잔액 100,000원
　　　　　　현 금 시 재 150,000원
　　　　　50,000원 과잉 원인불명
　　　　: 현　　금 50,000 / **현금과부족 50,000**

　　9/05 위 과잉액 중 30,000원은 계약금 수령으로 판명되었다.
　　　　: **현금과부족 30,000** / 선 수 금 30,000

　　12/31 결산 시까지 과잉액 20,000원 원인불명이다.
　　　　: **현금과부족 20,000** / 잡 이 익 20,000

예제4 12/31 결산 시 현금 장부잔액 100,000원
　　　　　　현 금 시 재　150,000원
　　　　　　50,000원 과잉 원인불명
　　　　: 현　　금 50,000 / 잡 이 익 50,000

2. 요구불예금(입금과 출금이 자유로운 예금) – 보통예금, 당좌예금

1) 거래처 입장 : 상품 매출하고, "타인발행당좌수표로 받다"
　　　　　　: 현　　금 10,000,000 / 상품매출 10,000,000
2) 회사 입장 : 상품 매입하고, "수표를 발행 지급"하다
　　　　　　: 상　　품 10,000,000 / 당좌예금 10,000,000
3) 당좌차월 : 당좌예금 잔액을 초과하여 수표를 발행할 수 있는 것
　　　　　　→ 재무상태표에 "단기차입금"으로 표시

- 예제 - ① 국민은행과 당좌거래 계약을 맺고 현금 1,000,000원을 당좌예입하다.
건물 10,000,000원을 담보로 제공하고, 2,000,000원 한도의 당좌차월계약을 체결하였다.
: 당좌예금 1,000,000 / 현   금 1,000,000

② 상품을 700,000원에 매입하고 수표를 발행하여 지급하다.
: 상 품   700,000 / 당좌예금   700,000

③ 비품을 500,000원에 구입하고 수표를 발행하여 지급하다.
: 비 품   500,000 / 당좌예금   300,000
                  / 당좌차월(단기차입금) 200,000

④ 상품을 300,000원에 매입하고 수표를 발행하여 지급하다.
: 상 품   300,000 / 당좌차월(단기차입금) 300,000

⑤ 현금 1,000,000원을 당좌예입하다.
: 당좌차월(단기차입금) 500,000 / 현   금 1,000,000
  당좌예금   500,000 /

3. 현금성 자산

1) 큰 거래비용 없이 현금 전환이 용이
2) 이자율 변동에 따른 가치 변동 위험이 적어야 함.
3) **취득** 시로부터 만기가 3개월 이내인 것

- 예제 - ① 환매채(90일) : 현금성자산
② 환매채(120일) : 단기금융상품

4. 단기투자자산 - 기업이 여유자금을 활용 목적으로 보유하고 있는 것

1) 단기금융상품 : 보고 기간 말로부터 만기가 1년 이내인 정기예금, 정기적금, 환매체, 양도성예금증서
2) 단기대여금 : 회수기간이 1년 이내에 도래하는 채권
3) 단기매매증권 : 단기매매목적인 증권과 1년 이내 만기가 도래하는 만기보유증권, 1년 이내 처분이 확실한 매도가능증권

02 재고자산

재고자산	판매 목적으로 보유 또는 사용기간이 1년 이내인 소모품 등
	상품, 제품, 재공품, 반제품, 원재료, 소모품

① **상품** : 판매 목적으로 구입한 상품, 미착상품, 적송품 등
② **제품** : 판매 목적으로 제조한 생산품
③ **반제품** : 타이어와 같은 부품
④ **재공품** : 현재 제조 진행 중인 미완성품
⑤ **원재료** : 제품 생산을 목적으로 구입한 원료와 재료
⑥ **저장품(소모품)** : 공장용, 영업용, 사무용으로 쓰이는 소모품

```
              〈공장(제조업)〉    〈문구점(도, 소매)〉    〈소비자〉
원재료 구입 →      제품      →        상품        →      판매
              →    재공품
```

1. 상품 매매 기장

1) 매입 시

① 상품 1,000,000원을 외상으로 매입하다.
   상품 1,000,000 / 외상매입금 1,000,000

② 위 상품 중 불량품 100,000원을 반품하다. (환출, 음수로 처리할 것.)
   상품 -100,000 / 외상매입금 -100,000

③ 파손품이 있어 50,000원을 에누리 받다. (매입에누리, 음수로 처리할 것.)
   상품 -50,000 / 외상매입금 -50,000

④ 외상매입금 850,000원을 조기 지급하면서 50,000원을 할인받고, 잔액은 현금으로 지급하다.
   외상매입금 850,000 / 매입할인   50,000
                   / 현   금 800,000

```
*    총 갚 을 돈  1,000,000      ⇒      총 매 입 액  1,000,000
    - 반     품      100,000            - 매입환출및에누리  150,000
    - 에  누  리      50,000            - 매  입  할  인    50,000
    - 할      인      50,000             순 매 입 액    800,000
     실제지급액    800,000
```

2) 매출 시

① 상품 1,000,000원을 외상으로 매출하다.
   외상매출금 1,000,000 / 상품매출 1,000,000

② 위 상품 중 불량품 100,000원이 반품되다. (환입, 음수로 처리할 것.)
   외상매출금 -100,000 / 상품매출 -100,000

③ 파손품이 있어 50,000원을 에누리해 주다. (매출에누리, 음수로 처리할 것.)
   외상매출금 -50,000 / 상품매출 -50,000

④ 외상매출금 850,000원을 조기 회수하면서 50,000원을 할인해 주고, 잔액은 현금으로 받다.
   매출할인   50,000 / 외상매출금 850,000
   현   금 800,000 /

```
◆    총 받 을 돈  1,000,000      ⇒      총 매 출 액  1,000,000
    - 반     품      100,000            - 매출환입및에누리  150,000
    - 에  누  리      50,000            - 매  출  할  인    50,000
    - 할      인      50,000             순 매 출 액    800,000
     실제수령액    800,000
```
                                ⇓

⇒ 1) 총매입액 - 매입환출 및 에누리 및 매입할인 = 순매입액
   2) 총매출액 - 매출환입 및 에누리 및 매출할인 = 순매출액
   3) **기초상품 + 순매입액 - 기말상품 = 매출원가**
   4) **순매출액 - 매출원가 = 매출총이익**

* 기초상품 + 순매입액 : 판매가능액

2. 재고자산 감모 손실

1) 상품 판매 시 수량 결정 방법
   ① 계속 기록 법 : 매출 시마다 매출원가를 계산하는 방법
   ② 실지 재고 조사법 : 매입 시만 기록하고, 매출 시 기록하지 않고, 결산 시에 재고를 조사하여 매출원가를 계산하는 방법
   ⇒ 병행하면 재고자산의 감모 손실을 알 수 있다 ⇒ 도난, 천재지변, 부패

   (ex) • 장부상 재고 2개 = 실지재고 2개 → 감모 손실 없음
        : 회계 처리하지 않는다.
        ↓
   • 장부상 재고 4개 ≠ 실지재고 2개 → 감모손실 2개 ⇒ 50% 정상적, 50% 비정상적
     재고자산감모손실(영업외비용) 1개 / 상품 1개
     정상감모손실은 회계처리 하지 않고, 매출원가에 가산한다.

        * 정상적(원가성이 있다, 반복적으로 발생)
          → "매출원가"에 가산

        * 비정상적(원가성이 없다. 비반복적으로 발생)
          → "영업외비용"처리

사례

상품장부가액 100,000, 실지재고액 80,000, 순실현가능액(시가) 70,000
감모 손실 중 60%는 정상적 발생분이다.

- 장부가액과 실지재고의 차이 20,000원이 감모손실,
- 실지재고와 순실현가능액의 차이 10,000원이 평가손실

재고자산감모손실(영업외비용) 8,000 / 상품 8,000
   ● 정상감모손실은 회계처리 하지않는다.
재고자산평가손실(매출원가) 10,000 / 상품평가손실충당금 10,000
                                    (재고자산차감계정)

3. 상품 판매 시 단가 결정방법

1/1	기초재고	100개	100원	10,000원
1/10	매입	200개	130원	26,000원
1/15	매출	100개	200원	
1/20	매입	300개	150원	45,000원
1/25	매출	200개	200원	
1/31	매입	400개	170원	68,000원

1) 선입선출법

　① 계속기록법

매출			창고			
			기초	100개	100원	10,000원
			매입	200개	130원	26,000원
100개	100원	10,000원	재고	200개	130원	26,000원
			매입	300개	150원	45,000원
200개	130원	26,000원	재고	300개	150원	45,000원
			매입	400개	170원	68,000원

⇒ 매출원가 : 36,000원, 기말재고 : 113,000원

　② 실사법(실지재고조사법)

기초	100개	100원	10,000원	⇒ 판매
매입	200개	130원	26,000원	⇒ 판매
매입	300개	150원	45,000원	⇒ 재고
매입	400개	170원	68,000원	

⇒ 총 1,000개 중 300개 판매

⇒ 매출원가 : 36,000원, 기말재고 : 113,000원

※ 계속기록법과 실사법의 값이 같은 것은 선입선출법!!

2) 후입선출법

① 계속기록법

매출			창고			
			기초	100개	100원	10,000원
			매입	200개	130원	26,000원
100개 ←	130원	13,000원	기초	100개	100원	10,000원
			재고	100개	130원	13,000원
			매입	300개	150원	45,000원
200개 ←	150원	30,000원	기초	100개	100원	10,000원
			재고	100개	130원	13,000원
			재고	100개	150원	15,000원
			매입	400개	170원	68,000원

⇒ 매출원가 : 43,000원, 기말재고 : 106,000원

② 실사법(실지재고조사법)

기초	100개	100원	10,000원	⇒ 재고
매입	200개	130원	26,000원	⇒ 재고
매입	300개	150원	45,000원	⇒ 재고
매입	400개	170원	68,000원	⇒ 100개 재고, 300개 판매

⇒ 총 1,000개 중 300개 판매

⇒ 매출원가 : 51,000원, 기말재고 : 98,000원

3) 이동평균법

① 계속기록법만 가능

매출			창고			
			기초	100개	100원	10,000원
			매입	200개	130원	26,000원
			(평균)	300개	(120원)	36,000원
100개 ←	120원	12,000원	재고	200개	120원	24,000원
			매입	300개	150원	45,000원
			(평균)	500개	(138원)	69,000원
200개 ←	138원	27,600원	재고	300개	138원	41,400원
			매입	400개	170원	68,000원

⇒ 매출원가 : 39,600원, 기말재고 : 109,400원

4) 총평균법
① 실사법(실지재고조사법)만 가능

기초	100개	100원	10,000원
매입	200개	130원	26,000원
매입	300개	150원	45,000원
매입	400개	170원	68,000원
(평균)	1,000개	(149원)	149,000원

⇒ 총평균단가 149원 × 판매수량 300개 = 매출원가 44,700원
⇒ 총평균단가 149원 × 재고수량 700개 = 기말재고 104,300원

(1)

	계속기록법		실사법
선입선출법	○	=	○
후입선출법	○	≠	○
이동평균법	○		×
총평균법	×		○

(2) ① 물가가 상승하고
② 기초재고 ≦ 기말재고
③ **이익이 큰 순서**

	선입선출법	이동평균법	총평균법	후입선출법
매출원가	36,000원	39,600원	44,700원	51,000원

⇩
비용 小, 이익 大

⇒ <u>선입선출법 > 이동평균법 > **총평균법** > 후입선출법</u>

03. 매출채권과 기타채권

채권	매출채권	상거래에서 발생 - 외상매출금, 받을어음
	기타채권	상거래 외에서 발생 - 대여금, 미수금, 선급금

1. 기타채권

(ex) 현금 1,000,000원을 빌려주다.
: 단기대여금 1,000,000 / 현금 1,000,000

위 대여금 1,000,000원과 이자 100,000원을 현금으로 회수하다.
: 현금 1,100,000 / 단기대여금 1,000,000
　　　　　　　　 / 이자수익　　　100,000

(ex) 장부가액 700,000원의 토지를 1,000,000원에 매각하고, 월 말에 받기로 하다.
: 미수금 1,000,000 / 토　　　지　700,000
　　　　　　　　　 / 유형자산처분이익　300,000

위 미수금을 현금으로 회수하다.
: 현금 1,000,000 / 미수금 1,000,000

(ex) 상품 1,000,000원을 매입하기로 계약하고, 계약금 10%를 현금으로 지급하다.
: 선급금 100,000 / 현금 100,000

위 상품을 인수하고, 계약금을 제외한 잔액은 현금으로 지급하다.
: 상품 1,000,000 / 선급금 100,000
　　　　　　　　 / 현금　　900,000

※ <u>계약하다, 주문하다, 담보 제공, 종업원 채용, 약속하다 → 회계상의 거래 아님</u>

2. 어음의 뜻

일정 금액을 일정 기일(만기일)에 일정 장소(은행)에서 지급할 것을 약속하는 증서

1) 어음의 종류

① 상업어음(진성어음) : 상거래에서 발생 → 받을어음, 지급어음
② 금융어음(융통어음) : 상거래외에서 발생
→ **미수금, 미지급금, 대여금, 차입금**

(ex) 상품 1,000,000원을 매출하고 대금은 약속어음으로 수령하다.
: 받을어음 1,000,000 / 상품매출 1,000,000
상품 1,000,000원을 매입하고 대금은 약속어음을 발행 교부하다.
: 상품 1,000,000 / 지급어음 1,000,000

(ex) 현금 1,000,000원을 빌려주고, 약속어음을 수령하다.
: 단기대여금 1,000,000 / 현금 1,000,000
현금 1,000,000원을 차입하고, 약속어음을 발행 교부하다.
: 현금 1,000,000 / 단기차입금 1,000,000

(ex) 장부가액 700,000원의 토지를 1,000,000원에 매각하고, 대금은 약속어음으로 받다.
: 미수금 1,000,000 / 토 지 700,000
             / 유형자산처분이익 300,000

(ex) 토지를 1,000,000원에 취득하고, 대금은 약속어음으로 발행 교부하다.
: 토지 1,000,000 / 미지급금 1,000,000

(1) 매입자

2/1 상품 1,000,000원을 매입하고 대금은 약속어음으로 발행 교부하다.
: 상   품 1,000,000 / 지급어음 1,000,000
8/31 만기일에 약속어음 대금 1,000,000원을 보통예금에서 이체하다.
: 지급어음 1,000,000 / 보통예금 1,000,000

(2) 매출자

    2/1 상품 1,000,000원을 매출하고, 대금은 약속어음으로 수령하다.
          : 받을어음 1,000,000 / 상품매출 1,000,000

    8/31 만기일에 약속어음 대금 1,000,000원이 보통예입 되다.
          : 보통예금 1,000,000 / 받을어음 1,000,000

(3) 매출자 입장에서 만기일 전에 어음을 활용하는 방법.

    ① 어음의 배서양도 : 만기일전에 제3자에게 어음상의 권리를 양도하는 것.
      (ex) 4/1 홍길동으로부터 상품을 1,000,000원에 매입하고, 대금은 소유하고 있던 약속어음을 배서양도하다.
          : 상품 1,000,000 / 받을어음 1,000,000

    ② 어음의 할인 : 만기일전에 어음을 은행에 매각하는 것.
      (ex) 4/1 국민은행에 소유하고 있던 약속어음을 할인받고, 할인료 100,000원을 차감한 잔액은 보통예입하다.
          : **매출채권처분손실** 100,000 / 받을어음 1,000,000
            보 통 예 금 900,000 /

(4) 어음의 할인 – 다음 조건을 모두 충족하면 매각 거래

    ① 양도인은 금융자산 양도 후 당해 자산에 대한 권리를 행사할 수 없어야 한다.
    ② 양수인은 양수한 금융자산에 대하여 자유로운 처분권을 갖고 있어야 한다.
    ③ 양도인은 금융자산 양도 후에 효율적인 통제권을 행사할 수 없어야 한다.

    위 조건을 충족하지 못하며 차입거래로 본다. 차입거래일 경우 회계 처리는 아래와 같다.
    이자비용 100,000 / 단기차입금 1,000,000
    보통예금 900,000

04 대손회계

| 대손 | 채권을 받지 못하는 것을 대손이라고 하며, 일반기업회계기준에서는 결산 시 미래에 발생할 것으로 보이는 대손 예상액을 추산하여 비용으로 인식함과 아울러 채권의 차감 계정인 대손충당금을 설정하도록 하고 있다. 이로 인해 재무상태표상의 매출채권은 순실현가능액(회수가능액)으로 평가되고 있다. |

1. 대손상각비

(ex) 상품 1,000,000원을 외상으로 매출하다.
: 외상매출금 1,000,000 / 상품매출 1,000,000

위 외상매출금이 회수 불능되다.
: <u>대손상각비</u> 1,000,000 / 외상매출금 1,000,000
    ↳ (비용 中 판매관리비)

(ex) 현금 1,000,000원을 빌려주다.
: 단기대여금 1,000,000 / 현금 1,000,000

위 대여금이 회수 불능되다.
: <u>기타의대손상각비</u> 1,000,000 / 단기대여금 1,000,000
    ↳ (비용 中 영업외비용)

◆ 수 익 ─┬─ 매출   매출
         └─ 영업외수익   － 매출원가
  －비 용 ─┬─ 매출원가   매출총이익
           ├─ 판매관리비 ⇒   － 판매관리비
           ├─ 영업외비용   영업이익
           └─ 법인세비용   ＋ 영업외수익
  ─────   － 영업외비용
   당기순이익   법인세비용차감전순이익
                                － 법인세비용
                                    당기순이익

2. 결산 시 대손예상

10/1 상품 10,000,000원을 외상 매출하다.
: 외상매출금 10,000,000 / 상품매출 10,000,000

12/31 결산 시에 외상매출금 중 1,000,000원을 대손 예상한다.
: **대손상각비** 1,000,000 / **대손충당금** 1,000,000 (채권 차감 계정)

손익계산서			
대손상각비	1,000,000	상품매출	10,000,000

재무상태표			
외상매출금	10,000,000		
- 대손충당금	1,000,000	9,000,000	

다음 연도 1월 2일에 외상매출금 中 1,000,000원이 회수 불능되다.
: **대손충당금** 1,000,000 / 외상매출금 1,000,000

1) 대손예상 요약정리

: 결산 시 외상매출금 10,000,000원에 대해 1% 대손예상하다.
(=대손충당금을 설정하다)

① 단, 대손충당금 잔액은 없다.
: 대손상각비 100,000 / 대손충당금 100,000
② 단, 대손충당금 잔액이 70,000원 있다.
: 대손상각비 30,000 / 대손충당금 30,000
③ 단, 대손충당금 잔액이 100,000원 있다.
: 분개없음
④ 단, 대손충당금 잔액이 150,000원 있다.
: 대손충당금 50,000 / **대손충당금환입** 50,000
※ 비용처리 : 상각, 수익처리 : 환입

* 매출채권 관련 대손충당금환입은 대손상각비가 판매관리비 계정이므로 대손충당금환입은 판매관리비 차감계정으로 처리하며,
* 기타채권 관련 대손충당금환입은 기타의대손상각비가 영업외비용이므로 대손충당금환입은 영업외수익 으로 처리한다.

3. 대손 발생

: 외상매출금 100,000원이 회수 불능되다.

① 단, 대손충당금 잔액은 없다.
  : 대손상각비 100,000 / 외상매출금 100,000
  위 대손처리했던 외상매출금을 현금으로 회수하다.
  : 현금 100,000 / 대손상각비 100,000

② 단, 대손충당금 잔액이 80,000원 있다.
  : 대손충당금 80,000 / 외상매출금 100,000
    대손상각비 20,000 /
  위 대손처리했던 외상매출금을 현금으로 회수하다.
  : 현금 100,000 / 대손충당금 80,000
              / 대손상각비 20,000

※ **전기에 대손처리했던** 외상매출금 100,000원을 현금으로 회수하다.
    : 현금 100,000 / **대손충당금** 100,000

전기에 대손처리했던 채권 금액을 회수 시에는 전기에 회계 처리한 내용을 수정할 수 없기 때문에 무조건 대변에 "대손충당금"으로 처리한다. (회수액을 충당금, 즉 돈을 모아두는 것으로 처리하는 것이다.) 충당금이 대변에 있으면, 돈을 모아두는 것으로 해석하고, 차변에 있으면 모아둔 돈을 사용하는 것으로 해석하면 된다.

05 지분증권

1. 지분증권(주식) - 순자산에 대한 소유 지분을 나타내는 증권

2. 주식발행

주식발행회사(자금조달)	주식취득회사
현금 ××× / 자본금 ×××	단기매매증권 ××× / 현금 ××× 매도가능증권 ××× / 지분법적용투자주식 ××× /

3. 지분증권

1) 단기매매증권 - 시장성이 있는 주식 : 단기 시세차익 목적으로 취득
2) 매도가능증권 - 시장성이 있는 주식 : 장기투자 목적으로 취득
   - 시장성이 없는 주식 : 장, 단기 무관하다
3) 지분법적용투자주식 - 시장성 여부와 관련이 없으며, 지분율이 20% 이상이거나 중대한(유의적인) 영향력을 행사할 수 있을 경우

(1) 취득 시 : 단기매매증권 취득 시의 수수료는 수수료비용(영업외비용)으로 처리하며, 매도가능증권은 취득원가에 포함한다.

① 단기매매증권(유동자산 中 당좌자산)
: 단기매매증권 10,000 / 현금 11,000
　수수료비용　　 1,000 /

② 매도가능증권(비유동자산 中 투자자산)
: 매도가능증권 11,000 / 현금 11,000
* 지분법 적용투자주식은 시험 범위가 아니므로 생략

(2) 결산 시 - 공정가액 15,000원

① 단기매매증권
: 단기매매증권 5,000 / 단기매매증권평가이익(영업외수익) 5,000

② 매도가능증권

: 매도가능증권 4,000 / 매도가능증권평가이익(기타포괄손익) 4,000

(3) 주식 보유 시 배당금 수령

① 단기매매증권

: 현금 1,000 / 배당금수익(영업외수익) 1,000

② 매도가능증권

: 현금 1,000 / 배당금수익(영업외수익) 1,000

4. 단기매매증권과 매도가능증권 비교

단기매매증권평가손익	단기매매증권평가이익(손실)은 당기손익(영업외손익)으로 반영.
매도가능증권평가손익	매도가능증권평가이익(손실)은 당기손익이 아닌 자본 항목(기타포괄손익)으로 처리 후 처분 시에 당기손익에 반영.

구분	단기매매증권		매도가능증권	
	차변	대변	차변	대변
취득 시 1,000	단기매매증권 1,000	현금 1,000	매도가능증권 1,000	현금 1,000
공정가액 1,500	단기매매증권 500	단기매매증권평가이익 500	매도가능증권 500	매도가능증권평가이익 500
처분가액 1,800	현금 1,800	단기매매증권 1,500 단기매매증권처분이익 300	현금 1,800 매도가능증권평가이익 500	매도가능증권 1,500 매도가능증권처분이익 800

구분	단기매매증권		매도가능증권	
	차변	대변	차변	대변
취득 시 1,000	단기매매증권 1,000	현금 1,000	매도가능증권 1,000	현금 1,000
공정가액 800	단기매매증권평가손실 200	단기매매증권 200	매도가능증권평가손실 200	매도가능증권 200
처분가액 700	현금 700 단기매매증권처분손실 100	단기매매증권 800	현금 700 매도가능증권처분손실 300	매도가능증권 800 매도가능증권평가손실 200

* 지분법적용투자주식은 시험 범위가 아니므로 생략.

06 채무증권

사채발행회사(자금조달)	사채취득회사
1. 현금 ××× / 사채 ×××	1. 단기매매증권 ××× / 현금 ××× 　 매도가능증권 ××× / 　 만기보유증권 ××× /
2. 이자비용 ××× / 현금 ×××	2. 현금 ××× / 이자수익 ×××
3. 사채 ××× / 현금 ×××	3. 현금 ××× / 만기보유증권 ×××

1. 사채 : 주식회사에서 운영자금을 조달하기 위해서 발행하는 증권

⇒ <u>현금 ×××</u> / <u>사채 ×××</u>

현재 빌린 돈(현재가치)　≠　미래에 갚을 돈(미래가치, 명목가액)
　　　　　　　　　　　　↳ 사채할인발행차금(이자 성격, 사채 차감계정)
　　　　　　　　　　　　　사채할증발행차금(이자 성격, 사채 가산계정)

1) 정기예금으로 현재가치와 미래가치를 이해해 보자.

(ex)　　1/1 ——————————————— 12/31
　　　정기예금 10,000,000원　　　　원리금(=원금+이자) 11,200,000원
　　　이자율 12%　　　　　　　　　$10,000,000 \times (1+0.12)^1 = 11,200,000$
　　　현재가치 ——————————→ 미래가치
　　　　　　　　　≠ 1,200,000(이자)

* 1/1에 1,000만 원(현재가치) 정기예금 시 12/31의 원리금(미래가치)은
　$10,000,000 \times (1+0.12)^1 = 11,200,000$이 된다.

2) **사채** : 미래가치를 현재가치로 환산해 보자.

(ex)　20x1년 1/1 ——————————— 20x1년 12/31
　　　이자율 12%
　　　(　　?　　) ←——————— 원금(액면가액) 11,200,000원
　　　현재가치　　　　　　　　　　　　미래가치

$11,200,000 \div (1+0.12)^1 = 10,000,000$

→ 미래(1년 뒤)에 11,200,000원을 갚기로 하고 현재 10,000,000원을 빌림.

　　　　　　1/1 현　　　　금 10,000,000 / 사채 11,200,000
　　　　　　　　<u>사채할인발행차금</u> 1,200,000 /
　　　　　　　　　↳ 이자성격

* 사채할인발행차금을 결산 시에는 이자비용으로 대체하게 되는데, 이를 **"상각"**이라고 한다.
　　　　12/31 이자비용 1,200,000 / 사채할인발행차금 1,200,000
　　　　12/31 사　　채 11,200,000 / 현금 11,200,000

3) 사채를 발행하는 방법 : 액면발행, 할인발행, 할증발행

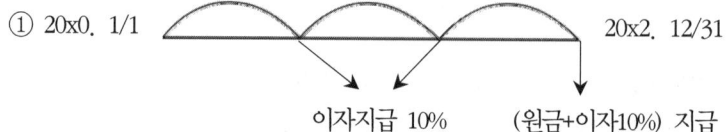

문제 3년 뒤에 10,000,000원을 갚기로 하고 10,000,000원을 빌림. 이자는 매년 10% 지급하기로 한다.

　⇒ <u>액면발행</u> : 20x0. 1/1 현금 10,000,000 / 사채 10,000,000
　　　　　　　　　20x0. 12/31 이자비용 1,000,000 / 현금 1,000,000
　　　　　　　　　20x1. 12/31 이자비용 1,000,000 / 현금 1,000,000
　　　　　　　　　20x2. 12/31 이자비용 1,000,000 / 현금 11,000,000
　　　　　　　　　　　　　　　사　　채 10,000,000 /
　▶ 3년간 이자비용 : 3,000,000

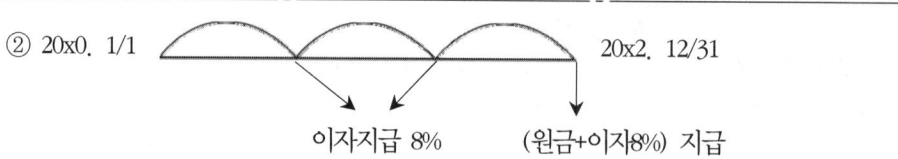

문제 3년 뒤에 10,000,000원을 갚기로 하고 9,100,000원을 빌림. 이자는 매년 8%씩 지급하기로 한다.

　⇒ <u>할인발행</u> : 20x0. 1/1 현　　　금 9,100,000 / 사채 10,000,000
　　　　　　　　　　사채할인발행차금 900,000 /
　　　　　　　　　　　↳ 이자성격　　　3년 동안 <u>"상각한다"</u>(비용처리)

```
20x0. 12/31  이자비용   1,100,000 / 현        금   800,000
                                / 사채할인발행차금  300,000

20x1. 12/31  이자비용   1,100,000 / 현        금   800,000
                                / 사채할인발행차금  300,000

20x2. 12/31  이자비용   1,100,000 / 현        금   800,000
                                / 사채할인발행차금  300,000
             사    채  10,000,000 / 현 금 10,000,000
```

* 3년간 이자비용 : 10,000,000 × 8%
  = 800,000원씩 × 3년
  = 2,400,000 + 900,000(이자성격)
  = 3,300,000 ÷ 3년 = 1,100,000(1년 이자)

* 사채할인발행차금은 상각액만큼 이자비용을 증가시킨다.

---

③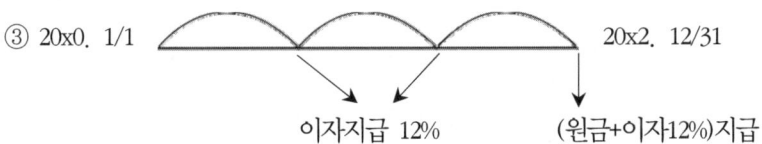

문제 3년 뒤에 10,000,000원을 갚기로 하고 10,900,000원을 빌림. 이자는 매년 12%씩 지급하기로 한다.

⇒ **할증발행** : 20x0. 1/1 현금 10,900,000 / 사   채   10,000,000
                                       / **사채할증발행차금** 900,000
                이자성격 ↵   "**환입된다**"(수익처리)

```
20x0. 12/31 이 자 비 용   900,000 / 현금 1,200,000
            사채할증발행차금  300,000 /

20x1. 12/31 이 자 비 용   900,000 / 현금 1,200,000
            사채할증발행차금  300,000 /
```

20x2. 12/31 이 자 비 용   900,000 / 현금   1,200,000
사채할증발행차금   300,000 /
사   채 10,000,000 / 현금   10,000,000

3년간 이자비용 : 10,000,000 × 12%
    = 1,200,000원씩 × 3년
    = 3,600,000 - 900,000(이자성격 → 이익)
    = 2,700,000 ÷ 3년 = **900,000(1년 이자)**

* 사채할증발행차금은 환입액만큼 이자비용을 감소시킨다.

07 유형자산

1. 유형자산의 조건

1) 형태가 있다.
2) 장기간 영업활동 목적
3) 토지, 건물, 구축물(교량, 상하수도 시설, 조경시설), 기계장치, 항공기, 선박, 비품, 건설 중인 자산
4) 특징 : 시간이 경과 → 외형적 가치 하락(감가)
5) 비상각자산(가치 하락×) : 토지, 건설 중인 자산

비영업용토지구입	투자부동산 / 현금	비상각	투자자산으로 분류
비영업용건물구입	투자부동산 / 현금	상각	
영업용토지구입	토지 / 현금	비상각	유형자산으로 분류
영업용건물구입	건물 / 현금	상각	
판매용 토지, 건물구입	토지, 건물 / 현금	비상각	재고자산으로 분류

2. 취득 시

※ 20x0년 1/1
- 차량 9,800,000원 취득
- 취득세, 등록세 등 200,000원 현금 지급
- 내용연수 5년
- 잔존가액은 0원

⇒ 20x0. 1/1 <u>차량운반구 10,000,000</u> / 현금 10,000,000

취득원가 = 취득가액 + 취득제비용(취득세, 등록세, 공채 관련 비용, 시운전비, 설치비, 운송보험료, 하역비 등)

① 주식을 구입(액면가 100,000, <u>**시가(공정가액) 80,0000**</u>)
 → 단기매매증권(매도가능증권) 80,000 / 현금 80,000

* 주식의 액면가액은 주식을 취득하거나 처분 시에는 고려 대상이 아니며 주식의 취득은 시가(공정가액)를 취득원가로 한다.

② 공채를 구입(액면 100,000, 시가 80,000)
   → 단기매매증권 80,000 / 현금 100,000
     차량운반구   20,000 /
   공채 구입액은 단기매매증권, 매도가능증권, 만기보유증권으로 회계 처리한다.

③ 공채 관련 비용 20,000원 현금지급 (할인료 지급)
     차량운반구 20,000 / 현금 20,000

* 공채는 지방자치단체의 수입원 중 하나로서 자동차, 건물, 토지 등을 취득하는 자는 의무적으로 구입을 해야 하는 유가증권으로 구입에 **강제성**이 있다.
* 공채의 액면가액은 사채처럼 미래가치(명목가액)이다. 시가(공정가액)가 현재가치이므로 시가로 취득하여야 하나 자산 취득 시에는 공채를 강제로 구입해야 하므로 액면가액으로 취득한다. 즉, 시가와 액면가액 차액만큼 취득하는 자는 손해를 보게 되는데, 이 금액만큼 차량운반구, 토지, 건물 등 자산 취득원가에 가산한다.

3. 감가상각비 계산 - 정액법

- 취득원가 10,000,000
- 잔존가액 0원, 내용연수 5년

   ➡ 5년 뒤 처분 시 잔존가액이 0원이므로
     → 손실 10,000,000 ÷ 5년 = 1년 감가상각비 2,000,000

* 정액법 : 매년 가치가 하락하는 금액이 일정

$$\frac{\text{취득원가} - \text{잔존가액}}{\text{내용연수}} = 1년분\ 감가상각비$$

1) 회계처리 - 직접법
   ⇒ 20x0. 1/1   차량운반구   10,000,000 / 현금   10,000,000
     20x0. 12/31 감가상각비   2,000,000 / 차량운반구   2,000,000
     20x1. 12/31 감가상각비   2,000,000 / 차량운반구   2,000,000
     20x2. 12/31 감가상각비   2,000,000 / 차량운반구   2,000,000

20x0 1/1	재무상태표	
차량운반구		10,000,000

20x0 12/31	재무상태표	
차량운반구		8,000,000

20x1 12/31	재무상태표	
차량운반구		6,000,000

20x2 12/31	재무상태표	
차량운반구		4,000,000

2) 회계처리 – 간접법

⇒ 20x0. 1/1   차량운반구   10,000,000   / 현금   10,000,0000
　 20x0. 12/31 감가상각비   2,000,000   / 감가상각누계액   2,000,000
　 20x1. 12/31 감가상각비   2,000,000   / 감가상각누계액   2,000,000
　 20x4. 12/31 감가상각비   1,999,000   / 감가상각누계액   1,999,000

20x0 1/1	재무상태표	
차 량 운 반 구		10,000,000

20x0 12/31	재무상태표		
차 량 운 반 구			10,000,000
감가상각누계액		2,000,000	8,000,000

↓

x4 12/31	재무상태표		
차 량 운 반 구			10,000,000
감가상각누계액		9,999,000	1,000

감가상각이 종료되면 1,000원을 남겨 놓게 되는데, 이를 "비망기록"한다. 라고 표현한다.

3) 요약

　　12/31 결산 시
　　　⇓
　　감가상각비 계산　① 정액법
　　　　　　　　　　② 정률법 등
　　　⇓
　　회계 처리 방법　① 직접법 : 감가상각비 ××× / 차량운반구 ×××
　　　　　　　　　　② **간접법 : 감가상각비 ××× / 감가상각누계액 ×××**

4. 감가상각비 계산 - 정률법(가치가 하락하는 비율이 일정)

※ 20x0년 1/1　• 차량 9,800,000원 취득
　　　　　　　• 취득세, 등록세 등 200,000원 현금 지급
　　　　　　　• 정률 0.451

⇒　20x0. 1/1　　　차량운반구　10,000,000 / 현금　　　　　10,000,000
　　20x0. 12/31 감가상각비　4,510,000 / 감가상각누계액　4,510,000
　　　　　　　　　↳ 10,000,000 × 0.451
　　20x1. 12/31 감가상각비　2,475,990 / 감가상각누계액　2,475,990
　　　　　　　　　↳ 5,490,000 × 0.451

1/1	재무상태표	
차 량 운 반 구	10,000,000	

12/31	재무상태표	
차 량 운 반 구	10,000,000	
감가상각누계액	4,510,000	5,490,000

12/31	재무상태표	
차 량 운 반 구	10,000,000	
감가상각누계액	6,985,990	3,014,010

⇒ **미상각잔액**
　＝**장부잔액**

* 정율법 : (취득원가 - 감가상각누계액) × 정율 = 감가상각비
  ➡ 감가상각 초기 → 정율법을 사용하면 감가상각비가 정액법에 비해 크게 계산되어 이익이 적게 나오고 세금도 적게 계산된다.
  ➡ 정액법, 정율법 외에도 연수합계법, 생산량비례법이 있다.

* 연수합계법 : (취득원가 - 잔존가액) × 잔존내용연수 / 내용연수의 합계
* 생산량비례법 : (취득원가 - 잔존가액) × 실제생산량 / 총예정생산량

5. 처분 시

※ 20x2. 1/1 차량을 7,000,000원에 매각하고 현금으로 수령하다.
            (취득원가 10,000,000원, 감가상각누계액 4,000,000원)
⇒ 감가상각누계액   4,000,000 / 차량운반구   10,000,000
  현   금   7,000,000 / 유형자산처분이익   1,000,000

6. 수선비

1) 유형자산 수선비

① **수익적 지출** : 현 상태 유지, 원상 회복, 능률 유지, 지출 효과가 1년 이내에 소멸
→ 즉시 비용(수선비, 차량유지비) 처리
(ex) 타이어 교체, 도색비 등
⇒ 수선비(차량유지비) ××× / 현금 ×××

② **자본적 지출** : 내용연수 연장, 가치증대 → 자산처리
(ex) 증축, 엘리베이터 설치, 냉난방기 설치
⇒ 건물(차량운반구, 기계장치) ××× / 현금 ×××

08 무형자산 및 기타비유동자산

1. 무형자산

1) 자산에서 발생하는 미래 경제적 효익이 기업에 유입될 가능성이 매우 높다.
2) 자산의 원가를 신뢰성 있게 측정할 수 있다.

　　위 두 가지 조건을 모두 충족시켜야 무형자산으로 인식할 수 있으며, 다른 자산으로부터 식별 가능해야 하고(**식별 가능성**), 기업이 통제할 수 있어야 하며(**통제 가능성**), 미래 경제적 효익을 창출할 수 있어야 한다(**미래 경제적 효익 창출**).

　　➡ 영업권(권리금), 산업재산권(특허권, 실용신안권, 의장권, 상표권), 광업권, 소프트웨어, 개발비

2. 연구단계 지출 : 연구비 → 판매관리비

1) 연구비 10,000,000원을 현금으로 지급하다.

　① 판매관리비 처리 : 연구비 10,000,000 / 현금 10,000,000

3. 개발 단계 지출

1) 개발비 10,000,000원을 현금으로 지급하다.

　① 무형자산 처리 : 개발비 10,000,000 / 현금 10,000,000

2) 20x0. 1/1 개발비 100,000,000원을 보통예금에서 지급하다.(5년간 상각)

　　: 개발비 100,000,000 / 보통예금 100,000,000

　20x0. 12/31
　① 직접법 : 무형자산상각비 20,000,000 / 개발비 20,000,000
　② 간접법 : 무형자산상각비 20,000,000 / 무형자산상각누계액 20,000,000

　※ <u>무형자산의 상각은 관계 법령에서 정해 놓은 것을 제외하고는 20년을 초과할 수 없다.</u>

4. 기타비유동자산

　장기성매출채권, 보증금(전세권, 전신전화가입권, 임차보증금, 영업보증금)

09 유동부채 / 비유동부채

1. 부채

- **유동부채** : 매입채무(외상매입금, 지급어음), 선수수익, 미지급비용, 단기차입금, 미지급금, 선수금, 예수금, **유동성장기부채** 등

  ※ 유동성장기부채 : 장기차입금 中 상환기일이 1년 이내에 도래하는 것

  (ex) 20x0. 10/1   10,000,000원을 차입(만기는 20x3. 9/30)

  : 보통예금 10,000,000 / 장기차입금 10,000,000
  ↳ 비유동부채

  20x0. 12/31 : 회계 처리 ×

  20x1. 12/31 : 회계 처리 ×

  20x2. 12/31   유동성 대체 분개

  : 장기차입금 10,000,000 / 유동성장기부채 10,000,000

  20x3. 9/30   만기에 상환   ↳ "**유동성 대체**" 한다

  : 유동성장기부채 10,000,000 / 보통예금 10,000,000

- **비유동부채** : 장기차입금, 장기성매입채무, 사채, **충당부채**

2. 충당부채

1) **퇴직급여충당부채,** 제품보증충당부채, 공사보증충당부채, 반품충당부채
   ① 과거 사건의 결과
   ② 현재 의무가 존재하며 금액을 신뢰성 있게 측정 가능
   ③ 미래 자원의 유출 가능성이 매우 높은 것

2) 퇴직금추계액 : 1년 이상 근무한 임·직원이 동시에 퇴직 시 지급해야 할 퇴직금

	일 급여	근속년수	추계액
대표이사	100,000원	5년	15,000,000원
홍길동	50,000원	3년	4,500,000원
임꺽정	30,000원	9개월	×

※ **일 급여 × 30일 × 근속년수 = 추계액**

20x0. 12/31   처음 설정 : 퇴직급여 19,500,000 / 퇴직급여충당부채 19,500,000

20x1. 기초 → 퇴직급여충당부채 19,500,000원
       홍길동 퇴사 → 퇴직금 4,500,000원 지급
       : 퇴직급여충당부채 4,500,000 / 보통예금 4,500,000

20x1. 12/31   결산 시 퇴직금추계액 계상 : 20,000,000원으로 가정.
           * 추가설정액 : 퇴직급여 5,000,000 / 퇴직급여충당부채 5,000,000
       ※ **퇴직금추계액 20,000,000원 - 충당부채 잔액 15,000,000원**

3) 퇴직연금제도
   ① **확정급여형 퇴직연금** - 납입한 연금의 운용 손익의 책임이 회사에 있는 것.
       * 연금 납부 시 : 퇴직연금운용자산 ××× / 현금 ×××
       * 퇴직금 지급 시 : 퇴직급여 ××× / 퇴직연금운용자산 ×××

   ② **확정기여형 퇴직연금** - 납입한 연금의 운용 손익의 책임이 종업원에게 있는 것.
       * 연금 납부 시 : 퇴직급여 ××× / 현금 ×××
       * 퇴직금 지급 시 : 회계 처리 없음.

10 주식회사 자본

1. 자본

1) 자본금 : 법정 자본금 → 액면 단가 × 발행 주식 수
2) 자본잉여금 : 자본거래에서 발생할 이익을 유보 시키는 항목
3) 자본조정 : 자본잉여금에 속하지 않는 자본거래에서 발생한 항목
4) 기타 포괄손익 : 이익이나 손실 중 언제 실현될지 모르는 항목
5) 이익잉여금 : 영업활동에서 발생한 이익

2. 회사 설립 시 주식발행

* ㈜KTA : 발행할 주식 총수 1,000,000주 → 정관에 규정
　　　　　설립 시 200,000주 발행(1주당 액면단가 500원)

① 강선생 :　100,000주 × 500원 =　50,000,000 (50%)
② 김선생 :　　60,000주 × 500원 =　30,000,000 (30%)
③ 최선생 :　　40,000주 × 500원 =　20,000,000 (20%)
　유통주식수 200,000주　납입자본 100,000,000(100%)

- 설립 시 : 신주 200,000주(액면단가 500원)를 500원에 발행하고, 납입금은 보통예입하다.
　　　　보통예금 100,000,000 / 자본금 100,000,000

재무상태표

자산		부채·자본	
보통예금	100,000,000	자본금	100,000,000

➡ 자본총계 100,000,000원 ÷ 유통주식수 200,000주 = **1주당 가치 500원**

3. 당기순이익 발생 시 주당 순이익과 1주당 가치 계산

- 매출 : 보통예금 300,000,000 / 매출 300,000,000
- 비용 : 급여 100,000,000 / 보통예금 100,000,000

손익계산서	
매　　　　출	300,000,000
- 급　　　　여	100,000,000
당 기 순 이 익	200,000,000

재무상태표			
보 통 예 금	300,000,000	자　본　금	100,000,000
		이 익 잉 여 금	200,000,000
	300,000,000		300,000,000

➡ 자본총계 300,000,000원 ÷ 유통주식수 200,000주 = **1주당 가치 1,500원**

4. 유상증자 시 할증 발행

미발행주식(신주) 중 20,000주(500원)를 1,500원에 발행하고 보통예입하다.

: 보통예금 30,000,000 / 자　　본　　금 10,000,000
　　　　　　　　　　／ **주식발행초과금** 20,000,000
　　　　　　　　　　　↳ 자본잉여금

5. 당기순손실 발생 시 1주당 가치 계산

- 설립 시 : 보통예금 100,000,000 / 자본금   100,000,000
- 매 출 : 보통예금 300,000,000 / 매출   300,000,000
- 비 용 : 급여   350,000,000 / 보통예금 350,000,000

손익계산서	
매 출	300,000,000
- 급 여	350,000,000
당 기 순 손 실	50,000,000

재무상태표			
보 통 예 금	50,000,000	자 본 금	100,000,000
		미처리결손금	(50,000,000)
	50,000,000		50,000,000

➡ 자본총계 50,000,000원 ÷ 유통주식수 200,000주 = 1주당 가치 250원

6. 유상증자 시 할인 발행

미발행주식(신주) 중 20,000주(500원)를 250원에 발행하고 보통예입하다.

: 보 통 예 금 5,000,000 / 자본금 10,000,000
  주식할인발행차금 5,000,000 /
     ↳ 자본조정

7. 감자차손

손익계산서	
매 출	300,000,000
- 급 여	100,000,000
당 기 순 이 익	200,000,000

재무상태표			
보 통 예 금	300,000,000	자 본 금	100,000,000
		이 익 잉 여 금	200,000,000
	300,000,000		300,000,000

➡ 자본총계 300,000,000원 ÷ 유통주식수 200,000주 = 1주당가치 1,500원

1) 유상감자

　이미 발행된 주식 中 40,000주(500원)를 1,500원에 **매입소각하고**, 보통예금에서 지급하다.
　: 자 본 금　20,000,000　/　보통예금　60,000,000
　　감자차손　40,000,000　/
　　　↳ 자본조정

2) 자기주식 취득

　이미 발행된 주식(자기주식) 中 40,000주(500원)를 1,500원에 **매입하고**, 보통예금에서 지급하다.
　: 자기주식　60,000,000　/　보통예금　60,000,000

　① 위 자기주식을 70,000,000에 매각하다.
　　보통예금　70,000,000　/　자기주식　60,000,000
　　　　　　　　　　　　　/　자기주식처분이익　10,000,000
　　　　　　　　　　　　　　　↳ 자본잉여금

　② 위 자기주식을 50,000,000에 매각하다.
　　보통예금　　　　50,000,000　/　자기주식　60,000,000
　　자기주식처분손실　10,000,000　/
　　　　↳ 자본조정

8. 감자차익

손익계산서		
매　　　　출		300,000,000
－ 급　　　　여		350,000,000
당 기 순 손 실		50,000,000

재무상태표			
보 통 예 금	50,000,000	자 본 금	100,000,000
		미처리결손금	(50,000,000)
	50,000,000		50,000,000

➡ 자본총계 50,000,000원 ÷ 유통주식수 200,000주 = 1주당 가치 250원

1) 유상감자

　이미 발행된 주식 中 40,000주(500원)를 250원에 **매입소각**하고, 보통예금에서 지급하다.

　: 자 본 금 20,000,000 / 보통예금 10,000,000
　　　　　　　　　　／ **감자차익** 10,000,000
　　　　　　　　　　　↳ 자본잉여금

• 자본금 감소 = 감자

　1. 유상감자 : 자본금 ××× / 현금 ×××
　2. 무상감자 : 자본금 ××× / 결손금 ×××

　① **자본잉여금** : 주식발행초과금, 감자차익, 자기주식처분이익
　② **자본조정** : 주식할인발행차금, 감자차손, 자기주식, 자기주식처분손실, 미교부주식배당금

11. 수익과 비용

1. 손익계산서 작성 기준

1) 발생주의, 실현주의 원칙 → 손익의 정리(손익의 이연, 손익의 예상)
2) 총액주의 원칙
3) 구분계산 원칙
4) 수익비용대응 원칙

2. 손익의 이연

1) 손익계산서 상의 비용은 당기의 비용만 반영되어야 한다. 때문에 아래의 예제처럼 비용 중 차기에 해당하는 금액이 포함된 경우에는 결산 시 정리 분개를 통해서 다음 연도로 넘겨야 하는데, 이를 **"비용의 이연"**이라고 한다.

① 20x0년 10/1 1년분 보험료 120,000원을 현금 지급하였다.

보험료 120,000 / 현금 120,000

1/1~12/31 손익계산서	보험료 120,000 中				
수익		20x0	당기	차기	20x1
-비용 ~~120,000~~ ⇒ 30,000		10/1	30,000	90,000	9/30
당기순이익					

② 12/31 보험료 정리 (보험료 선급분, 미경과분)

선급비용 90,000 / 보험료 90,000

* 이런 정리 분개를 하지 않으면 보험료라는 비용이 과대계상되어 순이익이 감소되는 오류가 발생한다.

---

③ 20x1년 1/1 보험료 (선급비용) 재대체 분개를 통해서 다시 비용으로 반영한다.

보험료 90,000 / 선급비용 90,000

1/1 ~ 12/31 손익계산서
수   익
-비   용 : 보험료 90,000
당기순이익

2) 아래 예제로 선급금과 선급비용을 혼동하지 말자.
   ① 12/31일   계약금 100,000원을 현금으로 지급하다.
               선급금 100,000 / 현금 100,000
   ② 12/31일   보험료 선급분 100,000원을 장부에 계상하다.
               선급비용 100,000 / 보험료 100,000

3) 손익계산서상의 수익은 당기의 수익만 반영되어야 한다. 때문에 아래의 예제처럼 수익 중 차기에 해당하는 금액이 포함된 경우에는 결산 시 정리 분개를 통해서 다음 연도로 넘겨야 하는데, 이를 "**수익의 이연**"이라고 한다.

   ① 20x0 10/1   1년분 집세 120,000원 현금으로 수령하다.
                현금 120,000 / 임대료 120,000

1/1~12/31	손익계산서
수 익	~~120,000~~ ⇒ 30,000
- 비 용	
당기순이익	

   ② 12/31   집세 선수분(미경과분) 정리
              임대료 90,000/ 선수수익 90,000
   * 이런 정리 분개를 하지 않으면 임대료라는 수익이 과대계상되어 순이익이 증가되는 오류가 발생한다.

   ───────────────────────────────

   ③ 20x1 1/1   선수수익 재대체 분개를 통해서 다시 수익으로 처리한다.
                선수수익 90,000 / 임대료 90,000

1/1~12/31	손익계산서
수 익	임대료 90,000
-비 용	
당기순이익	

4) 아래 예제로 선수금과 선수수익을 혼동하지 말자.
   ① 12/31일 계약금 100,000원을 현금으로 수령하다.
      현금 100,000 / 선수금 100,000

   ② 12/31일 집세 선수액 100,000원을 계상하다.
      임대료 100,000 / 선수수익 100,000

손익의 이연	① 비용의 이연 ⇒ 선급비용 ××× / ××× ② 수익의 이연 ⇒ ××× / 선수수익 ×××

3. 손익의 예상

손익의 예상은 손익의 이연과 반대로 당기에 발생한 수익과 비용인데, 받을 권리와 지급할 의무가 당기가 아닌 차기 이후에 확정되는 수익과 비용을 손익계산서에 반영시키는 것이다.

1) 비용의 예상

아래 예제처럼 12월에 보름치 이자가 발생하였으나 이자 지급일은 다음 연도 15일 일 때 보름치 이자를 장부에 "**미지급비용**"이라는 과목으로 반영하는 것을 **비용의 예상**이라고 한다.
   ① 10/15 10,000,000원을 차입(이율 12%, 매월 15일에 지급)하다.
      보통예금 10,000,000 / 차입금 10,000,000
   ② 11/15 이자 100,000원을 지급하다.
      이자비용 100,000 / 현금 100,000
   ③ 12/15 이자 100,000원을 지급하다.
      이자비용 100,000 / 현금 100,000
   ④ 12/31 이자 미지급액 50,000원을 계상하다.
      이자비용 50,000 / 미지급비용 50,000

1/1 ~ 12/31 손익계산서
수   익 -비   용 : 이자비용 ~~200,000~~ ⇒ 250,000
당기순이익

⑤ 1/15 이자 100,000원을 지급하다.

　　미지급비용 50,000　／　현금 100,000
　　이자비용 50,000

2) 아래 예제로 미지급금과 미지급비용을 혼동하지 말자.

① 12/31일　급여 미지급액 100,000원을 장부에 계상하다. (지급일은 매월 말일)
　　　　　급여 100,000 / 미지급금 100,000

② 12/31일　급여 미지급액 100,000원을 장부에 계상하다. (지급일은 다음 달 10일)
　　　　　급여 100,000 / 미지급비용 100,000

⇓ 반대편 입장

3) 수익의 예상

　아래 예제처럼 12월에 보름치 이자가 발생하였으나 이자 수령일은 다음 연도 15일일 때 보름치 이자를 장부에 **"미수수익"**이라는 과목으로 반영하는 것을 **수익의 예상**이라고 한다.

11/15 현금 100,000 / 이자수익 100,000 12/15 현금 100,000 / 이자수익 100,000 12/31 이자 미수액을 계상하다 **미수수익 50,000 / 이자수익 50,000**	**1/1~12/31 손익계산서** 수　　익　~~200,000~~ ⇒ 250,000 -비　　용 당기순이익
1/15 　현금 100,000　／　미수수익 50,000 　　　　　　　　　　이자수익 50,000	**1/1~1/31 손익계산서** 수　　익　~~100,000~~ ⇒ 50,000 -비　　용 당기순이익

손익의 예상	① 비용의 예상 　⇒ ××× / 미지급비용 ××× ② 수익의 예상 　⇒ 미수수익 ××× / ×××

4) 아래 예제로 미수금과 미수수익을 혼동하지 말자.

① 12/31일   임대료 미수액 100,000원을 장부에 계상하다. (수령일은 매월 말일)
             미수금 100,000 / 임대료 100,000

② 12/31일   임대료 미수액 100,000원을 장부에 계상하다. (수령일은 다음 달 10일)
             미수수익 100,000 / 임대료 100,000

4. 소모품 정리

1) 소모품을 구입 시 소모품의 중요성을 따져 자산(소모품)으로 처리했다가 결산 시 사용액만큼을 소모품비로 대체하는 자산 처리법과
2) 소모품을 구입 시 비용(소모품비)으로 처리했다가 결산 시 미사용액만큼을 소모품으로 대체하는 비용처리법이 있다.
3) 일반적으로 자산처리, 비용처리에 대한 언급이 없으면 비용처리법을 사용한다.

자산처리법	비용처리법
(1) 소모품 1,000,000 구입	
소모품 1,000,000 / 현금 1,000,000	소모품비 1,000,000 / 현금 1,000,000
재무상태표 소모품 1,000,000	**재무상태표** ×
손익계산서 ×	**손익계산서** 소모품비 1,000,000
(2) 12/31 결산 시	
소모품재고(미사용액) : 300,000이다. ⇒ 재무상태표에는 300,000, 손익계산서 700,000 반영	
소모품비 700,000 / 소모품 700,000	소모품 300,000 / 소모품비 300,000
재무상태표 소모품 300,000	**재무상태표** 소모품 300,000
손익계산서 소모품비 700,000	**손익계산서** 소모품비 700,000

Chapter 3 단원별 이론 기출문제

Exercise 01. 회계의 개념과 순환과정 기출문제

01 일반기업회계기준에 의한 재무상태표에 관한 설명이다. 틀린 것은?

① 유동자산은 당좌자산과 재고자산으로 구분하고, 비유동자산은 금융자산, 유형자산, 무형자산, 기타 비유동자산으로 구분한다.
② 부채는 유동부채와 비유동부채로 구분한다.
③ 자본은 자본금, 자본잉여금, 자본조정, 기타포괄손익누계액 및 이익잉여금(또는 결손금)으로 구분한다.
④ 재무상태표는 정보이용자들이 기업의 유동성, 재무적 탄력성, 수익성과 위험 등을 평가하는 데 유용한 정보를 제공한다.

정답 ①
유동자산은 당좌자산과 재고자산으로 구분하고, 비유동자산은 투자자산, 유형자산, 무형자산, 기타비유동자산으로 구분한다.

02 다음은 일반기업회계기준상 재무상태표의 기본 구조를 설명한 내용이다. 틀린 것은?

① 자산은 유동자산과 비유동자산으로 구분한다.
② 자산과 부채는 유동성이 작은 항목부터 배열하는 것을 원칙으로 한다.
③ 부채는 유동부채와 비유동부채로 구분한다.
④ 자본은 자본금, 자본잉여금, 자본조정, 기타포괄손익누계액 및 이익잉여금(또는 결손금)으로 구분한다.

정답 ②
자산과 부채는 유동성이 큰 항목부터 배열하는 것을 원칙으로 한다.

전산회계 1급

03 다음 중 재무제표에 대한 설명으로 잘못 설명된 것은?

① 현금흐름표는 영업활동, 투자활동, 재무활동으로 인한 현금흐름으로 구분하여 표시한다.
② 손익계산서는 일정 기간 동안 기업의 경영 성과에 대한 정보를 제공한다.
③ 재무상태표, 손익계산서, 현금흐름표, 이익잉여금처분계산서로 구성되며, 주석을 포함한다.
④ 주석은 우발상황과 같이 재무제표에 인식되지 않는 항목에 대한 추가 정보를 포함하여야 한다.

정답 ③
재무제표는 재무상태표, 손익계산서, 현금흐름표, 자본변동표로 구성되며, 주석을 포함한다.

04 다음 중 시산표등식으로 맞는 것은?

① 기말자산 + 총비용 = 기말부채 + 기말자본 + 총수익
② 기말자산 + 총비용 = 기말부채 + 기초자본 + 총수익
③ 기말자산 + 총비용 = 기말부채 + 기초자본 + 총수익 - 순손실
④ 기말자산 + 총비용 + 순이익 = 기말부채 + 기초자본 + 총수익

정답 ②

05 다음 중 재무상태표의 자산분류상 올바른 항목으로 짝 지어진 것은?

① 유동자산 : 단기투자자산, 투자자산 : 임차보증금
② 투자자산 : 장기대여금, 유형자산 : 건설중인자산
③ 투자자산 : 투자부동산, 기타비유동자산 : 지분법적용투자주식
④ 유동자산 : 선급비용, 투자자산 : 장기미수금

정답 ②
단기투자자산, 선급비용은 유동자산이며, 장기대여금, 투자부동산

06 다음은 시산표에서 발견할 수 없는 오류를 나열한 것이다. 이에 해당하지 않는 것은?

① 동일한 금액을 차변과 대변에 반대로 전기한 경우
② 차변과 대변의 전기를 동시에 누락한 경우
③ 차변과 대변에 틀린 금액을 똑같이 전기한 경우
④ 차변만 이중으로 전기한 경우

정답 ④
차변만 이중으로 전기한 경우, 차변 합계금액이 대변 합계금액 보다 커지므로 오류를 발견할 수 있다.

07 다음의 회계등식 중 옳지 않은 것은?

① 기말자산 = 기말부채 + 기초자산 + 이익
② 총비용 + 이익 = 총수익
③ 기말자본 - 기초자본 = 이익
④ 자산 = 부채 + 순자산

정답 ①
　　기말자산 = 기말부채 + 기초자본 + 이익

08 다음 자료에서 시언상회의 총비용은 얼마인가?

- 기초자본 : 8,000,000원
- 기말자본 : 16,000,000원
- 추가출자금 : 5,000,000원
- 총수익 : 6,000,000원

① 2,000,000원　　　　② 2,500,000원
③ 3,000,000원　　　　④ 4,000,000원

정답 ③
　　3,000,000원, 기초자본 + 추가출자금 + 총수익 - 총비용 = 기말자본
　　8,000,000원 + 5,000,000원 + 6,000,000원 - 총비용 = 16,000,000원

09 회계정보의 질적특성인 목적적합성의 구성요소가 아닌 것은?

① 표현의 충실성　　　　② 피드백가치
③ 적시성　　　　　　　④ 예측가치

정답 ①
　　목적적합성은 예측가치, 피드백가치, 적시성으로 구성된다.

10 회계 순환과정에 있어 기말결산 정리를 하게 되는 근거가 되는 가정으로 가장 적절한 것은?

① 기업실체의 가정　　　② 기간별보고의 가정
③ 화폐단위의 가정　　　④ 계속기업의 가정

정답 ②

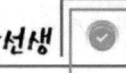

02. 현금 및 현금성자산 기출문제

01 다음 항목 중 반드시 현금성자산에 해당하는 것은?

① 지급기일 도래한 사채이자표
② 결산시점 만기 6개월 양도성예금증서
③ 선일자수표
④ 결산시점 만기 3개월 양도성예금증서

정답 ①

지급기일이 도래한 사채이자표는 현금성자산으로 처리한다. 그리고 양도성예금증서를 현금성자산으로 분류되기 위해서는 취득 시점에서 만기 3개월 이내이어야 하며, 결산시점을 기준으로 분류하지 않는다.

02 다음 중 재무제표에 보고되는 현금및현금성자산에 해당하지 않는 것은?

① 지폐
② 여행자수표
③ 2025.8.5 취득한 양도성예금증서(만기:2025.11.2.)
④ 정기예금

정답 ④

정기예금은 단기금융상품에 해당

03 다음 중 현금및현금성자산에 속하지 않는 항목은?

① 미화 $100 지폐
② 즉시 인출 가능한 보통예금 잔고 300,000원
③ 7월 1일에 수취한 받을어음 1,000,000원(만기일 9월 30일)
④ 12월 1일에 ㈜한국에 대여한 단기대여금 500,000원(상환일 다음 연도 3월 15일)

정답 ④

단기대여금은 당좌자산에 속하는 채권으로써 현금및현금성자산으로 분류되지 않는다.

04 다음 중 현금및현금성자산에 해당하지 않는 것은?

① 우편환증서
② 배당금지급통지표
③ 타인발행약속어음
④ 만기도래한 국채이자표

정답 ③

타인발행약속어음은 매출채권으로 당좌자산이다.

05 다음 중 현금및현금성자산의 금액은 얼마인가?

- 수입인지 : 3,000원 · 배당금지급통지표 : 5,000원
- 사채이자지급통지표 : 5,000원
- 보통예금 : 3,000원 · 만기6개월정기예금 : 5,000원
- 타인발행당좌수표 : 5,000원

① 18,000원 ② 20,000원
③ 23,000원 ④ 28,000원

정답 ①

배당금지급통지표 5,000원 + 사채이자지급통지표 5,000원 + 보통예금 3,000원 +타인발행당좌수표 5,000원 = 18,000원

06 다음 자료에 의하여 결산 재무상태표에 표시되는 현금및현금성자산을 구하면 얼마인가?

- 당 좌 예 금 : 150,000원 · 배 당 금 지 급 통 지 표 : 500,000원
- 만기도래한 사채이자표 : 120,000원 · 양도성예금증서(100일 만기) : 500,000원
- 우 표 : 5,000원

① 770,000원 ② 655,000원
③ 620,000원 ④ 275,000원

정답 ①

150,000원 + 500,000원 + 120,000원 = 770,000원

07 경리담당자는 현재 시재액이 장부 잔액보다 30,000원 많은 것을 발견하였으나, 그 원인을 알 수 없어서 현금과부족계정을 이용하여 차이를 조정하였다. 그 후 현금불일치의 원인이 임대료 수입의 기장 누락에 있었음을 발견하였다. 현금불일치의 원인이 발견된 시점에서 필요한 분개는?

① (차) 현금과부족 30,000 (대) 현 금 30,000
② (차) 현금과부족 30,000 (대) 임 대 료 30,000
③ (차) 현 금 30,000 (대) 현금과부족 30,000
④ (차) 임 대 료 30,000 (대) 현금과부족 30,000

정답 ②

08 다음 분개에 대한 설명으로 옳은 것은?

| (차) 현 금 | 10,000 | (대) 현금과부족 | 10,000 |

① 현금과잉액의 원인이 밝혀진 경우
② 현금의 실제 잔액이 장부 잔액보다 많음을 발견한 경우
③ 현금부족분의 원인이 밝혀진 경우
④ 현금의 실제 잔액이 장부 잔액보다 부족함을 발견한 경우

정답 ②

09 기말 결산 시 현금 계정 차변잔액 200,000원, 현금과부족계정 차변잔액 2,000원이며 현금 실제액이 199,000원이다. 결산 정리 분개 시 차변 계정과목과 금액으로 옳은 것은?

① 현금 1,000원
② 현금 3,000원
③ 잡손실 1,000원
④ 잡손실 3,000원

정답 ④
(차) 잡손실 3,000원 (대) 현금과부족 2,000원
　　　　　　　　　　　　현　　금 1,000원

10 다음 현금과부족계정의 ( ) 안에 들어갈 계정과목은?

현금과부족
| 12/10 이자수익 15,000 | 12/8 현금 30,000 |
| 12/31 (　　　) 15,000 | |

① 현금과부족
② 잡이익
③ 잡손실
④ 차기이월

정답 ②
기말결산 시까지 현금과부족의 원인을 알 수 없으면 잡이익으로 처리한다.

Exercise 03. 재고자산 기출문제

01 다음 중 재고자산의 취득원가에 포함시켜야 하는 항목으로 가장 맞는 것은?

① 판매수수료
② 판매 시의 운송비용
③ 재고자산 매입 시 수입관세
④ 인수 후 판매까지의 보관료

정답 ③

02 다음 중 매출원가에 영향을 미치지 않는 비용은?

① 원재료 구입에 따른 운반비
② 화재로 소실된 원재료
③ 재고자산평가손실
④ 정상적인 재고자산감모손실

정답 ②

매출원가는 제품, 상품 등의 매출액에 대응되는 원가로서 판매된 제품이나 상품 등에 대한 제조원가 또는 매입원가이다.

03 기말재고자산가액을 실제보다 높게 계상한 경우 재무제표에 미치는 영향으로 잘못된 것은?

① 매출원가가 실제보다 감소한다.
② 매출총이익이 실제보다 증가한다.
③ 당기순이익이 실제보다 증가한다.
④ 자본총계가 실제보다 감소한다.

정답 ④

기말재고자산을 실제보다 높게 계상한 경우에는 매출원가는 실제보다 감소하고, 그 결과 매출총이익과 당기순이익이 증가한다. 당기순이익이 증가하면, 자본총계도 증가한다.

04 다음 중 재고자산으로 분류되지 않는 항목은?

① 결산일 현재 수탁자가 판매하지 못한 위탁자의 적송품
② 할부대금이 모두 회수되지 않은 할부판매 상품
③ 결산일 현재 매입 의사표시 없는 시송품
④ 선적지 인도 조건으로 매입한 결산일 현재 운송 중인 상품

정답 ②

재고자산을 고객에게 인도하고 대금의 회수는 미래에 분할하여 회수하기로 한 경우, 대금이 모두 회수되지 않았다고 하더라도 상품의 판매시점에서 판매자의 재고자산에서 제외한다.

05 ㈜경기의 4월 기말재고액이 기초재고액 보다 200,000원 증가되었고, 4월 매출액은 2,700,000원으로 매출원가의 20% 이익을 가산한 금액이라 한다면, 당기 매입금액은?

① 2,150,000원
② 2,250,000원
③ 2,350,000원
④ 2,450,000원

정답 ④

매출원가 : (2,700,000원/120%) + 200,000원 = 2,450,000원

06 다음 주어진 재고자산 자료를 가지고 매출원가를 계산하면 얼마인가?

- 기초재고액 : 300,000원
- 당기총매입액 : 1,200,000원
- 기말재고액 : 200,000원
- 매출환입 : 50,000원
- 매입환출 : 80,000원
- 매입에누리 : 100,000원

① 1,070,000원
② 1,120,000원
③ 1,200,000원
④ 1,300,000원

정답 ②

매출원가 = 기초재고액 + 당기순매입액(=총매입액-매입환출-매입에누리) - 기말재고액
1,120,000원 = 300,000원 + (1,200,000원-80,000원-100,000원) - 200,000원

07 다음 중 재고자산의 수량결정방법에 해당하는 것은 어느 것인가?

① 선입선출법
② 이동평균법
③ 후입선출법
④ 계속기록법

정답 ④

계속기록법, 실지재고조사법은 재고자산의 수량결정방법이고, 선입선출법, 이동평균법, 후입선출법, 총평균법, 개별법은 재고자산의 단가결정방법이다.

08 ㈜세무는 상품 매출원가에 30%의 이익을 가산하여 판매하고 있다. 기말상품재고액이 기초상품재고액보다 500,000원 증가되었고, 2025년 상품매출액은 5,200,000원으로 나타났다. 당기 상품순매입액은?

① 3,000,000원
② 3,500,000원
③ 4,000,000원
④ 4,500,000원

정답 ④

09 다음 중 재고자산 평가 방법이 아닌 것은?

① 실지재고조사법 ② 후입선출법
③ 가중평균법 ④ 선입선출법

정답 ①

실지재고조사법은 평가 방법이 아니라 재고자산 수량결정방법이다.

10 다음 중 물가가 상승하는 경우 재무상태표에 재고자산을 가장 최근의 원가, 즉 시가나 공정가치로 표현할 수 있는 재고자산의 원가 결정 방법은 무엇인가?

① 개별법 ② 선입선출법
③ 후입선출법 ④ 이동평균법

정답 ②

선입선출법
개별법은 실물 흐름에 따른 방법이고 후입선출법은 기말재고자산이 과거에 매입된 가격으로 표시되고, 이동평균법은 상품을 취득할 때마다 새로운 단가를 계산하는 방법으로 취득가격이 서로 섞이게 된다.

04. 매출채권과 기타채권, 대손회계 기출문제

01 ㈜굿패션은 대손충당금을 보충법에 의해 설정하고 있으며 매출채권 잔액의 1%로 설정하고 있다. 기말 재무상태표상 매출채권의 순장부가액은 얼마인가?

```
              매출채권              (단위:원)
   기초  50,000      회수 등  200,000
   발생 500,000

              대손충당금            (단위:원)
   대손  8,000       기초  10,000
```

① 346,500원 ② 347,000원
③ 347,500원 ④ 348,500원

정답 ①

기말 매출채권 잔액(350,000원) = 50,000원 + 500,000원 - 200,000원
기말 대손충당금 잔액(3,500원) = 350,000원 × 1%
기말 매출채권의 순장부가액(346,500원) = 350,000원 - 3,500원

02 ㈜광교는 매출채권 기말잔액 28,000,000원에 대하여 1%의 대손충당금을 설정하고자 한다. 전기말대손충당금 잔액은 300,000원이었으며, 기중에 전기 대손발생액 중 200,000원이 회수되어 회계 처리하였다. 기말의 회계 처리로 올바른 것은?

① (차) 대손상각비 280,000원 (대) 대손충당금 280,000원
② (차) 대손충당금 20,000원 (대) 대손충당금환입 20,000원
③ (차) 대손충당금 220,000원 (대) 대손충당금환입 220,000원
④ (차) 대손상각비 180,000원 (대) 대손충당금 180,000원

정답 ③

03 영업활동과 관련하여 비용이 감소함에 따라 발생하는 매출채권의 대손충당금 환입은 다음의 계정 구분중 어디에 속하는가?

① 판매비와 관리비 ② 영업외수익
③ 자본조정   ④ 이익잉여금

정답 ①

04 다음 중 대손충당금 설정대상 자산으로 적합한 것은?

① 미지급금　　　　　　　　② 대여금
③ 외상매입금　　　　　　　④ 예수금

정답 ②

　　대여금은 대손충당금을 설정할 수 있다.

05 다음의 거래에 대한 분개로 맞는 것은?

> 8월 31일 : 거래처의 파산으로 외상매출금 100,000원이 회수 불능이 되다(단, 8월 31일 이전에 설정된 대손충당금 잔액은 40,000원이 있다).

① (차) 대손상각비　　100,000원　　(대) 외상매출금 100,000원
② (차) 대손충당금　　 40,000원　　(대) 외상매출금 100,000원
　　　대손상각비　　 60,000원
③ (차) 대손충당금　　 60,000원　　(대) 외상매출금 100,000원
　　　대손상각비　　 40,000원
④ (차) 대손충당금환입 40,000원　　(대) 외상매출금 100,000원
　　　대손상각비　　 60,000원

정답 ②

　　대손이 발생하면 대손충당금에서 우선 상계한 후 대손충당금이 부족하면 대손상각비 비용으로 인식한다.

06 ㈜서울은 유형자산 처분에 따른 미수금 기말잔액 45,000,000원에 대하여 2%의 대손충당금을 설정하려 한다. 기초 대손충당금 400,000원이 있었고 당기 중 320,000원 대손이 발생되었다면 보충법에 의하여 기말 대손충당금 설정 분개로 올바른 것은?

① (차) 대 손 상 각 비 820,000원 (대) 대손충당금 820,000원
② (차) 기타의 대손상각비 820,000원 (대) 대손충당금 820,000원
③ (차) 대 손 상 각 비 900,000원 (대) 대손충당금 900,000원
④ (차) 기타의 대손상각비 900,000원 (대) 대손충당금 900,000원

정답 ②

　　유형자산 처분에 따른 미수금은 기타의 대손상각비로 처리하고, 대손충당금 설정액은
　　(45,000,000원 × 2%) - 80,000원 = 820,000원

07 상품매출에 의한 매출에누리와 매출환입에 대한 올바른 회계 처리 방법은?

① 매출에누리와 매출환입 모두 총매출액에서 차감한다.
② 매출에누리는 수익처리하고, 매출환입은 외상매출금에서 차감한다.

③ 매출에누리는 총매출액에서 차감하고 매출환입은 수익처리한다.
④ 매출에누리와 매출환입 모두 수익처리한다.

정답 ①

총매출액에서 매출환입, 매출에누리, 매출할인을 차감하면 순매출액이 된다.

08 다음 중 대손충당금 설정대상자산에 해당되지 않는 것은?

① 가수금 ② 외상매출금
③ 미수금 ④ 받을어음

정답 ①

가수금은 채무인 부채계정과목이다.

09 ㈜광교는 매출채권 기말잔액 28,000,000원에 대하여 1%의 대손충당금을 설정하고자 한다. 전기말 대손충당금 잔액은 300,000원이었으며, 기중에 전기 대손 발생액 중 200,000원이 회수되어 회계 처리 하였다. 기말의 회계 처리로 올바른 것은?

① (차) 대손상각비   280,000원   (대) 대손충당금   280,000원
② (차) 대손충당금   20,000원   (대) 대손충당금환입   20,000원
③ (차) 대손충당금   220,000원   (대) 대손충당금환입 220,000원
④ (차) 대손상각비   180,000원   (대) 대손충당금   180,000원

정답 ③

- 기중 전기 대손발생액 회수 시 : (차) 현 금 200,000원 (대) 대손충당금 200,000원
- 결산 전 대손충당금 잔액 : 300,000원 + 200,000원 = 500,000원
- 기말대손설정액 : 28,000,000 × 0.01 = 280,000원
- 대손충당금 추가설정(환입)액 : 280,000원 - 500,000원 = 220,000원 환입
- 기말회계처리 : (차) 대손충당금 220,000원 (대) 대손충당금환입 220,000원

10 다음은 상품을 판매한 이후에 발생한 내역이다. 매출액에 영향을 미치지 않는 경우는?

① 상품을 현금판매 후 상품의 하자로 반품되었다.
② 상품을 외상판매 후 상품의 대금을 회수하지 못하여 외상매출금 회수를 포기하였다.
③ 상품을 현금판매 후 상품의 하자로 판매대금의 10%를 환불해 주었다.
④ 상품을 외상판매 후 외상매출금을 조기 상환하여 판매대금의 10%를 할인해 주었다.

정답 ②

대손상각비는 판매관리비로 처리되며, 매출액에 영향을 미치지 않는다.

Exercise 05. 투자자산 - 유가증권 기출문제

01 유가증권과 관련한 다음의 설명 중 적절치 않은 것은?

① 유가증권에는 지분증권과 채무증권이 포함된다.
② 만기가 확정된 채무증권을 만기까지 보유할 적극적인 의도와 능력이 있는 경우에는 만기보유증권으로 분류한다.
③ 만기보유증권으로 분류되지 아니하는 채무증권은 매도가능증권으로만 분류된다.
④ 주로 단기간 내의 매매차익을 목적으로 취득한 유가증권으로서 매수와 매도가 적극적이고 빈번하게 이루어지는 것은 단기매매증권으로 분류한다.

정답 ③

지분증권과 및 만기보유증권으로 분류되지 아니하는 채무증권은 단기매매증권과 매도가능증권 중의 하나로 분류한다.

02 다음 괄호 안에 들어갈 내용을 순서대로 적은 것으로 옳은 것은?

> ( )에 대한 미실현보유손익은 당기손익항목으로 처리한다. ( )에 대한 미실현보유손익은 기타포괄손익누계액으로 처리한다.

① 단기매매증권, 만기보유증권
② 단기매매증권, 매도가능증권
③ 매도가능증권, 만기보유증권
④ 매도가능증권, 지분법적용투자주식

정답 ②

단기매매증권에 대한 미실현보유손익은 당기손익항목으로 처리한다. 매도가능증권에 대한 미실현보유손익은 기타포괄손익누계액으로 처리하고, 당해 유가증권에 대한 기타포괄손익누계액은그 유가증권을 처분하거나 손상차손을 인식하는 시점에 일괄하여 당기손익에 반영한다.

03 다음 중 유가증권에 대한 설명으로 틀린 것은?

① 단기매매증권과 매도가능증권은 원칙적으로 공정가치로 평가한다.
② 매도가능증권은 보유 목적에 따라 유동자산이나 투자자산으로 분류된다.
③ 단기매매증권과 매도가능증권의 미실현보유이익은 당기순이익 항목으로 처리한다.
④ 단기매매증권이 시장성을 상실한 경우에는 매도가능증권으로 분류하여야 한다.

정답 ③

매도가능증권에 대한 미실현보유손익은 기타포괄손익누계액으로 처리한다.

04 유가증권에 대한 설명이다. 옳은 것은?

① 유가증권 중 채권은 취득한 후에 단기매매증권이나 매도가능증권 중의 하나로만 분류한다.
② 단기매매증권이 시장성을 상실한 경우에는 매도가능증권으로 분류하여야 한다.
③ 단기매매증권과 만기보유증권은 원칙적으로 공정가치로 평가한다.
④ 매도가능증권은 주로 단기간 내의 매매차익을 목적으로 취득한 유가증권이다.

정답 ②

05 다음 중 나머지 셋과 계정과목의 성격이 다른 하나는?

① 단기매매증권평가손실
② 단기매매증권처분손실
③ 매도가능증권평가손실
④ 매도가능증권처분손실

정답 ③
①, ②, ④번은 손익계산서의 영업외비용 계정과목이지만, ③번은 재무상태표의 기타포괄손익누계액(자본계정) 계정과목임.

06 재무상태표상 계정의 분류가 옳지 않은 것은?

① 자기주식처분손실 : 영업외비용
② 배당건설이자 : 자본조정
③ 자기주식 : 자본조정
④ 매도가능증권처분손실 : 영업외비용

정답 ①
자기주식처분손실은 자본조정에 해당된다.

07 시장성 있는 ㈜A의 주식 10주를 1주당 56,000원에 구입하고, 거래 수수료 5,600원을 포함하여 보통예금계좌에서 결제하였다. 당해 주식은 단기매매차익을 목적으로 보유하는 경우이며, 일반기업회계기준에 따라 회계 처리하는 경우 발생하는 계정과목으로 적절치 않은 것은?

① 단기매매증권
② 만기보유증권
③ 지급수수료
④ 보통예금

정답 ②
상기의 거래는 다음과 같이 회계 처리된다.
단기매매증권 560,000 / 보통예금 565,600
　수수료비용 5,600
유가증권은 취득한 후에 만기보유증권, 단기매매증권, 그리고 매도가능증권 중의 하나로 분류하여야 한다.

08 기말 현재 단기매매증권 보유현황은 다음과 같다. 다음 중 일반기업회계 기준에 따른 기말 평가를 하는 경우 올바른 분개로 가장 타당한 것은?

- A사 주식의 취득원가는 200,000원이고 기말공정가액은 300,000원이다.
- B사 주식의 취득원가는 150,000원이고 기말공정가액은 120,000원이다.

① (차) 단기매매증권 100,000원 (대) 단기매매증권평가이익 100,000원
② (차) 단기매매증권 70,000원 (대) 단기매매증권평가이익 70,000원
③ (차) 단기매매증권 420,000원 (대) 단기매매증권평가이익 420,000원
④ (차) 단기매매증권 350,000원 (대) 단기매매증권평가이익 350,000원

정답 ②

단기매매증권평가이익 = (300,000 + 120,000) - (200,000 + 150,000) = 70,000원

09 기말 현재 단기매매증권 보유현황은 다음과 같다. 단기매매증권 보유를 함에 따라 손익계산서에 반영할 영업외손익의 금액은 얼마인가?

- A사 주식의 취득원가는 200,000원이고 기말공정가액은 300,000원이다.
- A사 주주총회를 통해 현금배당금 60,000원을 받다.
- B사 주식의 취득원가는 150,000원이고 기말공정가액은 120,000원이다.

① 70,000원   ② 100,000원   ③ 130,000원   ④ 160,000원

정답 ③

③ A사 주식단기매매증권평가이익100,000원 + 배당금수익 60,000원 = 160,000원
  B사 주식 단기매매증권평가손실 △30,000원   합 계 130,000원

10 다음의 자료로 2025년 5월 5일 현재 주식수와 주당금액을 계산한 것으로 맞는 것은?

- ㈜갑의 주식을 2024년 8월 5일 100주를 주당 10,000원(액면가액 5,000원)에 취득하였다. 회계 처리 시 계정과목은 단기매매증권을 사용하였다.
- ㈜갑의 주식을 2024년 12월 31일 주당 공정가치는 7,700원이었다.
- ㈜갑으로부터 2025년 5월 5일에 무상으로 주식 10주를 수령하였다.

① 100주, 7,000원/주   ② 100주, 7,700원/주
③ 110주, 7,000원/주   ④ 110주, 7,700원/주

정답 ③

110주, 7,000원 2024.8.5. 단기매매증권 1,000,000원(100주, 10,000원/주)
2024.12.31. 단기매매증권 770,000원(100주, 7,700원/주)
2025.5.5. 단기매매증권 770,000원(110주, 7,000원/주)

06. 유형자산 기출문제

01 유형자산과 관련한 다음의 지출 중 발생 기간의 비용으로 처리해야 하는 것은?

① 원상 회복을 위한 수선유지 지출
② 상당한 원가절감 또는 품질 향상을 가져오는 경우의 지출
③ 생산능력 증대를 위한 지출
④ 내용연수 연장을 위한 지출

정답 ①

①은 수익적 지출, ②, ③, ④는 자본적 지출에 해당한다.

02 다음 중 수익적지출로 회계 처리하여야할 것으로 가장 타당한 것은?

① 냉난방 장치 설치로 인한 비용
② 파손된 유리의 원상 회복으로 인한 교체 비용
③ 사용 용도 변경으로 인한 비용
④ 증설·확장을 위한 비용

정답 ②

②는 수익적지출, ①, ③, ④은 자본적지출에 해당한다.

03 유형자산에 대한 감가상각을 하는 가장 중요한 목적으로 맞는 것은?

① 유형자산의 정확한 가치 평가 목적
② 사용 가능한 연수를 매년 확인하기 위해서
③ 현재 판매할 경우 예상되는 현금흐름을 측정할 목적으로
④ 자산의 취득원가를 체계적인 방법으로 기간 배분하기 위해서

정답 ④

감가상각은 자산의 취득원가를 체계적인 방법으로 기간 배분하기 위해서 하는 것이다.

04 유형자산의 감가상각과 관련한 다음 설명 중 가장 옳지 않은 것은?

① 연수합계법은 자산의 내용연수 동안 동일한 금액의 감가상각비를 계상하는 방법이다.
② 감가상각의 주목적은 원가의 합리적이고 체계적인 배분에 있다.
③ 감가상각비가 제조와 관련된 경우 재고자산의 원가를 구성한다.

④ 유형자산의 잔존가치가 유의적인 경우 매 보고기간 말에 재검토한다.

정답 ①
연수합계법은 내용연수 동안 감가상각액이 매 기간 감소하는 방법이다.

05 다음 중 유형자산의 감가상각에 대한 내용으로 옳지 않은 것은?

① 감가상각은 자산이 사용 가능한 시점부터 시작한다.
② 자산의 내용연수 동안 감가상각액이 매 기간 감소하는 상각 방법은 정률법이다.
③ 제조공정에서 사용된 유형자산의 감가상각액은 당기비용으로 처리한다.
④ 유형자산의 내용연수는 자산으로부터 기대되는 효용에 따라 결정된다.

정답 ③
제조공정에서 사용된 유형자산의 감가상각액은 재고자산의 원가를 구성한다.

06 다음 자료를 보고 정률법으로 감가상각할 경우 2차 회계연도에 계상될 감가상각비로 맞는 것은?

- 취득원가 : 10,000,000원   • 잔존가치 : 1,000,000원   • 내용연수 : 5년
- 상각율 : 0.45(가정)

① 1,800,000원 ② 2,227,500원
③ 2,475,000원 ④ 2,677,500원

정답 ③
1차 연도 감가상각비 10,000,000원 × 0.45 = 4,500,000원
2차 연도 감가상각비 (10,000,000원 - 4,500,000원) × 0.45 = 2,475,000원

07 유형자산의 감가상각방법 중 정액법, 정률법 및 연수합계법 각각에 의한 1차년도 말 계상된 감가상각비가 큰 금액부터 나열한 것은?

- 기계장치 취득원가 : 1,000,000원(1월 1일 취득)
- 내용연수 : 5년   • 잔존가치 : 취득원가의 10%   • 정률법 상각률 : 0.4

① 정률법 > 정액법 > 연수합계법   ② 정률법 > 연수합계법 > 정액법
③ 연수합계법 > 정률법 > 정액법   ④ 연수합계법 > 정액법 > 정률법

정답 ②
- 1차년도말 감가상각비 정률법 400,000 = 1,000,000 × 0.4
- 1차년도말 감가상각비 연수합계법 300,000 = (1,000,000 - 100,000) × 5/15
- 1차년도말 감가상각비 정액법 180,000 = (1,000,000 - 100,000) × 1/5

08 다음 자료를 이용하여 유형자산에 대한 감가상각을 실시하는 경우에 정액법, 정률법 및 연수합계법 각각에 의한 2차년도 말까지의 감가상각누계액 크기와 관련하여 가장 맞게 표시한 것은?

- 기계장치 취득원가 : 2,000,000원(1월 1일 취득)
- 잔존가치 : 취득원가의 10%
- 내용연수 : 5년
- 정률법 상각률 : 0.4

① 연수합계법 〉 정률법 〉 정액법
② 연수합계법 〉 정액법 〉 정률법
③ 정률법 〉 정액법 〉 연수합계법
④ 정률법 〉 연수합계법 〉 정액법

정답 ④

- 정액법 : • 1차년도말 감가상각비 : 360,000원 = (2,000,000원 - 200,000원) × 1/5
- 2차년도 말 감가상각비 : 360,000원 = (2,000,000원 - 200,000원) × 1/5
∴ 2차년도 말 감가상각누계액 : 360,000원 + 360,000원 = 720,000원
- 정률법 : • 1차년도말 감가상각비 : 800,000원 = 2,000,000원 × 0.4
- 2차년도말 감가상각비 : 480,000원 = (2,000,000원 - 800,000원) × 0.4
∴ 2차년도 말 감가상각누계액 : 800,000원 + 480,000원 = 1,280,000원
- 연수합계법 : • 1차년도말 감가상각비 :
600,000원 = (2,000,000원 - 200,000원) × 5/15
- 2차년도 말 감가상각비 : 480,000원 = (2,000,000원 - 200,000원) × 4/15
2차년도 말 감가상각누계액 : 600,000원 + 480,000원 = 1,080,000원

09 주어진 자료에서 당기 말 현재 손익계산서에 계상될 감가상각비는 얼마인가?

1) 2025년 1월 1일 차량운반구 취득
- 내용연수 : 5년
- 잔존가액 : 0원
- 취득가액 : 10,000,000원
- 취 득 세 : 200,000원
- 자동차보험료(1년분) : 600,000원
- 상각방법 : 정액법
2) 2025년 7월 1일 차량운반구 수선비(수익적지출분) : 100,000원

① 2,000,000원   ② 2,040,000원   ③ 2,160,000원   ④ 2,180,000원

정답 ②

(10,000,000원 + 200,000원) / 5년 = 2,040,000원

10 2025년 7월 1일에 차량운반구 5,000,000원을 현금 구입하고, 취득세 500,000원을 현금으로 납부하였다. 2025년 12월 31일 결산 시 정액법에 의해 감가상각을 할 경우 감가상각비는 얼마인가? (단, 내용연수 5년, 잔존가액 0원, 결산 연 1회)

① 400,000원
② 450,000원
③ 500,000원
④ 550,000원

정답 ④

일반기업회계기준에서는 월할상각을 원칙으로 하고 있으므로 감가상각비는 다음과 같이 계산할 수 있다.
(5,000,000 + 500,000) / 5 × 6/12 = 550,000

07. 무형자산 기출문제

01 다음 중 기업회계기준상 무형자산에 해당하지 않는 것은?

① 광업권   ② 영업권
③ 전세권   ④ 특허권

정답 ③
전세권은 무형자산이 아니다.

02 다음 계정과목 중 분류가 다른 것은?

① 임차권리금   ② 개발비
③ 상표권   ④ 전세권

정답 ④
전세권은 기타비유동자산항목에 해당되고, 나머지 항목은 모두 무형자산에 해당된다.

03 다음 중 일반기업회계기준상 무형자산으로 계상할 수 없는 것은?

① 합병 등으로 인하여 유상으로 취득한 영업권
② 기업의 프로젝트 연구단계에서 발생하여 지출한 연구비
③ 일정한 광구에서 부존하는 광물을 독점적·배타적으로 채굴하여 취득할 수 있는 광업권
④ 일정 기간 동안 독점적·배타적으로 이용할 수 있는 산업재산권

정답 ②
기업의 연구개발 활동 중 연구단계에서 발생하여 지출한 연구비는 당기비용으로 처리한다.

04 다음 중 무형자산에 해당하는 것의 개수는?

| · 상표권 | · 내부적으로 창출된 영업권 | · 컴퓨터소프트웨어 |
| · 장기미수금 | · 임차권리금 | · 경상개발비 |

① 1개   ② 2개
③ 3개   ④ 4개

정답 ③
상표권, 컴퓨터 소프트웨어, 임차 권리금이 무형자산에 해당된다. 내부적으로 창출된 영업권은 인정되지 아니하며, 경상개발비는 당기비용으로 처리한다.

05 무형자산과 관련한 다음의 설명 중 적절치 않은 것은?

① 무형자산으로 인식되기 위해서는 식별 가능하여야 한다.
② 무형자산은 기업이 그 무형자산에 대한 미래경제적 효익을 통제할 수 있어야 한다.
③ 내부적으로 창출한 영업권은 원가를 신뢰성 있게 측정할 수 없을 뿐만 아니라 기업이 통제하고 있는 식별 가능한 자원도 아니기 때문에 자산으로 인식하지 않는다.
④ 내부적으로 창출한 모든 무형자산은 무형자산으로 인식할 수 없다.

정답 ④
내부적으로 창출한 무형자산이 인식 기준에 부합하는지를 평가하기 위하여 무형자산의 창출 과정을 연구단계와 개발단계로 구분하여 개발단계에 해당하는 경우 무형자산으로 인식한다.

06 다음 중 무형자산에 대한 설명으로 틀린 것은?

① 물리적 형체가 없지만 식별 가능함
② 기업이 통제하고 있음
③ 분류 항목은 산업재산권, 저작권, 연구개발비, 영업권 등이 있음
④ 미래의 경제적효익이 있음

정답 ③
연구개발비는 판매비와 관리비로 분류된다.
· 무형자산은 물리적 형체는 없지만 식별 가능하고 기업이 통제하고 있으며, 미래경제적 효익이 있는 비화폐성자산으로 산업재산권, 저작권, 개발비 등과 사업 결합에서 발생한 영업권을 포함한다.
· 무형자산 중 별도 표시하는 소분류 항목의 예는 다음과 같다. 영업권, 산업재산권, 개발비, 기타 등이 있다.
기타는 라이선스와 프랜차이즈, 저작권, 컴퓨터 소프트웨어, 임차 권리금, 광업권, 어업권 등을 포함한다.
다만, 이들 항목이 중요한 경우에는 개별 표시한다.

07 다음 항목들 중에서 무형자산으로 인식할 수 없는 것은?

① 향후 5억 원의 가치창출이 확실한 개발단계에 2억 원을 지출하여 성공한 경우
② 내부창출한 상표권으로서 기말 시점에 회사 자체적으로 평가한 금액이 1억 원인 경우
③ 통신 기술과 관련한 특허권을 출원하는 데 1억 원을 지급한 경우
④ 12억 원인 저작권을 현금으로 취득한 경우

정답 ②
내부창출한 상표는 신뢰성 있는 측정이 아니다.

08 무형자산에 관한 다음의 내용 중 옳지 않은 것은?

① 외부에서 구입한 무형자산은 자산으로 처리한다.
② 무형자산의 상각 방법으로 합리적인 상각 방법을 정할 수 없는 경우에는 정액법을 사용한다.

③ 무형자산 내용연수는 법적 요인에 의한 내용연수와 경제적 요인에 의한 내용연수 중 긴 기간으로 한다.
④ 내부적으로 창출한 영업권은 자산으로 인식하지 아니한다.

정답 ③
무형자산 내용연수는 법적 내용연수와 경제적 내용연수 중 짧은 기간으로 한다.

09 일반기업회계기준상 무형자산에 대한 설명으로 올바른 것은?

① 무형자산의 상각은 당해 자산을 취득한 시점부터 시작한다.
② 사용을 중지하고 처분을 위해 보유하는 무형자산은 사용을 중지한 시점의 장부가액으로 표시한다.
③ 무형자산의 공정가치 또는 회수 가능액이 증가하면 상각은 증감된 가액에 기초한다.
④ 무형자산은 상각 기간이 종료되는 시점에 거래 시장에서 결정되는 가격으로 잔존가치를 인식하는 것이 원칙이다.

정답 ②
상각은 자산이 사용 가능한 때부터 시작한다.
무형자산의 공정가치 또는 회수 가능액이 증가하더라도 상각은 원가에 기초한다.
무형자산의 잔존가치는 없는 것을 원칙으로 한다.

10 다음 중 일반기업회계기준상 무형자산에 관한 설명으로 옳지 않은 것은?

① 무형자산으로 인식하기 위한 요건으로 식별 가능성, 기업의 통제, 미래의 경제적 효익의 발생으로 분류한다.
② 무형자산의 내용연수가 독점적·배타적 권리를 부여하고 있는 관계 법령에 따라 20년을 초과하는 경우에도 상각 기간은 20년을 초과할 수 없다.
③ 무형자산의 잔존가치는 없는 것을 원칙으로 한다.
④ 내부적으로 창출한 브랜드, 고객 목록 및 이와 유사한 항목에 대한 지출은 무형자산으로 인식하지 않는다.

정답 ②
독점적·배타적 권리를 부여하고 있는 관계 법령에 정해진 경우에는 20년을 초과할 수 있다.

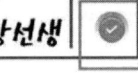

08. 부채 기출문제

01 다음 중 재무상태표에서 해당 자산이나 부채의 차감적 평가항목이 아닌 것은 어느 것인가?

① 감가상각누계액 ② 퇴직급여충당부채
③ 대손충당금 ④ 사채할인발행차금

정답 ②

퇴직급여충당부채는 부채성 항목으로 비유동부채이다.

02 다음 중 재무상태표의 자산 및 부채계정의 차감적인 평가항목이 아닌 것은?

① 사채할증발행차금 ② 재고자산평가충당금
③ 대손충당금 ④ 감가상각누계액

정답 ①

①은 사채할증발행차금의 사채 계정의 부가적인(+) 평가계정이나, ②는 재고자산평가충당금은 재고자산의 차감적인 평가계정이고 ③은 대손충당금은 자산의 채권관련계정의 차감적인 평가계정이고 ④는 감가상각누계액은 유형자산의 차감적인 평가계정이다.

03 다음 괄호 안에 들어갈 내용으로 옳은 것은?

| 미지급된 보증금 1,000,000원을 현금으로 지급한 것은 (　　　)의 감소이다. |

① 자산, 부채　② 자산, 자본　③ 수익, 부채　④ 비용, 자산

정답 ①

부채(미지급금)와 자산(현금)의 감소이다.

04 대형마트에서 상품권 500,000원을 소비자에게 현금으로 판매하면서 상품권 판매시점에서 상품 매출로 회계 처리 하였을 경우 나타난 효과로 가장 올바른 것은?

① 자본 과소계상 ② 자산 과소계상
③ 수익 과소계상 ④ 부채 과소계상

정답 ④

상품권을 판매하였을 경우에는 수익으로 처리하지 않고, 부채(선수금)로 처리하여야 함에도 불구하고 상품 매출(수익)로 회계 처리하였으므로 부채가 과소계상되고 수익(자본)은 과대계상하게 된다. 단, 자산은 변함이 없다.

05 다음 중 유동부채의 계정과목별 설명으로 틀린 것은?

① 매입채무는 일반적 상거래에서 발생한 외상매입금과 지급어음으로 한다.
② 선수금은 수주공사 및 기타 일반적 상거래에서 발생한 선수액으로 한다.
③ 단기차입금은 금융기관으로부터의 당좌차월과 1년 이내에 상환될 차입금으로 한다.
④ 미지급금은 일반적 상거래에서 발생한 지급기일이 도래한 확정채무를 말한다.

정답 ④
　　미지급금은 일반적 상거래 이외에서 발생한 지급기일이 도래한 확정채무를 말한다.

06 다음 중 재무상태표상의 비유동부채로 맞는 것은?

① 퇴직급여충당부채　　② 외상매입금
③ 유동성장기부채　　④ 단기차입금

정답 ①
　　퇴직급여충당부채를 제외하고는 유동부채이다.

07 다음 중 비유동부채에 해당하지 않는 것은?

① 사채　　② 장기차입금
③ 당좌차월　　④ 퇴직급여충당부채

정답 ③
　　당좌차월, 단기차입금 및 유동성 장기차입금 등은 보고 기간 종료일로부터 1년 이내에 결제되어야 하므로 영업주기와 관계없이 유동부채로 분류한다.

08 다음 중 비유동부채로 분류되지 않는 것은?

① 사채　　② 장기차입금
③ 퇴직급여충당부채　　④ 유동성장기부채

정답 ④

09 다음 중 재무상태표에서 해당 자산이나 부채의 차감적인 평가항목을 모두 선택한 것은?

| 가. 감가상각누계액 | 나. 대손충당금 |
| 다. 사채할인발행차금 | 라. 퇴직연금운용자산 |

① 가, 나
② 가, 나, 다
③ 가, 나, 라
④ 가, 나, 다, 라

정답 ④

감가상각누계액은 유형자산, 대손충당금은 모든 채권, 사채할인발행차금은 사채, 퇴직연금운용자산은 퇴직급여충당부채의 차감적인 평가항목이다.

10 다음 중 재무상태표상의 유동부채로 맞는 것은?

① 퇴직급여충당부채
② 외상매입금
③ 장기차입금
④ 사채

정답 ②

09. 자본 기출문제

01 다음 자본에 대한 분류 중 잘못된 것은?

① 자본금
② 자본잉여금
③ 기타자본변동
④ 자본조정

정답 ③

기타자본변동은 자본에 대한 분류(자본금, 자본잉여금 자본조정, 이익잉여금, 기타포괄손익누계액)에 해당되지 아니함.

02 다음의 자본항목 중 그 성격이 다른 하나는?

① 자기주식
② 주식할인발행차금
③ 자기주식처분손실
④ 해외사업환산손실

정답 ④

④는 자본의 분류 중 기타포괄손익누계액에 해당하며, 나머지는 자본조정 항목에 해당한다.

03 다음 중 나머지 셋과 성격이 다른 하나는?

① 주식발행초과금
② 감자차익
③ 이익준비금
④ 자기주식처분이익

정답 ③

주식발행초과금, 감자차익, 자기주식처분이익은 자본잉여금이고, 이익준비금은 이익잉여금.

04 다음 재무상태표상의 자본항목 중 그 성질이 다른 것은 어느 것인가?

① 주식할인발행차금
② 자기주식처분손실
③ 자기주식
④ 매도가능증권평가손실

정답 ④

모두 자본조정 항목이나, ④는 기타포괄손익누계액 항목이다.

05 다음 중 자본잉여금에 해당하는 것은?

① 자기주식처분손실
② 감자차익
③ 감자차손
④ 매도가능증권평가이익

정답 ②

06 다음 중 자본잉여금에 해당하지 않는 것은?

① 주식발행초과금
② 감자차익
③ 매도가능증권처분이익
④ 자기주식처분이익

정답 ③

매도가능증권처분이익은 영업외수익으로 분류된다. 자본잉여금은 증자나 감자 등 주주와의 거래에서 발생하여 자본을 증가시키는 잉여금이다. 예를 들면, 주식발행초과금, 자기주식처분이익, 감자차익 등이 포함된다.

07 다음 중 이익잉여금 항목에 해당하지 않는 것은?

① 이익준비금
② 임의적립금
③ 주식발행초과금
④ 미처분이익잉여금

정답 ③

주식발행초과금은 자본잉여금에 해당함.

08 자본에 대한 설명이다. 틀린 것은?

① 자본금은 우선주자본금과 보통주자본금으로 구분하며, 발행주식수 × 주당 발행가액으로 표시된다.
② 잉여금은 자본잉여금과 이익잉여금으로 구분 표시한다.
③ 주식의 발행은 할증발행, 액면발행 및 할인발행이 있으며, 어떠한 발행을 하여도 자본금은 동일하게 표시된다.
④ 자본은 자본금·자본잉여금·이익잉여금·자본조정 및 기타포괄손익누계액으로 구분 표시한다.

정답 ①

자본금은 우선주자본금과 보통주자본금으로 구분하며, 발행주식수 × 주당 액면가액으로 표시된다.

09 ㈜강남스타일의 2025년 1월 1일 자본금은 50,000,000원(주식 수 50,000주, 액면가액 1,000원)이다. 2025년 7월 1일에 주당 1,200원에 10,000주를 유상증자 하였다. 2025년 기말 자본금은 얼마인가?

① 12,000,000원
② 50,000,000원
③ 60,000,000원
④ 62,000,000원

정답 ③

기말 자본금 (50,000주 + 10,000주) × 1,000원 = 60,000,000원

10 다음 자료에 의하여 자본총계를 계산하면 얼마인가?

- 현 금 : 100,000원
- 비 품 : 200,000원
- 미지급금 : 80,000원
- 단기대여금 : 150,000원
- 감가상각누계액 : 50,000원
- 미 수 금 : 90,000원
- 단기차입금 : 50,000원
- 보통예금 : 60,000원
- 지급어음 : 100,000원

① 270,000원
② 300,000원
③ 320,000원
④ 370,000원

정답 ③

100,000 + 150,000 - 50,000 + 200,000 - 50,000 + 60,000 - 80,000 + 90,000 - 100,000 = 320,000원

Exercise 10. 수익과 비용 기출문제

01 다음 중 일반기업회계기준에 의한 수익의 인식 시점이 옳지 않은 것은?

① 위탁매출은 수탁자가 상품을 판매한 시점
② 상품권매출은 상품권이 고객으로부터 회수된 시점
③ 할부매출은 할부금이 회수된 시점
④ 시용매출은 매입자의 의사표시가 있는 시점

정답 ③ 실현주의
할부매출은 할부금 회수 시가 아닌, 판매(인도) 시에 수익을 인식한다.
※ 상품, 제품 매출: 재화를 고객에게 인도하는 시점
반품조건부 매출: 구매자가 인수를 수락하는 시점 or 반품 기간이 종료된 시점

02 ㈜오정은 A사로부터 갑상품을 12월 10일에 주문받고, 주문받은 갑상품을 12월 24일에 인도하였다. 갑상품 대금 100원을 다음과 같이 받을 경우, 이 갑상품의 수익 인식 시점은 언제인가?

날 짜	대 금(합계 100원)
12월 31일	50원
다음해 1월 2일	50원

① 12월 10일   ② 12월 24일
③ 12월 31일   ④ 다음해 1월 2일

정답 ②
인도시점인 12월 24일에 수익인식 기준을 충족한다.

03 다음 중 재화의 판매로 인한 수익 인식 조건이 아닌 것은?

① 재화의 소유에 따른 유의적인 위험과 보상이 구매자에게 이전된다.
② 수익금액을 신뢰성 있게 측정할 수 있다.
③ 경제적 효익의 유입 가능성이 매우 높다.
④ 판매자는 판매한 재화에 대하여 소유권이 있을 때 통상적으로 행사하는 정도의 관리나 효과적인 통제를 할 수 있다.

정답 ④

04 다음 중 수익과 비용의 직접적인 인과관계에 따라 비용을 인식하는 방법으로 가장 적절한 것은?

① 감가상각비 ② 무형자산상각비
③ 매출원가 ④ 사무직원 급여

정답 ③

매출원가 : 매출액(수익) 대비 매출원가(비용)
감가상각비, 무형자산상각비, 사무직원 급여 … 판매비와관리비로서 기간 비용임.

05 다음 발생하는 비용 중 영업비용에 해당하지 않는 것은?

① 거래처 사장인 김수현에게 줄 선물을 구입하고 50,000원을 현금 지급하다.
② 회사 상품 홍보에 50,000원을 현금 지급하다.
③ 외상매출금에 대해 50,000원의 대손이 발생하다.
④ 회사에서 국제구호단체에 현금 50,000원을 기부하다.

정답 ④

기부금은 영업외비용에 해당한다.

06 2024년에 자동차 보험료 24개월분(2024. 3월 ~ 2026. 2월) 480,000원을 현금으로 지급하고 미경과분을 선급비용처리 한 경우, 2025년 비용으로 인식할 보험료 금액은?

① 200,000원 ② 220,000원
③ 240,000원 ④ 260,000원

정답 ③

2025년 보험료 = 480,000원 X 12개월 / 24개월 = 240,000원

07 다음 자료를 이용하여 영업이익을 계산하면 얼마인가?

· 매 출 액 : 100,000,000원	· 광고비 : 6,000,000원
· 매출원가 : 60,000,000원	· 기부금 : 1,000,000원
· 본사 총무부 직원 인건비 : 4,000,000원	· 유형자산처분이익 : 2,000,000원

① 40,000,000원 ② 30,000,000원
③ 29,000,000원 ④ 26,000,000원

정답 ②

매출액100,000,000 - 매출원가60,000,000 - 인건비4,000,000 - 광고비6,000,000 = 30,000,000원

08 사용 중인 유형자산에 대한 수익적 지출을 자본적 지출로 회계 처리한 경우, 재무제표에 미치는 영향으로 올바른 것은?

① 자산의 과소계상
② 당기순이익의 과대계상
③ 부채의 과소계상
④ 비용의 과대계상

정답 ②

수익적 지출을 자본적 지출로 처리하면 비용이 과소계상되고, 자산이 과대계상되므로 당기순이익이 과대계상된다.

09 ㈜흑룡상사는 거래처와 제품 판매계약을 체결하면서 계약금 명목으로 수령한 2,000,000원에 대하여 이를 수령한 시점에서 미리 제품매출로 회계 처리하였다. 이러한 회계 처리로 인한 효과로 가장 올바른 것은?

① 자산 과대계상
② 비용 과대계상
③ 자본 과소계상
④ 부채 과소계상

정답 ④

선수수익 과소계상 및 매출수익 과대계상

10 거래처로부터 받은 원재료 매입과 관련한 계약금을 매출액으로 잘못 처리하였다. 이의 회계 처리가 재무상태표와 손익계산서에 미치는 영향은 어떠한가?

① 자산이 과대계상되고, 부채가 과대계상되었다.
② 자산이 과대계상되고, 수익이 과대계상되었다.
③ 부채가 과소계상되고, 수익이 과대계상되었다.
④ 자산이 과소계상되고, 부채가 과소계상되었다.

정답 ③

상기의 정상적 회계 처리는 "현금과예금 @@@ / 선수금 @@@"이나, "현금과예금 @@@ / 매출 @@@"로 잘못 회계 처리된 경우 이므로 부채가 과소계상되고, 수익이 과대계상되게 되는 결과가 된다.

II 원가회계

chapter 1 원가회계 이론

chapter 2 원가회계 이론 기출문제

Chapter 1 원가회계 이론

01 원가 흐름

1. 재무회계와 관리회계(원가회계)

구 분	재무회계	관리(원가)회계
1. 목적	외부보고목적	경영관리목적
2. 정보이용자	투자자 등 외부이해관계자	경영자 등 내부이용자
3. 보고수단	재무제표	특수목적보고서
4. 준거기준	GAAP	없다
5. 정보유형 및 속성	과거지향적-객관성 강조	미래지향적-목적적합성 강조
6. 보고주기	정기적 보고(분기, 반기, 연차)	수시보고

1) 원가 - 상업기업의 원가 : 상품매입 + 매입제비용
    - 제조기업의 원가 : 제품제조를 위해서 소비된 경제적 가치
              (재료비, 노무비, 제조경비)

① 제조기업의 흐름(볼펜제조업)

· 자금 → (원재료 구입 (원재료비)) → 제품제조 → 이익 가산 ⇒ 문구점 판매
         (노동력 구입 (노무비)   )   (볼펜제조)
         (재설비 구입 (제조경비))

※원가의 3요소 : 재료비, 노무비, 제조경비

02 요소별 원가계산(1)

1. 원가분류

1) 발생형태에 따라 - 재료비 : 제품 제조를 위해서 소비된 재료
   - 노무비 : 제품 제조를 위해서 소비된 임금
   - 제조경비 : 제품 제조를 위해서 소비된 나머지 원가

2) <u>제품관련성</u>에 따라 - 직접비 : 특정 제품에 추적 가능한 원가
   (추적가능성)   - 간접비 : 특정 제품에 추적 불가능한 원가
   ① **직접원가** : 직접재료비, 직접노무비
   ② **간접원가** : 간접재료비, 간접노무비, 간접제조경비

   가공(전환)원가

   ➡ 직접재료비 + 직접노무비 + 제조간접비 = 제조원가
        기초(기본)원가

3) <u>조업도</u>에 따라 - 고정비와 변동비
   (생산량, 작업시간)
   ① **고정비** : 생산량(↑)증가해도, 원가(=)는 일정 , 단위당고정비(↓)감소
        ex) 집세, 세금과공과, 감가상각비

   사례 학생수와 집세와의 관계를 살펴보자.

학생수 ↑	집세 =	수강료 ↓
1명	1,000,000	@₩1,000,000
2명	1,000,000	@₩500,000
10명	1,000,000	@₩100,000

   ② **변동비** : 생산량(↑)증가하면, 원가(↑)도 증가 , 단위당변동비(=)는 일정
        ex) 직접재료비, 직접노무비

사례 학원강사의 수업시간과 시간당임율을 살펴보자.

수업시간↑	시간당임율=	인건비↑
2시간	@₩100,000	200,000
4시간	@₩100,000	400,000
8시간	@₩100,000	800,000

(1) 고정비 : 임차료 등

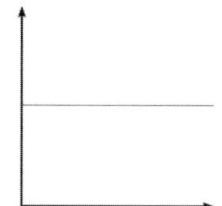

(2) 변동비 : 직접재료비, 직접노무비

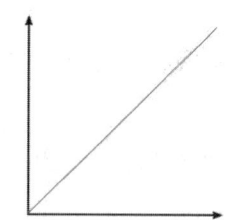

(3) 준변동비(혼합원가) : 통신비, 전력비

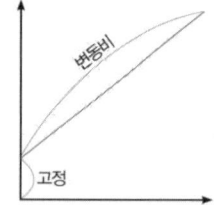

(4) 준고정비 : 감독자의 급여

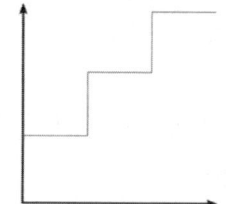

4) 의사결정과의 관련성에 따라

① **매몰원가** : 이미 발생한 역사적원가로서 현재 또는 미래에 어떤 의사결정을 하더라도 회수할 수 없는 원가. 즉, 의사결정에 고려할 필요 없는 원가

② **관련원가와 비관련원가** : 관련원가란 여러 대안 사이에 차이가 나는 원가로서 의사결정에 직접적으로 관련되는 원가. 일반적으로 변동비를 관련원가라고 하며, 여러 대안 사이에 차이가 없는 원가로서 의사결정에 영향을 미치지 않는 원가를 비관련원가라고 하며, 일반적으로 고정비를 비관련원가라고 한다.

③ **기회원가(기회비용)** : 선택된 대안 이외의 포기된 다른 대안 중 최선의 대안을 선택했더라면 얻을 수 있는 최대이익, 쉽게 말하면 포기한 원가를 의미한다. 예를들어 급여 200만원을 포기하고, 떡볶이 장사를 했을때 이때 포기한 200만원을 기회비용이라고 한다.

03 요소별 원가계산(2)

1. 요소별 원가계산 : 재료비, 노무비, 제조경비

1) 재료비

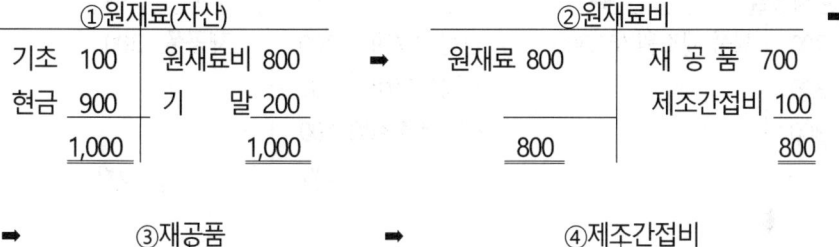

* 기초원재료는 100원으로 가정, 직접비 700원, 간접비 100원가정.
① 원재료 900원 매입 : 원재료 900 / 현금 900
② 원재료 800원 투입 : 원재료비 800 / 원재료 800
③ 제조 진행 중   : 재공품 700 / 원재료비 800
                      제조간접비 100 /

2) 노무비 - 직접비 300원, 간접비 100원 가정

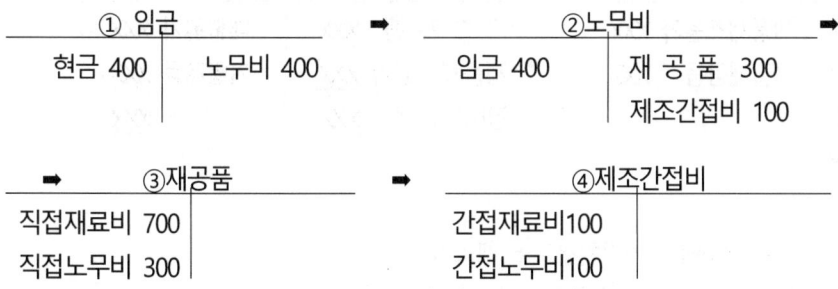

① 임금 400원 지급 : 임금 400 / 현금 400
② 투 입   : 노무비 400 / 임금 400
③ 제조 진행 중   : 재공품 300 / 노무비 400
                      조간접비 100 /

3) 제조경비 - 100% 간접비로 가정

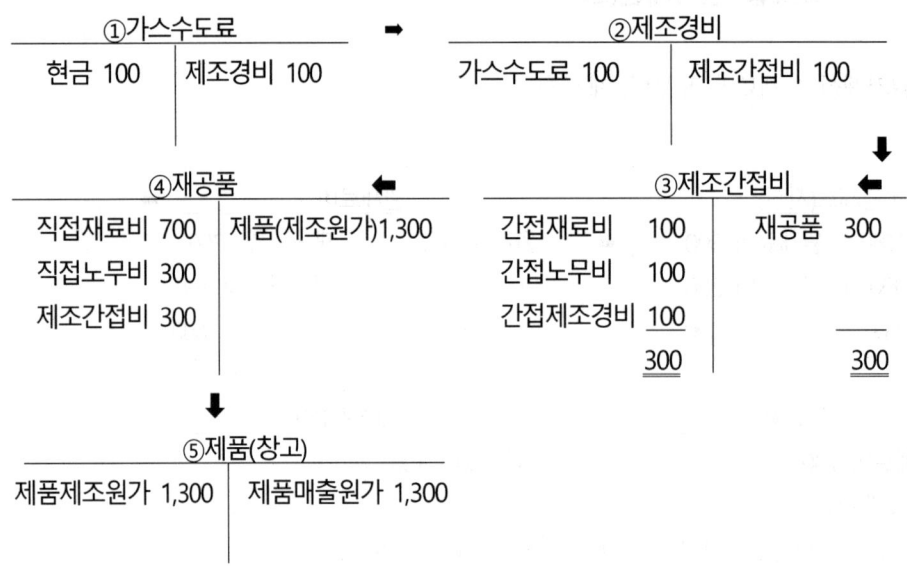

① 가스수도료 100 / 현금 100
② 제조경비   100 / 가스수도료 100
③ 제조간접비 100 / 제조경비 100

◆ 중요 암기사항 ◆

재공품(자산)		제품(자산)	
기초재공품 XXX	제품제조원가 XXX	기 초 제 품 XXX	매출원가 XXX
직접재료비 XXX	기말재공품 XXX	제품제조원가 XXX	기말제품 XXX
직접노무비 XXX		판매가능액 XXX	XXX
제조간접비 XXX			

① 기초원재료 + 원재료매입액 - 기말원재료 = 재료비
② 직접재료비 + 직접노무비 + 제조간접비 = 당기총제조원가
③ 기초재공품 + 당기총제조원가 - 기말재공품 = 제품제조원가
④ 기초제품 + 제품제조원가 - 기말제품 = 제품매출원가

04. 제조간접비 배부 및 예정배부

1. 제조간접비 : 두 종류 이상의 제품제조에 공통적으로 소비된 원가요소

과자공장	전기요금			합계	
	새우깡	감자깡	고구마깡		
직접재료비	1,000,000	2,000,000	3,000,000	: 6,000,000	"부과"한다.
직접노무비	2,000,000	1,000,000	1,000,000	: 4,000,000	"부과"한다.
제조간접비	(300,000)	(600,000)	(900,000)	: 1,800,000	"배부"한다.
제조원가	3,300,000	3,600,000	4,900,000		
+이 익	?	?	?		
판매가격					

1) 제조간접비 배부

① 직접재료비법

➡ 제조간접비총액 ÷ 직접재료비 총액 = 제조간접비 배부율 × 특정제품 직접재료비
　　　　　　　　　　　　　　　　　　= 제조간접비 배부액

　1,800,000 ÷ 6,000,000 = 30% × 새우깡 직접재료비　1,000,000 = 300,000
　　　　　　　　　　　　　× 감자깡 직접재료비　2,000,000 = 600,000
　　　　　　　　　　　　　× 고구마깡 직접재료비 3,000,000 = 900,000

② 직접노무비법 : 1,800,000 ÷ 4,000,000 = 45% × 2,000,000 = 900,000
　　　　　　　　　　　　　　　　　　　　　　× 1,000,000 = 450,000
　　　　　　　　　　　　　　　　　　　　　　× 1,000,000 = 450,000

③ 직접원가법 : 1,800,000 ÷ 10,000,000 = 18% × 3,000,000 = 540,000
　　　　　　　　　　　　　　　　　　　　　　× 3,000,000 = 540,000
　　　　　　　　　　　　　　　　　　　　　　× 4,000,000 = 720,000

　　　(직접원가법 = 직접재료비법 + 직접노무비법)

④ 직접노동시간법

⑤ 기계작업시간법

2) 제조간접비 예정배부
- 이유 : 신속한 원가계산을 위해
⇓
제조간접비 배부차이
⇓
매출원가 조정

① 제조간접비 연간예상액 ÷ 연간예상시간(조업도) = 제조간접비 예정배부율

② 제조간접비 예정배부율 × 실제시간 = 제조간접비예정배부액

③ 실제발생액보다 예정배부액이 크면 "과대배부", 작으면 "과소배부"

```
              제조간접비
실제발생액 400 | 예정배부액 300    : 과소배부 → 매출원가에 가산


              제조간접비
실제발생액 250 | 예정배부액 300    : 과대배부 50 → 매출원가에 차감
```

05 부문별 원가계산

1. **부문별원가계산** : 제조간접비를 각 장소별로 집계하는 것.

```
          ┌ 제조부문 ┌ 절 단 부 문 : 절단부문비
          │         └ 조 립 부 문 : 조립부문비
    장소 ─┤
          │         ┌ 공장사무부문 : 공장사무부문비
          └ 보조부문 ├ 수 선 부 문 : 수선부문비
                    └ 동 력 부 문 : 동력부문비
                        부문비 합계 = 제조간접비 합계
```

1) 부문별 원가계산절차

   ① 부문개별비는 각부문에 "부과"한다.
   ② 부문공통비는 각부분에 "배부"한다.
   ③ 보조부문비를 제조부문에 "배부"한다. - 직접배부법, 단계배부법, 상호배부법

(1) **직접배부법** : 보조부문 상호 간의 용역수수를 완전히 무시하고, 제조부문에만 배부하는 방법으로 간편하지만, 부정확한 결과가 도출된다.

(2) **단계배부법** : 보조부문 간의 용역수수를 일부만 고려하는 방법으로 배부순서를 정하고, 그 순서에 의해서 원가를 배분하는 방법이다. 직접배부법과 상호배부법의 절충적인 방법이다.

(3) **상호배부법** : 보조부문 간의 용역수수를 완전히 고려하는 방법으로 가장 정확하지만 계산과정이 복잡하다.

사례 다음 자료를 이용 직접배부법, 단계배부법, 상호배부법으로 보조부문비를 배부해보자.

적 요	제조부문		보조부문		합 계
	절단부문	조립부문	동력부문	수선부문	
자기부문발생액	100,000원	50,000원	10,000원	5,000원	165,000원
제공한 용역					
동력부문	12kw/h	20kw/h	-	8kw/h	40kw/h
수선부문	24회	24회	32회	-	80회

① 직접배부법

동력부문비 10,000 × 12kw/h/32kw/h = 3,750원-절단부문에 배부되는 금액

동력부문비 10,000 × 20kw/h/32kw/h = 6,250원-조립부문에 배부되는 금액
수선부문비 5,000 × 24회 / 48회 = 2,500원 - 절단부문에 배부되는 금액
수선부문비 5,000 × 24회 / 48회 = 2,500원 - 조립부문에 배부되는 금액

② 단계배부법 - 수선부문비를 먼저배부시

수선부문비 5,000 × 24회 / 80회 = 1,500원 - 절단부문에 배부되는 금액
수선부문비 5,000 × 24회 / 80회 = 1,500원 - 조립부문에 배부되는 금액
수선부문비 5,000 × 32회 / 80회 = 2,000원 - 동력부문에 배부되는 금액
* 동력부문비 : 자기부문발생액 10,000 + 수선부문에서 배부된 금액 2,000
동력부문비 12,000 × 12kw/h/32kw/h = 4,500원 - 절단부문에 배부되는 금액
동력부문비 12,000 × 20kw/h/32kw/h = 7,500원 - 조립부문에 배부되는 금액

③ 단계배부법 - 동력부문비를 먼저배부시

동력부문비 10,000 × 12kw/h/40kw/h = 3,000원 - 절단부문에 배부되는 금액
동력부문비 10,000 × 20kw/h/40kw/h = 5,000원 - 조립부문에 배부되는 금액
동력부문비 10,000 × 8kw/h/40kw/h = 2,000원 - 수선부문에 배부되는 금액
* 수선부문비 : 자기부문발생액 5,000 + 동력부문에서 배부된 금액 2,000
수선부문비 7,000 × 24회 / 80회 = 3,500원 - 절단부문에 배부되는 금액
수선부문비 7,000 × 24회 / 80회 = 3,500원 - 조립부문에 배부되는 금액

④ 상호배부법

적 요	제조부문		보조부문		합 계
	절단부문	조립부문	동력부문	수선부문	
자기부문발생액	100,000원	50,000원	10,000원	5,000원	165,000원
제공한 용역					
동력부문	30%	50%	x	20%	100%
수선부문	30%	30%	40%	y	100%

♠ 상호배부법계산요령

Ⓐ 합계를 100%로 하여 각부문의 동력사용량과 수선부문을 비율로 환산
Ⓑ 동력부문비를 X로 하고, 수선부문비를 Y로 한다.
Ⓒ 연립방정식을 세운다.

$X = 10,000원 + 0.4Y$

$Y = 5,000원 + 0.2X$

ⓓ 연립방정식을 계산한다.

$X = 10,000원 + 0.4(5,000원 + 0.2X)$

$X = 10,000원 + 2,000원 + 0.08X$

$X - 0.08X = 12,000원$

$X = 12,000원 / 0.92$

$X = 13,043원$

$Y = 5,000원 + 0.2(13,043원)$

$Y = 7,608원$

ⓔ X, Y값을 각 부분비율에 곱하여 반영한다.

동력부문 : 13,043 × 30% = 3,912원 – 절단부문에 배부되는 금액

동력부문 : 13,043 × 50% = 6,521원 – 조립부문에 배부되는 금액

동력부문 : 13,043 × 20% = 2,608원 – 수선부문에 배부되는 금액

수선부문 : 7,608 × 30% = 2,282원 – 절단부문에 배부되는 금액

수선부문 : 7,608 × 30% = 2,282원 – 조립부문에 배부되는 금액

수선부문 : 7,608 × 40% = 3,043원 – 동력부문에 배부되는 금액

06. 제품별 원가계산

☞ 원가계산절차 : 요소별원가계산 ➡ 부문별원가계산 ➡ 제품별원가계산

1. 개별원가계산

- 특   징 : 주문, 소량생산(건설업, 항공기제조업, 조선업 등)
- 원가 구성 : 직접재료비, 직접노무비, 제조간접비
- 핵   심 : 제조간접비를 배부
- **제조지시서에 의해 작업을 실시**
- **원가계산표(작업원가표) 작성**

제조지시서	#1	#2	#3	합 계
직접재료비	1,000,000	2,000,000	1,000,000	4,000,000
직접노무비	2,000,000	4,000,000	1,000,000	7,000,000
제조간접비	(500,000)	(1,000,000)	(500,000)	2,000,000
제조원가	3,500,000	7,000,000	2,500,000	13,000,000
+이 익	완성	완성	미완성	?
판매가격				?

⇒ 배부방법

1) 제조간접비 배부방법

  ① 직접재료비법

  ➡ 제조간접비총액 ÷ 직접재료비총액 = 제조간접비배부율 × 직접재료비 = 제조간접비배부액
    2,000,000 ÷ 4,000,000 = 50% × (#1) 1,000,000 = 500,000
                          = 50% × (#2) 2,000,000 = 1,000,000
                          = 50% × (#3) 1,000,000 = 500,000

  ② 직접노무비법

  ③ 직접원가법

  ④ 직접노동시간법

  ⑤ 기계작업시간법

    ※ 가액법 : 직접재료비법, 직접노무법, 직접원가법
    ※ 시간법 : 직접노동시간법, 기계작업시간법

재공품			
직접재료비	4,000,000	제품제조원가	10,500,000
직접노무비	7,000,000	기말재공품	2,500,000
제조간접비	2,000,000		
	13,000,000		13,000,000

⇒ 판매不가능

⋯▶ 주문생산하는 기업에서의 완성품은 기말재공품까지 모두 완성이 되어야만 판매 가능하다.

2. 종합원가계산

- 특   징 : 대량생산(제과업, 자동차 제조업 등)
- 원가구성 : 재료비, 가공비
- 핵   심 : 기말재공품 평가
- 공정별 진행
- 완성품 환산량
- 대량생산이기 때문에 수량의 개념이 적용된다.

● 새우깡

재공품(금액)			
기초재공품	100,000	제품제조원가	?
재 료 비	300,000	기말재공품	300,000
가 공 비	600,000		
	1,000,000		1,000,000

→ 즉시판매

* 재료비와 가공비를 당기투입원가라고 한다.
* 1,000,000÷1,000개=1,000원   *1,000원×300개=300,000

재공품(수량)			
기초재공수량	100개	완성수량	700개
투입수량	900개	기말재공품수량	300개
	1,000개		1,000개

*재료비는 (제조착수시 투입 / 제조진행에 따라 투입)   (* 노무비 / 제조간접비) 제조진행에 따라 투입

(노무비+제조간접비=가공비)

3. 개별원가 VS 종합원가계산

	개별원가계산	종합원가계산
형 태	주문, 소량	대량생산
제조유형	건설업, 조선업	제과업, 자동차 제조업
원가구성	직접재료비 직접노무비 제조간접비	재료비, 가공비
핵 심	제조간접비 배부	기말재공품 평가
특 징	제조지시서 작업 원가계산표(작업원가표) 정확한 원가계산가능 시간과 비용이 많이 듦.	공정별 진행 완성품환산량 원가계산간편 경제적

4. 기말재공품 평가 : 선입선출법, 평균법

1) **선입선출법** - 기말재공품 평가시 기초재공품이 반영되지 않는다.
 당기 투입원가만을 가지고 계산한다.

```
              재공품(수량)
   기초수량    100개    완성수량   700개   (기초100개+투입600개)
   투입수량    900개    기말수량   300개   (기초 × , 투입300개)
   (착수수량)
              1,000개              1,000개
```

2) **평균법** - 기말재공품 평가시 기초재공품이 반영됨
 - 기초재공품 + 당기투입원가 계산한다.
 - 즉, 기초재공품을 당기에 투입한 것으로 간주한다.

```
              재공품(수량)
   기초수량    100개    완성수량   700개   (기초 ? 개 + 투입 ? 개)
   투입수량    900개    기말수량   300개   (기초 ? 개 + 투입 ? 개)
   (착수수량)
              1,000개              1,000개
```

3) 선입선출법 = 평균법 : 기초재공품이 없을 때

- 기말재공품 평가

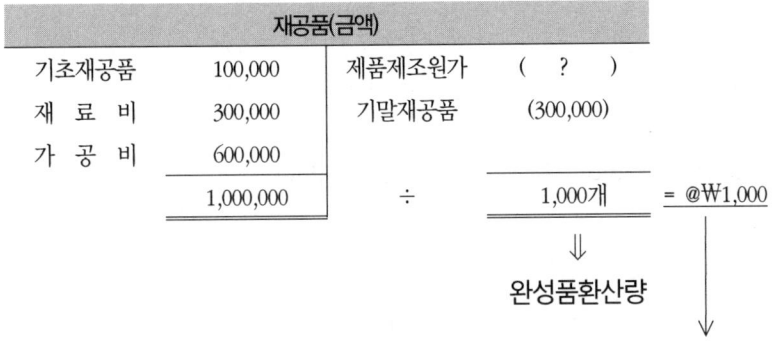

|사례| 아래자료를 이용하여 기말재공품을 계산해보자.

(1) 재공품의 평가는 선입선출법에 의하며 재료는 공정초기에 투입된다.

- 기초재공품 : 직접재료비 ₩10,000, 가공비 ₩100,000, 100개(50%)
- 당기제조비용 : 직접재료비 ₩200,000, 가공비 ₩380,000
- 기말재공품 100개(40%)
- 당기완성품 200개

* 수량계산시 재료는 공정초기에 투입되면 "수량"으로 계산하며, 공정전반(제조진행)에 따라 투입되면 "환산량"으로 계산한다. 가공비는 무조건 환산량으로 계산한다.

재료비(수량)			
기초수량	100개	완성수량	200개
재료비	200,000	기말수량	100개 × @₩1,000 = 100,000
	200,000	÷	200개

가공비(무조건환산량)				
기초수량	50개	완성수량	200개	
가공비	380,000	기말수량	40개	× @₩2,000 = 80,000
	380,000	÷	190개	

⋯→ 기말재공품재고액은 100,000 + 80,000 = 180,000원이 된다.

(2) 재공품의 평가는 평균법에 의하며 재료는 공정초기에 투입된다.

재료비(수량)				
기초금액	10,000	완성수량	200개	
재료비	200,000	기말수량	100개	× @₩700 = 70,000
	210,000	÷	300개	

가공비(무조건환산량)				
기초금액	100,000	완성수량	200개	
가공비	380,000	기말수량	40개	× @₩2,000 = 80,000
	480,000	÷	240개	

⋯→ 기말재공품재고액은 70,000 + 80,000 = 150,000원이 된다.

Chapter 2 원가회계 이론 기출문제

Exercise 01. 원가의 흐름 기출문제

01 일반적으로 조업도의 수준이 증가할수록 단위당 원가는 감소하고, 조업도 수준이 감소할수록 단위당 원가가 증가하는 원가행태를 나타내는 것은?

① 공장 건물에 대한 감가상각비
② 제품 제조에 투입된 원재료비
③ 생산직 근로자의 임금
④ 판매관리 부서의 인건비

정답 ①, ④
고정비에 대한 문제이다.

02 다음 중 원가행태를 나타낸 표로 올바른 것은?

①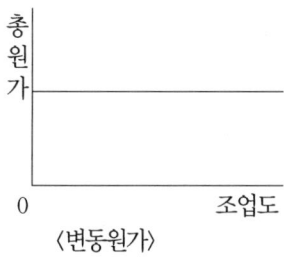
〈변동원가〉

②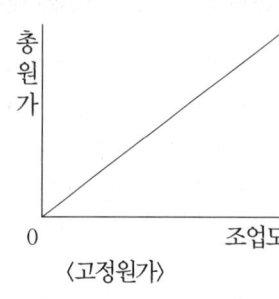
〈고정원가〉

③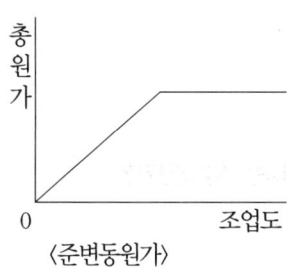
〈준변동원가〉

④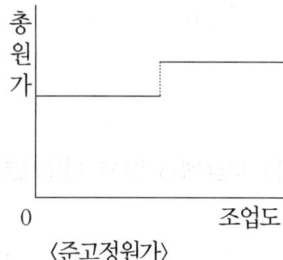
〈준고정원가〉

정답 ④
- 변동원가는 조업도에 따라 총원가가 비례적으로 증가하며, 고정원가는 조업도와 무관하게 총원가는 일정하다.
- 준변동원가는 조업도에 따라 총원가가 비례적으로 증가하다가, 일정 조업도 이후에는 단위당 변동비가 달라지므로 비율을 달리하여 총원가가 비례적으로 증가한다.
- 준고정원가는 조업도와 무관하게 총원가가 일정하게 유지되다가, 일정 조업도 이후 총원가가 증가한 후에 다시 일정하게 유지된다.

03 다음의 자료를 근거로 당기 총 제조원가를 계산하면 얼마인가?

- 기초재공품재고액 : 20,000원
- 매출원가 : 500,000원
- 기말제품재고액 : 40,000원
- 기초제품재고액 : 50,000원
- 기말재공품재고액 : 35,000원

① 475,000원
② 490,000원
③ 505,000원
④ 510,000원

정답 ③
매출원가 = 기초제품 + 당기제품제조원가 - 기말제품
즉, 당기제품제조원가 = 매출원가 - 기초제품 + 기말제품 = 490,000원

04 당기총제조원가가 당기제품제조원가보다 더 큰 경우 다음 중 맞는 설명은?

① 당기제품제조원가가 제품매출원가보다 반드시 더 크다.
② 기초제품재고액이 기말제품재고액보다 더 작다.
③ 기초재공품액이 기말재공품액보다 더 크다.
④ 기초재공품액이 기말재공품액보다 더 작다.

정답 ④
기말재공품액 - 기초재공품액 = 당기총제조원가 - 당기제품제조원가
따라서, 기말재공품액 > 기초재공품액 = 당기총제조원가 > 당기제품제조원가

05 다음 자료에서 당기 제품제조원가에 반영된 원재료비는 얼마인가?

- 재고자산별 기초가액 : 재고자산별 기말가액의 50%이다.
- 기말원재료가액 : 100,000원
- 당기제품제조원가 : 1,000,000원
- 기말재공품가액 : 200,000원
- 당기 발생 가공비 : 700,000원

① 100,000원
② 400,000원
③ 450,000원
④ 1,100,000원

정답 ②
- 당기제품제조원가 = 기초재공품 + 당기총제조원가 - 기말재공품
- 1,000,000원 = (200,000원 × 50%) + 당기총제조원가 - 200,000원 ∴ 당기총제조원가 = 1,100,000원
- 당기총제조원가 = 원재료비 + 가공비
- 1,100,000원 = 원재료비 + 700,000원   ∴ 원재료비 = 400,000원

06 원가에 대한 설명 중 가장 옳은 것은?

① 직접재료비는 기초원가와 가공원가 모두 해당된다.
② 매몰원가는 의사결정과정에 영향을 미치는 원가를 말한다.
③ 고정원가는 조업도와 상관없이 일정하게 증가하는 원가를 말한다.
④ 직접원가란 특정한 원가집적대상에 추적할 수 있는 원가를 말한다.

정답 ④
① 직접재료비는 기초원가에 해당된다.
② 매몰원가는 의사결정과정에 영향을 미치지 않는 원가를 말한다.
③ 고정원가는 일정 조업도 내에서 일정하게 발생하는 원가를 말한다.
④ 직접원가란 특정한 원가집적대상에 추적할 수 있는 원가를 말한다.

07 다음에서 설명하고 있는 원가를 원가행태에 따라 분류하고자 할 때 가장 적절한 것은?

> 관련 범위 내에서 조업도의 변동에 관계없이 총원가가 일정하고, 조업도가 증가함에 따라 단위당 원가는 감소한다.

① 변동원가   ② 고정원가
③ 준변동원가   ④ 준고정원가

정답 ②

08 다음의 자료를 근거로 매출원가를 계산하면 얼마인가?

> · 당기총제조원가 : 2,000,000원   · 기초재공품재고액 : 200,000원
> · 기말재공품재고액 : 100,000원   · 기초제품재고액 : 400,000원
> · 기말제품재고액 : 500,000원

① 2,000,000원   ② 2,100,000원   ③ 3,000,000원   ④ 3,100,000원

정답 ①
- 당기제품제조원가(2,100,000) = 기초재공품(200,000) + 당기총제조원가(2,000,000) - 기말재공품(100,000)
- 매출원가(2,000,000)
 = 기초제품(400,000) + 당기제품제조원가(2,100,000) - 기말제품(500,000)

09 다음 자료에서 기초원가와 가공비(가공원가) 양쪽 모두에 해당하는 금액은 얼마인가?

| ・직 접 재 료 비 : 300,000원 | ・직 접 노 무 비 : 400,000원 |
| ・변동제조간접비 : 200,000원 | ・고정제조간접비 : 150,000원 |

① 350,000원   ② 400,000원   ③ 450,000원   ④ 500,000원

정답 ②

직접노무비는 기초원가와 가공비(가공원가) 양쪽 모두에 해당된다.

10 다음은 어떠한 원가의 행태를 나타내는 그림인가?

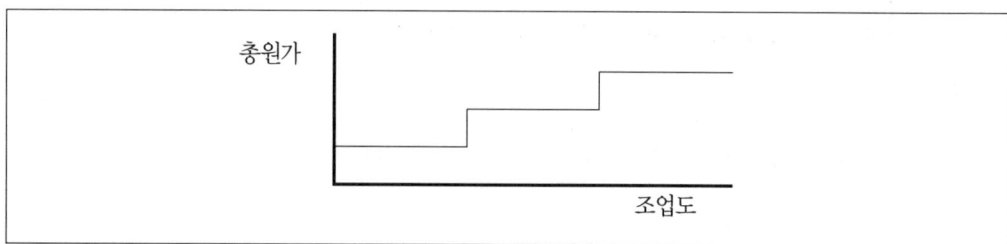

① 준고정원가   ② 준변동원가
③ 변동원가   ④ 고정원가

정답 ①

준고정원가는 조업도와 무관하게 총원가가 일정하게 유지되다가, 일정조업도 이후 총원가가 증가한 후에 다시 일정하게 유지된다.

02. 요소별, 부문별, 제조간접비 배부 기출문제

01 다음 중 보조부문비 배부 방법이 아닌 것은?

① 총원가비례법(요소별비례법)   ② 단계배부법
③ 직접배부법   ④ 상호배부법

정답 ①
제조간접비 배부방법에는 매출원가조정법, 영업외손익법, 총원가비례법(요소별비례법) 등이 있다.

02 제조간접비 예정 배부율은 직접노동시간당 90원이고, 직접노동시간이 43,000시간 발생했을 때 제조간접비 배부 차이가 150,000원 과소 배부인 경우 제조간접비 실제 발생액은 얼마인가?

① 3,720,000원   ② 3,870,000원
③ 4,020,000원   ④ 4,170,000원

정답 ③
90 × 43,000 + 150,000 = 4,020,000

03 다음 자료에 의할 때 제조지시서#1의 제조간접비는 얼마인가? 단, 제조간접비는 직접재료비를 기준으로 배분한다.

분류	제조지시서#1	총원가
직접재료비	50,000원	140,000원
직접노무비	30,000원	70,000원
제조간접비	( )	280,000원

① 15,000원   ② 50,000원
③ 70,000원   ④ 100,000원

정답 ④
280,000원(총제조간접비) × (50,000원/140,000원) = 100,000원

04 다음 중 제조간접비에 대한 설명으로 틀린 것은?

① 배부방법에는 실제배부법과 예정배부법이 있다.
② 실제배부법은 계절별 생산량이 큰 차이가 있는 경우에 적합한 배부법이다.

③ 여러 제품에 공통으로 발생하는 원가이기에 각 제품별로 집계하기 어렵다.
④ 일반적으로 제조부문의 임차료, 보험료, 감가상각비 등이 이에 해당된다.

정답 ②

실제배부법은 계절별 생산량이 큰 차이가 있는 경우에 제품의 단위당 원가가 계절별로 다르게 되는 문제점이 있다.

05 ㈜한결의 선박 제작과 관련하여 9월 중에 발생한 원가 자료는 다음과 같다. A선박의 당기총제조원가는 얼마인가? 단, 9월 중 제조간접비 발생액은 160,000원이며, 직접노무비를 기준으로 제조간접비를 배부한다.

구 분	A선박	B선박	합 계
직접재료비	30,000원	70,000원	100,000원
직접노무비	60,000원	140,000원	200,000원

① 102,000원 ② 110,000원 ③ 138,000원 ④ 158,000원

정답 ③

제조간접비배부율 = 제조간접비/총직접노무비 = 160,000원/200,000원 = 80%
당기총제조원가 = 직접재료비 + 직접노무비 + 제조간접비
= 30,000원 + 60,000원 + 60,000원 × 80% = 138,000원

06 다음 중 보조부문의 원가를 배부하는 방법에 관한 설명 중 옳은 것은?

① 직접배부법은 보조부문의 자가용역을 고려한다.
② 단계배부법은 보조부문의 우선순위가 결정되어야 한다.
③ 보조부문비 총액 중 일부만 제조부문에 배부된다.
④ 상호배부법은 보조부문간 용역제공관계를 고려하지 않는다.

정답 ②

07 제조간접비와 관련한 자료가 다음과 같을 경우 제조간접비 예정 배부액은 얼마인가?

- 제조간접비 실제발생액 : 25,000,000원
- 제조지시서의 기계작업시간 : 500시간
- 제조간접비 실제 배부율 : 기계 작업시간당 50,000원
- 제조간접비 과소배부 : 1,500,000원

① 23,500,000원 ② 25,000,000원 ③ 26,500,000원 ④ 27,500,000원

정답 ① 제조간접비 예정 배부액 : 25,000,000원 - 1,500,000원 = 23,500,000원

08 다음 중 보조부문원가의 배부방법에 대한 설명으로 옳지 않은 것은?

① 상호배부법은 보조부문간의 용역 제공을 모두 고려하는 가장 정확한 방법이나, 계산 과정이 복잡한 단점이 있다.
② 단계배부법은 보조부문의 우선순위가 결정되어야 하며, 배분 결과가 오히려 직접배부법보다 왜곡되는 경우도 발생할 수 있다.
③ 직접배부법은 보조부문의 자가용역도 고려하여 일차적으로 배분 후 제조부문으로 다시 배분하는 방법이다.
④ 일반적으로 원가배부는 인과관계에 따라 배부하는 것이 가장 합리적이다.

정답 ③ 직접배부법은 보조부문의 자가 용역을 고려하지 않고 직접 제조부문으로 배부한다.

09 ㈜거제산업은 제조간접비를 직접노동시간을 기준으로 하여 배부하고 있다. 다음 자료에 의하여 10월의 제조간접비 배부 차이를 구하면?

· 제조간접비 예산 : 6,000,000원	· 예상직접노동시간 : 120,000시간
· 10월 직접노동시간 : 15,000시간	· 10월 실제 제조간접비 발생액 : 1,000,000원

① 250,000원 과대배부　　② 250,000원 과소배부
③ 300,000원 과대배부　　④ 300,000원 과소배부

정답 ②
· 직접노동시간당 제조간접비예정배부율 6,000,000원/120,000시간 = 50원/시간
· 10월 제조간접비예정배부 = 15,000시간 * 50원 = 750,000원
· 배부차이 : 750,000원(예정배부액) - 1,000,000원(실제배부액) = 250,000원 과소배부

10 다음 중 제조간접비의 배부방법에 대한 설명으로 잘못된 것은?

① 직접배부법이 가장 간단하다.
② 상호배부법이 가장 복잡하다.
③ 단계배부법은 배부 순서에 따라 원가계산의 결과가 다르게 나타나는 단점이 있다.
④ 상호배부법은 보조부문간의 용역수수 관계를 고려하지 않는다.

정답 ④ 상호배부법은 보조부문간의 용역수수 관계를 완전하게 고려한다.

03. 개별원가계산 기출문제

01 개별원가계산에 대한 다음의 설명 중 가장 옳지 않은 것은?

① 개별 작업에 대한 추적 가능성을 중시하여 원가를 구분한다.
② 제조간접비 배부가 원가계산의 핵심이라 할 수 있다.
③ 종합원가계산에 비해 원가 기록업무가 비교적 단순하고 경제적이다.
④ 종합원가계산과 비교할 때 보다 정확한 원가계산이 가능하다.

정답 ③

제조지시서별로 원가를 계산하므로 종합원가계산에 비해 원가 기록업무가 비교적 복잡하고 비용이 많이 소요된다.

02 다음 중 개별원가계산을 적용하기에 가장 적합하지 않은 것은?

① 비행기 제조업
② 선박 제조업
③ 주문용 소프트웨어 제작
④ 휴대폰 생산

정답 ④

개별원가계산은 다품종 소량생산방식이나 주문 제작에 적합하며, 종합원가계산은 대량생산에 적합한 원가계산으로서 대량생산하는 휴대폰 생산에 적합한 업종이다.

03 종합원가계산방법과 개별원가계산방법에 대한 내용으로 올바르게 연결된 것은?

	구분	종합원가계산방법	개별원가계산방법
①	핵심과제	제조간접비 배분	완성품환산량 계산
②	업 종	조선업	통조림제조업
③	원가집계	공정 및 부문별 집계	개별작업별 집계
④	장 점	정확한 원가계산	경제성 및 편리함

정답 ③

04 정상개별원가계산에서 제조간접비의 배부 차이를 조정하는 일반적인 방법이 아닌 것은?

① 매출원가조정법
② 비례배분법
③ 순실현가치법
④ 영업외손익법

정답 ③

제조간접비 배부차이 조정으로 매출원가조정법, 비례배분법, 영업외손익법이 있다.

05 다음 중 개별원가계산에 대한 설명으로 옳지 않은 것은?

① 선박, 비행기 제조에 사용하기에 적당하다.
② 제지업에 사용하기에는 적합하지 않다.
③ 모든 제조원가를 작업별로 직접 추적한다.
④ 작업원가표를 사용하며, 제조간접비는 배부하는 절차를 따른다.

정답 ③
제조간접원가는 작업별로 추적할 수 없어서 배부한다.

06 개별원가계산에서 재공품계정의 대변에서 제품계정의 차변으로 대체되는 금액은 무엇을 의미하는가?

① 당기에 지급된 모든 작업의 원가
② 당기에 발생된 모든 작업의 원가
③ 당기에 투입된 모든 작업의 원가
④ 당기에 완성된 모든 작업의 원가

정답 ④
재공품계정 대변에서 제품계정 차변으로 대체되는 금액은 '당기제품제조원가'를 말한다. 당기에 완성된 모든 작업의 원가를 의미한다.

07 개별원가계산과 종합원가계산의 차이점을 설명한 것 중 틀린 것은?

① 개별원가계산은 다품종 소량 주문생산, 종합원가계산은 동종의 유사제품을 대량생산하는 업종에 적합하다.
② 개별원가계산은 각 작업별로 원가를 집계하나 종합원가계산은 공정별로 원가를 집계한다.
③ 개별원가계산은 건설업, 조선업에 적합하며 종합원가계산은 정유업, 시멘트 산업에 적합하다.
④ 개별원가계산은 완성품환산량을 기준으로 원가를 배분하며 종합원가계산은 작업원가표에 의하여 배분한다.

정답 ④
개별원가계산은 작업원가표에 의하여 원가를 배분하며 종합원가계산은 완성품환산량을 기준으로 원가를 배분한다.

08 다음 중 개별원가계산에 대한 설명으로 틀린 것은?

① 개별원가계산은 시장생산 형태보다 주문생산 형태에 적합하다.
② 개별원가계산은 다품종 제품 생산에 적합하다.
③ 개별원가계산은 개별 작업별로 구분하여 집계한다.
④ 개별원가계산은 제조간접비의 제품별 직접 추적이 가능하다.

정답 ④
개별원가계산은 제조간접비의 제품별 직접 추적이 불가능하기에 작업별로 배부한다.

09 다음 중 개별원가계산의 특징과 가장 관련이 있는 것은?

① 제조간접비 배부　　　　② 대량생산에 적합
③ 완성품환산량　　　　　　④ 원가를 공정별로 작업

정답 ①

10 다음 중 개별원가계산을 적용하기에 가장 적합한 것은?

① 휴대폰 생산　　　　　　② 선박 제조업
③ 제과업　　　　　　　　　④ 정유업

정답 ②

04. 종합원가계산 기출문제

01 종합원가계산에 대한 설명 중 틀린 것은?

① 동종 제품의 연속 대량 생산체제에서 사용한다.
② 정유업, 제분업, 철강업, 제지업, 화학품 제조업 등의 업종에서 주로 사용하는 원가계산 방법이다.
③ 기말재공품의 평가가 불필요하며, 제조지시서의 원가를 집계하여 원가계산한다.
④ 개별원가계산에 비해 원가계산의 정확성은 낮지만, 제품의 대량생산체계에 적용하기 쉬운 장점이 있다.

정답 ③

기말재공품의 완성도가 필요하며, 제조지시서의 원가를 집계하여 원가계산하는 방법은 개별원가계산임.

02 다음 자료를 보고 평균법에 의한 가공비의 완성품환산량을 계산하면 얼마인가?

- 기초재공품 : 10,000단위 (완성도 : 60%)
- 기말재공품 : 20,000단위 (완성도 : 50%)
- 착 수 량 : 30,000단위
- 완성품수량 : 20,000단위
- 원재료는 공정초에 전량 투입되고, 가공비는 공정 전반에 걸쳐 균등하게 발생한다.

① 10,000단위
② 20,000단위
③ 24,000단위
④ 30,000단위

정답 ④

30,000단위

	물량흐름	완성품환산량	
		재료비	가공비
완 성 품	20,000(100%)	20,000	20,000
기말재공품	20,000(50%)	20,000	10,000
계	40,000	40,000	30,000

03 다음 자료를 활용하여 선입선출법에 의한 재료비와 가공비의 완성품환산량을 계산하면 얼마인가?

- 당기완성품 : 20,000개
- 기말재공품 : 10,000개(완성도 40%)
- 기초재공품 : 5,000개(완성도 20%)
- 당기착수량 : 25,000개
- 재료는 공정초에 전량 투입되고, 가공비는 공정 전반에 걸쳐 균등하게 투입된다.

① 재료비 20,000개, 가공비 23,000개
② 재료비 22,000개, 가공비 20,000개
③ 재료비 25,000개, 가공비 23,000개
④ 재료비 30,000개, 가공비 24,000개

정답 ③

재료비 완성품환산량 : 20,000 - 5,000 + 10,000 = 25,000개
가공비 완성품환산량 : 20,000 - 5,000 × 0.2 + 10,000 × 0.4 = 23,000개

04 개별원가계산에 대한 설명 중 맞는 것은?

① 동종 제품의 연속 대량 생산체제에서 사용한다.
② 정유업, 제분업, 철강업, 제지업, 화학품 제조업 등의 업종에서 주로 사용하는 원가계산 방법이다.
③ 기말재공품의 평가가 불필요하며, 제조지시서의 원가를 집계하여 원가계산한다.
④ 종합원가계산에 비해 원가계산의 정확성은 낮지만, 제품의 대량생산체계에 적용하기 쉬운 장점이 있다.

정답 ③

05 다음 자료를 활용하여 평균법에 의한 재료비와 가공비의 완성품환산량을 계산하면 얼마인가?

- 기초재공품 : 700개(완성도 30%)
- 당기완성품 : 1,700개
- 당기착수량 : 1,500개
- 기말재공품 : 500개(완성도 50%)
- 재료는 공정초에 전량 투입되고, 가공비는 공정 전반에 걸쳐 균등하게 투입된다.

① 재료비 2,200개, 가공비 1,950개
② 재료비 2,200개, 가공비 1,990개
③ 재료비 1,740개, 가공비 1,950개
④ 재료비 1,740개, 가공비 1,990개

정답 ①

재료비 완성품환산량 : 1,700개 + 500개 = 2,200개
가공비 완성품환산량 : 1,700개 + 500개 × 0.5 = 1,950개

06 상도㈜는 평균법에 의하여 종합원가계산을 하며, 재료는 공정 초기에 전량 투입되고, 가공비는 공정 중 고르게 투입된다. 다음 자료를 이용하여 재료비와 가공비의 완성품환산량을 구하면 얼마인가?

- 기초재공품수량 : 0개
- 기말재공품수량 : 1,000개(완성도 50%)
- 당기착수량 : 4,000개
- 완성품수량 : 3,000개

	재료비	가공비		재료비	가공비
①	3,500개	4,000개	②	3,500개	3,500개
③	4,000개	4,000개	④	4,000개	3,500개

정답 ④

		재료비	가공비
완성품	3,000	3,000	3,000
기말재공품(50%)	1,000	1,000	500
완성품환산량		4,000	3,500

07 다음 자료를 활용하여 선입선출법에 의한 재료비와 가공비의 완성품환산량을 계산하면 얼마인가?

- 기초재공품 : 500개(완성도 20%)
- 당기착수량 : 2,000개
- 기말재공품 : 300개(완성도 50%)
- 재료는 공정초에 전량 투입되고, 가공비는 공정 전반에 걸쳐 균등하게 투입된다.

① 재료비 2,000개, 가공비 2,250개   ② 재료비 2,200개, 가공비 1,990개
③ 재료비 1,500개, 가공비 1,740개   ④ 재료비 1,500개, 가공비 1,990개

정답 ①

- 기초재공품수량 + 당기착수량 = 당기완성품수량 + 기말재공품수량
- 500개 + 2,000개 = 당기완성품수량 + 300개
  ∴ 당기완성품수량 = 2,200개
- 재료비 완성품환산량 : 2,200개 + 300개 - 500개 = 2,000개
- 가공비 완성품환산량 : 2,200개 + 150개(=300개 × 0.5) - 100개(=500개 × 20%) = 2,250개

08 다음 중 종합원가계산에 가장 적합하지 않은 품목은?

① 축구공   ② 맥주
③ 휴대폰   ④ 비행기

정답 ④

09 종합원가계산하에서는 원가흐름 또는 물량흐름의 가정에 따라 완성품환산량이 다르게 계산된다. 다음 중 선입선출법을 적용하는 경우에 대한 설명으로 옳지 않은 것은?

① 전기와 당기 발생원가를 구분하지 않고 모두 당기 발생원가로 가정하여 계산한다.
② 기초재공품이 없는 경우 제조원가는 평균법과 동일하게 계산된다.
③ 완성품환산량은 당기 작업량을 의미한다.
④ 먼저 제조에 착수된 것이 먼저 완성된다고 가정한다.

정답 ①

전기와 당기 발생원가를 구분하지 않고 모두 당기 발생원가로 가정하여 계산하는 것은 평균법에 대한 설명이다.

10 다음은 종합원가계산시 가공비(공정 전반에 걸쳐 균등하게 발생)에 관한 자료이다. 기말재공품 평가를 평균법과 선입선출법으로 계산할 경우, 완성품환산량의 차이는?

- 기초재공품 수량 : 200개(완성도 60%)
- 기말재공품 수량 : 300개(완성도 40%)
- 당기 착수 수량 : 800개
- 당기 완성품 수량 : 700개

① 100개　　　　　　　　　　　② 120개
③ 140개　　　　　　　　　　　④ 160개

정답 ②

　　　평균법과 선입선출법에 의한 완성품환산량의 차이는 기초재공품의 완성품환산량 차이이다. 즉,
　　　　평균법 : 700개 + 300개 × 40% = 820개
　　　　선입선출법 : 700개 + 300개 × 40% - 200개 × 60% = 700개

III 부가가치세

chapter 1 부가가치세 이론

chapter 2 부가가치세 이론 기출문제

chapter 3 부가가치세 분개 연습문제

Chapter 1 부가가치세 이론

01 부가가치세 총설

1. 담세자와 납세의무자

	담세자		납세의무자	
부가가치세	최종소비자	≠	사업자	간접세
소득세, 법인세	사업자	=	사업자	직접세

담세자 ← 세금을 실질적으로 부담하는 자
납세의무자 ← 납세의무가 있는 자

2. 사업자

1) 과세사업자 : 과세품목을 취급하는 사업자

① 일반과세자 : 직전1역년의 공급대가가 1억 4백만원 이상

② 간이과세자 : 직전1역년의 공급대가가 1억 4백만원 미만

⬇

* VAT 계산방법이 다르다.
* 공급대가 : VAT가 포함된 금액
* 공급가액 : VAT가 미포함된 금액

* 식당에서 식사를 하고, 결제를 하게 되면 식대에는 부가가치세가 포함되어 있다. 식당 사장님은 식대 중 부가가치세에 해당하는 금액은 세무서에 납부해야 한다.

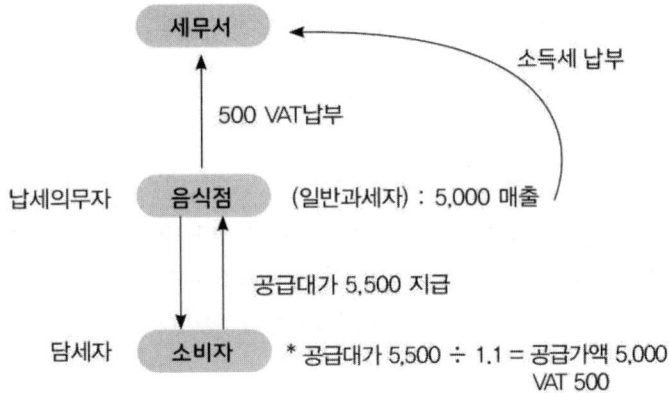

③ 부가가치세납부 : 4/25, 7/25, 10/25, 1/25
④ 소득세납부 : 다음연도 5/1 ~ 5/31일까지

2) 면세사업자 : 면세품목을 취급하는 사업자
   ① 면세품목 : 농·수·임·축산물, 교육, 도서, 시내버스, 금융, 보험, 수돗물, 소금 등
   ② 면세구조

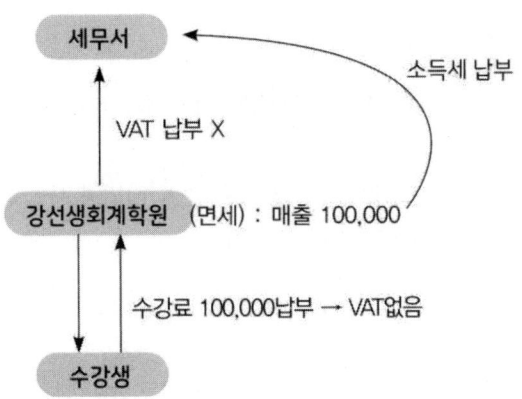

* 면세사업자는 매출액에 부가가치세가 없기 때문에 부가가치세납부 할 금액은 없으며, 소득세만 납부하면 된다.

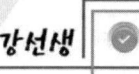

③ 사업자

영리목적의 유무에 불구하고, 사업상 독립적으로 재화 또는 용역을 공급하는 자를 말하며, 개인사업자와 법인(국가나 지방자치단체 포함)등 기타 단체를 포함한다. - 영리목적과 무관, 독립성, 사업성

3. 사업자등록

1) 사업자 등록

신규로 사업을 개시하는 자는 사업개시일로부터 20일 이내에 사업장마다(사업장별 과세원칙) 사업장 관할 세무서장에게 사업자등록을 하여야 한다. 다만, 면세사업자는 부가세신고, 납부의무가 없으므로 소득세법 또는 법인세법에 의해 사업자등록을 한다. 신규로 사업을 개시하고자 하는 자는 사업개시일 전이라도 사업자등록을 할 수 있다.

관할세무서장은 신청일로부터 2일 이내에 사업자등록증을 발급하여야 한다. 다만, 사업장시설이나 사업현황을 확인하는 경우에는 발급기한을 5일에 한하여 연장할 수 있다.

2) 사업자등록증의 정정

상호변경, 법인대표자변경, 사업종류변경, 사업장이전, 상속으로 인한 사업자명의변경, 공동사업자의 출자지분변경, 사업자단위과세적용사업장변경, 종된 사업장신설, 이전, 종된 사업장 휴업, 폐업, 통신판매업자의 도메인이름변경의 사유가 있는 경우에는 지체없이 사업자등록정정신고서를 제출해야한다.

3) 사업자미등록시 불이익

① 미등록가산세적용 - 사업개시일로부터 등록신청일의 직전일까지의 공급가액에 대하여 1%에 해당하는 금액
② 매입세액불공제. 단, 공급시기가 속하는 과세기간이 끝난 후 20일 이내에 사업자등록을 신청한 경우 그 과세기간 내의 것은 매입세액공제를 받을 수 있다.

4. VAT 과세기간(일반과세자)

1기 과세기간 (01/01~06/30)	1기예정신고기간(01/01-03/31)	04/25까지 신고·납부
	1기확정신고기간(04/01-06/30)	07/25까지 신고·납부
2기 과세기간 (07/01~12/31)	2기예정신고기간(07/01-09/30)	10/25까지 신고·납부
	2기확정신고기간(10/01-12/31)	1/25까지 신고·납부

① 신규사업자의 과세기간

사업개시일로부터 개시일이 속하는 과세기간의 종료일까지. 단, 사업개시 전에 사업자등록을 신청한 경우에는 신청일로부터 신청일이 속하는 과세기간 종료일까지를 최초 과세기간으로 한다.

- **예** 5월 1일에 사업자등록 신청시 - 5/1 ~ 6/30일 최초과세기간으로 하여 다음 달 25일까지 부가가치세를 신고 납부한다.

② 폐업자의 최종과세기간

폐업일이 속하는 과세기간 개시일로부터 폐업일까지를 최종과세기간으로 한다.

- **예** 4월 10일에 폐업신 청시 - 1/1 ~ 4/10까지를 과세기간으로 하여 다음 달 25일까지 부가가치세신고 납부한다.

③ 간이과세자의 과세기간

간이과세자는 1년을 과세기간으로 한다. 1/1 ~ 12/31을 과세기간으로 하여 7/25일에 예정 고지납부를 한번 한 후 1/25에 부가가치세 확정신고를 한다.

④ 간이과세 포기의 경우 과세기간

간이과세자가 간이과세를 포기하고, 일반과세자가 되고자 하는 경우 그 적용을 받고자 하는 달의 전달 마지막 날까지 간이과세 포기신고를 해야 한다. 이때 과세기간은 간이과세 포기 신고일이 속하는 과세기간 개시일부터 포기 신고일이 속하는 달의 마지막 날까지를 1과세기간으로 하여 간이과세를 적용하고, 다음 달 1일부터 과세기간 종료일까지를 변경후 1과세기간으로 한다.

⑤ 간이과세자의 납부의무 면제

간이과세자의 공급대가 합계액이 4,800만원 미만인 경우에는 부가가치세 납부의무가 면제된다.

⑥ 부가가치세 예정고지 · 예정부과 제외

예정고지세액이 50만원 미만인 경우와 재난 등의 사유로 납부 할 수 없다고 인정되는 경우에는 예정고지를 하지 않는다.

02 매입세액 불공제

1. 매입세액 불공제

```
매출세액
-매입세액    ⇒  공제받을 수 있는 매입세액(매입과세) ⇒ 영업활동 관련 O
─────        공제받지 못할 매입세액(매입불공)   ⇒ 영업활동 관련 ×
납부세액
```

1) VAT법상 영수증(증빙)

```
               ┌ 과세사업자 ┬ 일반과세자, 간이과세자(4,800만원이상) : 세금계산서 발행 O
사업자 ┤           │
               │           └ 간이과세자(4,800만원 미만) : 세금계산서 발행 ×
               └ 면세사업자 : 계산서발행 O
```

① 세금계산서 ┬ 필요적 기재사항 : 공급자의 등록번호, 성명 또는 명칭
　　　　　　　│　　　　　　　　　　공급받는자의 등록번호, 작성연월일
　　　　　　　│　　　　　　　　　　공급가액과 부가가치세
　　　　　　　└ 임의적 기재사항

② 계산서
③ 신용카드영수증(법인카드, 직원카드)
④ 현금영수증(소득공제용 ×, 지출증빙용 O)
⑤ 간이영수증 (인정 안 됨-소득세법, 법인세법에서만 3만원까지 인정됨)
⑥ 간이과세자 중 신규사업자 및 직전연도 공급대가 합계액이 4,800만원에 미달하는 사업자는 세금계산서 발행의무가 면제된다.

2) 공제받을 수 있는 매입세액 ➡ 매입과세
　➡ 증빙 : 세금계산서, 신용카드영수증, 현금영수증

3) 세금계산서를 수취해도 공제를 받을 수 없는 것 ➡ 매입불공(불공제)
　① 세금계산서 중 필요적 기재사항 누락분

- ➡ 원 재 료 100,000 / 현 금 110,000 (×)
  VAT대급금 10,000 /
- ➡ 원재료 110,000 / 현금 110,000 (○)

② 세금계산서 중 접대비 관련 매입세액

- ➡ 접 대 비 100,000 / 현 금 110,000 (×)
  VAT대급금 10,000 /
- ➡ 접대비 110,000 / 현금 110,000 (○)

③ 세금계산서 중 비영업용 승용차 관련 매입세액

- ➡ 차량운반구 100,000 / 현 금 110,000 (×)
  VAT대급금 10,000 /
- ➡ 차량운반구 110,000 / 현금 110,000 (○)

  단, 승합차, 화물차, 1,000CC 경차는 공제 ➡ 차량운반구 100,000 / 현금 110,000
  VAT대급금 10,000 /

* 영업용 승용차 : 택시, 렌트카, 경비업체 승용차
* 비영업용(업무용) 승용차 : 나머지 승용차

④ 세금계산서 중 토지 관련 자본적 지출액

- ➡ 토지 110,000 / 현금 110,000

⑤ 세금계산서 중 면세 관련 지출액

- ➡ 전력비 110,000 / 현금 110,000

⑥ 세금계산서 중 공통매입세액(과세+면세) 중 면세 관련 매입세액

- ➡ 전력비 110,000 / 현금 110,000

⑦ 세금계산서 중 업무무관 매입세액
  ↳ 대표이사 개인적 지출
- ➡ 가지급금 110,000 / 현금 110,000

* 불공제 관련된 분개를 할때는 부가세대급금을 쓰지 않고, 본래의 계정과목에 더한다.

03. 부가가치세 과세대상 – 재화의 공급

1. 부가가치세 과세대상

1) 사업자가 공급하는 재화의 공급

   * 재화란 재산적 가치가 있는 모든 유체물(상품, 건물 등), 무체물(전력, 통신)

2) 사업자가 공급하는 용역의 공급

3) 사업자, 비사업자의 재화의 수입

4) 부수 재화, 용역의 공급

✓ 요약 정리

기업회계	VAT법		
상품매출 제품매출 건물매각 차량매각	재화의공급 ➡	"공급하는 사업자"가 공급받는 자로부터 VAT를 징수하여 납부	➡ 세금계산서발행
노동력제공 부동산임대	용역의공급 ➡	"공급하는 사업자"가 공급받는 자로부터 VAT를 징수하여 납부	
원재료수입 기계수입	재화의수입 ➡	사업자, 비사업자로부터 "세관장"이 징수하여 납부	➡ 수입세금계산서발행

2. 재화의 공급유형

실질적공급	현금판매, 외상판매, 할부판매	
	장기할부판매, 계속적공급, 중간지급조건부(계약금, 중도금, 잔금) (1년이상) (전기) (6개월이상)	
간주공급 (의제공급)	자가공급	생산·취득한 재화를 자기의 다른 사업을 위해서 사용·소비하는 것 • 면세사업전용 • 비영업용승용차 유지 • 직매장반출
	개인적공급	생산·취득한 재화를 대표이사, 종업원이 개인적으로 사용·소비하는 것
	사업상증여	생산·취득한 재화를 거래처에 선물로 제공하는 것
	폐업시잔존재화	

사례

① 청소기를 판매하는 대리점이 공장에서 청소기를 구입시

공장 →청소기→ 대리점
10대(@₩100,000)

상   품 1,000,000 / 현   금 1,100,000 ➡
VAT대급금   100,000 /

매출세액   0
- 매입세액 100,000(10대)
―――――――――――――
환급세액 (100,000)(10대)
  ↳ 조건: 영업에사용

② 소비자에게 5대 (@₩150,000)를 ₩750,000에 판매 → 실질적공급(세금계산서 발행)

현 금 825,000 / 상품매출 750,000 ➡
                / VAT예수금   75,000

매출세액 75,000(5대)
- 매입세액   0
―――――――――――――
납부세액 75,000(5대)

③ 청소기 2대를 종업원에게 선물로 제공(원가₩100,000, 시가 ₩150,000)

　복리후생비 230,000 / 상　품 200,000　　매출세액 30,000(2대)
　　　　　　　　　　 / VAT예수금 30,000 ➡　- 매입세액　　　 0
　→ 개인적공급　　　　　　　　　　　　　　납부세액 30,000(2대)

④ 청소기 2대를 거래처에 선물(원가₩100,000, 시가₩150,000)

　접 대 비 230,000 / 상　품 200,000　　매출세액 30,000(2대)
　　　　　　　　　 / VAT예수금 30,000 ➡　- 매입세액　　　 0
　→ 사업상증여　　　　　　　　　　　　　　납부세액 (2대)

⑤ 폐업시잔존재화 1대 (원가₩100,000, 시가₩150,000) ➡　매출세액 15,000(1대)

　상품 15,000 / 부가세예수금 15,000　　　　　　　　　　　- 매입세액　　　 0
　　　　　　　　　　　　　　　　　　　　　　　　　　　　납부세액 15,000(1대)

* 청소기를 매입시 10대에 해당하는 금액을 매입세액공제(환급) 받았으므로 부가가치세 납부도 10대를 해야 한다는 개념으로 간주공급을 이해하면 된다.
  그러므로 간주공급의 조건은 반드시 매입세액공제(환급)를 받은 재화에 한하며, 매입세액공제를 받지 않은 재화는 간주공급을 적용하지 않는다.
* 간주공급의 경우 부가가치세는 시가로 계산하며 세금계산서는 발행하지 않는다.
  단, 직매장반출은 취득원가로 세금계산서를 발행해야 한다.

3. 재화의 공급시기(세금계산서 발행시기, VAT 신고시기)

유 형		공급시기
실질적공급	현금, 외상, 할부판매	인도기준 (회수기준×)
	장기할부판매 계속적공급 중간지급조건부	대가의 각 부분을 받기로 한때 (회수기준)
간주공급 (의제공급)	자가공급 — 면세사업전용 비영업용승용차유지 직매장반출	사용·소비하는 때
	개인적 공급	
	사업상 증여	재화를 증여하는 때
	폐업시 잔존재화	폐업일

4. 유형별 과세표준 및 세금계산서 발행 여부

유 형			과세표준	세금계산서 발행
실질적공급	현금, 외상, 할부판매		시가	O
	장기할부판매 계속적공급(전기) 중간지급조건부		시가	O
간주공급 (의제공급)	자가공급	면세사업전용	시가	×
		비영업용승용차유지		
		직매장반출	**취득가액**	O
	개인적공급		시가	×
	사업상증여			
	폐업시잔존재화			

* 실질적공급과 직매장반출시 **세금계산서 미교부시 → 가산세**

04 부가가치세 과세대상 – 간주공급 중 자가공급

간주공급	자가공급	면세사업전용
		비영업용승용차유지
		직매장반출
	개인적공급	
	사업상증여	
	폐업시잔존재화	

* 직매장은 판매시설을 갖춘 장소로서 사업장에 해당하지만, 하치장은 창고시설을 의미하는 것으로 사업장이 아니다.

1. 자가공급 중 직매장반출(판매 목적 타 사업장 반출)

	서울: 본점		청주: 지점
사업자등록	O		O
VAT신고	O		O
VAT납부	O		O
직매장반출	청소기	재화의 공급의제 →	반출

↓
세금계산서발행
↓
VAT신고 O

1) 주사업장총괄납부

① 법인사업자 : 본점과 지점 中 선택

② 개인사업자 : 주사무소만 가능

	서울: 본점	〈주사업장총괄납부〉	청주: 지점
사업자등록	O		O
VAT신고	O		O
VAT납부	O		×
직매장반출		×	

* 부가가치세 신고는 각각, 납부만 주사업장에서 한다.

2) 재화의 공급으로 보지 않는 것 → VAT 신고할 필요 없다.
   ① 담보 제공
   ② 조세 물납
   ③ 강제경매·강제공매
   ④ 사업의 포괄적 양도
   ⑤ 총괄납부승인 얻은 자의 직매장반출
   ⑥ 하치장 반출
   ⑦ 자기의 다른 사업장에서 원료 등으로 사용, 소비하기 위해 반출
   ⑧ 자기사업상의 기술개발을 위해 사용, 소비하는 것
   ⑨ 수선비, 광고선전 목적, 불량품 교환, 상품진열 등으로 사용, 소비하는 것.

3) 사업자단위 과세제도 → 전사적 자원관리 시스템(ERP)을 사용하는 회사.
 ① **주사업장** : 법인 & 개인 → 본점과 주사무소만 가능

	서울: 본점	〈사업자단위과세〉	청주: 지점
사업자등록	O		X
VAT신고	O		X
VAT납부	O		X
직매장반출		X	

2. 자가공급 중 면세사업전용

1) 예시1- 과세사업자의 경우

➡ VAT신고 ○

➡ 사업주 : 55,000,000 지급하고,
　　　　　5,000,000 VAT환급
　　　　차량 50,000,000 구입

① 승합차(25인승)를 50,000,000(VAT별도) 구입

　차량운반구　50,000,000　/　현　금　55,000,000
　VAT대급금　 5,000,000　/

⬇

　　매출세액　　　0
　- 매입세액　5,000,000
　──────────────
　　환급세액　(5,000,000)

2) 예시2- 면세사업자의 경우

➡ VAT신고 ×

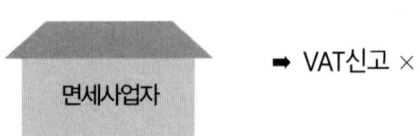

① 승합차(25인승)를 50,000,000(VAT별도) 구입

　차량운반구　55,000,000　/　현　금　55,000,000

⬇

면세사업 관련 부가가치세는 "불공제" → 돌려받지(환급) 못한다.

⬇

55,000,000 구입

3) 예시3 - 겸영사업자

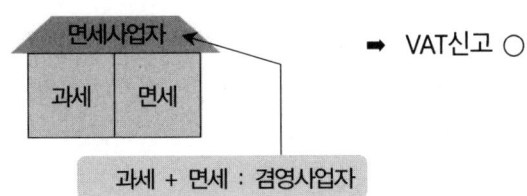 ➡ VAT신고 ○

과세사업과 면세사업을 겸영하는 사업자가 승합차를 구입하여 과세사업에 사용하는 조건으로 매입세액공제(환급)를 받은 후 면세사업에 전용시 매입세액공제(환급)받은 금액 중 일부를 다시 납부해야 하는 내용이다.

① 2000. 2/1

   승합차를 50,000,000(VAT별도) 구입

     차량운반구 50,000,000 / 현 금 55,000,000
     VAT대급금   5,000,000 /

② 2001. 4/1. 면세사업전용 : 1과세기간 종료일(6/30, 12/31)이 경과할 때마다 건축물은 5%, 건축물 외의 것은 25% 체감율 인정

➡ 취득원가 × (1 - 체감율 × 경과된 과세기간수) = 과세표준
    50,000,000 × (1 - 25% × 2번) = 25,000,000

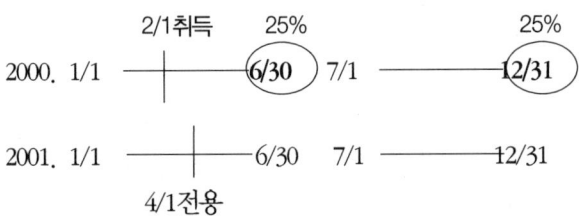

매출세액 2,500,000
- 매입세액   0
납부세액 2,500,000

➡ 2000년 환급받은 금액의 50% 납부

3. 자가공급 중 비영업용 승용차유지

1) 사례

① 렌트카회사에서 영업용으로 구입한 승용차를 대표이사가 개인적으로 사용하였을 때(비영업용으로 사용) 구입당시 매입세액공제 받았던 부가가치세를 다시 납부하는 것.

➡ 취득원가 × (1-체감율 × 경과된 과세기간수) = 과세표준

② 주유소에서 판매용으로 구입한 휘발유를 판매하지 않고, 대표이사 개인적 사용하는 승용차에 주유했을 때 시가로 부가가치세를 납부하는 것.

③ 카센터에서 판매용으로 구입한 엔진오일을 판매하지 않고, 대표이사 개인적 사용하는 승용차에서 사용시 시가로 부가가치세를 납부하는 것.

05. 부가가치세 과세대상 – 용역의 공급, 재화의 수입

1. 용역의 공급유형 및 공급시기

유 형		공급시기(VAT 신고시기)
실질적공급	음식점	역무의 제공이 완료되었을 때
	금융·보험	
	건설업	
	중간지급조건부 등	대가의 각 부분을 받기로 한 때
	부동산임대용역 — 임대료	예정신고기간 종료일 또는 과세기간 종료일
	부동산임대용역 — 간주임대료	

* 간주공급 : 용역의 공급은 간주공급을 인정하지 않는다.
* 용역의 공급으로 보지 않는 것 : 근로제공, 용역의 무상공급
  단, 특수관계자에게 부동산임대용역을 무상으로 제공시에는 시가를 과세표준으로하여 부가가치세 신고를 하여야 한다.

1) 용역의 공급 中 부동산임대 용역시 과세표준? 임대료 + 관리비 + __간주임대료__
   (보증금이자)

```
3층 - 사글세   24,000,000      × 3/12 = 6,000,000
2층 - 보증금   50,000,000      × 3 = 3,000,000
    - 월 세    1,000,000
1층 - 전 세  100,000,000
```

Q. 2000. 1기 예정신고기간의 <u>부동산 임대용역의 과세표준은?</u>

(1/1 ~ 3/31)   1. 임대료
↓   2. 관리비는 없는 것으로 가정
예정신고기간 종료일   3. 간주임대료

① 임대료 : 6,000,000 + 3,000,000 = **9,000,000**…①
② 관리비 : ×

③ 간주임대료 - 2층 : $50{,}000{,}000 \times 이율\ 5\% \times \dfrac{90일}{365일}$ = 보증금이자…②

- 1층 : $100{,}000{,}000 \times 이율\ 5\% \times \dfrac{90일}{365일}$ = 보증금이자…③

  * 이율 : 국세청장이 정하는 정기예금 이자율, 5% 가정

⇒ ① + ② + ③ = **과세표준** × 10% = **매출세액**

④ 임대료 & 간주임대료의 공급 시기 : 예정신고 기간(3/31, 9/30)

or 과세기간 종료일(6/30, 12/31)

2. 재화의 수입

외국으로부터 들어온 물품과 수출신고가 수리된 물품으로 선적이 완료되었던 물품(외국 물품으로 간주함)을 다시 반입하는 것을 재화의 수입이라고 한다. 반면, 수출신고를 하고 선적되지 아니한 것을 보세구역으로 반입하는 것은 재화의 수입이 아니다. 재화를 수입시에는 세관장이 징수하며, 수입세금계산서를 발행한다.

1) 수입 재화의 과세표준

관세의 과세가격 + 관세 + 개별소비세 + 교통·에너지·환경세 + 주세 +교육세 +농어촌특별세

3. 부수 재화 · 용역의 공급

1) 주된 재화가 과세면, 부수 재화도 과세
2) 주된 재화가 면세면, 부수 재화도 면세

06 영세율과 면세

1. 영세율

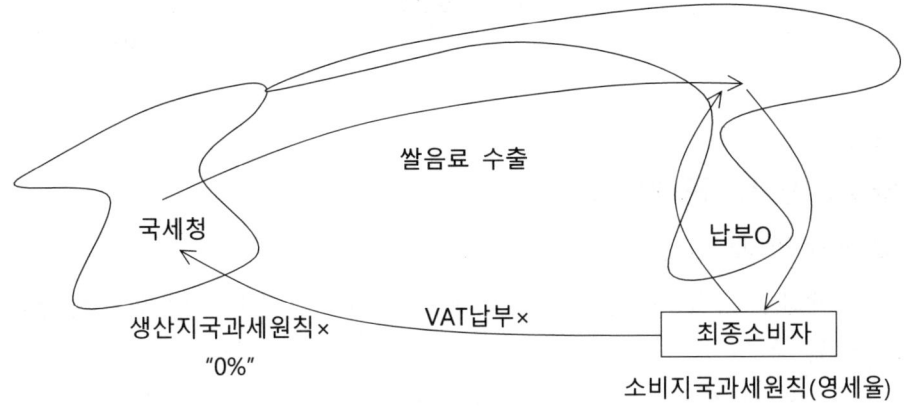

1) 상품을 100,000(VAT별도) 구입

   ➡ 상　　품 100,000 / 현금 110,000
   　 VAT대급금 10,000 /

2) 상품을 미국에 300,000에 수출

   ➡ 현금 300,000 / 상품매출 300,0000

3) VAT정리분개

   ➡ 미수금 10,000 / VAT대급금 10,000

4) 환급 : 현금 10,000 / 미수금 10,000

2. 환급

1) 일반환급

   ➡ 예정신고시에는 환급이 안되며, 확정신고시에만 환급된다.

   1/1 ~ 3/31 : **4/25** ➡ 　　매출세액 10,000
   　　　　　　　　　　　　 - 매입세액 40,000
   　　　　　　　　　　　　───────────
   　　　　　　　　　　　　 환급세액 (30,000)　　→ **환급**×

4/1 ~ 6/30 : **7/25** ➡   매출세액   30,000
                              - 매입세액   20,000
                                 납부세액   10,000
                          - 예정미환급세액 (30,000)
                                환급세액   (20,000)   → 7/25일로부터 30일 이내에 환급

2) 조기환급

① 신규설립회사, 시설투자회사, 수출업자

② 매월 or 매 2월마다 환급신청 → 15일 이내 환급

③ 영세율적용대상 : 수출하는 재화, 국외에서 제공하는 용역, 선박, 항공기의 외국항행 용역, 기타외화획득사업

매월 신청	1/1 ~ 3/31	1/1 ~ 1/31	2/25 신청	15일 이내 환급
		2/1 ~ 2/28	3/25 신청	
		3/1 ~ 3/31	4/25 신청	

매2월 신청	1/1 ~ 3/31	1/1 ~ 2/28	3/25 신청	15일 이내 환급
		3/1 ~ 3/31	4/25 신청	
	4/1 ~ 6/30	4/1 ~ 5/31	6/25 신청	15일 이내 환급
		6/1 ~ 6/30	7/25 신청	

3. 영세율과 면세 비교

	영세율	면세
사업자여부	과세사업자	면세사업자
세금계산서발행의무	O	×, 계산서발행
VAT신고의무	O	× 단, 매입처별세금계산서 합계표제출의무
매입세액공제	공제(환급)	불공제(환급×)
	매출세액　　0 -매입세액　10,000 환급세액　(10,000)	×
면세제도	완전면세제도	불완전면세제도
취지	이중과세조절	역진성 완화

* **역진성** : 같은 금액이라도 소득이 적은 사람이 부담을 더 많이 느끼는 현상

A소득 1,000만원	B소득 100만원
부담 : 小	부담 : 大

* 똑같은 휴대폰요금 50,000원이라 해도 소득이 적은 B가 부담이 더 크게 느껴진다.

4. 영세율과 면세대상

	영세율	면 세
대 상	· 수출하는 재화	· 농, 수, 임, 축 등 미가공 식료품, 원시 가공
	· 선박, 항공기 외국항행용역 등	· 시내버스 면세 → 우등고속버스는 과세
	· 기타 외화획득 관련	· 수돗물 면세 → 생수는 과세
		· 소금 면세 → 맛소금은 과세
		· 연탄, 무연탄 면세 → 갈탄은 과세
		· 금융, 보험 면세
		· 교육, 도서 면세
		· 우유 면세 → 딸기우유는 과세
		· 오징어 면세 → 맥반석 오징어 과세
		· 계란 면세 → 구운 계란은 과세

1) 기타외화획득사업

   ① 국내에서 비거주자 또는 외국 법인에게 공급하는 법소정 재화 용역
   ② 수출재화 임가공용역
   ③ 외국을 항행하는 선박 및 항공기 또는 원양어선에 공급하는 재화 또는 용역
   ④ 우리나라에 상주하는 외교공관, 영사기관, 국제연합과 이에 준하는 국제기구, 국제연합군, 미군에게 공급하는 재화 또는 용역
   ⑤ 국내에서 국내사업장이 없는 비거주자, 외국법인에게 공급하는 재화, 용역으로 대가를 외국환은행에서 원화로 받은 것.

2) 영세율적용대상 사업자 : 내국법인과 거주자인 과세사업자이어야 하며, 면세사업자가 영세율을 적용받으려면 면세를 포기해야 한다. 외국법인이나 비거주자는 영세율을 적용받을 수 없다.

3) 영세율과 세금계산서 - 영세율사업자도 과세사업자이므로 세금계산서 발급의무가 있다.

구 분	영세율적용대상
세금계산서발급	내국신용장 또는 구매확인서에 의한 수출
	수출재화 임가공용역
세금계산서발급면제	직수출
	국외에서 제공하는 용역
	항공기의 외국항행 용역

4) 우리나라 부가가치세 특징과 과세방법

   국세, 일반소비세, 간접세, 다단계거래세(전단계세액공제법), 소비지국 과세원칙(영세율)

5) 영세율(완전면세제도)과 면세(불완전면세제도)비교

영세율	면세
전 력 비 100,000 / 현 금 110,000 VAT대급금 10,000 / * 부가가치세가 환급되어 완전면세제도라 한다.	전력비 110,000 / 현금 110,000 * 부가가치세가 환급되지 않아 불완전 면세제도라고 한다.

07 부가가치세 과세표준 및 납부세액 계산

1. 과세표준 × 10% = 매출세액

- 금전으로 대가를 받은 경우 : 그 대가
- 금전외의 것으로 대가를 받은 경우 : 공급받은 재화의 시가 (×)

  자기가 공급한 재화의 시가 (○)

ex)

씽크대공장 —납품→ 아파트
          ←10억—
          대물변제받다   시가 15억원

* 위 사례에서 부가가치세 과세표준은 대물변제받은 15억이 아니라 10억이 된다.

1) 과세표준에 포함하는 것(더할 것)

   ① 관세, 대가의 일부로 받는 운송비
   ② 할부 판매시 이자 상당액
   ③ 판매 장려금품

2) 과세표준에 포함하지 않는 것

   ① **차감 해야 하는 항목** - 매출환입, 매출에누리, 매출할인, 공급받는 자에게 도달하기 전 파손된 재화가액으로 수정세금계산서를 발행해야 한다.
   ② **더하지 말 것** - 국고보조금, 공공보조금, 외상매출금 지연지급으로 인한 연체이자로 세금계산서를 발행하지 않는다. 즉, 부가가치세신고서에 반영하지 않는다.

3) 과세표준에서 공제하지 않는 것 (빼지 말 것)

   ① 판매장려금 지급, 대손금, 하자보증금 - 수정세금계산서를 발행하지 않는다.

사례

- 매출액 10,000,000(에누리차감 전 금액)
- 매출에누리 1,000,000,

- 판매장려금 지급 1,000,000
- 대가의 일부로 받은 운송비 500,000
- 대손금 500,000
- 파손된 재화의 가액 2,000,000
- 국고보조금 3,000,000

위 자료로 과세표준을 구하면 ? 7,500,000 × 10% = 매출세액 (750,000)

2. 대손세액

1) 대손세액 예문

① 20x0. 2/1 제품 10,000,000(VAT별도) 외상매출하다. ➡ 1/1~3/31 : 4/25

외상매출금 11,000,000 / 제품매출 10,000,000
　　　　　　　　　　　VAT예수금 1,000,000

⇓
매출세액　1,000,000
- 매입세액　　　　0
납부세액　1,000,000

② 20x0.5/1 거래처파산으로 인해 외상매출금 회수불능되다.

대손세액 ← **VAT예수금　1,000,000**　　외상매출금 11,000,000
　　　　　　대손충당금 10,000,000　　　　대손금

➡ 4/1 ~ 6/30 : 7/25 ⇒
매출세액　　　0
- **대손세액　1,000,000**
- 매입세액　　　0
환급세액 (1,000,000)

2) 대손세액공제 요건

① 파산, 사망, 실종, 부도 **6개월 경과**, 소멸시효 완성, 30만원이하의 소액채권으로서 회수기일이 6개월이상 경과, 중소기업의 외상매출금으로 회수기일이 2년이상 경과 등
② 대손세액공제신청서 작성
③ 예정때는 안되며, **확정 때만 제출**
④ 공급일로부터 10년이 경과한날이 속하는 **VAT 확정신고기한**까지 확정되어야 함
　　2000.2/1　　　　2010. 2/1　　→　　4/25(예정×) → **7/25까지**

3. 매입세액

1) 세금계산서매입

① **일반매입** : 고정자산매입을 제외한 나머지

② **고정자산매입** : 건물, 기계장치, 차량운반구, 비품 등의 유형자산과 무형자산. 단, 토지관련 자본적 지출은 비상각자산으로 일반매입에 기록한다.

2) 그 밖의 매입세액

① **신용카드, 현금영수증 매입세액** - 일반매입, 고정자산매입

* 신용카드매입세액 중 공급대가 4,800만원에 미달하는 간이과세자로부터 수취한 신용카드영수증은 매입세액공제가 되지 않는다. 즉, 일반전표에 입력하며, 부가가치세신고서에 반영하지 않음.

② **의제매입세액** - 면세되는 농, 수, 임, 축산물을 구입하여 과세되는 재화를 제조 판매시 적용한다.

③ **재활용폐자원 등에 대한 매입세액** - 면세사업자, 간이과세자, 개인으로 부터 재활용폐자원 및 중고자동차를 수집하는 사업자가 적용받을 수 있는 것.

④ **변제대손세액** : 외상매입금, 지급어음을 결제하지 못해 대손처분 받았던(매입세액불공제) 부가가치세를 변제함에 따라 공제 받을 수 있는 것.

3) 공제받지 못할 매입세액

① 세금계산서매입액 중 접대비, 승용차, 면세사업, 토지관련 자본적지출, 사업과 무관한 매입세액, 공통매입세액 중 면세관련 매입세액 등은 매입세액공제를 받을 수 없다.

08 세금계산서 실무

1. 발급 : 일반과세자가 과세대상이 되는 재화 또는 용역을 공급하는 경우 세금계산서를 발행하여야 하며, 미등록사업자나 간이과세자 중 4,800만원 미만인 사업자는 세금계산서를 발급할 수 없다.

2. 발급시기 : 재화와 용역의 공급시기를 작성일자로 하여 발급하는 것이 원칙

【예외】 ① 공급시기전에 대가의 일부 또는 전부를 받고, 세금계산서를 발행하는 경우
② 공급시기 이전에 세금계산서를 발급하고, 발급일로부터 7일이내에 대가를 받는 경우
③ 7일이후 대가를 지급받더라고 다음의 경우를 모두 충족하면 인정
  - 거래 당사자간의 계약서, 약정서등에 대금청구시기와 지급시기가 별도로 기재
  - 대금청구시기와 지급시기의 기간이 30일 이내이거나 세금계산서 발급일이 속하는 과세기간에 세금계산서에 적힌 대금을 지급받은 것이 확인되는 경우
④ 거래처별 1역월의 공급가액을 합하여 당해월의 말일자를 작성연월일로 하여 세금계산서를 발급하는 경우 - 다음달 10일까지 세금계산서를 발급할 수 있다.

3. 필요적기재사항
① 공급하는 사업자의 등록번호와 성명 또는 명칭
② 공급받는자의 사업자등록번호
③ 공급가액과 부가가치세액
④ 작성연월일
  * 필요적기재사항외의 기재사항을 임의적 기재사항이라고 한다.

4. 세금계산서 발급특례
① **위탁판매** : 수탁자가 재화를 인도시 - 수탁자가 위탁자를 공급자로 하여 발급
  위탁자가 재화를 인도시 - 수탁자의 사업자등록번호를 부기하여 위탁자가 세금계산서를 발급
② **리스자산** : 시설대여업자로부터 시설 등을 임차하고, 당해 시설 등을 공급자로부터 직접 인도받은 경우에는 공급자가 사업자에게 세금계산서를 직접 발급할 수 있다.
③ **공동매입** : 전력을 공급받은 명의자와 전력을 실지로 소비하는 자가 다른 경우, 전기사업자는 명의자를 공급받는자로 하여 세금계산서를 발급하고, 명의자는 공급가액 범위 내에서 실지소비자를 대상으로 세금계산서를 발급할 수 있다.

5. 전자세금계산서 발급 : 법인사업자와 직전연도 사업장별 공급가액이 2억원 이상인 개인사업자는 전자세금계산서를 발급하고, 다음날까지 발급명세를 국세청에 전송해야 한다.
개인사업자의 경우 전자세금계산서 발급 건당 200원, 연간 100만원 한도로 세액공제를 받을 수 있다.

6. 세금계산서 발급의무의 면제

① 택시운송, 노점, 행상, 무인판매기를 이용한 재화의 공급
② 소매업, 목욕, 이발, 미용업을 이용하는 자가 공급하는 재화, 용역. 단, 공급받는자가 사업자등록증을 제시하고, 세금계산서발급을 요구하면 발급하여야 한다.
③ 자가공급, 개인적공급, 사업상증여, 폐업시잔존재화
④ 영세율 중 직수출, 국외에서 제공하는 용역, 선박, 항공기의 외국항행용역
⑤ 부동산임대용역 중 간주임대료
⑥ 국내사업장이 없는 비거주자, 외국법인에게 공급하는 재화, 용역
⑦ 공인인증서를 발급하는 용역으로 법인에게 용도를 제한하여 발급하거나 개인에게 발급하는 경우
⑧ 법정사업을 하는 사업자가 신용카드매출전표 등을 발급하는 경우

7. 수정세금계산서

(1) 발급요건 : 세금계산서를 발급후 ① 기재사항에 착오, 정정사유발생
② 계약해지, 반품, 내국신용장 지연수취 등
* 계산서는 세금계산서가 아니므로 계산서를 발급한 후에는 수정세금계산서를 발급할 수 없다.

8. 매입자발행 세금계산서

(1) 개요 : 세금계산서 발급의무가 있는자가 재화 또는 용역을 공급후 세금계산서를 발급하지 않으면 (10만원이상) 매입자가 관할 세무서장의 확인을 받아 발행할 수 있는데(과세기간종료일로부터 3개월이내), 이것을 "매입자발행세금계산서"라고 한다.
(2) 발행 : 신청인 관할 세무서장은 제출된 날로부터 7일 이내에 신청서와 제출된 증빙서류를 공급자관할 세무서장에게 송부하여 확인하고, 신청인에게 통지하여야 한다. 신청인은 관할 세무서장이 확인한 거래일자를 작성일자로 하여 매입자발행세금계산서를 발급한다.

Chapter 2 부가가치세 이론 기출문제

01 다음 자료에 의하여 상품 판매기업의 부가가치세 납부세액을 계산하면 얼마인가?

> • 상품매출액은 52,415,000원으로 전액 현금매출분으로 부가가치세가 포함된 공급대가임
> • 세금계산서를 받고 매입한 상품의 공급가액의 합계액은 28,960,000원이고, 이 중 거래처에 지급할 선물 구입비 1,500,000원(공급가액)이 포함되어 있음

① 1,719,000원   ② 2,019,000원
③ 2,345,500원   ④ 2,499,500원

정답 ②

매출세액 = 52,415,000원 x 10 ÷ 110 = 4,765,000원
매입세액 = 28,960,000원 x 10% = 2,896,000원
공제받지 못할 매입세액 = 1,500,000원 x 10% = 150,000원
납부세액 = 4,765,000원 - (2,896,000원 - 150,000원) = 2,019,000원

02 다음 중 세금계산서의 필요적 기재 사항이 아닌 것은?

① 공급가액과 부가가치세액   ② 작성연월일
③ 공급받는 자의 등록번호   ④ 공급하는 자의 주소

정답 ④

03 부가가치세법상 과세표준에 포함되지 않는 것은?

① 관세   ② 개별소비세
③ 할부거래에 따른 이자액   ④ 매출에누리

정답 ④

매출에누리는 과세표준에 포함되지 않는다.

04 다음 중 현행 부가가치세법에 대한 설명으로 가장 틀린 것은?

① 부가가치세는 사업장마다 신고 및 납부하는 것이 원칙이다.
② 주사업장 총괄 납부 시 주사업장은 법인의 경우 지점도 가능하다.
③ 사업자 등록사항의 변동이 발생한 때에는 지체 없이 등록정정 신고를 하여야 한다.
④ 사업자단위과세사업자의 경우에도 사업자등록은 사업장별로 각각 하여야 한다.

정답 ④
사업자단위과세사업자의 경우에는 사업장별로 사업자등록을 하지 아니하고, 사업자의 본점 또는 주사무소에서 사업자등록을 한다.

05 다음 자료에서 세금계산서의 필수적 기재 사항을 모두 모은 것은?

㉮ 공급하는 사업자의 등록번호와 성명 또는 명칭
㉯ 공급받는 자의 등록번호
㉰ 공급가액과 부가가치세액
㉱ 공급 연월일
㉲ 작성연월일

① ㉮-㉯-㉰　　　　　　　　　　② ㉮-㉯-㉰-㉱
③ ㉮-㉯-㉰-㉲　　　　　　　　④ ㉮-㉯-㉰-㉱-㉲

정답 ③
공급 연월일은 임의적 기재 사항임.

06 부가가치세 과세사업을 영위하던 김관우씨는 2025년 2월 10일에 해당 사업을 폐업하였다. 폐업할 당시에 잔존하는 재화가 다음과 같다면 그 부가가치세 과세표준은 얼마인가? (당초에 매입할 당시 매입세액공제를 받았음)

상 품(2024. 12. 1. 취득)	• 취득가액 : 15,000,000원 • 시가 : 10,000,000원
토 지(2023. 11. 1. 취득)	• 취득가액 : 5,000,000원 • 시가 : 15,000,000원

① 10,000,000원　　　　　　　　② 15,000,000원
③ 20,000,000원　　　　　　　　④ 25,000,000원

정답 ①
과세표준은 상품(시가) 10,000,000원이 해당되고 토지의 공급은 면세 대상이다.

07 현행 부가가치세법에 대한 설명으로 가장 거리가 먼 것은?

① 부가가치세 부담은 전적으로 최종소비자가 하는 것이 원칙이다.
② 영리목적의 유무에 불구하고 사업상 독립적으로 재화를 공급하는 자는 납세의무가 있다.
③ 해당 과세기간 중 이익이 발생하지 않았을 경우에는 납부하지 않아도 된다.
④ 일반과세자의 내수용 과세거래에 대해서는 원칙적으로 10%의 단일세율을 적용한다.

정답 ③

부가가치세는 이익 발생과 관계없이 납부세액이 발생하면 납부해야 한다.

08 다음 중 부가가치세법상 사업자등록의 정정사유가 아닌 것은?

① 사업의 종류를 변경 또는 추가하는 때
② 사업장을 이전하는 때
③ 법인의 대표자를 변경하는 때
④ 개인이 대표자를 변경하는 때

정답 ④

폐업사유에 해당함.

09 부가가치세법상 예정신고납부에 대한 설명이다. 가장 옳지 않은 것은?

① 법인사업자는 예정신고 기간 종료 후 25일 이내에 부가가치세를 신고납부하여야 한다.
② 개인사업자는 예정신고 기간 종료 후 25일 이내에 예정 고지된 금액을 납부하여야 한다.
③ 개인사업자에게 징수하여야 할 예정 고지금액이 100만 원 미만인 경우 징수하지 아니한다.
④ 개인사업자는 사업 실적이 악화된 경우 등 사유가 있는 경우에는 예정신고납부를 할 수 있다.

정답 ③

징수하여야 할 금액이 50만 원 미만이거나 간이과세자에서 해당 과세기간 개시일 현재 일반과세자로 변경된 경우에는 징수하지 아니한다.

10 다음 자료에 의하여 계산 시 부가가치세법상 일반과세자의 부가가치세 과세표준은 얼마인가?

| ·총매출액 : 10,000,000원 | ·매출에누리액 : 2,000,000원 | ·판매장려금 : 500,000원 |

① 7,500,000원
② 8,000,000원
③ 9,500,000원
④ 10,000,000원

정답 ②

매출에누리는 과세표준에서 차감항목이고, 판매장려금은 과세표준에서 공제하지 않는 금액이다.
과세표준 = 10,000,000원 - 2,000,000원 = 8,000,000원이다.

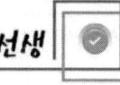

Chapter 3 부가가치세 분개 연습문제

[매출과세 유형문제]

1. 비사업자인 최하나에게 제품을 4,400,000원(부가가치세 포함)에 판매하였다. 대금은 현금으로 받고 현금영수증을 발행하였다.

차변	대변

2. 금강상사에 제품(공급가액 10,000,000원, 부가세별도)을 판매하고 전자세금계산서를 발급하였다. 대금은 7월 5일에 수령한 계약금 1,000,000원을 제외하고 동사가 발행한 약속어음으로 받았다.

차변	대변

3. 빠른유통상사에게 제품을 판매하고 전자세금계산서를 발급하였다(공급가액 5,000,000원, 부가세별도, 외상).

차변	대변

4. ㈜부산에 제품을 판매하고 신용카드(비씨카드)로 결제를 받았다(공급대가 3,300,000원).

차변	대변

5. 판매한 제품이 하자가 있어 반품되어 수정전자세금계산서를 발급하고 외상매출금과 상계처리하였다(공급가액 2,000,000원, 부가세별도).

차변	대변

6. 비사업자인 개인 이슬비 씨에게 제품을 판매하고 대금은 전액 현금으로 수취하고 현금영수증을 발행하였다(공급대가 1,100,000원).

차변	대변

7. 상원상사에 제품을 판매하고 전자세금계산서를 발급하였다(공급가액 3,000,000원, 부가세별도, 대금 결제는 어음수령).

차변	대변

8. 약수나라에 제품을 비씨카드로 판매하고 신용카드 매출전표를 발행하였다(공급대가 4,400,000원).

차변	대변

[매출영세율 유형문제]

9. 미국 회사인 리얼테크에게 $50,000의 제품을 직수출하고 선적하였다. 대금은 외상으로 하였다. 선적일 기준환율은 1$ 당 1,200원이다.

차변	대변

10. 대한무역에 구매확인서에 의하여 제품 1,000개를 30,000,000원에 납품하고, 영세율 전자세금계산서를 발행하였다. 대금 중 3,000,000원은 보통예금으로 계좌이체 받고, 나머지는 ㈜명보가 발행한 약속어음을 배서 받았다.

차변	대변

11. 미국의 뉴욕사에 제품을 $50,000에 직수출하면서 제품의 선적은 12월 10일에 이루어졌다. 대금은 원화로 환전되어 당사 보통예금 계좌에 입금되었다. 선적일 기준환율은 1$ 당 1,300원이다.

차변	대변

12. ㈜핀인터내셔널에 내국신용장(Local L/C)에 의하여 제품 13,000,000원을 납품하고 영세율 전자세금계산서를 발급하였다. 대금은 내국신용장 개설은행에 곧 청구할 예정이다.

차변	대변

13. 미국 미토리 Co.에 제품 500개(제품 개당 $400)를 직수출(선적일 8월 3일) 하고 대금은 외상으로 하였다. 선적일의 적용환율은 1,100원/$ 이다.

차변	대변

14. 중국 라이라이 회사에 제품 1,000개(단가 $100)를 직접 수출하고 대금은 외상으로 하였다. 단, 선적일인 7월 25일의 적용환율은 1,200원/$이다.

차변	대변

[매출면세 유형문제]

15. 당사에서 생산한 도서를 2,000,000원에 판매하고, 전자 계산서를 발급하였다. 대금은 보통예금으로 수령하였으며, 본 문제에 한하여 출판업이라고 가정한다.

차변	대변

[매입과세 유형문제]

16. 필테크로부터 원재료를 2,000,000원(부가가치세 별도)에 현금으로 매입하고, 전자세금계산서를 수취하였다.

차변	대변

17. 본사 영업부에서 비품인 업무용 노트북 5대를 ㈜명선테크로부터 5,500,000원(부가가치세 포함)에 구입하고 법인카드인 조은카드로 결제하였다.

차변	대변

18. 장훈빌딩으로부터 당월의 영업부 사무실 임차료에 대한 공급가액 5,000,000원(부가가치세 별도)의 전자세금계산서를 수취하고, 대금은 다음 달에 지급하기로 하였다.

차변	대변

19. 일반과세자인 스타문구에서 영업부서에 사용할 문구류를 33,000원(공급대가)에 현금으로 구입하고, 현금영수증(지출증빙)을 수령하였다(문구류는 사무용품비로 처리한다).

차변	대변

20. 호주에서 원재료를 공급가액 70,000,000원(부가가치세 별도)에 수입하고 수입 전자세금계산서를 부산세관장으로부터 발급받았으며, 부가가치세를 보통예금계좌에서 이체 납부하였다(부가가치세액에 대한 회계 처리만 할 것).

차변	대변

21. ㈜인별전자로부터 영업부서에서 사용할 컴퓨터를 구입하고 대금 1,760,000원(부가가치세 포함)을 하나카드로 결제하였다(단, 컴퓨터는 유형자산 계정으로 처리할 것).

차변	대변

22. 생일을 맞이한 공장 직원에게 지급할 선물세트를 1,100,000원(부가가치세 포함)에 다모아백화점에서 구입하고 전자세금계산서를 수취하고 대금은 당좌수표를 발행하여 지급하다.

차변	대변

23. ㈜서울컨설팅으로부터 공장 제조설비의 안전대책을 위한 경영 컨설팅을 받고 경영 컨설팅 수수료 500,000원(부가가치세 별도)에 대한 전자세금계산서를 발급받았다. 경영컨설팅 수수료는 12월 1일에 지급한 계약금 100,000원을 제외한 나머지 금액은 현금으로 지급하였다. (단, 계약금은 선급금 계정으로 이미 회계 처리 하였음)

차변	대변

24. 영업부에서 사용하는 업무용 승용차(998cc)의 주유비 110,000원(부가가치세 포함)을 알뜰주유소에서 현금결제하고 현금영수증(지출증빙용)을 발급받았다(알뜰주유소는 일반 과세사업자이다).

차변	대변

[매입영세 유형문제]

25. 수출용 제품 생산에 필요한 원재료(공급가액 23,000,000원)를 ㈜부산으로부터 내국신용장에 의하여 외상 매입하고 영세율 전자세금계산서를 발급받았다.

차변	대변

[매입불공 유형문제]

26. 영업부서의 매출거래처에 접대하기 위하여 ㈜삼마트로부터 치약·샴푸세트를 530,000원(부가가치세 별도)에 구입하고 전자세금계산서를 수취하였다. 대금은 보통예금으로 지급하였다.

차변	대변

27. 본사 영업 직원이 업무에 사용할 개별소비세 과세대상 자동차 (3,000CC)를 ㈜현구자동차에서 30,000,000원(부가가치세 별도)에 구입하고, 전자세금계산서를 수취하였으며 대금 결제는 다음 달에 하기로 하였다.

차변	대변

28. 영업부에서 사용할 업무용 승용차(2,000cc)를 ㈜달리는 자동차로부터 30,000,000원(부가가치세 별도)에 구입하고 전자세금계산서를 발급받았다. 대금 중 25,000,000원은 보통예금으로 지급하였고, 나머지는 이달 말에 지급하기로 하였다.

차변	대변

29. 공장 신축용 토지를 취득하고 ㈜부동산컨설팅에게 중개 수수료 15,000,000원(부가가치세 별도)을 당사 당좌수표를 발행하여 지급하고 전자세금계산서를 발급받았다.

차변	대변

30. 대표이사의 자택에서 사용할 목적으로 ㈜전자마트에서 냉난방기를 3,300,000원(부가가치세 별도)에 구입하고, 당사 명의로 전자세금계산서를 발급받았다. 대금은 당사 발행 당좌수표로 지급하였으며, 대표이사의 가지급금으로 처리한다.

차변	대변

31. 당사가 소유한 토지의 형질변경을 위해 은희건축사사무소에 1,500,000원(부가가치세 별도)의 수수료를 전액 보통예금으로 지급하고 전자세금계산서를 발급받았다.

차변	대변

[매입면세 유형문제]

32. 강남 부동산으로부터 본사 건물 신축용 토지를 120,000,000원에 매입하고 전자 계산서를 발급받았다. 대금 중 12,000,000원은 당사 보통예금 계좌에서 이체하여 지급하고, 나머지는 5개월 후에 지급하기로 하였다.

차변	대변

33. 공장에서 운영하고 있는 직원 식당에서 사용할 쌀을 하나로마트에서 200,000원에 구입하고 전자 계산서를 발급받고 현금으로 지급하였다.

차변	대변

34. 생산부문 공장 직원들에게 사내 식당에서 제공하는 식사에 필요한 잡곡을 500,000원에 직접 구입하면서 전자 계산서를 수취하고 대금은 다음 달에 지급하기로 하였다. 단, 비용으로 회계 처리하기로 한다.

차변	대변

35. 공장에서 기계장치 운용과 관련된 서적을 일신문고에서 100,000원에 현금으로 구입하고, 전자 계산서를 발급받았다.

차변	대변

※ **부가가치세 관련 분개 문제도 2~3번 반복해서 풀어 보시기 바랍니다.**

NO	차 변		대 변		NO	차 변		대 변	
1	현금	4,400,000	제품매출 부가세예수금	4,000,000 400,000	19	사무용품비 부가세대급금	30,000 3,000	현금	33,000
2	선수금 받을어음	1,000,000 10,000,000	제품매출 부가세예수금	10,000,000 1,000,000	20	부가세대급금	7,000,000	보통예금	7,000,000
3	외상매출금	5,500,000	제품매출 부가세예수금	5,000,000 500,000	21	비품 부가세대급금	1,600,000 160,000	미지급금	1,760,000
4	외상매출금	3,300,000	제품매출 부가세예수금	3,000,000 300,000	22	복리후생비 부가세대급금	1,000,000 100,000	당좌예금	1,100,000
5	외상매출금	−2,200,000	제품매출 부가세예수금	−2,000,000 −200,000	23	수수료비용 부가세대급금	500,000 50,000	선급금 현금	100,000 450,000
6	현금	1,100,000	제품매출 부가세예수금	1,000,000 100,000	24	차량유지비 부가세대급금	100,000 10,000	현금	110,000
7	받을어음	3,300,000	제품매출 부가세예수금	3,000,000 300,000	25	원재료	23,000,000	외상매입금	23,000,000
8	외상매출금	4,400,000	제품매출 부가세예수금	4,000,000 400,000	26	접대비	583,000	보통예금	583,000
9	외상매출금	60,000,000	제품매출	60,000,000	27	차량운반구	33,000,000	미지급금	33,000,000
10	보통예금 받을어음	3,000,000 27,000,000	제품매출	30,000,000	28	차량운반구	33,000,000	보통예금 미지급금	25,000,000 8,000,000
11	보통예금	65,000,000	제품매출	65,000,000	29	토지	16,500,000	당좌예금	16,500,000
12	외상매출금	13,000,000	제품매출	13,000,000	30	가지급금	3,630,000	당좌예금	3,630,000
13	외상매출금	220,000,000	제품매출	220,000,000	31	토지	1,650,000	보통예금	1,650,000
14	외상매출금	120,000,000	제품매출	120,000,000	32	토지	120,000,000	보통예금 미지급금	12,000,000 108,000,000
15	보통예금	2,000,000	제품매출	2,000,000	33	복리후생비	200,000	현금	200,000
16	원재료 부가세대급금	2,000,000 200,000	현금	2,200,000	34	복리후생비	500,000	미지급금	500,000
17	비품 부가세대급금	5,000,000 500,000	미지급금	5,500,000	35	도서인쇄비	100,000	현금	100,000
18	임차료 부가세대급금	5,000,000 500,000	미지급금	5,500,000					

IV
이론 및 분개 기출문제 및 해답

chapter 1 이론 기출문제 및 해답

chapter 2 분개 기출문제 및 해답

Chapter 1 이론 기출문제

1회 이론 기출문제

01 다음 중 비유동부채에 포함되지 않는 것은?

① 장기차입금
② 퇴직급여충당부채
③ 임차보증금
④ 사채

02 다음 중 재무제표의 작성책임과 공정한 표시에 관한 내용으로 틀린 것은?

① 재무제표의 작성과 표시에 대한 책임은 담당자에게 있다.
② 재무제표는 경제적 사실과 거래의 실질을 반영하여 기업의 재무상태, 경영성과, 현금흐름 및 자본변동을 공정하게 표시하여야 한다.
③ 일반기업회계기준에 따라 적정하게 작성된 재무제표는 공정하게 표시된 재무제표로 본다.
④ 재무제표가 일반기업회계기준에 따라 작성된 경우에는 그러한 사실을 주석으로 기재하여야 한다.

03 다음 중 재고자산을 기말 장부금액에 포함할 것인지의 여부를 설명한 것으로 틀린 것은?

① 미착상품 : 선적지인도조건인 경우에는 상품이 선적된 시점에 소유권이 매입자에게 이전되기 때문에 미착상품은 매입자의 재고자산에 포함한다.
② 적송품 : 수탁자가 제3자에게 판매하기 전까지는 위탁자의 재고자산에 포함한다.
③ 반품률이 높은 재고자산 : 반품률을 합리적으로 추정할 수 없을 경우에는 구매자가 상품의 인수를 수락하거나 반품기간이 종료된 시점까지는 판매자의 재고자산에 포함한다.
④ 할부판매 상품 : 대금이 모두 회수되지 않은 경우 상품의 판매시점에 판매자의 재고자산에 포함한다.

04 다음 중 재무상태표의 기타포괄손익누계액(자본계정)에 해당하는 항목은?

① 단기매매증권처분이익
② 매도가능증권평가이익
③ 단기매매증권평가이익
④ 매도가능증권처분이익

05 다음 중 회계정보가 갖춰야 할 가장 중요한 질적 특성 요소는?

① 비교 가능성과 중립성　　　　② 목적적 합성과 신뢰성
③ 효율성과 다양성　　　　　　 ④ 검증 가능성과 정확성

06 다음 중 취득원가에 포함되지 않는 것은?

① 수입한 기계장치의 시운전비　　② 단기투자목적의 주식매입수수료
③ 상품 구입 시 당사부담 운송보험료　④ 건물 구입 시 부동산 중개 수수료

07 다음 중 무형자산의 회계 처리에 대한 설명으로 틀린 것은?

① 무형자산을 최초로 인식할 때에는 공정가치로 측정한다.
② 다른 종류의 무형자산이나 다른 자산과의 교환으로 무형자산을 취득하는 경우에는 무형자산의 원가를 교환으로 제공한 자산의 공정가치로 측정한다.
③ 무형자산을 창출하기 위한 내부 프로젝트를 연구단계와 개발 단계로 구분할 수 없는 경우에는 그 프로젝트에서 발생한 지출은 모두 연구단계에서 발생한 것으로 본다.
④ 무형자산의 잔존가치는 없는 것을 원칙으로 한다.

08 다음 중 기말 결산 시 계정별 원장의 잔액을 차기에 이월하는 방법을 통하여 장부를 마감하는 계정과목은?

① 광고선전비　　　　　　　　② 접대비
③ 개발비　　　　　　　　　　④ 기부금

09 다음의 자료에 의하여 당기총제조원가를 구하시오.

| ・기초원재료 : 40,000원 | ・당기매입원재료 : 400,000원 | ・기말원재료 : 120,000원 |
| ・직접노무비 : 3,000,000원 | ・제조간접비 : 직접노무비의 30% | |

① 4,020,000원　　　　　　　② 4,220,000원
③ 4,300,000원　　　　　　　④ 4,460,000원

10 개별원가계산에 대한 다음 설명 중 가장 적합하지 않은 것은?

① 주문식 맞춤 생산방식에 적합한 원가계산 방법이다.
② 제조 간접 원가의 작업별, 제품별 배부 계산이 중요하다.
③ 공정별로 규격화된 제품의 원가계산에 적합한 방법이다.
④ 다품종 소량생산에 적합하며 주로 건설업, 조선업 등에서 사용된다.

11 원가에 대한 다음의 설명 중 틀린 것은?

① 직접재료비, 직접노무비는 모두 직접원가에 해당한다.
② 직접비와 간접비는 추적 가능성에 따른 분류이다.
③ 제품 생산량이 증가함에 따라 단위당 고정비는 감소한다.
④ 매몰원가는 이미 지출된 원가로 현재의 의사결정에 반드시 고려되어야 한다.

12 다음 원가계산자료 중 당기에 소요된 제조간접비 금액은 얼마인가?

| ·직접재료비 : 3,000,000원 | ·직접노무비 : 2,000,000원 | ·기초재공품 : 2,000,000원 |
| ·기말재공품 : 2,000,000원 | ·당기제품제조원가 : 10,000,000원 | |

① 5,000,000원
② 10,000,000원
③ 15,000,000원
④ 20,000,000원

13 부가가치세법상 납세의무에 관한 설명으로 옳지 않은 것은?

① 영리목적의 유무에 불구하고 사업상 독립적으로 과세대상 재화를 공급하는 자는 납세의무가 있다.
② 과세의 대상이 되는 행위 또는 거래의 귀속이 명의일 뿐이고 사실상 귀속되는 자가 따로 있는 경우라 하더라도 명의자에 대하여 부가가치세법을 적용한다.
③ 영세율 적용 대상 거래만 있는 사업자도 부가가치세법상 신고의무가 있다.
④ 재화를 수입하는 자는 수입재화에 대한 부가가치세 납세의무가 있다.

14 다음 자료에 의하여 부가가치세법상 제조업을 영위하는 일반 과세사업자가 납부해야 할 부가가치세액은?

·전자세금계산서 교부에 의한 제품 매출액 : 48,400,000원(공급대가)
·지출증빙용 현금영수증에 의한 원재료 매입액 : 30,800,000원(부가세 별도)
·신용카드에 의한 업무용 승용차(1,200CC) 구입 : 13,000,000원(부가세 별도)

① 1,320,000원
② 1,160,000원
③ 720,000원
④ 20,000원

15 다음 중 부가가치세법상 면세 대상 거래에 해당되지 않는 것은?

① 보험상품 판매
② 마을버스 운행
③ 일반의약품 판매
④ 인터넷신문 발행

전산회계 1급!! 2회 이론 기출문제

01 다음 중 유형자산 취득 후 추가적인 지출이 발생할 경우 이를 비용화할 수 있는 거래는?

① 상당한 원가절감
② 수선유지를 위한 지출
③ 생산능력의 증대
④ 내용연수의 연장

02 다음 중 영업주기와 관계없이 유동부채로 분류하여야 하는 계정과목이 아닌 것은?

① 퇴직급여충당부채
② 단기차입금
③ 유동성 장기차입금
④ 당좌차월

03 다음 중 회계상 거래가 아닌 것은?

① 사용하던 기계장치를 거래처에 매각 처분하였다.
② 사무실 임차계약을 체결하고 임차보증금을 지급하였다.
③ 거래처에서 외상매입금을 면제해 주었다.
④ 경영진이 미래에 특정 자산을 취득하겠다는 의사결정을 하였다.

04 당사의 결산 결과 아래의 내용을 확인하였다. 다음 항목들을 수정하면 당기순이익이 얼마나 변동하는가?

· 손익계산서에 계상된 이자수익 중 28,000원은 차기의 수익이다.
· 손익계산서에 계상된 임차료 중 500,000원은 차기의 비용이다.
· 손익계산서에 계상된 보험료 중 100,000원은 차기의 비용이다.

① 572,000원 감소
② 428,000원 감소
③ 572,000원 증가
④ 428,000원 증가

05 다음 설명은 재고자산의 단가 결정 방법 중 어느 것에 해당하는가?

이 방법은 실제 물량 흐름과 방향이 일치하고 기말 재고액이 최근의 가격, 즉 시가인 현행 원가를 나타내는 장점이 있는 반면, 현행 수익과 과거 원가가 대응되므로 수익 비용 대응이 적절하게 이루어지지 않는 단점이 있다.

① 개별법　　　　　　　　　　② 이동평균법
③ 선입선출법　　　　　　　　④ 후입선출법

06 다음 중에서 「현금 및 현금성자산」에 속하지 않는 것은?

① 현금 및 지폐　　　　　　　② 타인발행 당좌수표
③ 자기앞수표　　　　　　　　④ 취득 당시 5개월 후 만기 도래 기업어음(CP)

07 다음 중 손익계산서상 판매비와관리비에 해당되지 않는 항목은?

① 퇴직급여　　　　　　　　　② 감가상각비
③ 기타의 대손상각비　　　　　④ 경상개발비

08 다음은 당기 중에 거래된 ㈜무릉(12월 결산법인임)의 단기매매증권 내역이다. 다음 자료에 따라 당기 말 재무제표에 표시될 단기매매증권 및 영업외수익은 얼마인가?

- 5월 23일 : ㈜하이테크 전자의 보통주 100주를 10,000,000원에 취득하다.
- 7월 01일 : ㈜하이테크 전자로부터 중간배당금 50,000원을 수령하다.
- 12월 31일 : ㈜하이테크 전자의 보통주 시가는 주당 110,000원으로 평가되다.

　　　단기매매증권　　영업외수익　　　　　　단기매매증권　　영업외수익
① 11,000,000원,　1,050,000원　　② 11,000,000원,　1,000,000원
③ 10,000,000원,　1,050,000원　　④ 10,000,000원,　1,000,000원

09 다음 변동비와 고정비에 대한 설명 중 옳은 것은?

① 관련 범위 내에서 조업도가 증가하더라도 단위당 변동비는 일정하다.
② 관련 범위 내에서 조업도가 증가하더라도 단위당 고정비는 일정하다.
③ 관련 범위 내에서 조업도가 증가함에 따라 총 변동비는 감소한다.
④ 관련 범위 내에서 조업도가 증가함에 따라 총 고정비는 증가한다.

10 당사는 선입선출법으로 종합원가계산을 하고 있다. 다음 자료에 따라 계산하는 경우 기말 재공품의 원가는 얼마인가?

- 완성품환산량 단위당 재료비 : 350원　　 • 완성품환산량 단위당 가공비 : 200원
- 기말 재공품 수량 : 300개(재료비는 공정 초기에 모두 투입되고, 가공비는 80%를 투입)

① 132,000원　　② 153,000원　　③ 144,000원　　④ 165,000원

11 다음 중 제조원가계산을 위한 재공품 계정에 표시될 수 없는 것은?

① 당기 총 제조원가　　　　　　　② 기말 제품
③ 당기 제품 제조원가　　　　　　④ 기말 재공품

12 종합원가계산에 관한 다음 설명 중 가장 옳은 것은?

① 항공기 제조와 같은 주문 제작 업종에 적합하다.
② 다품종 소량생산에 유용하다.
③ 제조공정별로 원가를 집계한다.
④ 작업원가표에 의해 원가를 집계한다.

13 다음 중 부가가치세법상 재화의 공급시기가 잘못 연결된 것은?

① 외국으로 직수출하는 경우 : 선적(기적)일
② 폐업 시 잔존재화 : 폐업일
③ 장기할부판매 : 대가의 각 부분을 받기로 한 날
④ 무인 판매기 : 동전 또는 지폐 투입일

14 다음 중 세금계산서에 대한 설명으로 가장 올바르지 않은 것은?

① 세관장은 수입자에게 세금계산서를 발급하여야 한다.
② 경우에 따라 매입자발행 세금계산서 발급이 가능하다.
③ 세금계산서는 원칙적으로 재화 또는 용역의 공급시기에 발급하여야 한다.
④ 면세사업자도 재화를 공급하는 경우 세금계산서를 발급하여야 한다.

15 다음 자료를 이용하여 부가가치세의 과세표준을 계산하면 얼마인가?(단, 아래 금액에는 부가가치세가 포함되지 않았다)

・총매출액 : 1,000,000원　　　　　　・매출할인 : 50,000원
・공급대가의 지급지연에 따른 연체이자 : 30,000원
・폐업 시 잔존재화의 장부가액 : 300,000원(시가 400,000원)

① 1,320,000원　　　　　　　　　② 1,350,000원
③ 1,380,000원　　　　　　　　　④ 1,450,000원

3회 이론 기출문제

01 다음 내용을 보고 결산시점 수정 분개로 적절한 것은?

- 9월 1일 본사 건물에 대한 화재보험료 1,500,000원을 보통예금계좌에서 이체하였다.
- 경리부에서는 이를 전액 비용처리하였다.
- 12월 31일 결산시점에 화재보험료 미경과분은 1,000,000원이다.

	차　변		대　변	
①	보험료	500,000원	미지급비용	500,000원
②	보험료	1,000,000원	선급비용	1,000,000원
③	미지급비용	500,000원	보험료	500,000원
④	선급비용	1,000,000원	보험료	1,000,000원

02 다음 거래를 분개할 때 거래의 8요소 중 잘못된 것은?

㈜한세는 기계장치 17,000,000원을 ㈜서울에서 구입하고, 먼저 지급하였던 계약금 1,700,000원을 차감한 나머지는 1개월 후에 지급하기로 하였다.

① 자산의 증가　　　　　　　② 자산의 감소
③ 부채의 증가　　　　　　　④ 부채의 감소

03 다음은 재무회계개념체계에 대한 설명이다. 회계정보의 질적 특성인 목적적합성과 신뢰성 중 목적적 합성을 갖기 위해서 필요한 요건이 아닌 것은?

① 예측 가치　　　　　　　② 피드백 가치
③ 적시성　　　　　　　　④ 중립성

04 다음 중 계정의 성격이 올바르게 설명되지 않은 것은?

	계정명	분개 방식	결산 시 계정잔액
①	급여 계정	증가 시 차변에 기록	차변
②	소모품 계정	감소 시 대변에 기록	대변
③	매입채무 계정	증가 시 대변에 기록	대변
④	매출채권 계정	감소 시 대변에 기록	차변

05 ㈜미래는 8월에 영업을 개시하여 다음과 같이 거래를 하였다. 8월 말 현재 회수할 수 있는 매출채권 잔액은 얼마인가?

> 〈거래 내역〉
> 8/2 ㈜우리에게 제품 5,000,000원을 외상으로 납품하다.
> 8/4 납품한 제품 중 하자가 발견되어 100,000원이 반품되다.
> 8/20 ㈜우리의 외상대금 중 3,000,000원을 회수 시 조기 자금 결제로 인하여 약정대로 50,000원을 할인한 후 잔액을 현금으로 받다.

① 2,000,000원　　② 1,900,000원
③ 1,950,000원　　④ 2,050,000원

06 무형자산과 관련된 다음의 설명 중 옳지 않은 것은?

① 개발비는 개발 단계에서 발생하여 미래 경제적 효익을 창출할 것이 기대되는 자산이다.
② 무형자산의 취득원가는 매입금액에 직접 부대비용을 가산한다.
③ 무형자산을 직접 차감하여 상각하는 경우 무형자산 상각비 계정을 사용한다.
④ 영업활동에 사용할 목적으로 보유하는 자산으로 물리적 실체가 있는 경우 무형자산으로 분류된다.

07 다음 자료를 기초로 매출총이익을 계산하면 얼마인가?

> ・매출액 : 2,600,000원　　・당기 총 매입액 : 1,200,000원
> ・기초상품재고액 : 700,000원　　・기말상품재고액 : 400,000원
> ・상품 매입 시 운반비 : 20,000원　　・매입환출 및 에누리 : 150,000원

① 1,230,000원　　② 1,370,000원
③ 2,450,000원　　④ 2,600,000원

08 다음 중 일반기업회계기준에서 자본잉여금으로 분류되는 계정과목은?

① 자기주식　　② 감자차익
③ 단기매매증권평가이익　　④ 매도가능증권평가이익

09 다음 중 보조부문의 원가를 배부하는 방법과 관련된 내용으로 틀린 것은?

① 직접배부법은 보조부문 상호 간의 용역제공관계를 무시하므로 계산이 가장 복잡한 방법이다.
② 단계배부법과 상호배부법은 보조부문 상호간의 용역제공관계를 고려한다.
③ 어떤 방법을 사용하더라도 보조부문비 총액은 모두 제조부문에 배부된다.
④ 보조부문 배부방법에 따라 제품별 이익이 달라지나, 회사 총이익은 같다.

10 다음 중 개별원가계산을 주로 사용하는 업종이 아닌 것은?

① 항공기 제조업 ② 건설업 ③ 화학공업 ④ 조선업

11 다음 자료를 이용하여 매출원가를 계산하면 얼마인가?

> ·기초재공품재고액 : 450,000원   ·기말재공품재고액 : 600,000원
> ·기초제품재고액 : 300,000원   ·기말제품재고액 : 550,000원
> ·당기총제조원가 : 800,000원

① 400,000원 ② 450,000원 ③ 650,000원 ④ 800,000원

12 다음 원가에 관한 설명 중 틀린 것은?

① 제조원가는 직접재료원가, 직접노무원가, 제조간접원가를 말한다.
② 직접재료원가는 기초원재료재고액과 당기원재료매입액의 합계액에서 기말원재료재고액을 차감한 금액을 말한다.
③ 직접노무원가와 제조간접원가의 합계액을 기본원가라고 한다.
④ 제조활동 이외의 판매활동과 관리 활동에서 발생하는 원가를 비제조원가라 한다.

13 다음 자료를 보고 2025년 제2기 부가가치세 확정신고기한으로 옳은 것은?

> ·2025년 4월 25일 1기 부가가치세 예정신고 및 납부함.
> ·2025년 7월 25일 1기 부가가치세 확정신고 및 납부함.
> ·2025년 8월 20일 자금 상황의 악화로 폐업함.

① 2025년 7월 25일 ② 2025년 8월 31일
③ 2025년 9월 25일 ④ 2025년 1월 25일

14 다음의 부가가치세 과세표준에 관한 설명 중 옳지 않은 것은?

① 일반과세자의 과세표준은 공급대가의 금액으로 한다.
② 대손금은 과세표준에 포함하였다가 대손 세액으로 공제한다.
③ 매출에누리와 환입은 과세표준에 포함되지 않는다.
④ 공급받는 자에게 도달하기 전에 파손, 멸실된 재화의 가액은 과세표준에 포함되지 않는다.

15 다음 중 부가가치세법상 면세 대상 거래에 해당하는 것은?

① 운전면허학원의 시내 연수 ② 프리미엄 고속버스 운행
③ 일반의약품에 해당하는 종합 비타민 판매 ④ 예술 및 문화행사

전산회계 1급!! 4회 이론 기출문제

01 다음 내용과 같은 기준으로 분류되는 계정과목은 무엇인가?

> 자본거래에서 발생하며, 자본금이나 자본잉여금으로 분류할 수 없는 항목으로 감자차손, 자기주식, 자기주식처분손실 등이 여기에 해당한다.

① 주식할인발행차금　　② 임의적립금
③ 주식발행초과금　　④ 이익준비금

02 ㈜한세의 기말 재무상태표 일부이다. 당기 손익계산서에 기록될 대손상각비는 얼마인가?

> · 2025년 기초 대손충당금 73,000원, 기중 대손발생액 30,000원이다.
> · 2025년 기말 재무상태표 매출채권은 5,000,000원, 대손충당금은 110,000원이다.

① 30,000원　　② 43,000원
③ 67,000원　　④ 80,000원

03 다음 중 주주총회에서 현금배당이 결의된 이후 실제 현금으로 현금배당이 지급된 시점의 거래 요소 결합관계로 옳은 것은?

	차변	대변		차변	대변
①	자본의 감소	자본의 증가	②	부채의 감소	자산의 감소
③	자산의 증가	수익의 발생	④	자본의 감소	자산의 감소

04 다음 중 일반기업회계기준에서 현금및현금성자산은 얼마인가?

> · 통화대용증권 : 200,000원　　· 우표 및 수입인지 : 100,000원
> · 보통예금 : 300,000원　　· 정기예금 : 400,000원
> · 취득당시에 만기가 100일 남아있는 단기금융상품 : 500,000원

① 500,000원　　② 600,000원
③ 900,000원　　④ 1,000,000원

05 다음 중 회계 상 거래가 아닌 것은?

① 은행에 현금 600,000원을 예입하다.
② 자동차 종합보험료 700,000원을 현금으로 지급하다.
③ 은행에서 현금 1,000,000원을 차입하기로 결정하다.
④ 회계 기말 현재 보유 중인 상장 주식의 가격이 150,000원만큼 하락하다.

06 회사의 자산과 부채가 다음과 같을 때 회사의 자본(순자산)은 얼마인가?

·상 품 : 100,000원	·대여금 : 40,000원	·매입채무 : 70,000원
·현 금 : 10,000원	·비 품 : 80,000원	·미지급금 : 20,000원

① 110,000원　　　　　　　　② 120,000원
③ 130,000원　　　　　　　　④ 140,000원

07 ㈜파랑상사의 총 평균법에 의한 기말 상품 재고액은 얼마인가?

·기초상품 : 100개 (@2,000원)　·당기상품매입 : 900개 (@3,000원)
·당기상품판매 : 800개 (@4,000원)

① 300,000원　　　　　　　　② 460,000원
③ 580,000원　　　　　　　　④ 600,000원

08 "주주나 제3자 등으로부터 현금이나 기타 재산을 무상으로 증여받을 경우 생기는 이익"이 설명하고 있는 계정과목은?

① 자산수증이익　　　　　　　② 이익잉여금
③ 채무면제이익　　　　　　　④ 임차보증금

09 다음 자료를 보고 노무비의 당월 발생액을 계산하면 얼마인가?

·노무비 전월선급액 : 100,000원　·노무비 당월지급액(현금) : 400,000원

① 220,000원　　　　　　　　② 300,000원
③ 400,000원　　　　　　　　④ 500,000원

10 다음 중 제조원가명세서를 작성하기 위하여 필요하지 않은 것은?

① 당기 직접노무원가 발생액　　② 당기 기말제품 재고액
③ 당기 직접재료 구입액　　　　④ 당기 직접재료 사용액

11 다음의 자료에서 당기총제조원가를 구하시오?

> ㉠ 당기에 직접재료를 5,000,000원에 구입하였다.
> ㉡ 당기에 발생한 직접노무원가는 3,500,000원이다.
> ㉢ 제조간접원가는 2,000,000원이 발생하였다.
> ㉣ 기초원재료재고는 500,000원이고 기말원재료재고는 2,000,000원이다.

① 7,000,000원 ② 9,000,000원 ③ 10,500,000원 ④ 12,000,000원

12 재료비는 공정 초기에 모두 발생되고 가공비는 공정이 진행됨에 따라 균등하게 발생할 경우, 다음 자료에 의한 재료비의 완성품 환산량은?

> ・기초 재공품 : 2,000개 (완성도 : 30%)
> ・기말 재공품 : 1,000개 (완성도 : 40%)
> ・당기 완성품 수량 : 4,000개
> ・회사는 평균법을 적용하여 기말 재공품을 평가한다.

① 3,600개 ② 4,200개 ③ 5,000개 ④ 6,000개

13 다음 자료를 이용하여 부가가치세 과세표준을 계산하면 얼마인가?

> ・매출액 : 70,000,000원   ・대손금액 : 1,100,000원
> ・매출에누리 : 5,000,000원 ・매입에누리 : 5,000,000원

① 60,000,000원 ② 65,000,000원 ③ 68,900,000원 ④ 70,000,000원

14 다음 중 부가가치세 신고 시 제출하는 서류가 아닌 것은?

① 부가가치세 신고서와 건물 등 감가상각자산취득명세서
② 매출처별 세금계산서 합계표와 매입처별 세금계산서 합계표
③ 공제받지 못할 매입세액명세서와 대손세액공제신고서
④ 총수입금액조정명세서와 조정 후 총수입금액명세서

15 다음 중 현행 부가가치세법의 특징에 대한 설명으로 옳은 것은?
① 전단계거래액공제법이다.   ② 비례세율로 역진성이 발생한다.
③ 개별소비세이다.   ④ 지방세이다.

5회 이론 기출문제

01 다음 거래 내용을 보고 12월 31일 결산 수정 분개 시 차변 계정과목과 차변 금액으로 적절한 것은?

· 2025년 8월 1일 소모품 600,000원을 현금으로 구입하고 자산으로 처리하였다.
· 2025년 12월 31일 결산 시 소모품 미사용액은 250,000원이다.

① 소모품 250,000원 ② 소모품 350,000원
③ 소모품비 250,000원 ④ 소모품비 350,000원

02 다음 중 현금 및 현금성자산으로 구분할 수 없는 것은?

① 보통예금 ② 우편환증서
③ 자기앞수표 ④ 정기적금

03 현행 일반기업회계기준서 상 유가증권에 대한 설명 중 틀린 것은?

① 채무증권은 취득할 경우 만기보유증권, 단기매매증권 및 매도가능증권으로 분류한다.
② 단기매매증권 및 만기보유증권은 원칙적으로 공정가치로 평가한다.
③ 단기매매증권이 시장성을 상실한 경우에는 매도가능증권으로 분류하여야 한다.
④ 채무증권을 만기까지 보유할 적극적인 의도와 능력이 있는 경우에는 만기보유증권으로 분류한다.

04 재고자산의 수량을 파악하는 방법으로만 짝 지어진 것은?

| ㉮ 개별법 | ㉯ 선입선출법 | ㉰ 계속기록법 |
| ㉱ 후입선출법 | ㉲ 실지재고조사법 | |

① ㉮, ㉰ ② ㉯, ㉱
③ ㉰, ㉲ ④ ㉮, ㉯, ㉱

05 다음 자료에 의한 당기 말 재무제표에 표시할 유동부채 금액은 얼마인가?

| ・매입채무 : 1,300,000원 | ・예수금 : 240,000원 |
| ・단기차입금 : 6,000,000원 | ・장기미지급금 : 1,200,000원 |

① 6,240,000원　　　　　　　　② 7,300,000원
③ 7,540,000원　　　　　　　　④ 8,740,000원

06 다음 내역이 손익계산서에 미치는 영향으로 옳지 않은 것은?

| ㉠ 영업사원 핸드폰 요금 : 600,000원 | ㉡ 영업부 사무실 감가상각비 : 700,000원 |
| ㉢ 장애인 단체 기부금 : 300,000원 | |

① 영업이익에 영향을 주지 않는 ㉢은 당기순이익에만 영향을 준다.
② 영업외비용은 ㉡과 ㉢의 합계액인 1,000,000원이다.
③ ㉠과 ㉡의 합계액인 1,300,000원은 판매비와관리비로 계상된다.
④ ㉠과 ㉡의 합계액은 영업이익과 당기순이익에 모두 영향을 준다.

07 다음 유형자산 중 감가상각 회계 처리 대상에 해당하지 않는 것은?

① 업무에 사용하고 있는 토지　　　　② 관리 사무실에서 사용하고 있는 세단기
③ 업무 관련 회사 소유 주차장 건물　　④ 생산직원 전용 휴게실에 비치되어 있는 안마기

08 자본에 대한 설명 중 잘못된 것은?

① 자본금은 우선주자본금과 보통주자본금으로 구분하며, 발행주식수×주당 발행가액으로 표시된다.
② 잉여금은 자본잉여금과 이익잉여금으로 구분 표시한다.
③ 주식의 발행은 할증발행, 액면발행 및 할인발행이 있으며, 어떠한 발행을 하여도 자본금은 동일하다.
④ 자본은 자본금・자본잉여금・이익잉여금・자본조정 및 기타포괄손익누계액으로 구분 표시한다.

09 원가에 대한 다음의 설명 중 틀린 것은?

① 원가의 추적 가능성에 따라 통제가능원가와 통제불능원가로 분류된다.
② 조업도(제품 생산량)가 증가함에 따라 단위당 변동비는 일정하고 단위당 고정비는 감소한다.
③ 직접노무비, 제조간접비는 모두 가공원가에 해당한다.
④ 매몰원가는 이미 발생한 원가로 현재의 의사결정에 아무런 영향을 미치지 못하는 원가이다.

10 직접 노무비의 70%를 제조간접비로 배부하는 경우, 만일 특정 작업에 배부된 제조 간접비가 35,000원이라면 그 작업에 소요된 직접노무비는 얼마인가?

① 40,000원　　　　　　　　　② 45,000원
③ 50,000원　　　　　　　　　④ 55,000원

11 다음 중 제조원가계산을 위한 재공품 계정에 표시될 수 없는 것은?

① 당기 총 제조원가　　　　　② 기초 재공품 재고액
③ 당기 제품 제조원가　　　　④ 기말 원재료 재고액

12 다음 중 보조부문원가를 제조부문에 배부하는 방법에 속하지 않는 것은?

① 단계배부법　　　　　　　　② 직접배부법
③ 간접배부법　　　　　　　　④ 상호배부법

13 다음 자료에서 세금계산서의 필요적 기재 사항이 아닌 것은?

① 공급하는 사업자의 등록번호　　② 공급 연월일
③ 공급받는 자의 등록번호　　　　④ 공급가액과 부가가치세액

14 다음 중 부가가치세 영세율과 관련된 설명 중 틀린 것은?

① 영세율은 수출하는 재화에 적용된다.
② 영세율은 완전 면세에 해당한다.
③ 직수출하는 재화의 경우에도 세금계산서를 발행, 교부하여야 한다.
④ 영세율은 소비지국 과세원칙을 구현하기 위한 제도이다.

15 ㈜성실은 2025년 3월 5일 폐업하였다. 폐업 시 자산 보유내역은 다음과 같다. 부가가치세 신고 시의 과세표준은 얼마인가?

· 재고자산 : 원가 7,000,000원(시가 8,000,000원)

① 0원　　　　　　　　　　　② 1,000,000원
③ 7,000,000원　　　　　　　④ 8,000,000원

이론 기출문제 해답

전산회계1급 1회 이론 기출문제

01	02	03	04	05	06	07	08	09	10	11	12	13	14	15
③	①	④	②	②	②	①	③	②	③	④	①	②	①	③

1. ③ 임차보증금은 기타비유동자산에 해당한다.

2. ① 재무제표의 작성과 표시에 대한 책임은 경영진에게 있다.

3. ④ 할부판매상품 : 재고자산을 고객에게 인도하고 대금의 회수는 미래에 분할하여 회수하기로 한 경우 대금이 모두 회수되지 않았다고 하더라도 상품의 판매시점에서 판매자의 재고자산에서 제외한다.

4. ② 단기매매증권처분이익, 단기매매증권평가이익, 매도가능증권처분이익은 손익계산서의 영업외수익 항목이다. 매도가능증권평가이익은 재무상태표의 기타포괄손익누계액(자본계정) 항목이다.

6. ② 단기매매증권 구입부대비용은 별도로 비용처리한다.

7. ① 무형자산을 최초로 인식할 때에는 원가로 측정한다.

8. ③ 재무상태표 계정은 차기 이월 방식을 통하여 장부 마감을 하여야 하며, 손익계산서 계정은 집합 손익 원장에 대체하는 방식으로 장부 마감을 하여야 한다. 따라서 자산 계정인 개발비만 차기 이월을 통하여 장부 마감을 하여야 한다. 광고선전비, 접대비, 기부금은 모두 비용 계정이다.

9. ② 재료비 : 40,000원 + 400,000원 - 120,000원 = 320,000원
    당기총제조원가 : 320,000원 + 3,000,000원 + (3,000,000원*30%) = 4,220,000원

10. ③ 공정별로 규격화된 제품의 원가계산에는 종합원가계산제도가 적합한 방법이다.

11. ④ 매몰원가는 과거의 의사결정의 결과로 이미 발생된 원가로, 현재의 의사결정에는 아무런 영향을 미치지 못하는 원가를 말한다.

12. ① 제조간접비(5,000,000원) = 당기총제조원가(10,000,000원) - 직접재료비(3,000,000원) - 직접노무비(2,000,000원)
    당기총제조원가 = 당기제품제조원가(10,000,000원) + 기말재공품(2,000,000원) - 기초재공품(2,000,000원)

13. ② 과세의 대상이 되는 행위 또는 거래의 귀속이 명의일 뿐이고 사실상 귀속되는 자가 따로 있는 경우에는 사실상 귀속되는 자에 대하여 부가가치세법을 적용한다.

14. ① 납부세액 = 매출세액 - 매입세액
매출세액(4,400,000원) = 48,400,000원 × 10/110
매입세액(3,080,000원) = 30,800,000원 × 0.1
납부세액(1,320,000원) = 4,400,000원 - 3,080,000원
신용카드에 의한 승용차(1,200CC) 구입 : 공제받지 못할 매입세액

15. ③ 일반의약품 판매는 부가가치세법상 과세거래에 해당된다.

전산회계1급 2회 이론 기출문제

01	02	03	04	05	06	07	08	09	10	11	12	13	14	15
②	①	④	③	③	④	③	①	①	②	②	③	④	④	②

1. ② 유형자산의 수선유지를 위한 지출은 발생한 기간의 비용으로 인식한다.

2. ① 부채는 1년을 기준으로 유동부채와 비유동부채로 분류한다. 다만, 정상적인 영업주기 내에 소멸할 것으로 예상되는 매입채무와 미지급비용 등은 보고 기간 종료일로부터 1년 이내에 결제되지 않더라도 유동부채로 분류한다. 또한 당좌차월, 단기차입금 및 유동성장기차입금 등은 보고기간 종료일로부터 1년 이내에 결제되어야 하므로 영업주기와 관계없이 유동부채로 분류한다.

3. ④ 자산을 취득하기로 한 의사결정만으로는 자산, 부채, 자본, 수익, 비용의 변화가 없다.

4. ③ 선수수익 28,000원 감소, 선급비용 500,000원 증가, 선급비용 100,000원 증가 → 총 572,000원 증가

5. ③ 선입선출법에 대한 설명이다.

6. ④ 취득 당시 3개월 내 만기가 도래하는 기업어음(CP)만 현금성자산에 포함된다.

7. ③ 기타의 대손상각비는 영업외비용에 속한다.

8. ① 영업외수익(1,050,000원) = 배당금수익(50,000원) + 기말 단기매매증권평가이익(1,000,000원)

9. ①
   ② 관련 범위 내에서 조업도가 증가하더라도 단위당 고정비는 감소한다.
   ③ 관련 범위 내에서 조업도가 증가함에 따라 총 변동비는 증가한다.
   ④ 관련 범위 내에서 조업도가 증가함에 따라 총 고정비는 일정하다.

10. ② 기말 재공품 재료비 : 300개 × 350원 = 105,000원
    기말 재공품 가공비 : (300개 × 0.8) × 200원 = 48,000원
    기말 재공품 원가 : 105,000원 + 48,000원 = 153,000원

11. ② 기말 제품은 제품 계정에 표시된다.

12. ③ ①, ②, ④는 개별원가계산에 관한 설명이다.

13. ④ 무인 판매기를 이용하여 재화를 공급하는 경우 해당 사업자가 무인 판매기에서 현금을 꺼내는 때를 재화의 공급 시기로 본다.

14. ④ 면세사업자는 재화를 공급하는 경우 계산서를 발급하여야 한다.

15. ②

구 분	근 거	공급가액
·총매출액		1,000,000원
·매출할인	과세표준에서 차감한다.	△50,000원
·연체이자	과세표준에 포함되지 않는다.	
·폐업 시 잔존재화	시가를 공급가액으로 한다.	400,000원
과세표준		1,350,000원

전산회계1급　3회 이론 기출문제

01	02	03	04	05	06	07	08	09	10	11	12	13	14	15
④	④	④	②	②	④	①	②	①	③	①	③	③	①	④

2. ④　차) 기계장치 17,000,000원(자산의 증가)　대) 선급금 1,700,000원(자산의 감소)
　　　　　　　　　　　　　　　　　　　　　　　　　　미지급금 15,300,000원(부채의 증가)

3. ④　목적적합성 : 예측 가치, 피드백 가치, 적시성, 신뢰성 : 중립성, 표현의 충실성, 검증 가능성

4. ②　소모품은 자산계정으로 감소 시 대변에 기록되며, 결산 시 잔액은 차변에 남는다.

5. ②　외상매출금 5,000,000원 - 환입 100,000원 - 외상대금 회수 3,000,000원 = 1,900,000원

6. ④　무형자산은 물리적 실체가 없는 자산이다.

7. ①　매출총이익 = 매출액 2,600,000원 - 매출원가 1,370,000원 = 1,230,000원
　　　매출원가 = 기초 상품재고액 700,000원 + (당기총매입액 1,200,000원 + 상품매입운반비 20,000원 - 매입환출 및
　　　　　　　　에누리 150,000원) - 기말 상품재고액 400,000원 = 1,370,000원

8. ②　자기주식 : 자본조정
　　　감자차익 : 자본잉여금
　　　단기매매증권평가이익 : 영업외수익
　　　매도가능증권평가이익 : 기타포괄손익

9. ①　직접배부법은 보조부문 상호 간의 용역제공관계를 무시하므로 계산이 가장 간단한 방법이다.

10. ③　화학 공업은 종합원가계산을 주로 사용한다.

11. ①

	재공품계정				제품계정		
기초재공품	450,000	제품	650,000	기초제품	300,000	매출원가	400,000
당기총제조원가	800,000	기말재공품	600,000	재공품	650,000	기말제품	550,000

12. ③　직접노무원가와 제조간접원가의 합계액을 가공원가라고 한다.

13. ③　폐업한 사업자의 부가가치세 확정신고기한은 폐업한 날이 속하는 달의 다음 달 25일까지이다.

14. ①　과세 표준은 공급가액의 금액이다.

15. ④　예술 및 문화행사는 부가가치세법상 면세 대상 거래에 해당된다.

전산회계1급   4회 이론 기출문제

01	02	03	04	05	06	07	08	09	10	11	12	13	14	15
①	③	②	①	③	④	③	①	④	②	②	③	②	④	②

1. ① 자본조정에 대한 설명이며, 자기주식, 주식할인발행차금, 감자차손, 자기주식처분손실 등이 있다.
   임의적립금 : 이익잉여금, 주식발행초과금 : 자본잉여금, 이익준비금 : 이익잉여금

2. ③ 기초대손충당금 73,000원 − 기중대손발생액 30,000원 = 대손충당금 잔액 43,000원
   이때 기말 대손충당금을 110,000원으로 한다면, 결산 수정 분개로 67,000원을 추가로 설정하여야 한다.
   차) 대손상각비 67,000원   대) 대손충당금 67,000원

대손충당금	
기중 30,000원	기초 73,000원
기말 110,000원	대손상각비 67,000원

3. ② 현금 배당이 결의된 시점 분개 :
   (차) 이익잉여금   × × ×   (대) 미지급배당금   × × ×
   현금배당이 지급된 시점 분개 :
   (차) 미지급배당금   × × ×   (대) 현   금   × × ×

4. ① 통화 대용증권(200,000원) + 보통예금(300,000원) = 500,000원

5. ③ 회계상의 거래는 기업의 재무 상태와 영업 성과에 영향을 주어야 하며, 화폐단위로 측정할 수 있어야 한다.

6. ④ 자산(상품, 대여금, 현금, 비품) = 230,000원,   부채(매입채무, 미지급금) = 90,000원
   자산 − 부채 = 자본(순자산)이므로 230,000원 − 90,000원 = 140,000원

7. ③ 기말상품재고수량은 200개이고 총평균법의 상품원가는 단위당 2,900원 = {(100개 × @2,000원 + 900개×@3,000원) / 1,000개} 이므로 기말상품재고액은 580,000(200개 × @2,900원)이다.

8. ① 자산수증이익에 대한 설명이다.

9. ④ 노무비 발생액은 = 400,000원 + 100,000원 = 500,000원

10. ② 당기 기말제품재고액은 손익계산서에서 매출원가를 산출하는데 필요한 자료 자료이다.

11. ② 직접재료비 = 기초원재료재고 + 당기매입원재료 − 기말원재료재고 = 3,500,000원
    당기총제조원가 = 직접재료원가 + 직접노무원가 + 제조간접원가
                    = 3,500,000원 + 3,500,000원 + 2,000,000원
                    = 9,000,000원

12. ③ 재료비 완성품 환산량 = 당기완성품 수량 4,000개(100%) + 기말재공품 수량 1,000개(100%) = 5,000개

13. ② 매출액 70,000,000원 - 매출에누리 5,000,000원 = 과세표준 65,000,000원
    매출에누리, 매출환입, 매출할인은 과세표준에서 차감항목임
    대손금, 판매 장려금은 공제되지 않는 항목임.

14. ④ 총수입금액조정명세서는 소득세신고 서류이다.

15. ② 우리나라의 부가가치세는 전단계세액공제법, 일반소비세, 국세의 특징이 있다.

전산회계1급 5회 이론 기출문제

01	02	03	04	05	06	07	08	09	10	11	12	13	14	15
④	④	②	③	③	②	①	①	①	③	④	③	②	③	④

1. ④ 취득 시점에 자산 처리한 경우 소모품의 사용액이 분개 대상 금액이 된다. (소모품 사용액은 350,000원)
   차변) 소모품비 350,000원   대변) 소모품 350,000원

2. ④ 정기 적금, 정기예금은 단기금융상품 또는 장기금융상품으로 구분할 수 있다. 현금 및 현금성자산은 통화 및 통화대용증권(우편환증서, 자기앞수표, 타인발행수표, 공사채 만기이자표 등)과 당좌예금, 보통예금 등의 요구불예금을 포함하며, 큰 거래비용 없이 현금으로 전환이 용이하고 이자율 변동에 가치 변동의 위험이 중요하지 않는 단기 투자자산으로 취득 당시 만기가 3개월 이내에 도래하는 것을 말한다.

3. ② 단기매매증권 및 매도가능증권이 원칙적으로 공정가치로 평가함.

4. ③ 개별 법, 선입선출법, 후입선출법은 재고자산 가격 결정 방법이다.

5. ③ 매입 채무 1,300,000원 + 예수금 240,000원 + 단기차입금 6,000,000원 = 7,540,000원

6. ② 영업외비용인 ⓒ은 300,000원이다.

7. ① 토지는 감가상각을 하지 않고, 건설 중인 자산, 영업활동에 사용하지 않는 투자자산은 현재 정상적인 영업활동에 사용되지 않고 있기 때문에 감가상각 회계 처리 대상에서 제외된다.

8. ① 자본금은 우선주자본금과 보통주자본금으로 구분하며, 발행 주식 수 × 주당 액면가액으로 표시된다.

9. ① 원가의 추적 가능성에 따라 직접원가와 간접 원가로 분류된다.

10. ③ 직접노무비 × 70% = 35,000원, 직접노무비 = 35,000원 / 70% = 50,000원

11. ④ 기말 원재료 재고액은 원재료 계정에 표시된다.

13. ② 세금계산서의 필수적 기재 사항은 공급 연월일 아니라 작성연월일이다.

14. ③ 직수출하는 재화의 경우에는 세금계산서 교부 의무가 면제된다.

15. ④ 재고자산은 시가를 과세표준으로 한다.

Chapter 2 분개 기출문제 및 해답

전산회계 1급!! 1회 분개 기출문제

문제 1 일반전표

[1] 8월 20일 제품 5개(단위당 원가 : 100,000원)를 사회복지 재단에 무상으로 제공하였다.

[2] 9월 5일 ㈜인성의 임대료를 받지 못해 미수금 계정으로 처리한 금액 4,950,000원을 임대보증금과 상계처리하였다(단, ㈜인성의 임대보증금 계정 잔액은 20,000,000원이다).

[3] 9월 10일 당사의 최대주주인 김지운 씨로부터 본사를 신축할 토지를 기증받았다. 토지에 대한 소유권 이전비용 2,000,000원은 자기앞수표로 지급하였다. 토지의 공정가액은 40,000,000원이다.

[4] 9월 24일 ㈜소망자동차에서 구입한 제품 운반용 승합차의 할부 미지급금(할부에 따른 이자를 별도 지급하기로 계약함) 1회분 총액을 대출 상환 스케줄에 따라 당사 보통예금 계좌에서 이체하여 지급하다.

대출상환스케줄					
회차	결제일	원금	이자	취급수수료	결제금액
1회	2025.09.24	1,500,000원	3,750원	-	1,503,750원
2회	2025.10.24	1,500,000원	3,500원	-	1,503,500원
⋮	⋮	⋮	⋮		⋮

[5] 9월 28일   주주총회에서 결의된 바에 따라 유상증자를 실시하여 신주 100,000주(액면가액 주당 5,000원)를 주당 5,500원에 발행하고, 증자와 관련하여 신문공고 비용, 주권 인쇄 비용, 등기비용 등 수수료 15,000,000원을 제외한 나머지 증자 대금이 보통예금계좌에 입금되다(단, 주식할인발행차금계정의 잔액은 없다).

[6] 12월 1일   전기에 대손이 확정되어 대손충당금과 상계처리하였던 ㈜대운전자의 외상매출금 중 일부인 1,000,000원을 현금으로 회수하였다.

문제 2   매입매출전표

[1] 7월 1일   구매확인서에 의해 수출용 제품에 대한 원재료(공급가액 30,000,000원)를 ㈜동해로부터 매입하고 영세율 전자세금계산서를 발급받았다. 매입대금 중 13,000,000원은 ㈜운천으로부터 받아 보관 중인 약속어음을 배서양도하고, 나머지 금액은 6개월 만기의 당사 발행 약속어음으로 지급하였다.

[2] 8월 25일   필테크로부터 원재료를 2,000,000원(부가가치세 별도)에 현금으로 매입하고, 종이세금계산서를 수취하였다.

세 금 계 산 서

공급자	등록번호	111-11-11119			공급받는자	등록번호	305-81-65101		
	상호(법인명)	필테크	성명	최수영		상호(법인명)	㈜해준산업	성명	최수지
	사업장주소	대전광역시 중구 선화로 70번길				사업장주소	대전광역시 중구 선화로 81번길 85		
	업태	제조	종목	스포츠용품		업태	제조업	종목	스포츠용품

작성일자		공급가액	세액	수정사유
2025 8 25		2 0 0 0 0 0 0	2 0 0 0 0 0	

월 일	품목	규격	수량	단가	공급가액	세액	비고
	원재료				2,000,000	200,000	

합계금액	현금	수표	어음	외상미수금	이 금액을 영수(청구) 함
2,200,000	2,200,000				

[3] 10월 12일   비사업자인 최하나에게 제품을 4,400,000원(부가가치세 포함)에 판매하였다. 대금은 현금으로 받고 현금영수증을 발행하였다.

[4] 10월 14일   영업부서의 매출거래처에 접대하기 위하여 ㈜삼마트로부터 치약·샴푸세트를 530,000원(부가가치세 별도)에 구입하고 전자세금계산서를 수취하였다. 대금은 보통예금으로 지급하였다.

[5] 10월 28일   본사 영업부에서 비품인 업무용 노트북 5대를 ㈜명선테크로부터 5,500,000원(부가가치세 포함)에 구입하고 법인카드인 조은카드로 결제하였다(신용카드 매입세액 공제 요건을 모두 충족함).

[6] 12월 13일   미국 회사인 리얼테크에게 $50,000의 제품을 직수출하기로 하고 선적하였다. 대금은 외상으로 하였다. 선적일 기준환율은 1$당 1,200원이다.

문제 3 결산 정리사항

[1] 외상매출금 계정에는 거래처 Angel에 대한 외화금액 10,000,000원(미화 $10,000)이 계상되어 있다. (회계기간 종료일 현재 적용환율 : 미화 $1당 1,080원)

[2] 당사는 일반기업회계기준에 의하여 퇴직급여충당부채를 설정하고 있으며, 관련 자료는 다음과 같다.

구분	기초 금액	기중 감소(사용)금액	기말금액(퇴직금 추계액)
생산부	25,000,000원	5,000,000원	28,000,000원
영업부	14,000,000원	4,000,000원	17,000,000원

[3] 결산일 현재 당기의 감가상각비를 다음과 같이 계상하기로 하였다.

· 영업부서 차량운반구 : 3,000,000원   · 제조부서 차량운반구 : 11,000,000원

2회 분개 기출문제

전산회계 1급!!

문제 1 일반전표

[1] 7월 25일   원재료 보관창고의 화재와 도난에 대비하기 위하여 화재손해보험에 가입하고 1년분 보험료 600,000원을 보통예금계좌에서 이체하였다(단, 보험료는 전액 비용 계정으로 회계 처리한다).

[2] 7월 31일   매출처 ㈜대현전자의 부도로 외상매출금 잔액 1,500,000원이 회수 불가능하여 대손처리하였다(단, 대손충당금 잔액은 756,500원이 있다).

[3] 8월 8일   영업부서 직원 이평세가 퇴직하여 퇴직금 14,500,000원에서 원천징수 세액 1,350,000원을 차감한 후 보통예금계좌에서 이체하였다(단, 퇴직연금에는 가입되어 있지 않으며, 퇴직급여충당부채계정의 잔액 11,000,000원 있다).

[4] 8월 25일   당해 사업연도 법인세 중간예납세액 1,800,000원을 보통예금으로 이체 납부하였다(단, 법인세납부액은 자산계정으로 처리할 것).

[5] 9월 26일   영업부서 직원 김민성에게 지급한 9월분 급여는 다음과 같다. 공제 후 차감 지급액은 당사 보통예금 계좌에서 이체하였다.

2025년 9월 김민성 급여내역			
			(단위: 원)
이 름	김민성	지 급 일	9월 26일
기본급여	2,000,000	소 득 세	200,000
직책수당	300,000	지방소득세	20,000
상 여 금		국민연금	80,000
특별수당		건강보험	80,000
차량유지	100,000	고용보험	5,000
교육지원		기 타	15,000
급 여 계	2,400,000	공제합계	400,000
노고에 감사드립니다.		지급총액	2,000,000

[6] 12월 18일   회사가 보유 중인 자기주식 모두를 15,000,000원에 처분하고 매각 대금은 보통예금으로 입금되었다. 처분 시점의 장부가액은 13,250,000원, 자기주식처분손실 계정의 잔액은 1,500,000원이다.

문제 2 매입매출전표

[1] 7월 17일   강남부동산으로부터 본사 건물 신축용 토지를 120,000,000원에 매입하고 전자 계산서를 발급받았다. 대금 중 12,000,000원은 당사 보통예금 계좌에서 이체하여 지급하고, 나머지는 5개월 후에 지급하기로 하였다.

[2] 7월 25일   대한무역에 구매확인서에 의하여 제품 1,000개를 30,000,000원에 납품하고, 영세율 전자세금계산서를 발행하였다. 대금 중 3,000,000원은 보통예금으로 계좌이체 받고, 나머지는 ㈜명보가 발행한 약속어음을 배서 받았다.

[3] 8월 5일   금강상사에 제품을 판매하고 다음의 전자세금계산서를 발급하였다. 대금은 7월 5일에 수령한 계약금 2,000,000원을 제외하고 동사가 발행한 약속어음(만기 : 2025. 12. 5)으로 받았다.

전자세금계산서(공급자 보관용)					승인번호	20250805-21058052-11726645		
공급자	사업자등록번호	305-86-12346	종사업장번호		공급받는자	사업자등록번호	125-85-62258	종사업장번호	
	상호(법인명)	㈜달래유통	성 명(대표자)	강인주		상호(법인명)	금강상사	성 명	신일진
	사업장주소	서울시 관악구 신림동 1길 14(신림동)				사업장주소	서울시 마포구 상암동 261		
	업 태	제조,도소매	종 목	전자제품		업 태	제조	종 목	스포츠용품
	이메일					이메일			
작성일자	공급가액		세액		수정사유				
2025. 08. 05	20,000,000		2,000,000						
비고									
월	일	품 목	규격	수량	단가	공급가액	세액	비고
8	5	생활가전		200	100,000	20,000,000	2,000,000	
합계금액	현 금	수 표	어 음	외상미수금	이 금액을 영수 청구 함
22,000,000	2,000,000		20,000,000		

[4] 9월 30일   장훈빌딩으로부터 당월의 영업부 사무실 임차료에 대한 공급가액 5,000,000원(부가가치세 별도)의 전자세금계산서를 수취하고, 대금은 다음 달에 지급하기로 하였다.

[5] 11월 28일   본사 영업 직원이 업무에 사용할 개별소비세 과세대상 자동차 (3,000CC)를 ㈜현구자동차에서 30,000,000원(부가가치세 별도)에 구입하고, 전자세금계산서를 수취하였으며 대금 결제는 다음 달에 하기로 하였다.

[6] 12월 8일   일반과세자인 스타문구에서 영업부서에 사용할 문구류를 현금으로 구입하고, 다음의 현금영수증(지출증빙)을 수령하였다. (문구류는 사무용품비로 처리한다.)

```
                        스타문구
         208-81-56451                         최미라
    서울 송파구 문정동 99-2  TEL:3489-8076
    홈페이지 http://www.kacpta.or.kr
                        현금(지출증빙)
    구매 2025/12/08/14:06 거래번호 : 0029-0177
          상품명              수량              금액
           문구                10            22,000원

                        과세물품가액          20,000원
                        부  가  세            2,000원
          합    계                           22,000원
          받은금액                           22,000원
```

문제 3 결산정리사항

[1] 장기차입금 중에는 미국 BOA 은행의 외화 장기차입금 10,000,000원(미화 $10,000)이 포함되어 있으며, 결산일 현재 적용환율은 1,100원/$이다.

[2] 영업권은 2025년 1월 1일 20,000,000원에 취득하여 사용해 왔다. 회사는 무형자산의 내용연수를 5년으로 하고 있다.

3회 분개 기출문제

문제 1 일반전표

[1] 7월 18일   기계장치를 추가 설치하기 위하여 보통주 5,000주를 주당 15,000원(주당 액면가 10,000원)에 신주 발행하여 보통예금 통장으로 75,000,000원이 입금되었음을 확인하였다.

[2] 7월 20일   직원의 여름휴가를 위하여 상여금을 다음과 같이 지급하고, 보통예금계좌에서 개인 급여계좌로 이체하였다(상여금계정사용).

2025년 7월 상여금대장

성명	부서	상여금(원)	공제액(원)			차인지급액(원)
			근로소득세	지방소득세	공제계	
이미자	생산부	1,500,000	150,000	15,000	165,000	1,335,000
박철순	영업부	3,000,000	300,000	30,000	330,000	2,670,000
계		4,500,000	450,000	45,000	495,000	4,005,000

[3] 8월 1일   ㈜청주에 제품 A를 7,500,000원(10개, @₩750,000원)에 판매하기로 계약하고, 판매대금 중 10%를 당좌예금계좌로 받았다.

[4] 8월 30일   공장을 신축하기 위하여 소요될 총금액 400,000,000원 중 50,000,000원의 지출이 발생되어 보통예금에서 이체하였다.

[5] 9월 12일   ㈜국제자동차로부터 업무용 승용차를 구입하는 과정에서 관련 법령에 따라 공채(액면가 650,000원)를 650,000원에 구입하고 현금으로 지급하였다. 기업회계기준에 의해 평가한 공채의 현재가치는 550,000원이며, 단기매매증권으로 회계 처리 한다.

[6] 9월 25일   이자수익 600,000원에 대하여 원천징수세액을 제외한 나머지 금액이 보통예금으로 입금되었으며, 원천징수세액은 자산으로 처리한다.(원천징수세율은 15.4%로 가정)

문제 2 | 매입매출전표

[1] 8월 20일   공장에서 운영하고 있는 직원 식당에서 사용할 쌀을 하나로마트에서 200,000원에 구입하고 전자 계산서를 발급받고 현금으로 지급하였다.

[2] 9월 17일   호주에서 원재료를 공급가액 70,000,000원(부가가치세 별도)에 수입하고 수입 전자세금계산서를 부산세관장으로부터 발급받았으며, 부가가치세를 보통예금계좌에서 이체 납부하였다(부가가치세액에 대한 회계 처리만 할 것).

수 입 전 자 세 금 계 산 서						승인번호		20250917-111254645-557786	
세관명	등록번호	601-83-00048	종사업장번호		공급받는자	사업자등록번호	214-81-29167	종사업장번호	
	세관명	부산세관	성 명	부산세관장		상호(법인명)	㈜남한강	성 명	김용범
	세관주소	부산 중구 충장대로 20				사업장주소	서울시 강남구 압구정로 28길 11		
	수입신고번호 또는 일괄발급기간(총건)	1325874487				업 태	제조	종 목	전자제품
작성일자		과세표준		세액		수정사유			
2025. 9. 17		70,000,000		7,000,000		해당없음			
월	일	품 목	규 격	수 량	단 가	과세표준	세 액	비 고	
9	17	1325874487				70,000,000	7,000,000		
합 계 금 액		77,000,000원							

[3] 10월 8일   ㈜인별전자로부터 영업부서에서 사용할 컴퓨터를 구입하고 대금 1,760,000원(부가가치세 포함)을 하나카드로 결제하였다.(단, 컴퓨터는 유형자산 계정으로 처리할 것.)

[4] 10월 27일   영업부에서 사용할 업무용 승용차(2,000cc)를 ㈜달리는 자동차로부터 30,000,000원(부가가치세 별도)에 구입하고 전자세금계산서를 발급받았다. 대금 중 25,000,000원은 보통예금으로 지급하였고, 나머지는 이달 말에 지급하기로 하였다.

[5] 11월 22일   빠른유통상사에게 다음과 같은 제품을 판매하고 전자세금계산서를 발급하였다. (3점)

전자세금계산서(공급자 보관용)						승인번호	20251122-51050067-62367242		
공급자	사업자 등록번호	214-81-29167	종사업장 번호		공급받는자	사업자 등록번호	113-01-860 67	종사업장 번호	
	상호 (법인명)	(주)남한강	성 명 (대표자)	김용범		상호 (법인명)	빠른유통상사	성 명	장차닉
	사업장 주소	서울시 강남구 압구정로 28길 11				사업장 주소	경기도 오산시 경기동로 8번길		
	업 태	제조, 도소매	종 목	전자제품		업 태	도매	종 목	자동차용품
	이메일					이메일			
작성일자		공급가액		세액		수정사유			
2025.11.22.		6,800,000		680,000					
비고									
월	일	품 목	규격	수량	단가	공 급 가 액	세 액	비 고	
11	22	전자제품				6,800,000	680,000		
합 계 금 액		현 금	수 표		어 음	외상미수금	이 금액을 영수 함		
7,480,000		7,480,000							

[6] 12월 10일   미국의 뉴욕사에 제품을 $50,000에 직수출하면서 제품의 선적은 12월 10일에 이루어졌다. 대금은 다음과 같이 나누어 받기로 하였는데, 12월 10일 $30,000은 원화로 환전되어 당사 보통예금 계좌에 입금되었다. 기업회계 기준에 따라 12월 10일의 제품 매출 인식에 대한 회계 처리를 하시오. (3점)

판매대금	대금수령일	결제방법	비 고
$ 30,000	12월 10일	외화통장으로 입금	선적일
$ 20,000	12월 15일	외화통장으로 입금	잔금청산일

단, 이와 관련하여 적용된 환율은 다음과 같다(기준환율과 원화로 환전된 환율은 같다고 가정한다).
· 12월 10일 : 1$당 1,080원

문제 3 결산정리사항

[1] 기말 현재 당사가 단기매매차익을 목적으로 보유하고 있는 ㈜광주 주식의 취득원가, 전년도 말 및 당해 연도 말 공정가액는 다음과 같다. (3점)

주 식 명	취득원가	2024.12.31.공정가액	2025.12.31.공정가액
㈜광주 보통주	10,000,000원	12,000,000원	11,600,000원

전산회계 1급!! 4회 분개 기출문제

문제 1 일반전표

[1] 8월 30일 창립기념일 사내 행사로 영업부 대회의실을 청소한 빌딩 청소원 김갑수에게 청소비 100,000원을 현금으로 지급하였다. 원천징수 세액은 무시하며 일용직 소득자료 원천징수 신고를 다음 달 9월 10일에 하기로 한다.

[2] 9월 30일 제2기 예정 부가가치세 신고를 부가세 예수금 13,450,000원, 부가세대급금 17,640,000원 으로 확정하고 환급받을 부가가치세 4,190,000원에 대하여는 미수금 계정으로 회계 처리하였다.

[3] 11월 15일 신제품을 개발하고 특허권을 취득하기 위한 수수료 2,200,000원을 보통예금으로 지급하였다.(무형자산으로 처리할 것.)

[4] 11월 24일 제품 매 출처인 수미마트의 외상매출금 15,000,000원이 조기 회수되어 매출대금의 2%를 할인 해 주고 나머지는 보통예금으로 송금 받았다.

[5] 12월 24일 당사는 전 임직원의 퇴직금에 대해 확정기여형(DC형) 퇴직연금에 가입하고 있으며, 10월분 퇴직연금 14,000,000원(영업부 직원 6,000,000원, 제조부 직원 8,000,000원)을 당사 보통예금에서 이체하여 납부하였다.

[6] 12월 30일 국민은행에 받을어음의 추심을 의뢰하고 수수료 비용 4,500원을 현금으로 지급하다.

문제 2 매입매출전표

[1] 7월 13일 ㈜핀인터내셔널에 내국신용장(Local L/C)에 의하여 제품 13,000,000원을 납품하고 영세율 전자세금계산서를 발급하였다. 대금은 내국신용장 개설은행에 곧 청구할 예정이다.

[2] 7월 15일 알리다광고에 회사 건물에 부착할 간판제작대금 4,400,000원(부가세 포함)을 당사의 약속어음을 발행하여 지급하고 전자세금계산서를 수취하였다.(자산계정으로 회계 처리함.)

[3] 10월 11일 다음 거래 내역을 보고 적절한 회계 처리를 하시오(단, 차량운반구의 취득원가 5,000,000원, 감가상각누계액 3,200,000원이며, 매각 년도의 감가상각비계산은 생략한다).

전자세금계산서(공급자 보관용)							승인번호	20251011-15454645-58844486		
공급자	사업자 등록번호	315-81-04019		종사업장 번호		공급받는자	사업자 등록번호	137-81-30988	종사업장 번호	
	상호 (법인명)	㈜동강		성 명 (대표자)	김국진		상호 (법인명)	K오토스 중고차상사	성 명	문상사
	사업장 주소	충청북도 청주시 흥덕구 덕암로 6번길 15					사업장 주소	서울 영등포구 국회대로 50길 9		
	업 태	제조, 판매		종 목	스포츠용품		업 태	도소매	종 목	차량
	이메일						이메일			
작성일자		공급가액		세액			수정사유			
2025. 10. 11		1,000,000		100,000						
비고										
월	일	품 목	규 격	수 량	단 가		공 급 가 액	세 액	비 고	
10	11	차량 매각대금					1,000,000	100,000		
합 계 금 액		현 금		수 표		어 음	외상미수금	이 금액을 (청구) 함		
1,100,000							1,100,000			

[4] 11월 8일 공장 신축용 토지를 취득하고 ㈜부동산컨설팅에게 중개 수수료 15,000,000원(부가가치세 별도)을 당사 당좌수표를 발행하여 지급하고 전자세금계산서를 발급받았다.

[5] 11월 12일   ㈜부산에 제품을 판매하고 신용카드(비씨카드)로 결제를 받았다. 매출전표는 다음과 같다.

카드종류		거래종류	결제방법
비씨카드		신용구매	일시불
회원번호(Card No)		취소 시 원거래일자	
6250-0304-4156-5955			
유효기간		거래일시	품명
/		2025.11.12. 11:33	
전표제출		금 액	1,500,000
		부 가 세	150,000
전표매입사	비씨카드	봉 사 료	
		합 계	1,650,000
거래번호		승인번호/(Approval No.) 30017218	
가맹점	㈜동강		
대표자	김국진	TEL	043-276-1234
가맹점번호	123345678	사업자번호	315-81-04019
주소	충청북도 청주시 흥덕구 덕암로 6번길 15		
		서명(Signature) ㈜부산	

[6] 12월 5일   생산부문 공장 직원들에게 사내 식당에서 제공하는 식사에 필요한 잡곡을 직접 구입하면서 전자 계산서를 수취하고 대금은 다음 달에 지급하기로 하였다(단, 비용으로 회계 처리하기로 한다).

전자계산서(공급받는 자 보관용)						승인번호	20251205-21058052-11726691		
공급자	사업자 등록번호	107-81-54150		종사업장 번호		공급받는자	사업자 등록번호	315-81-04019	종사업장 번호	
	상호 (법인명)	㈜콩콩세상		성 명 (대표자)	김완두		상호 (법인명)	㈜동강	성 명 (대표자)	김국진
	사업장 주소	서울 서초구 동광로 144					사업장 주소	충청북도 청주시 흥덕구 덕암로 6번길 15		
	업 태	도소매		종 목	농산물		업 태		종 목	
	이메일						이메일			
작성일자		공급가액				수정사유				
2025.12.05.		350,000								
비고										

월	일	품 목	규격	수량	단가	공 급 가 액	비 고
12	5	쥐눈이콩				350,000	

합 계 금 액	현 금	수 표	어 음	외상미수금	이 금액을	영수 함
350,000				350,000		청구

문제 3 결산정리사항

[1] 기말재고조사 결과 제품 3,000,000원이 부족하여 확인한 결과 대한적십자사에 불우이웃 돕기 물품으로 기부한 것으로 확인되었다(결산 일자로 회계 처리 하시오).

[2] 외상매입금 계정에는 중국 거래처 헤이바오에 대한 외화 외상매입금 2,970,000원(위안화 1CNY 165원)이 계상되어 있다.(회계기간 종료일 현재 적용환율 : 위안화 1CNY 당 170원)

[3] 결산일 현재 당기에 계상 될 유형자산별 감가상각비는 다음과 같다.

| ·기계장치 : 4,500,000원   ·차량운반구(영업부) : 3,750,000원   ·비품(영업부) : 960,000원 |

전산회계 1급!! 5회 분개 기출문제

문제 1 일반전표

[1] 7월 10일   국민은행에서 장기 차입한 운전자금 20,000,000원이 만기도래되어 이자 120,000원과 원금을 당좌수표를 발행하여 상환하였다.

[2] 8월 10일   매출처인 ㈜똑똑상사로부터 받아 보관 중인 약속어음 3,500,000원을 만기 이전에 거래은행인 국민은행에 할인하고 할인료 150,000원을 제외한 금액은 보통예금 통장에 입금되었다(매각거래로 처리할 것).

[3] 9월 9일   한부자 씨로부터 공장용 토지를 200,000,000원에 취득하면서 토지 대금은 전액 미지급하였다. 취득세 등 공과금 9,530,000원은 현금으로 지출하였다.

[4] 9월 10일   다음과 같이 8월분 국민연금보험료를 보통예금으로 납부하였다.

- 회사 부담분 : 400,000원(영업부직원), 600,000원(생산부직원)
- 종업원 부담분 : 1,000,000원(급여 지급 시 이 금액을 차감하고 지급함)
- 회사 부담분 국민연금보험료는 세금과공과로 회계 처리한다.

[5] 9월 20일   전기에 대손이 확정되어 대손충당금과 상계 처리한 외상매출금 400,000원이 당사의 보통예금에 입금되었다.(단, 부가가치세법상 대손 세액은 고려하지 말 것)

[6] 11월 12일   당사에서 생산한 제품(개당 원가 2,000원) 1,000개를 실버복지 재단에 현물 기부하였다.

문제 2 매입매출전표

[1] 8월 3일 미국 미토리 Co.에 제품 500개(제품 개당 $400)를 직수출(선적일 8월 3일) 하고 대금은 외상으로 하였다. 선적일의 적용환율은 1,100원/$이다.

[2] 9월 10일 다음은 판매한 제품이 하자가 있어 반품되어 발급한 수정전자세금계산서이다. 수정전자세금계산서 발급과 동시에 외상매출금과 상계처리하였다.

	수정전자세금계산서(공급자 보관용)					승인번호	20250910-15454645-58844486		
공급자	사업자등록번호	880-86-00128	종사업장번호		공급받는자	사업자등록번호	137-81-30988	종사업장번호	
	상호(법인명)	㈜한강	성명(대표자)	유상수		상호(법인명)	㈜서울	성 명	문만용
	사업장주소	경기도 수원시 권선구 오목천로 152번길 68				사업장주소	서울 영등포구 국회대로 120		
	업 태	제조,도소매	종 목	스포츠용품		업 태	도소매	종 목	컴퓨터
	이메일					이메일			
작성일자		공급가액		세액		수정사유			
2025. 9.10.		-1,000,000		-100,000					
비고									
월	일	품 목	규 격	수 량	단 가	공 급 가 액	세 액	비 고	
9	10	스포츠용품		-50	20,000	-1,000,000	-100,000		
합 계 금 액		현 금	수 표		어 음	외 상 미 수 금	이 금액을 영수 청구 함		
-1,100,000						-1,100,000			

[3] 9월 23일 생일을 맞이한 공장 직원에게 지급할 선물세트를 1,100,000원(부가가치세 포함)에 다모아 백화점에서 구입하고 전자세금계산서를 수취하고 대금은 당좌수표를 발행하여 지급하다.

[4] 10월 17일 대표이사의 자택에서 사용할 목적으로 ㈜전자마트에서 냉난방기를 3,300,000원(부가가치세 별도)에 구입하고, 당사 명의로 전자세금계산서를 발급받았다. 대금은 당사 발행 당좌수표로 지급하였으며, 대표이사의 가지급금으로 처리한다.

[5] 10월 27일 비사업자인 개인 이슬비 씨에게 제품을 판매하고 대금은 전액 현금으로 수취하고 다음과 같이 현금영수증을 발행하였다.

```
                ㈜한강
    880-86-00128            유상수
  경기도 수원시 권선구 오목천로 152번길 68  TEL:3289-8085
 홈페이지 http://www.kacpta.or.kr
                현금(소득공제)
 구매 2025/10/27/12:06   거래번호 : 0027-0101
    상품명            수량            금액
    제품                          220,000원
                 -생략-
  공급가액                        200,000원
  부가가치세                       20,000원
  받은 금액                       220,000원
```

[6] 12월 10일 ㈜서울컨설팅으로부터 공장 제조설비의 안전대책을 위한 경영 컨설팅을 받고 경영 컨설팅 수수료 500,000원(부가가치세 별도)에 대한 전자세금계산서를 발급받았다. 경영 컨설팅 수수료는 12월 1일에 지급한 계약금 100,000원을 제외한 나머지 금액은 현금으로 지급하였다(단, 계약금은 선급금 계정으로 이미 회계 처리하였음).

문제 3 결산정리사항

[1] 기말 외상매입금 계정 중에는 미국 코메리사의 외상매입금 6,000,000원(미화 $5,000)이 포함되어 있다. (결산일 현재 적용환율 : 1,100원/$)

[2] 2025년 9월 1일 보험료 1년분(2025년 9월 1일 ~ 2026년 8월 31일) 2,400,000원(제조부문 : 1,800,000원, 본사 관리 부문 : 600,000원)을 현금으로 납부하면서 모두 자산으로 회계 처리 하였다. (단, 보험료는 월할계산함.)

[3] 12월 31일 결산 시 총무부 직원에 대해 15,000,000원, 생산부 직원에 대해 10,800,000원의 퇴직급여충당부채를 설정한다.

전산회계 1급

분개 기출문제 해답

전산회계1급 | 1회 분개 기출문제

문제 1

[1] 8월 20일 일반전표입력
(차) 기부금   500,000원   (대) 제품   500,000원
                                             (적요 8. 타 계정으로 대체액 손익계산서 반영분)

[2] 9월 5일
(차) 임대보증금[㈜인성]   4,950,000원   (대) 미수금[㈜인성]   4,950,000원

[3] 9월 10일 일반전표입력
(차) 토   지   42,000,000원   (대) 자산수증이익   40,000,000원
                                              현금   2,000,000원

[4]
(차) 미지급금 [(㈜)소망자동차] 1,500,000원 (대) 보통예금   1,503,750원
    이자비용   3,750원

[5] 9월 28일
(차) 보통예금   535,000,000원   (대) 자본금   500,000,000원
                                              주식발행초과금   35,000,000원

[6] 12월 1일 일반전표입력
(차) 현   금   1,000,000원   (대) 대손충당금(109)   1,000,000원

문제 2

[1] 7월 1일 유형: 52.영세, 공급가액: 30,000,000원, 부가세: 0원, 거래처: ㈜동해, 전자: 여, 분개: 혼합
(차) 원재료   30,000,000원   (대) 받을어음(㈜운천)   13,000,000원
                                              지급어음(㈜동해)   17,000,000원

[2] 8월 25일, 유형: 51.과세, 공급가액: 2,000,000원, 부가가치세: 200,000원, 거래처: 필테크, 전자: 부 분개: 현금
(차) 원재료   2,000,000원   (대) 현금   2,200,000원
    부가세대급금   200,000원

[3] 10월 12일 유형: 22.현과, 공급가액: 4,000,000원, 부가세: 400,000원, 거래처: 최하나, 전자: 부 분개: 현금(혼합)
(차) 현금   4,400,000원   (대) 제품매출   4,000,000원
                                              부가세예수금   400,000원

[4] 10월 14일 유형: 54.불공, 공급가액: 530,000원, 부가세: 53,000원, 거래처: ㈜삼마트, 전자: 여, 분개: 혼합, 불공제사유: 4.접대비 및 이와 유사한 비용 관련
   (차) 접대비(판)   583,000원   (대) 보통예금   583,000원

[5] 10월 28일 유형: 57.카과, 공급가액: 5,000,000원, 부가세: 500,000원, 거래처: ㈜명선테크, 분개: 혼합 또는 카드
   (차) 비품   5,000,000원   (대) 미지급금(조은카드)   5,500,000원
       부가세대급금   500,000원

[6] 12월 13일 유형: 16.수출, 공급가액: 60,000,000원, 부가세: 0원, 거래처: 리얼테크, 영세율구분: 1.직접수출, 전자: 부, 분개: 혼합(외상)
   (차) 외상매출금   60,000,000원   (대) 제품매출   60,000,000원

문제 3

[1] 12월 31일 일반전표입력
   (차) 외상매출금(Angel)   800,000원   (대) 외화환산이익   800,000원

[2] 퇴직급여충당부채는 보고 기간 말 현재 전 종업원이 일시에 퇴직할 경우 지급하여야 할 퇴직금에 상당하는 금액으로 한다.
   퇴직급여(제) : 28,000,000원 - (25,000,000원 - 5,000,000원) = 8,000,000원
   퇴직급여(판) : 17,000,000원 - (14,000,000원 - 4,000,000원) = 7,000,000원
       다음 ①,② 중 선택하여 입력
       ① 결산자료 입력 메뉴에서 입력 후 전표추가
       ② 12월 31일 일반전표입력
          (차) 퇴직급여(제) 8,000,000원   (대) 퇴직급여충당부채 15,000,000원
              퇴직급여(판) 7,000,000원

[3] 다음 ①,② 중 선택하여 입력
       ① 결산자료 입력 메뉴에서 입력 후 전표 추가
       ② 12월 31일 일반전표입력
       (차) 감가상각비(판) 3,000,000   (대) 감가상각누계액 14,000,000
       (차) 감가상각비(제) 11,000,000

전산회계1급 | 2회 분개 기출문제

문제 1

[1] 7월 25일
| (차) 보험료(제) | 600,000원 | (대) 보통예금 | 600,000원 |

[2] 7월 31일 합계잔액시산표 외상매출금의 대손충당금 잔액 확인(756,500원)
7월 31일 일반전표입력
| (차) 대손충당금(109) | 756,500원 | (대) 외상매출금((주)대현전자) | 1,500,000원 |
| 대손상각비 | 743,500원 | | |

[3] 8월 8일
| (차) 퇴직급여충당부채 | 11,000,000원 | (대) 보통예금 | 13,150,000원 |
| 퇴직급여(판) | 3,500,000원 | 예수금 | 1,350,000원 |

[4] 8월 25일 일반전표입력
| (차) 선납세금 | 1,800,000원 | (대) 보통예금 | 1,800,000원 |

[5] 9월 26일 일반전표입력
| (차) 급여(판) | 2,400,000원 | (대) 보통예금 | 2,000,000원 |
| | | 예수금 | 400,000원 |

[6] 12월 18일 일반전표입력
(차) 보통예금	15,000,000원	(대) 자기주식	13,250,000원
		자기주식처분손실	1,500,000원
		자기주식처분이익	250,000원

문제 2

[1] 7월 17일 유형: 53.면세, 공급가액: 120,000,000원, 거래처: 강남부동산, 전자: 여, 분개: 혼합
| (차) 토지 | 120,000,000원 | (대) 보통예금 | 12,000,000원 |
| | | 미지급금 | 108,000,000원 |

[2] 7월 25일 유형: 12.영세, 공급가액: 30,000,000원, 부가세: 0, 거래처: 대한무역, 영세율구분: 3, 전자: 여, 분개: 혼합
| (차) 보통예금 | 3,000,000원 | (대) 제품매출 | 30,000,000원 |
| 받을어음[(주)명보] | 27,000,000원 | | |

[3] 7월 5일 일반전표입력에서 선수금 2,000,000원 확인.
8월 5일 유형: 11.매출, 공급가액: 20,000,000원, 부가세: 2,000,000원, 거래처: 금강상사, 전자: 여, 분개: 혼합,
| (차) 받을어음 | 20,000,000원 | (대) 제품매출 | 20,000,000원 |
| 선수금 | 2,000,000원 | 부가세예수금 | 2,000,000원 |

[4] 9월 30일 유형: 51.과세, 공급가액: 5,000,000원, 부가세: 500,000원, 거래처: 장훈빌딩, 전자: 여, 분개: 혼합
　　(차) 임차료(판)　　　　　　5,000,000원　　　(대) 미지급금　　　　　　5,500,000원
　　　　부가세대급금　　500,000원(또는 미지급비용)

[5] 11월 28일 유형: 54.불공, 공급가액: 30,000,000, 부가세: 3,000,000, 거래처: (주)현구자동차, 전자: 여, 분개: 혼합, 불공제사유: 3
　　(차) 차량운반구　　　　　　33,000,000원　　　(대) 미지급금　　　　　　33,000,000원

[6] 12월 8일 유형: 61.현과, 공급가액: 20,000원, 부가세: 2,000원, 거래처: 스타문구, 분개: 현금 또는 혼합
　　(차) 사무용품비(판)　　　　　20,000원　　　(대) 현　금　　　　　　22,000원
　　　　부가세대급금　　　　　　2,000원

문제 3

[1] 12월 31일　일반전표입력
　　(차) 외화환산손실　　　　　1,000,000원　　　(대) 장기차입금 [미국BOA은행]　1,000,000원

[2] 자동결산, 수동결산 중 선택
　　(방법1) 수동결산: 12월 31일 일반전표 입력
　　　　　(차) 무형자산상각비　　4,000,000원　　　(대) 영업권　　　　　　4,000,000원
　　(방법2) 자동결산: 결산자료입력 메뉴에 4.판매비와 관리비〉6)무형자산상각비〉영업권〉결산반영금액란 4,000,000원 입력 후 전표 추가

전산회계1급 3회 분개 기출문제

문제 1

[1] 7월 18일 일반전표입력
(차) 보통예금　　　　　75,000,000원　　(대) 자본금　　　　　　50,000,000원
　　　　　　　　　　　　　　　　　　　　　　주식발행초과금　　25,000,000원

[2] 7월 20일 일반전표입력
(차) 상여금(제)　　　　 1,500,000원　　(대) 예수금　　　　　　　495,000원
　　 상여금(판)　　　　 3,000,000원　　　　 보통예금　　　　　4,005,000원

[3] 8월 1일 일반전표입력
(차) 당좌예금　　　　　　750,000원　　(대) 선수금((주)청주)　　750,000원

[4] 8월 30일 일반전표입력
(차) 건설중인자산　　　50,000,000원　　(대) 보통예금　　　　　50,000,000원

[5] 9월 12일 일반전표입력
(차) 단기매매증권　　　　550,000원　　(대) 현금　　　　　　　　650,000원
　　 차량운반구　　　　　100,000원

[6] 9월 25일 일반전표입력
(차) 선납세금　　　　　　 92,400원　　(대) 이자수익　　　　　　600,000원
　　 보통예금　　　　　　507,600원

문제 2

[1] 8월 20일 매입매출전표입력
유형: 53.매입면세, 공급가액: 200,000원, 거래처: 하나로마트, 전자: 여, 분개: 현금 또는 혼합
(차) 복리후생비(제)　　　200,000원　　(대) 현금　　　　　　　　200,000원

[2] 9월 17일 매입매출전표입력
유형: 55.수입, 공급가액: 70,000,000, 부가세: 7,000,000, 거래처: 부산세관, 전자: 여, 분개: 혼합
(차) 부가세대급금　　　 7,000,000원　　(대) 보통예금　　　　　 7,000,000원

[3] 10월 8일 매입매출전표입력
유형: 57카과, 공급가액: 1,600,000원, 세액: 160,000원, 거래처: ㈜인별전자, 신용카드사: 하나카드,
분개: 카드 또는 혼합
(차) 비　　　품　　　　 1,600,000원　　(대) 미지급금(하나카드)　1,760,000원
　　 부가세대급금　　　　160,000원

[4] 10월 27일
유형: 54.불공(사유 ③), 공급가액: 30,000,000원 부가세: 3,000,000원 거래처: ㈜달리는자동차, 전자: 여 분개: 혼합
(차) 차량운반구   33,000,000원   (대) 보통예금   25,000,000원
                                              미지급금   8,000,000원

[5] 11월 22일 매입매출전표입력
유형: 11.과세, 공급가액: 6,800,000원, 부가가치세: 680,000원, 거래처: 빠른유통상사, 전자: 여, 분개: 현금 또는 혼합
(차) 현금   7,480,000원   (대) 제품매출   6,800,000원
                                              부가세예수금   680,000원

[6] 12월 10일 매입매출전표입력
유형: 16, 공급가액: 54,000,000, 부가세: 0, 거래처: 뉴욕사, 영세율구분: 1, 분개: 혼합
(차) 보통예금   32,400,000원   (대) 제품매출   4,000,000원
    외상매출금   21,600,000원

문제 3

[1] 12월 31일 일반전표입력
(차) 단기매매증권평가손실   400,000원   (대) 단기매매증권   400,000원
400,000(평가손실) = 12,000,000(2024.12.31. 공정가액) − 11,600,000(2025.12.31. 공정가액)

전산회계1급 4회 분개 기출문제

문제 1

[1] 8월 30일 일반전표입력
(차) 잡급(판)　　　　　　　　100,000원　　　　(대) 현금　　　　　　　　100,000원

[2] 9월 30일 일반전표입력
(차) 부가세예수금　　　　　13,450,000원　　　(대) 부가세대급금　　　17,640,000원
　　 미수금　　　　　　　　 4,190,000원

[3] 11월 15일 일반전표입력
(차) 특허권　　　　　　　　2,200,000원　　　 (대) 보통예금　　　　　2,200,000원

[4] 11월 24일 일반전표입력
(차) 보통예금　　　　　　 14,700,000원　　　 (대) 외상매출금(수미마트)　15,000,000원
　　 매출할인(제품)　　　　　 300,000원

[5] 12월 24일 일반전표입력
(차) 퇴직급여(판)　　　　　6,000,000원　　　 (대) 보통예금　　　　 14,000,000원
　　 퇴직급여(제)　　　　　8,000,000원

[6] 12월 30일 일반전표입력
(차) 수수료비용(판)　　　　　 4,500원　　　　(대) 현금　　　　　　　　4,500원

문제 2

[1] 7월 13일 매입매출전표입력
유형: 12.영세(구분:3), 거래처: ㈜핀인터내셔널, 공급가액: 13,000,000, 부가세: 0, 전자: 여, 분개: 외상
(차) 외상매출금　　　　　 13,000,000원　　　(대) 제품매출　　　　 13,000,000원

[2] 7월 15일 매입매출전표입력
유형: 51.과세매입, 공급가액: 4,000,000, 부가세: 400,000, 거래처: 알리다광고, 분개: 혼합, 전자: 여
(차) 비품　　　　　　　　　4,000,000원　　　(대) 미지급금　　　　　4,400,000원
　　 부가세대급금　　　　　　400,000원

[3] 10월 11일 매입매출전표입력
유형: 11.과세, 공급가액: 1,000,000, 부가세: 100,000, 거래처: K오토스중고차상사, 전자: 여, 분개: 혼합
(차) 미수금(K오토스중고차상사)　1,100,000원　(대) 차량운반구　　　　5,000,000원
　　 감가상각누계액(209)　　　3,200,000원　　　 부가세예수금　　　　 100,000원
　　 유형자산처분손실　　　　　800,000원

[4] 11월 8일 매입매출전표입력
유형: 54(매입-불공) - ⑥(토지의 자본적 지출관련), 공급가액: 15,000,000, 부가세: 1,500,000, 거래처: ㈜부동산컨설팅, 전자: 여, 분개: 혼합
(차) 토지　　　　　　　　　　16,500,000원　　　（대） 당좌예금　　　　　　　　16,500,000원

[5] 11월 12일 매입매출전표입력
유형: 17(매출-카과), 공급가액: 1,500,000, 부가세: 150,000, 거래처: ㈜부산, 신용카드사: 비씨카드, 분개: 혼합, 카드, 외상
(차) 외상매출금　　　　　　　　1,650,000원　　　（대） 제품매출　　　　　　　　1,500,000원
　　또는 미수금(비씨카드)　　　　　　　　　　　　부가가치세예수금　　　　　 150,000원

[6] 12월 5일 매입매출전표입력
유형: 53.면세, 공급가액: 350,000, 거래처: ㈜콩콩세상, 전자: 여, 분개: 혼합
(차) 복리후생비(제)　　　　　　 350,000원　　　（대） 미지급금　　　　　　　　　 350,000원

문제 3

[1] 12월 31일 일반전표입력
(차) 기부금　　　　　　　　　3,000,000원　　　（대） 제품(적요:8번 타계정으로 대체)　3,000,000원

[2] 12월 31일 일반전표입력
　　(차) 외화환산손실　　　　　　　90,000원　　　（대） 외상매입금(헤이바오)　　　　 90,000원
2,970,000원 ÷ 165원 = 18,000위안
외화환산손실 = 18,000위안 × (165원 - 170원) = - 90,000원

[3] (차) 감가상각비(제) 또는 (판)　4,500,000원　　（대） 감가상각누계액(207)　　　4,500,000원
　　　감가상각비(판)　　　　　　 3,750,000원　　　　 감가상각누계액(209)　　　3,750,000원
　　　감가상각비(판)　　　　　　　 960,000원　　　　 감가상각누계액(213)　　　 960,000원
또는 결산자료입력 해당란에 입력 후 전표추가.

전산회계1급 5회 분개 기출문제

문제 1

[1] 7월 10일 일반전표입력
(차) 장기차입금(국민은행)　20,000,000원　　(대) 당좌예금　20,120,000원
　　 이자비용　　　　　　　　120,000원

[2] 8월 10일 일반전표입력
(차) 보통예금　　　　　　　3,350,000원　　(대) 받을어음((주)똑똑상사)　3,500,000원
　　 매출채권처분손실　　　　150,000원
　　 (영업외비용)

[3] 9월 9일 일반전표입력
(차) 토 지　　　　　　　209,530,000원　　(대) 미지급금(한부자)　200,000,000원
　　　　　　　　　　　　　　　　　　　　　　　현 금　　　　　　　　9,530,000원

[4] 9월 10일 일반전표입력
(차) 세금과공과(판)　　　　　400,000원　　(대) 보통예금　　　　　2,000,000원
　　 세금과공과(제)　　　　　600,000원
　　 예수금　　　　　　　　1,000,000원

[5] 9월 20일 일반전표입력
(차) 보통예금　　　　　　　　400,000원　　(대) 대손충당금(109)　　400,000원

[6] 11월 12일 일반전표입력
(차) 기부금　　　　　　　　2,000,000원　　(대) 제품　　　　　　　2,000,000원
　　　　　　　　　　　　　　　　　　　　　　(적요 8.타계정으로 대체액)

문제 2

[1] 8월 3일 매입매출전표입력
유형: 16.수출(영세율구분1), 공급가액: 220,000,000원, 부가세: 0원, 거래처: 미토리 Co, 분개: 외상(혼합)
(차) 외상매출금　　　　　220,000,000원　　(대) 제품매출　　　　220,000,000원

[2] 9월 10일 매입매출전표입력
유형: 11(매출-과세), 공급가액: -1,000,000원, 부가세: -100,000원, 거래처: ㈜서울, 전자세금: 여, 분개: 혼합(외상)
(차) 외상매출금(㈜서울)　　-1,100,000원　　(대) 제품매출　　　　　-1,000,000원
　　　　　　　　　　　　　　　　　　　　　　　부가가치세예수금　　　-100,000원

[3] 9월 23일 매입매출전표입력
유형: 51.매입과세, 공급가액: 1,000,000원, 부가세: 100,000원, 거래처: 다모아백화점, 분개: 혼합, 전자: 여
(차) 복리후생비(제)　　　　1,000,000원　　(대) 당좌예금　　　　　1,100,000원
　　 부가세대급금　　　　　　100,000원

[4] 10월 17일
　　유형: 54(불공②), 공급가액: 3,300,000, 부가세: 330,000, 전자세금: 여, 분개: 혼합
　　(차) 가지급금　　　　　　　　3,630,000원　　(대) 당좌예금　　　　　　3,630,000원

[5] 10월 27일 매입매출전표입력
　　유형: 22.현과, 공급가액: 200,000원, 부가세: 20,000원, 거래처: 이슬비, 분개: 현금(또는 혼합)
　　(차) 현금　　　　　　　　　　220,000원　　　(대) 제품매출　　　　　　200,000원
　　　　　　　　　　　　　　　　　　　　　　　　　　　　부가세예수금　　　　20,000원

[6] 12월 10일 매입매출전표입력
　　유형: 51(매입-과세), 공급가액: 500,000원, 부가세: 50,000원, 거래처: ㈜서울컨설팅, 전자세금: 여, 분개: 혼합
　　(차) 수수료비용(제)　　　　　500,000원　　　(대) 선급금(㈜서울컨설팅)　100,000원
　　　　부가세대급금　　　　　　 50,000원　　　　　　현　금　　　　　　　450,000원

문제 3

[1] 12월 31일 일반전표입력
　　(차) 외상매입금(코메리사)　　 500,000원　　(대) 외화환산이익　　　　500,000원

[2] 12월 31일 일반전표입력
　　(차) 보 험 료(제)　　　　　　600,000원　　(대) 선급비용　　　　　　800,000원
　　　　보 험 료(판)　　　　　　200,000원
　　- 1,800,000원 × 4/12 = 600,000원(제조경비)
　　- 600,000원 × 4/12 = 200,000원(판매비와관리비)

[3] 결산자료입력
　　메뉴에서 제품 매출원가 중 노무비의 퇴직급여(전입액) 란에 10,800,000원, 판매비와 일반관리비의 퇴직급여(전입액) 란에 15,000,000원 입력한 후 전표 추가
　　또는 일반전표입력 12월 31일
　　(차) 퇴직급여(제)　　　　　10,800,000　　(대) 퇴직급여충당부채　　25,800,000
　　(차) 퇴직급여(판)　　　　　15,000,000

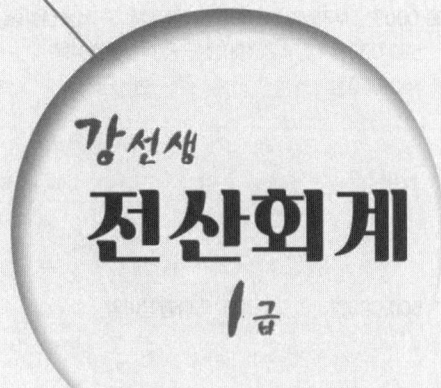

www.nanumant.com

V
실기 기초 흐름

chapter 1 프로그램 다운로드

chapter 2 전산회계 1급 실기 기초 흐름

chapter 3 기출문제 데이터 설치

전산회계 1급

Chapter 1 프로그램 다운로드 http://license.kacpta.or.kr/

→ 화면 아래에 있는 KcLep 수험용 프로그램을 다운로드 설치하면 된다.

Chapter 2. 전산회계 1급 실기 기초 흐름

[문제1] 다음은 ㈜신라의 사업자등록증이다. 사업자등록증을 참고하여 회사 등록 메뉴에 등록하시오. 회사 코드는 [1005]로 등록하고, 회계기간은 제7기 2025년 1월 1일부터 2025년 12월 31일이다.

사 업 자 등 록 증
(법인사업자용)
등록번호 : 135-08-63345

① 회사명(단체명) : ㈜신라
② 대　　표　　자 : 정상호
③ 개 업 년 월 일 : 2019년 1월 20일
④ 법인 등록 번호 : 110112-2011112
⑤ 사업장　소재지 : 경기도 의정부시 의정로 77(의정부동)
⑥ 본 점 소 재 지 : 경기도 용인시 수지구 포은대로 313번길 7-10(풍덕천동)
⑦ 사 업 의 종 류 : 업태 : 제조　　　종목 : 전자제품

2019년 1월 20일
동수원세무서장

● 사업자등록번호 입력시 잘못된 사업자등록번호는 적색으로 표시됩니다. 거래처 등록시 적색이 나오더라도 맞는 것으로 가정하고 입력하시면 됩니다.

[문제2] (주)신라의 거래처는 다음과 같다. 거래처를 등록하시오.

코드	상호명	대표자명	사업자등록번호	업태	종목	주소
101	사랑상사	김사랑	106-86-49737	도소매	전자제품	생략
102	허수상사	김택원	153-07-00467	도매	전자제품	생략
103	동호상사	최동호	494-34-00272	도매	전자제품	생략
104	청수상사	박청수	110-14-76288	도매	전자제품	생략
105	맛나푸드	정혜자	114-86-94567	음식	한식	생략
106	일성전자	김일성	104-04-06207	도매	전자제품	생략
107	미니전기	박미니	204-23-54903	도매	전자제품	생략
108	강원상사	연지훈	204-02-56075	도매	전자제품	생략
109	수진상사	김수진	129-16-84919	도매	전자제품	생략
110	구월주차장	모구월	209-04-48730	서비스	주차장	생략
98001	우리은행	계좌번호 : 123-4545-1234567 유형 : 보통예금				
99600	하나카드	유형: 매입, 카드번호 : 9874-4561-1234-5656, 카드구분 : 사업용카드				
99601	신한카드	유형: 매출, 가맹점번호 : 6000				

1. 일반 거래처

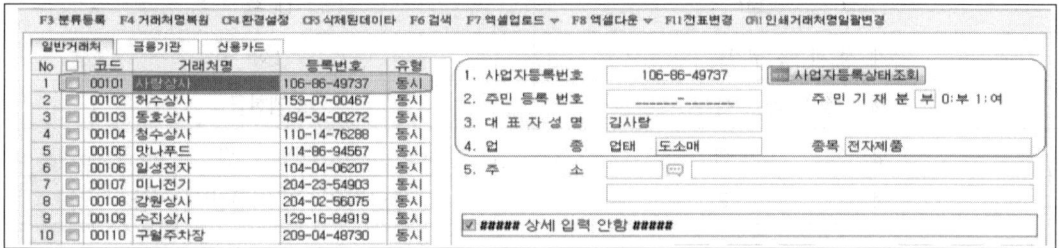

2. 금융기관 거래처

3. 신용카드 거래처

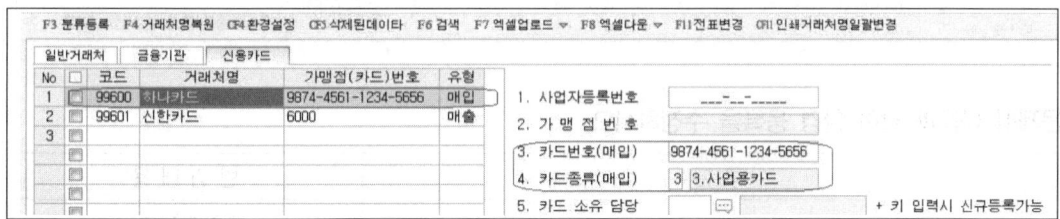

4. 신용카드 거래처

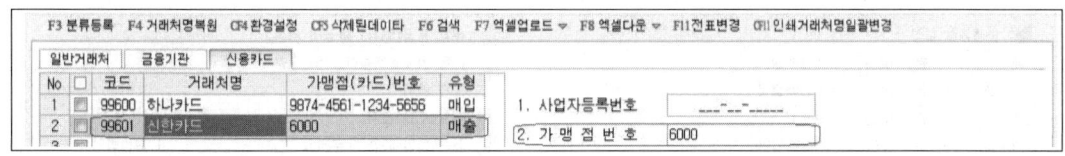

[문제3] 계정과목 및 적요 등록 메뉴에서 다음 자료를 수정 또는 추가 등록하시오.

구　　　분	내　　　용
계 정 과 목 코 드	138
계　정　과　목	소액현금
성　　　　　격	일　　　반
적　　　　　요	현금적요 : 7. 지점전도금지급

☞ 적색 계정과목은 Ctrl + F2를 누른 후 수정한다.

[문제4] 다음과 같이 환경 등록을 수정하시오.

구 분		변 경 내 용
매입매출전표입력 자동설정관리	매 출	제품매출(404)
	매 입	원 재 료(153)
고정자산 간편자동등록 사용		0.사용안함

[문제5] 전기분 재무상태표는 다음과 같다. [전기분재무제표등] 메뉴에 입력하시오.

재무상태표

(주)신라   2024.12.31 현재   (단위: 원)

과목	금액		과목	금액
자　　　　　산			부　　　　　채	
Ⅰ.유 동 자 산		279,000,000	Ⅰ.유 동 부 채	100,000,000
1.당 좌 자 산		199,000,000	외 상 매 입 금	60,000,000
현　　　　　금		9,730,000	지 급 어 음	30,000,000
당 좌 예 금		50,000,000	선 수 금	10,000,000
보 통 예 금		40,000,000	Ⅱ.비 유 동 부 채	
외 상 매 출 금	70,000,000		부 채 총 계	100,000,000
대 손 충 당 금	(700,000)	69,300,000	자　　　　　본	
받 을 어 음	30,000,000		Ⅰ.자 본 금	50,000,000
대 손 충 당 금	(30,000)	29,970,000	자 본 금	50,000,000
2.재 고 자 산		80,000,000	Ⅱ.자 본 잉 여 금	0
제　　　　　품		59,000,000	Ⅲ.자 본 조 정	0
원 재 료		20,000,000	Ⅳ.기타포괄손익누계액	0
재 공 품		1,000,000	Ⅴ.이 익 잉 여 금	175,000,000
Ⅱ.비 유 동 자 산		46,000,000	미 처 분 이 익 잉 여 금	175,000,000
1.투 자 자 산			(당기순이익: 15,000,000)	
2.유 형 자 산			자 본 총 계	225,000,000
차 량 운 반 구	30,000,000			
감 가 상 각 누 계 액	(3,000,000)	27,000,000		
비　　　　　품	20,000,000			
감 가 상 각 누 계 액	(1,000,000)	19,000,000		
3.무 형 자 산				
4.기타비유동자산				
자 산 총 계		325,000,000	부채와 자본총계	325,000,000

☞ 재무상태표 입력 시 **미처분이익잉여금**은 "**이월이익잉여금**"으로 입력한다.

[문제6] 전기분 손익계산서는 다음과 같다. [전기분재무제표등] 메뉴에 입력하시오.

손 익 계 산 서

(주)신라　　　　　제 6기 2024.1.1~2024.12.31　　　　　(단위: 원)

계 정 과 목	금	액
Ⅰ. 매　　　출　　　액		252,854,000
제　품　매　출	252,854,000	
Ⅱ. 제 품 매 출 원 가		158,004,780
기 초 제 품 재 고 액	12,500,000	
당 기 제 품 제 조 원가	204,504,780	
기 말 제 품 재 고 액	(59,000,000)	
Ⅲ. 매　출　총　이　익		94,849,220
Ⅳ. 판 매 비 와 관 리 비		79,499,220
급　　　　　　　　여	28,500,000	
복　리　후　생　비	3,854,000	
여　비　교　통　비	1,950,000	
접　　대　　비	9,540,500	
통　　신　　비	2,540,700	
수　도　광　열　비	3,710,500	
세　금　과　공　과	3,450,000	
감　가　상　각　비	1,500,000	
임　　차　　료	5,500,000	
보　　험　　료	3,500,000	
차　량　유　지　비	10,548,400	
운　　반　　비	250,000	
소　모　품　비	3,450,120	
수　수　료　비　용	1,205,000	
Ⅴ. 영　　업　　이　　익		15,350,000
Ⅵ. 영　업　외　수　익		4,500,000
이　자　수　익	500,000	
임　　대　　료	3,500,000	
잡　　이　　익	500,000	
Ⅶ. 영　업　외　비　용		4,550,000
이　자　비　용	2,500,000	
기　　부　　금	2,000,000	
잡　　손　　실	50,000	
Ⅷ. 법 인 세 차 감 전 순 이 익		15,300,000
Ⅸ. 법　　인　　세		300,000
법　인　세　비　용	300,000	
Ⅹ. 당　기　순　이　익		15,000,000

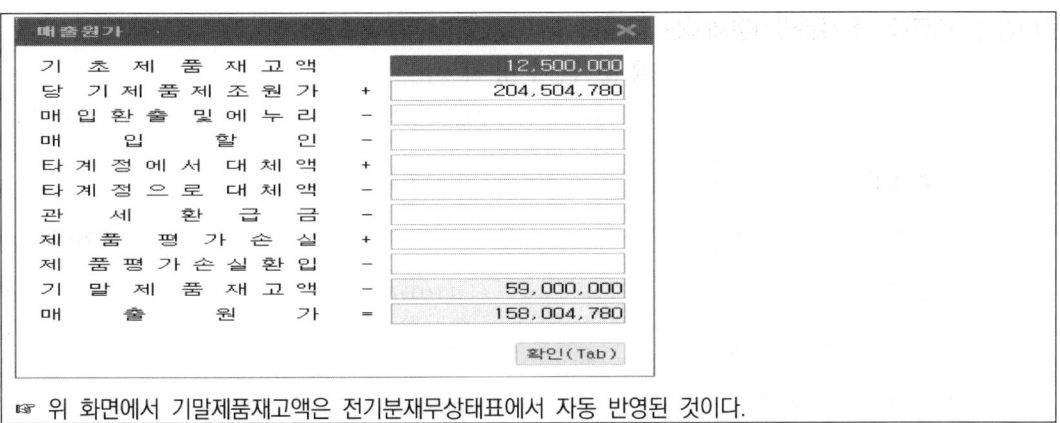

☞ 위 화면에서 기말제품재고액은 전기분재무상태표에서 자동 반영된 것이다.

코드	계정과목	금액
0404	제품매출	252,854,000
0455	제품매출원가	158,004,780
0801	급여	28,500,000
0811	복리후생비	3,854,000
0812	여비교통비	1,950,000
0813	접대비	9,540,500
0814	통신비	2,540,700
0815	수도광열비	3,710,500
0817	세금과공과	3,450,000
0818	감가상각비	1,500,000
0819	임차료	5,500,000
0821	보험료	3,500,000
0822	차량유지비	10,548,400
0824	운반비	250,000
0830	소모품비	3,450,120
0831	수수료비용	1,205,000
0901	이자수익	500,000
0904	임대료	3,500,000
0930	잡이익	500,000
0951	이자비용	2,500,000
0953	기부금	2,000,000
0980	잡손실	50,000
0998	법인세비용	300,000

□▶ 계정별합계

1. 매출	252,854,000
2. 매출원가	158,004,780
3. 매출총이익(1-2)	94,849,220
4. 판매비와관리비	79,499,220
5. 영업이익(3-4)	15,350,000
6. 영업외수익	4,500,000
7. 영업외비용	4,550,000
8. 법인세비용차감전순이익(5+6-7)	15,300,000
9. 법인세비용	300,000
10. 당기순이익(8-9)	15,000,000
11. 주당이익(10/주식수)	

[문제7] (주)신라의 전기분원가명세서는 다음과 같다. [전기분재무제표등] 메뉴에 입력하시오.

제 조 원 가 명 세 서

㈜신라 　　　　　　　　제 6기 2024.1.1 ~ 2024.12.31 　　　　　　　　(단위: 원)

계정과목	금	액
Ⅰ. 원 재 료 비		44,504,780
기 초 원 재 료 재 고 액	10,000,000	
당 기 원 재 료 매 입 액	54,504,780	
기 말 원 재 료 재 고 액	(20,000,000)	
Ⅱ. 노 　 무 　 비		50,000,000
임　　　　　　　　금	50,000,000	
Ⅲ. 경　　　　　　　　비		108,000,000
복 　 리 　 후 　 생 　 비	20,000,000	
여 　 비 　 교 　 통 　 비	5,000,000	
접 　 　 대 　 　 비	15,000,000	
세 　 금 　 과 　 공 　 과	10,000,000	
감 　 가 　 상 　 각 　 비	30,000,000	
임 　 　 차 　 　 료	12,000,000	
수 　 　 선 　 　 비	10,000,000	
보 　 　 험 　 　 료	5,000,000	
보 　 　 관 　 　 료	1,000,000	
Ⅳ. 당 기 총 제 조 비 용		202,504,780
Ⅴ. 기 초 재 공 품 재 고 액		3,000,000
Ⅵ. 합　　　　　　　　계		205,504,780
Ⅶ. 기 말 재 공 품 재 고 액		(1,000,000)
Ⅷ. 당 기 제 품 제 조 원 가		204,504,780

chapter 2. 전산회계 1급 실기 기초 흐름

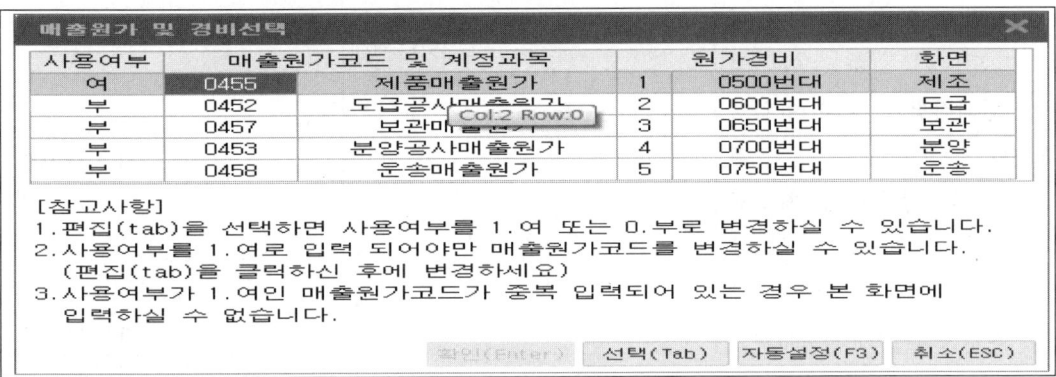

☞ "편집"을 누른 후 사용 여부를 "여"를 선택한다.

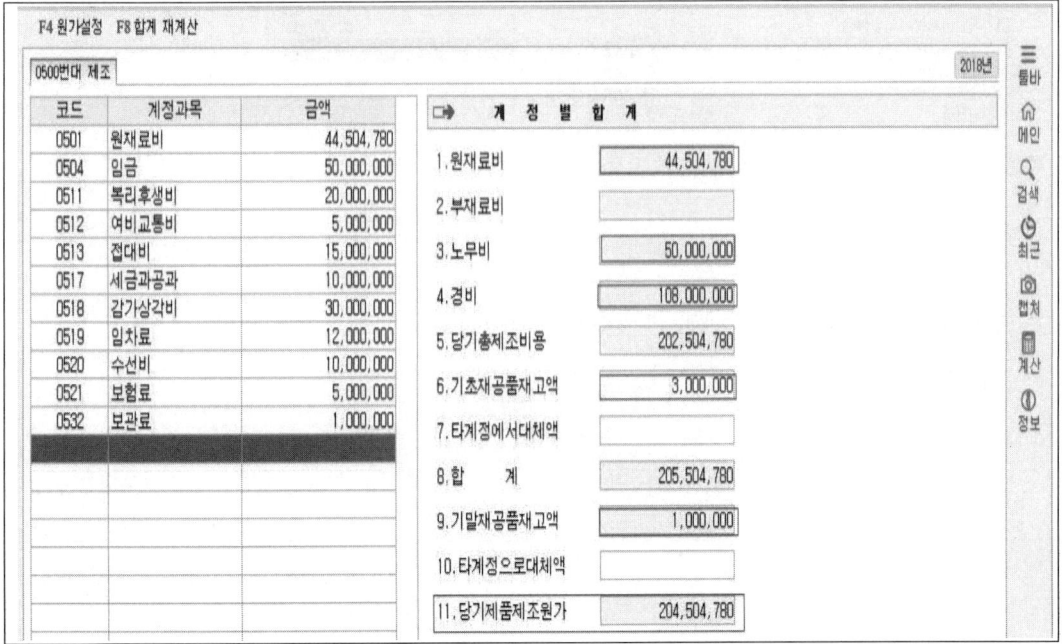

☞ 사용여부 "여"선택 후 아래의 "선택 → 확인"을 누르면 입력할 수 있다.

[문제8] ㈜신라의 전기분 잉여금처분계산서는 다음과 같다. [전기분재무제표등] 메뉴에 입력하시오.

이익잉여금처분계산서

제 6기 2024.1.1 ~ 2024.12.31
처분확정일 : 2025년 3월 10일

㈜신라 (단위: 원)

계정과목	금 액	
Ⅰ. 미처분이익잉여금		175,000,000
전기이월미처분이익잉여금	160,000,000	
회계정책변경누적효과		
전기오류수정이익		
전기오류수정손실		
당기순이익	15,000,000	
Ⅱ. 임의적립금 등의 이입액		0
Ⅲ. 합 계		175,000,000
Ⅳ. 이익잉여금처분액		0
사업확장적립금	0	
배당평균적립금	0	
Ⅴ. 차기이월미처분이익잉여금		175,000,000

[문제9] (주)신라의 거래처별 채권·채무의 잔액은 다음과 같다. 거래처별 초기이월메뉴에 등록하시오.

계 정 과 목	거 래 처	금 액
외 상 매 출 금	사랑상사	10,600,000
	허수상사	27,499,600
	동호상사	12,900,400
	일성전자	19,000,000
받 을 어 음	미니전기	1,000,000
	강원상사	8,000,000
	수진상사	21,000,000
외 상 매 입 금	허수상사	10,000,000
	동호상사	20,000,000
	청수상사	30,000,000
지 급 어 음	사랑상사	15,000,000
	강원상사	5,000,000
	수진상사	10,000,000
보 통 예 금	우리은행	40,000,000

1. 외상매출금 입력

F4 불러오기 F8 어음책

코드	계정과목	재무상태표금액		코드	거래처	금액
0108	외상매출금	70,000,000		00101	사랑상사	10,600,000
0110	받을어음	30,000,000		00102	허수상사	27,499,600
0251	외상매입금	60,000,000		00103	동호상사	12,900,400
0252	지급어음	30,000,000		00106	일성전자	19,000,000
0103	보통예금	40,000,000				

2. 받을어음 입력

F4 불러오기 F8 어음책

코드	계정과목	재무상태표금액		코드	거래처	금액
0108	외상매출금	70,000,000		00107	미니전기	1,000,000
0110	받을어음	30,000,000		00108	강원상사	8,000,000
0251	외상매입금	60,000,000		00109	수진상사	21,000,000
0252	지급어음	30,000,000				
0103	보통예금	40,000,000				

3. 외상매입금 입력

코드	계정과목	재무상태표금액		코드	거래처	금액
0108	외상매출금	70,000,000		00102	허수상사	10,000,000
0110	받을어음	30,000,000		00103	동호상사	20,000,000
0251	외상매입금	60,000,000		00104	청수상사	30,000,000
0252	지급어음	30,000,000				
0103	보통예금	40,000,000				

4. 지급어음 입력

코드	계정과목	재무상태표금액		코드	거래처	금액
0108	외상매출금	70,000,000		00101	사랑상사	15,000,000
0110	받을어음	30,000,000		00108	강원상사	5,000,000
0251	외상매입금	60,000,000		00109	수진상사	10,000,000
0252	지급어음	30,000,000				
0103	보통예금	40,000,000				

5. 보통예금 입력

코드	계정과목	재무상태표금액		코드	거래처	금액
0108	외상매출금	70,000,000		98001	우리은행	40,000,000
0110	받을어음	30,000,000				
0251	외상매입금	60,000,000				
0252	지급어음	30,000,000				
0103	보통예금	40,000,000				

[문제10] 다음의 거래 자료를 일반전표입력 메뉴에 추가 입력하시오.

일반전표입력 시 주의사항

① 채권채무에는 거래처 코드를 반드시 입력해야 한다.
   채권 : 외상매출금, 받을어음, 미수금, 선급금, 대여금, 임차보증금, 가지급금
   채무 : 외상매입금, 지급어음, 미지급금, 선수금, 차입금, 유동성장기부채

② 전표 종류
   입금전표 : 현금 ** /
   출금전표 :   / 현금 **
   대체전표 : 현금과 관련 없는 전표 또는 계정과목이 3개 이상 나올 때 사용.
   실제 입력 시에는 입금전표, 출금전표도 모두 대체전표로 입력해도 무방하다.

③ 적요 입력
   적요 입력은 생략해도 되나 상품, 제품, 원재료를 목적 외로 사용 시에는 "적요 8번의 타계정대체"를 반드시 선택해야 한다.
   예) 제품을 거래처에 선물로 제공하다.(원가 100, 시가 150)
       접대비 100 / 제품(적요 8번, 타 계정으로 대체) 100

④ 계정과목 코드
   생산, 공장 관련 경비는 500번대, 본사 관련 경비는 800번대를 사용하며, 단기매매증권 취득 시의 수수료비용은 900번대(영업 외 비용)를 사용한다.

1월 거래

(1) 1월 2일   사랑상사에 판매용 전자제품을 200,000,000원을 매출하기로 하고 계약금 10%를 현금으로 수령하였다.

일	번호	구분	계정과목	거래처	적요	차변	대변
2	00001	입금	0259 선수금	00101 사랑상사		(현금)	20,000,000

(2) 1월 5일   폭설로 피해를 입은 농가를 돕기 위해 현금 500,000원을 한국방송공사에 기부하였다.

일	번호	구분	계정과목	거래처	적요	차변	대변
5	00001	출금	0953 기부금			500,000	(현금)

(3) 1월 18일   본사 사무실에서 사용할 소모품을 2,000,000원에 구입하고, 대금은 현금으로 지급하였다.(비용 처리할 것.)

□	일	번호	구분	계정과목	거래처	적요	차변	대변
□	18	00001	출금	0830 소모품비			2,000,000	(현금)

(4) 1월 20일   거래처인 수진상사로부터 받은 받을어음 2,000,000원을 거래은행에서 할인하고 할인료 150,000원을 제외한 금액은 보통예금에 입금하였다.
(매각거래로 회계 처리할 것)

□	일	번호	구분	계정과목	거래처	적요	차변	대변
□	20	00001	차변	0956 매출채권처분손실			150,000	
□	20	00001	차변	0103 보통예금			1,850,000	
□	20	00001	대변	0110 받을어음	00109 수진상사			2,000,000
□	20							

(5) 1월 23일   당사는 매출거래처인 허수상사에 선물하기 위해 하나로마트에서 갈비셋트 350,000원에 구입하고, 전액 당사의 하나카드로 결제하였다.

□	일	번호	구분	계정과목	거래처	적요	차변	대변
□	23	00001	차변	0813 접대비			350,000	
□	23	00001	대변	0253 미지급금	99600 하나카드			350,000

(6) 1월 25일   영업사원 배영민에게 출장비 명목으로 500,000원을 현금으로 지급하였다.(거래처 코드: 401 신규 등록하시오. 출장비는 가지급금으로 처리하시오.)

□	일	번호	구분	계정과목	거래처	적요	차변	대변
□	25	00001	출금	0134 가지급금	00401 배영민		500,000	(현금)

(7) 1월 28일   본사 자동차에 대한 보험료 1,200,000원을 현금으로 납부하고 비용처리하였다.

□	일	번호	구분	계정과목	거래처	적요	차변	대변
□	28	00001	출금	0821 보험료			1,200,000	(현금)

2월 거래

(8) 2월 1일   1월 25일에 영업사원 배영민이 인출해간 500,000원의 가지급금 중에서 450,000원은 출장비였음이 확인되었고, 나머지 차액은 현금으로 반환받았다.

□	일	번호	구분	계정과목	거래처	적요	차변	대변
□	1	00001	차변	0812 여비교통비			450,000	
□	1	00001	차변	0101 현금			50,000	
□	1	00001	대변	0134 가지급금	00401 배영민			500,000

(9) 2월 9일   일성전자의 제품 매출에 대한 외상매출금 중 10,000,000원을 조기 회수함에 따라 2% 할인하여 주고, 잔액은 당좌수표로 받다.

□	일	번호	구분	계정과목	거래처	적요	차변	대변
□	9	00001	차변	0406 매출할인			200,000	
□	9	00001	차변	0101 현금			9,800,000	
□	9	00001	대변	0108 외상매출금	00106 일성전자			10,000,000

(10) 2월 11일   허수상사에 의료기기를 판매하기로 하고 계약금으로 5,000,000원을 현금으로 수령하였다.

□	일	번호	구분	계정과목	거래처	적요	차변	대변
□	11	00001	입금	0259 선수금	00102 허수상사		(현금)	5,000,000

(11) 2월 18일   종업원 2월분 급여를 당사 보통예금계좌에서 이체하였다.

구분	급여	건강보험	국민연금	소득세	지방소득세	차감지급액
생산직	5,000,000	25,000	30,000	50,000	5,000	4,890,000
사무직	3,000,000	20,000	20,000	30,000	3,000	2,927,000
계	8,000,000	45,000	50,000	80,000	8,000	7,817,000

□	일	번호	구분	계정과목	거래처	적요	차변	대변
□	18	00001	차변	0801 급여			3,000,000	
□	18	00001	차변	0504 임금			5,000,000	
□	18	00001	대변	0254 예수금				183,000
□	18	00001	대변	0103 보통예금				7,817,000

3월 거래

(12) 3월 5일   서울주유소에서 본사 소형 승용차(2,000cc)에 주유를 하고 유류대 150,000원을 하나카드로 결제하였다.

□	일	번호	구분	계정과목	거래처	적요	차변	대변
□	5	00001	차변	0822 차량유지비			150,000	
□	5	00001	대변	0253 미지급금	99600 하나카드			150,000

(13) 3월 10일   2월 급여 지급 시 원천징수한 소득세 등, 본인 부담분 건강보험료, 국민연금 예수금과 회사 부담금 건강보험료, 국민연금을 현금으로 납부하였다. (건강보험료 회사 부담금은 복리후생비, 국민연금 회사 부담금은 세금과공과로 처리하시오)

□	일	번호	구분	계정과목	거래처	적요	차변	대변
□	10	00001	차변	0254 예수금			183,000	
□	10	00001	차변	0511 복리후생비			25,000	
□	10	00001	차변	0811 복리후생비			20,000	
□	10	00001	차변	0517 세금과공과			30,000	
□	10	00001	차변	0817 세금과공과			20,000	
□	10	00001	대변	0101 현금				278,000

(14) 3월 13일   동호상사로부터 구입한 원재료의 외상매입금 2,000,000원 중 50,000원은 사전약정에 의해 할인받고 잔액은 약속어음을 발행 지급하였다.

□	일	번호	구분	계정과목	거래처	적요	차변	대변
□	13	00001	차변	0251 외상매입금	00103 동호상사		2,000,000	
□	13	00001	대변	0155 매입할인				50,000
□	13	00001	대변	0252 지급어음	00103 동호상사			1,950,000

(15) 3월 20일   본사 전기 요금 320,000원과 공장 전기 요금 500,000원을 현금으로 납부하였다.

□	일	번호	구분	계정과목	거래처	적요	차변	대변
□	20	00001	차변	0815 수도광열비			320,000	
□	20	00001	차변	0516 전력비			500,000	
□	20	00001	대변	0101 현금				820,000

(16) 3월 25일   사무실용 에어컨을 2,000,000에 구입하고, 대금은 수표를 발행하여 지급하였다.

□	일	번호	구분	계정과목	거래처	적요	차변	대변
□	25	00001	차변	0212 비품			2,000,000	
□	25	00001	대변	0102 당좌예금				2,000,000

(17) 3월 31일   판매용 제품을 불우이웃 돕기로 기부하였다. (원가 5,000,000, 시가 8,000,000)

□	일	번호	구분	계정과목	거래처	적요	차변	대변
□	31	00001	차변	0953 기부금			5,000,000	
□	31	00001	대변	0150 제품		8 타계정으로 대체액 손익		5,000,000

[문제11] 다음의 거래 자료를 매입매출전표입력 메뉴에 입력하시오.

매입매출전표입력 시 주의사항

1. 과세유형

매 출			매 입		
유형		증빙	유형		증빙
11번	과세	세금계산서	51번	과세	세금계산서
12번	영세	영세율세금계산서	52번	영세	영세율세금계산서
13번	면세	계산서	53번	면세	계산서
14번	건별	무증빙	54번	불공	세금계산서 중 접대비, 승용차, 토지, 대표이사, 업무무관관련등
16번	수출	직수출	55번	수입	직수출
17번	카과	신용카드영수증	57번	카과	신용카드영수증
22번	현과	현금영수증	61번	현과	현금영수증

2. 분개 유형
① 현금 : 대금 결제가 모두 현금일 때
② 외상 : 대금 결제가 모두 외상매출금, 외상매입금일 때
③ 혼합 : 대금 결제가 현금, 외상이 아닌 경우
④ 카드 : 대금 결제를 모두 카드로만 했을 때

3. 공급가액란 입력 시 주의사항
　　세금계산서 일 때만 공급가액을 입력하며, 그 외의 것(신용카드, 현금영수증 등)은 부가세 포함한 공급대가를 입력한다.

4. 불공, 영세, 수출, 매출 카드를 입력 시에는 화면 중간의 불공제 사유, 영세율 구분, 카드사 선택을 반드시 하여야 한다.

1월 거래

(1) 1월 3일   제품을 사업자가 아닌 이진숙에게 판매하고, 공급가액 700,000원(부가가치세 별도)의 <u>전자세금계산서</u>를 교부하였으며, 대금은 현금으로 수취하였다.
(301번, 주민번호 : 740129-2388425, 동시, 거래처 등록할 것)

□	일	번호	유형	품목	수량	단가	공급가액	부가세	코드	공급처명	사업/주민번호	전자	분개
□	3	50001	과세	제품			700,000	70,000	00301	이진숙	740129-2388425	여	현금
□	3												
			공급처별 매출(입)전체 [1]건				700,000	70,000					

신용카드사: [ ]   봉사료: [ ]

NO : 50001   (입 금) 전 표   일 자 : 2019 년 1 월 3 일

구분	계정과목		적요	거래처		차변(출금)	대변(입금)	
입금	0255	부가세예수금	제품	00301	이진숙	(현금)	70,000	(세금)계산서 현재라인인쇄
입금	0404	제품매출	제품	00301	이진숙	(현금)	700,000	거래명세서

(2) 1월 7일   해외 수출대행업체인 부산무역에 Local L/C에 의하여 제품 300개 (개당 10,000원)를 납품하고 영세율전자세금계산서를 발행하였다. 대금은 전액 동사 발행 당좌수표로 받았다.
(302번, 사업자등록번호 301-81-35975, 동시, 거래처 등록 할 것)

□	일	번호	유형	품목	수량	단가	공급가액	부가세	코드	공급처명	사업/주민번호	전자	분개
□	7	50001	영세	제품	300	10,000	3,000,000		00302	부산무역	301-81-35975	여	현금
□	7												
			공급처별 매출(입)전체 [1]건				3,000,000						

영세율구분 [3] 내국신용장 · 구매확인서에 의하여 공급하는 재화

NO : 50001   (입 금) 전 표   일 자 : 2019 년 1 월 7 일

구분	계정과목		적요	거래처		차변(출금)	대변(입금)	
입금	0404	제품매출	제품 300X10000	00302	부산무역	(현금)	3,000,000	(세금)계산서 현재라인인쇄

(3) 1월 15일 제품을 지수산업에 판매하고, 공급가액 700,000원(면세)의 전자계산서를 교부하였으며, 대금은 현금으로 수취하였다.
(303번, 사업자등록번호 212-81-51515, 거래처 등록할 것)

□	일	번호	유형	품목	수량	단가	공급가액	부가세	코드	공급처명	사업/주민번호	전자	분개
□	15	50001	면세	제품			700,000		00303	지수산업	212-81-51515	여	현금
□	15												
			공급처별 매출(입)전체 [1]건				700,000						

신용카드사: 봉사료:

NO : 50001   (입 금) 전 표   일 자 : 2019 년 1 월 15 일

구분	계정과목	적요	거래처	차변(출금)	대변(입금)	(세금)계산서
입금	0404 제품매출	제품	00303 지수산업	(현금)	700,000	현재라인인쇄

(4) 1월 16일 제품을 사업자가 아닌 심한나에게 판매하고, 공급대가 220,000원(부가가치세 포함)을 현금으로 수취하고, 간이영수증을 발행하였다.
(304번, 주민번호 : 890101-2388425, 거래처 등록할 것)

□	일	번호	유형	품목	수량	단가	공급가액	부가세	코드	공급처명	사업/주민번호	전자	분개
□	16	50001	건별	제품			200,000	20,000	00304	심한나	890101-2388425		현금
□	16												
			공급처별 매출(입)전체 [1]건			200,000	20,000						

신용카드사: 봉사료:

NO : 50001   (입 금) 전 표   일 자 : 2019 년 1 월 16 일

구분	계정과목	적요	거래처	차변(출금)	대변(입금)	(세금)계산서
입금	0255 부가세예수금	제품	00304 심한나	(현금)	20,000	현재라인인쇄
입금	0404 제품매출	제품	00304 심한나	(현금)	200,000	거래명세서

(5) 1월 26일   미국에 소재한 SON.LTD에 제품을 직수출하였다. 대금은 8,000 달러이며, 선적일 현재의 기준환율은 달러당 1,000원이다. 대금은 아직 수령하지 못하였다.(수출신고번호 020-15-06-0138408-6) (305번, 동시, 거래처 등록 할 것)

□	일	번호	유형	품목	수량	단가	공급가액	부가세	코드	공급처명	사업/주민번호	전자	분개
■	26	50001	수출	제품			8,000,000		00305	SON.LTD			외상
■	26												
			공급처별 매출(입)전체 [1]건				8,000,000						

영세율구분 [1] 직접수출(대행수출 포함) 수출신고번호 020-15-06-0138408-6

NO : 50001   (대 체) 전 표   일 자 : 2019 년 1 월 26 일

구분	계정과목	적요	거래처	차변(출금)	대변(입금)
차변	0108 외상매출금	제품	00305 SON.LTD	8,000,000	
대변	0404 제품매출	제품	00305 SON.LTD		8,000,000

(6) 1월 28일   (주)래미안전자에 제품 2,200,000원(부가가치세 포함)에 판매하고, 신한카드로 결제하였다.
(306번, 사업자등록번호 317-81-45175, 동시, 거래처 등록 할 것)

□	일	번호	유형	품목	수량	단가	공급가액	부가세	코드	공급처명	사업/주민번호	전자	분개
■	28	50001	카과	제품			2,000,000	200,000	00306	(주)래미안전자	317-81-45175		외상
■	28												
			공급처별 매출(입)전체 [1]건			2,000,000	200,000						

신용카드사: 99601 신한카드   봉사료:

NO : 50001   (대 체) 전 표   일 자 : 2019 년 1 월 28 일

구분	계정과목	적요	거래처	차변(출금)	대변(입금)
차변	0108 외상매출금	제품	99601 신한카드	2,200,000	
대변	0255 부가세예수금	제품	00306 (주)래미안전자		200,000
대변	0404 제품매출	제품	00306 (주)래미안전자		2,000,000

(7) 1월 30일   개인 김난주에게 제품 3,300,000원(부가가치세 포함)에 현금 판매하고, 현금 영수증을 발행하였다.
(307번, 주민번호 : 910101-2385111, 동시, 거래처 등록할 것)

□	일	번호	유형	품목	수량	단가	공급가액	부가세	코드	공급처명	사업/주민번호	전자	분개
■	30	50001	현과	제품			3,000,000	300,000	00307	김난주	910101-2385111		현금
□	30												
		공급처별 매출(입)전체 [1]건					3,000,000	300,000					

신용카드사: 봉사료:

NO : 50001   (입금) 전 표   일 자 : 2019 년 1 월 30 일

구분	계정과목	적요	거래처	차변(출금)	대변(입금)
입금	0255 부가세예수금	제품	00307 김난주	(현금)	300,000
입금	0404 제품매출	제품	00307 김난주	(현금)	3,000,000

(세금)계산서
현재라인인쇄
거래명세서

2월 거래

(8) 2월 3일   원재료를 해동(주)로부터 구입하고, 공급가액 700,000원(부가가치세 별도)의 전자세금계산서를 교부받았으며, 대금은 현금으로 지급하였다.
(308번, 사업자등록번호 301-81-23512, 동시, 거래처 등록할 것)

□	일	번호	유형	품목	수량	단가	공급가액	부가세	코드	공급처명	사업/주민번호	전자	분개
■	3	50001	과세	원재료			700,000	70,000	00308	해동(주)	301-81-23512	여	현금
□	3												
		공급처별 매출(입)전체 [1]건					700,000	70,000					

신용카드사: 봉사료:

NO : 50001   (출금) 전 표   일 자 : 2019 년 2 월 3 일

구분	계정과목	적요	거래처	차변(출금)	대변(입금)
출금	0135 부가세대급금	원재료	00308 해동(주)	70,000	(현금)
출금	0153 원재료	원재료	00308 해동(주)	700,000	(현금)

(세금)계산서
현재라인인쇄
거래명세서

(9) 2월 7일   김포무역으로부터 Local L/C에 의하여 원재료 200개 (개당 20,000원)를 납품받고 영세율 전자세금계산서를 수취하였다. 대금은 전액 외상으로 하였다.
(309번, 사업자등록번호 317-81-35975, 동시, 거래처 등록할 것)

일	번호	유형	품목	수량	단가	공급가액	부가세	코드	공급처명	사업/주민번호	전자	분개
7	50001	영세	원재료	200	20,000	4,000,000		00309	김포무역	317-81-35975	여	외상
7												
		공급처별 매출(입)전체 [1]건				4,000,000						

신용카드사: 봉사료:

NO : 50001   (대 체) 전 표   일 자 : 2019 년 2 월 7 일

구분	계정과목	적요	거래처	차변(출금)	대변(입금)
대변	0251 외상매입금	원재료 200X20000	00309 김포무역		4,000,000
차변	0153 원재료	원재료 200X20000	00309 김포무역	4,000,000	

(10) 2월 15일   공장 종업원 명절 선물을 주문진 수산에서 구입하고 공급가액 1,000,000원의 전자계산서를 교부받았으며, 대금은 보통예금에서 지급하였다.
(310번, 사업자등록번호 212-81-12345, 거래처 등록할 것)

일	번호	유형	품목	수량	단가	공급가액	부가세	코드	공급처명	사업/주민번호	전자	분개
15	50001	면세	명절선물			1,000,000		00310	주문진수산	212-81-12345	여	혼합
15												
		공급처별 매출(입)전체 [1]건				1,000,000						

신용카드사: 봉사료:

NO : 50001   (대 체) 전 표   일 자 : 2019 년 2 월 15 일

구분	계정과목	적요	거래처	차변(출금)	대변(입금)
차변	0511 복리후생비	명절선물	00310 주문진수산	1,000,000	
대변	0103 보통예금	명절선물	00310 주문진수산		1,000,000

(11) 2월 16일　영업부에서 사용할 승용차(2,000cc)를 현대자동차에서 30,000,000(부가세별도) 원에 10개월 할부로 구입하고, 전자세금계산서를 수령하였다. (311번, 사업자등록번호 112-81-25852, 동시, 거래처 등록할 것)

□	일	번호	유형	품목	수량	단가	공급가액	부가세	코드	공급처명	사업/주민번호	전자	분개
□	16	50001	불공	승용차			30,000,000	3,000,000	00311	현대자동차	112-81-25852	여	혼합
□	16												
			공급처별 매출(입)전체 [1]건				30,000,000	3,000,000					

불공제사유　3　①비영업용 소형승용자동차 구입·유지 및 임차

NO : 50001　　(대 체) 전 표　　일 자 : 2019 년 2 월 16 일

구분	계정과목	적요	거래처	차변(출금)	대변(입금)
차변	0208 차량운반구	승용차	00311 현대자동차	33,000,000	
대변	0253 미지급금	승용차	00311 현대자동차		33,000,000

(12) 2월 26일　미국에 소재한 SON.LTD으로부터 원재료를 수입하고, 인천세관으로부터 수입전자세금계산서를 수취하고 부가가치세는 현금으로 지급하였다. 공급가액 25,000,000 (부가세별도), 부가가치세만 회계 처리할 것.
(312번, 사업자등록번호 101-81-36952, 동시, 거래처 등록할 것)

□	일	번호	유형	품목	수량	단가	공급가액	부가세	코드	공급처명	사업/주민번호	전자	분개
□	26	50001	수입	원재료			25,000,000	2,500,000	00312	인천세관	101-81-36952	여	현금
□	26												
			공급처별 매출(입)전체 [1]건				25,000,000	2,500,000					

신용카드사:　　　　　봉사료:

NO : 50001　　(출 금) 전 표　　일 자 : 2019 년 2 월 26 일

구분	계정과목	적요	거래처	차변(출금)	대변(입금)
출금	0135 부가세대급금	원재료	00312 인천세관	2,500,000	(현금)

(13) 2월 27일   본사 사무실에서 사용할 책상을 (주)청남가구에서 구입하고 대금 3,300,000원(부가가치세 포함)은 하나카드로 결제하였다.
(313번, 사업자등록번호 135-81-12121, 동시, 거래처 등록할 것)

□	일	번호	유형	품목	수량	단가	공급가액	부가세	코드	공급처명	사업/주민번호	전자	분개
□	27	50001	카과	책상			3,000,000	300,000	00313	(주)청남가구	135-81-12121		카드
□	27												
			공급처별 매출(입)전체 [1]건				3,000,000	300,000					

신용카드사 99600 하나카드   봉사료:

NO : 50001   (대 체) 전 표   일자 : 2019 년 2 월 27 일

구분	계정과목	적요	거래처	차변(출금)	대변(입금)
대변	0253 미지급금	책상	99600 하나카드		3,300,000
차변	0135 부가세대급금	책상	00313 (주)청남가구	300,000	
차변	0212 비품	책상	00313 (주)청남가구	3,000,000	

(14) 2월 28일   삼성문구사에서 본사에서 사용할 문구류를 550,000원(부가세포함)에 구입하고, 대금은 현금으로 지급하고, 현금영수증을 수취하였다.
(314번, 사업자등록번호 301-81-25961, 동시, 거래처 등록할 것)

□	일	번호	유형	품목	수량	단가	공급가액	부가세	코드	공급처명	사업/주민번호	전자	분개
□	28	50001	현과	문구류			500,000	50,000	00314	삼성문구사	301-81-25961		현금
□	28												
			공급처별 매출(입)전체 [1]건				500,000	50,000					

신용카드사: 봉사료:

NO : 50001   (출 금) 전 표   일자 : 2019 년 2 월 28 일

구분	계정과목	적요	거래처	차변(출금)	대변(입금)
출금	0135 부가세대급금	문구류	00314 삼성문구사	50,000	(현금)
출금	0830 소모품비	문구류	00314 삼성문구사	500,000	(현금)

3월 거래

(15) 3월 6일   공장에서 사용하던 책상(취득가액 700,000원, 감가상각누계액 300,000원)을 (주)남이가구에 500,000원(부가가치세 별도)에 매각하고 전자세금계산서를 발행하였다. 대금은 보통예금통장으로 받았다.
(315, 사업자등록번호 317-81-45623, 동시, 거래처 등록할 것)

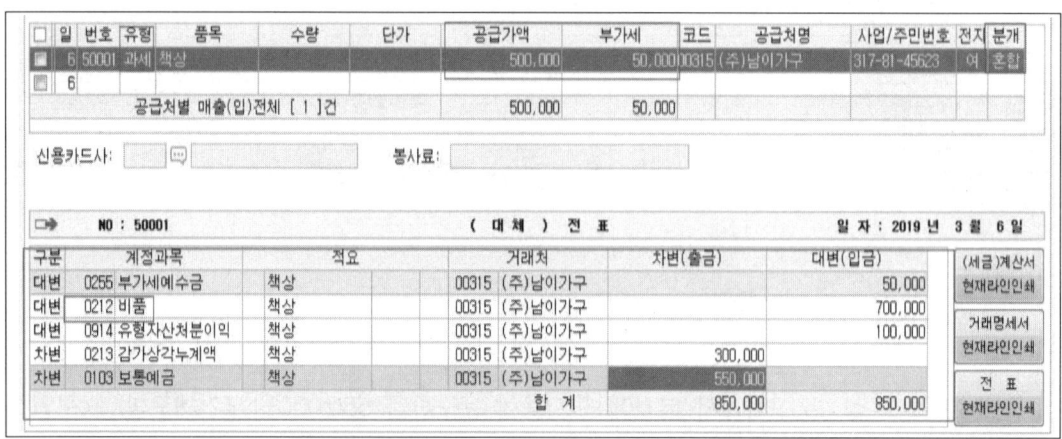

(16) 3월 12일   (주)미원전자에 제품을 200,000,000원(부가가치세 별도)에 판매하고 전자세금계산서를 발행하였다. 대금 중 100,000,000원은 현금으로 받았고, 나머지는 50,000,000은 외상, 나머지는 어음으로 받았다.
(316, 사업자등록번호 317-81-74253, 동시, 거래처 등록할 것)

(17) 3월 19일   (주)현대자동차로부터 제품 및 원재료 운반을 위한 트럭(부가가치세 별도, 공급가액 20,000,000원)을 구입하고 전자세금계산서를 교부받았다. 대금은 다음 달에 지급하기로 하였다.

□	일	번호	유형	품목	수량	단가	공급가액	부가세	코드	공급처명	사업/주민번호	전자	분개
□	19	50001	과세	트럭			20,000,000	2,000,000	00311	현대자동차	112-81-25852	여	혼합
□	19												
			공급처별 매출(입)전체 [1]건				20,000,000	2,000,000					

신용카드사: [ ]   봉사료: [   ]

NO : 50001   (대 체) 전 표   일 자 : 2019 년 3 월 19 일

구분	계정과목	적요	거래처	차변(출금)	대변(입금)
차변	0135 부가세대급금	트럭	00311 현대자동차	2,000,000	
차변	0208 차량운반구	트럭	00311 현대자동차	20,000,000	
대변	0253 미지급금	트럭	00311 현대자동차		22,000,000

[문제12] 다음은 결산 정리사항이다. 해당 메뉴에 입력하시오.

1. 수동결산

(1) 당기 말 현재까지 발생한 사원 급여(지급기일 : 2026년 1월 10일)가 미지급된 금액이 900,000원이 있다.

□	일	번호	구분	계정과목	거래처	적요	차변	대변
□	31	00001	차변	0801 급여			900,000	
□	31	00001	대변	0262 미지급비용				900,000

(2) 보험료 지급액 중 기간 미경과 분 1,000,000원이 있다.

| □ | 31 | 00002 | 차변 | 0133 선급비용 | | | 1,000,000 | |
| □ | 31 | 00002 | 대변 | 0821 보험료 | | | | 1,000,000 |

(3) 비용처리한 소모품 중 미사용액이 300,000원이 있다.

	31	00004	차변	0122	소모품				300,000	
	31	00004	대변	0830	소모품비					300,000

2. 자동결산-결산자료입력(1월 ~ 12월 선택)

(4) 기말 원재료 재고액 : 5,000,000원
　　기말 재공품 재고액 : 4,000,000원
　　기말 제품 재고액 : 3,000,000원

코드	과 목	결산분개금액	결산입력사항금액	결산금액(합계)
0455	제품매출원가			76,205,000
	1)원재료비	24,650,000		19,650,000
0501	원재료비	24,650,000		19,650,000
0153	① 기초 원재료 재고액	20,000,000		20,000,000
0153	② 당기 원재료 매입액	4,700,000		4,700,000
0155	④ 매 입 할 인	50,000		50,000
0153	⑩ 기말 원재료 재고액		5,000,000	5,000,000
	3)노 무 비	5,000,000	1,000,000	6,000,000
	1). 임금 외	5,000,000		5,000,000
0504	임금	5,000,000		5,000,000
0508	2). 퇴직급여(전입액)		1,000,000	1,000,000
0550	3). 퇴직연금충당금전입액			
	7)경 비	1,555,000	1,000,000	2,555,000
	1). 복리후생비 외	1,555,000		1,555,000
0511	복리후생비	1,025,000		1,025,000
0516	전력비	500,000		500,000
0517	세금과공과	30,000		30,000
0518	2). 일반감가상각비		1,000,000	1,000,000
0208	차량운반구			
0212	비품		1,000,000	1,000,000
0455	8)당기 총제조비용	31,205,000		28,205,000
0169	① 기초 재공품 재고액	1,000,000		1,000,000
0169	⑩ 기말 재공품 재고액		4,000,000	4,000,000
0150	9)당기완성품제조원가	32,205,000		25,205,000
0150	① 기초 제품 재고액	59,000,000		59,000,000
0150	⑥ 타계정으로 대체액	5,000,000		5,000,000
0150	⑩ 기말 제품 재고액		3,000,000	3,000,000

(5) 다음의 감가상각비를 결산에 반영한다.

계 정 과 목	구 분	금 액
차량운반구	판매비와관리비	2,000,000
비　　　품	제 조 경 비	1,000,000

±	코드	과 목	결산분개금액	결산전금액	결산반영금액	결산후금액
		7)경 비		1,555,000	1,000,000	2,555,000
		1). 복리후생비 외		1,555,000		1,555,000
	0511	복리후생비		1,025,000		1,025,000
	0516	전력비		500,000		500,000
	0517	세금과공과		30,000		30,000
	0518	2). 일반감가상각비			1,000,000	1,000,000
	0208	차량운반구				
	0212	비품			1,000,000	1,000,000
	0455	8)당기 총제조비용		31,205,000		28,205,000
	0169	① 기초 재공품 재고액		1,000,000		1,000,000
	0169	⑩ 기말 재공품 재고액			4,000,000	4,000,000
	0150	9)당기완성품제조원가		32,205,000		25,205,000
	0150	① 기초 제품 재고액		59,000,000		59,000,000
	0150	⑧ 타계정으로 대체액		5,000,000		5,000,000
	0150	⑩ 기말 제품 재고액			3,000,000	3,000,000
		3. 매출총이익		131,195,000	10,000,000	141,195,000
		4. 판매비와 일반관리비		7,610,000	4,952,000	12,562,000
		1). 급여 외		3,900,000		3,900,000
	0801	급여		3,900,000		3,900,000
	0806	2). 퇴직급여(전입액)			1,500,000	1,500,000
	0850	3). 퇴직연금충당금전입액				
	0818	4). 감가상각비			2,000,000	2,000,000
	0208	차량운반구			2,000,000	2,000,000

(6) 당사는 기말에 매출채권 잔액의 1%를 대손 추산액으로 산정하고 있다. 당사는 보충법에 의하여 대손충당금을 설정한다.

　　* F8번의 대손상각을 누른 후 대손율을 1%를 확인하고, 결산 반영을 누르면 된다.

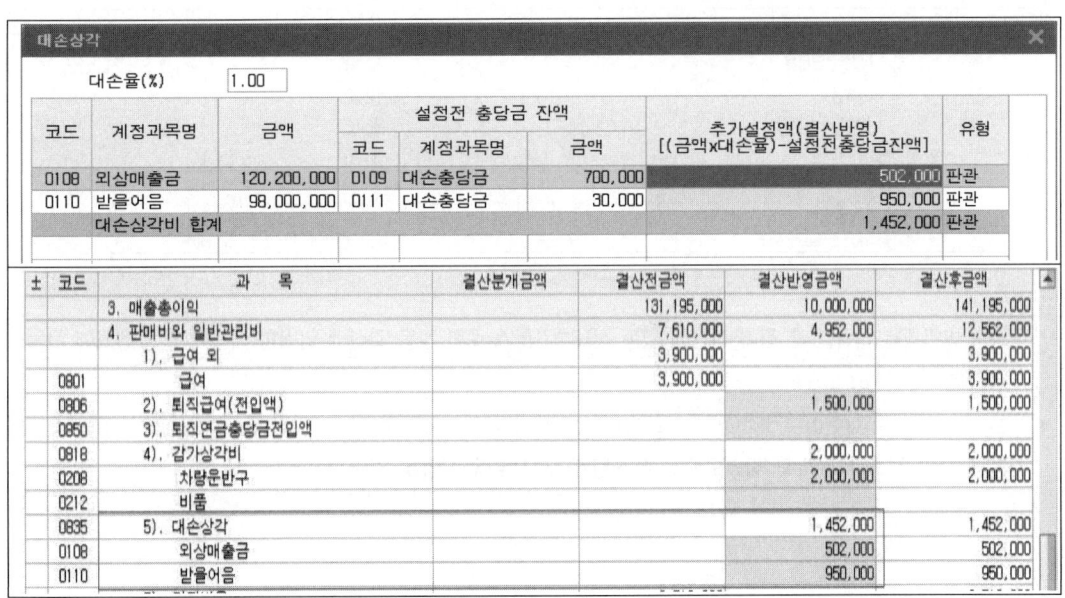

(7) 다음 금액은 퇴직급여충당부채 추가 설정액(보충액)이다. 해당란에 직접 입력하시오.

∴ 생산직 사원 : 1,000,000원   ∴ 사무직 사원 : 1,500,000원

±	코드	과 목	결산분개금액	결산전금액	결산반영금액	결산후금액
	0153	⑩ 기말 원재료 재고액		5,000,000		5,000,000
		3) 노 무 비		5,000,000	1,000,000	6,000,000
		1). 임금 외		5,000,000		5,000,000
	0504	임금		5,000,000		5,000,000
	0508	2). 퇴직급여(전입액)			1,000,000	1,000,000
	0550	3). 퇴직연금충당금전입액				
		7)경 비		1,555,000	1,000,000	2,555,000
		1). 복리후생비 외		1,555,000		1,555,000
	0511	복리후생비		1,025,000		1,025,000
	0516	전력비		500,000		500,000
	0517	세금과공과		30,000		30,000
	0518	2). 일반감가상각비			1,000,000	1,000,000
	0208	차량운반구				
	0212	비품			1,000,000	1,000,000
	0455	8)당기 총제조비용		31,205,000		28,205,000
	0169	① 기초 재공품 재고액		1,000,000		1,000,000
	0169	⑩ 기말 재공품 재고액			4,000,000	4,000,000
	0150	9)당기완성품제조원가		32,205,000		25,205,000
	0150	① 기초 제품 재고액		59,000,000		59,000,000
	0150	⑧ 타계정으로 대체액		5,000,000		5,000,000
	0150	⑩ 기말 제품 재고액			3,000,000	3,000,000
		3. 매출총이익		131,195,000	10,000,000	141,195,000
		4. 판매비와 일반관리비		7,610,000	4,952,000	12,562,000
		1). 급여 외		3,900,000		3,900,000
	0801	급여		3,900,000		3,900,000
	0806	2). 퇴직급여(전입액)			1,500,000	1,500,000

(8) 법인세 추산액은 5,000,000원이다.

±	코드	과 목	결산분개금액	결산전금액	결산반영금액	결산후금액
		5). 기타영업외비용		5,650,000		5,650,000
	0953	기부금		5,500,000		5,500,000
	0956	매출채권처분손실		150,000		150,000
		8. 법인세차감전이익		118,035,000	5,048,000	123,083,000
	0998	9. 법인세등			5,000,000	5,000,000
	0998	2). 추가계상액			5,000,000	5,000,000

* 마지막 법인세를 입력한 후 좌측 상단에 있는 전표추가를 누르면 자동 결산에 입력한 내용이 일반 전표에 자동으로 반영된다.
* 그리고, 아래의 이익잉여금 처분계산서를 입력하기 전에 반드시 아래의 순서를 지켜야 한다. 현재 수동 결산과 자동 결산의 전표 추가까지 하였으므로 **제조원가명세서부터 작업을 하면 된다.**

☞ 수동결산 → 자동결산 : 입력 후 전표추가 → 제조원가명세서(12월) → 손익계산서(12월) → 이익잉여금처분
계산서 : 입력 후 전표추가 → 재무상태표

1. 제조원가명세서(12월) : 당기제품 제조원가를 확인한다.

과 목	금 액		금 액	
1.원재료비		19,650,000		44,504,780
기초원재료재고액	20,000,000		10,000,000	
당기원재료매입액	4,700,000		54,504,780	
매입할인	50,000			
기말원재료재고액	5,000,000		20,000,000	
2.노무비		6,000,000		50,000,000
임금	5,000,000		50,000,000	
퇴직급여	1,000,000			
3.경비		2,555,000		108,000,000
복리후생비	1,025,000		20,000,000	
여비교통비			5,000,000	
접대비			15,000,000	
전력비	500,000			
세금과공과	30,000		10,000,000	
감가상각비	1,000,000		30,000,000	
임차료			12,000,000	
수선비			10,000,000	
보험료			5,000,000	
보관료			1,000,000	
4.당기 총 제조비용		28,205,000		202,504,780
5.기초재공품 재고액		1,000,000		3,000,000
6.합계		29,205,000		205,504,780
7.기말재공품 재고액		4,000,000		1,000,000
8.타계정으로 대체액				
9.당기제품 제조원가		25,205,000		204,504,780

☞ 제조원가명세서의 결과 값인 "당기제품제조원가"가 아래의 손익계산서 제품매출원가계산에 자동으로 반영된다.

2. 손익계산서 - 당기제품제조원가, 당기순이익을 확인한다.

과 목	금액		금액	
I.매출액		217,400,000		252,854,000
제품매출	217,600,000		252,854,000	
매출할인	200,000			
II.매출원가		76,205,000		158,004,780
제품매출원가		76,205,000		158,004,780
기초제품재고액	59,000,000		12,500,000	
당기제품제조원가	25,205,000		204,504,780	
타계정으로 대체액	5,000,000			
기말제품재고액	3,000,000		59,000,000	
III.매출총이익		141,195,000		94,849,220
IV.판매비와관리비		12,562,000		79,499,220
급여	3,900,000		28,500,000	
퇴직급여	1,500,000			
복리후생비	20,000		3,854,000	
여비교통비	450,000		1,950,000	
접대비	350,000		9,540,500	
통신비			2,540,700	
수도광열비	320,000		3,710,500	
세금과공과	20,000		3,450,000	
감가상각비	2,000,000		1,500,000	
임차료			5,500,000	
보험료	200,000		3,500,000	
차량유지비	150,000		10,548,400	
운반비			250,000	
소모품비	2,200,000		3,450,120	
수수료비용			1,205,000	
대손상각비	1,452,000			
V.영업이익		128,633,000		15,350,000
VI.영업외수익		100,000		4,500,000
이자수익			500,000	
임대료			3,500,000	
유형자산처분이익	100,000			
잡이익			500,000	
VII.영업외비용		5,650,000		4,550,000
이자비용			2,500,000	
기부금	5,500,000		2,000,000	
매출채권처분손실	150,000			
잡손실			50,000	
VIII.법인세차감전이익		123,083,000		15,300,000
IX.법인세등		5,000,000		300,000
법인세비용	5,000,000		300,000	
X.당기순이익		118,083,000		15,000,000

☞ 손익계산서의 결과 값인 "당기순이익"이 아래의 이익잉여금처분계산서에 자동으로 반영된다.

3. 이익잉여금처분계산서를 작성 후 전표추가를 한다.

[문제13] 다음은 이익잉여금 처분사항(처분예정일: 2026년 3월 15일, 전기 2025년 03월 10일)이다. 해당 메뉴에 입력하시오.

구 분		금 액
Ⅱ. 임의적립금이입액	배 당 평 균 적 립 금	3,000,000
Ⅲ. 이익잉여금처분액	이 익 준 비 금	1,000,000
	현 금 배 당	10,000,000
	주 식 배 당	15,000,000
	사 업 확 장 적 립 금	20,000,000
	배 당 평 균 적 립 금	30,000,000

과목	계정과목명		제 5기(당기) 금액	제 4기(전기) 금액
Ⅰ.미처분이익잉여금			293,083,000	175,000,000
1.전기이월미처분이익잉여금			175,000,000	160,000,000
2.회계변경의 누적효과	0369	회계변경의누적효과		
3.전기오류수정이익	0370	전기오류수정이익		
4.전기오류수정손실	0371	전기오류수정손실		
5.중간배당금	0372	중간배당금		
6.당기순이익			118,083,000	15,000,000
Ⅱ.임의적립금 등의 이입액			3,000,000	
1.배당평균적립금	0358	배당평균적립금	3,000,000	
2.				
합계			296,083,000	175,000,000
Ⅲ.이익잉여금처분액			76,000,000	
1.이익준비금	0351	이익준비금	1,000,000	
2.재무구조개선적립금	0354	재무구조개선적립금		
3.주식할인발행차금상각액	0381	주식할인발행차금		
4.배당금			25,000,000	
가. 현금배당	0265	미지급배당금	10,000,000	
주당배당금(률)		보통주		
		우선주		
나. 주식배당	0387	미교부주식배당금	15,000,000	
주당배당금(률)		보통주		
		우선주		
5.사업확장적립금	0356	사업확장적립금	20,000,000	
6.감채적립금	0357	감채적립금		
7.배당평균적립금	0358	배당평균적립금	30,000,000	
Ⅳ.차기이월미처분이익잉여금			220,083,000	175,000,000

☞ 이익잉여금처분계산서의 맨 위에 있는 "미처분이익잉여금"이 아래의 재무상태표에 자동으로 반영됨.

4. 재무상태표(12월)의 미처분이익잉여금을 확인한다.

과 목	금액		금액	
자산				
Ⅰ.유동자산		459,273,000		279,000,000
① 당좌자산		447,273,000		199,000,000
현금		143,452,000		9,730,000
당좌예금		48,000,000		50,000,000
보통예금		33,583,000		40,000,000
외상매출금	120,200,000		70,000,000	
대손충당금	1,202,000	118,998,000	700,000	69,300,000
받을어음	98,000,000		30,000,000	
대손충당금	980,000	97,020,000	30,000	29,970,000
소모품		300,000		
선급비용		1,000,000		
부가세대급금		4,920,000		
② 재고자산		12,000,000		80,000,000
제품		3,000,000		59,000,000
원재료		5,000,000		20,000,000
재공품		4,000,000		1,000,000
Ⅱ.비유동자산		100,600,000		46,000,000
① 투자자산				
② 유형자산		100,600,000		46,000,000
차량운반구	83,000,000		30,000,000	
감가상각누계액	5,000,000	78,000,000	3,000,000	27,000,000
비품	24,300,000		20,000,000	
감가상각누계액	1,700,000	22,600,000	1,000,000	19,000,000
③ 무형자산				
④ 기타비유동자산				
자산총계		559,873,000		325,000,000
부채				
Ⅰ.유동부채		214,290,000		100,000,000
외상매입금		62,000,000		60,000,000
지급어음		31,950,000		30,000,000
미지급금		58,800,000		
부가세예수금		20,640,000		
선수금		35,000,000		10,000,000
미지급세금		5,000,000		
미지급비용		900,000		
Ⅱ.비유동부채		2,500,000		
퇴직급여충당부채		2,500,000		
부채총계		216,790,000		100,000,000
자본				
Ⅰ.자본금		50,000,000		50,000,000
자본금		50,000,000		50,000,000
Ⅱ.자본잉여금				
Ⅲ.자본조정				
Ⅳ.기타포괄손익누계액				
Ⅴ.이익잉여금		293,083,000		175,000,000
미처분이익잉여금		293,083,000		175,000,000
(당기순이익)				
당기: 118,083,000				
전기: 15,000,000				
자본총계		343,083,000		225,000,000
부채와자본총계		559,873,000		325,000,000

[문제14] 장부를 조회하고 다음 물음에 답하시오.

(1) 당해 1월부터 3월까지 받을어음 중 회수한 금액은 얼마인가? 2,000,000원

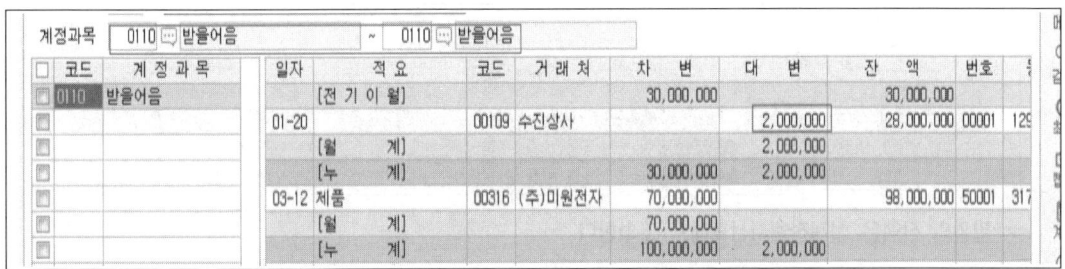

☞ 외상매출금회수, 받을어음회수, 외상매입금지급액, 지급어음결제액은 "계정별원장"에서 조회한다. 1월~3월이므로 누계의 금액을 보아도 된다.

(2) 당해 1월부터 3월까지 현금지출액은 얼마인가? 9,118,000원

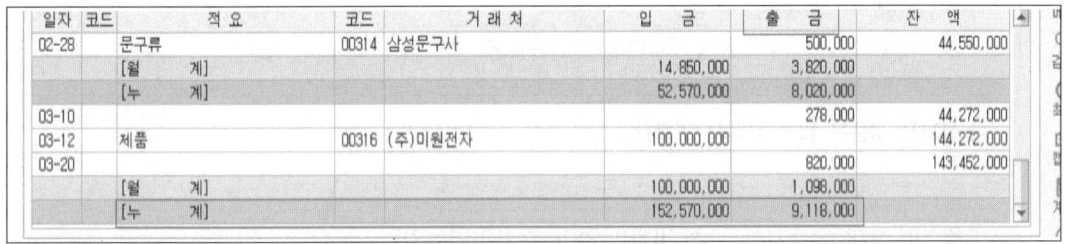

☞ 현금수입액, 현금지출액, 현금잔액은 현금출납장을 조회한다.
☞ 월계는 해당 월의 합계를 의미하며, 누계는 1월부터 누적된 합계액이다.

(3) 3월 말 현재 받을어음 잔액이 가장 많은 거래처 코드와 금액은 얼마인가?
316번, 70,000,000

☞ 문제에서 거래처 이름이 있거나, 거래처라는 말이 있으면 "거래처원장"에서 조회한다.

(4) 3월 말 현재 현금 및 현금성자산 금액은 얼마인가? 225,035,000원

관리용	제출용				
차 변		계정과목	대 변	
잔액	합계		합계	잔액
527,805,000	565,290,000	1.유 동 자 산	38,215,000	730,000
448,155,000	480,590,000	<당 좌 자 산>	33,165,000	730,000
225,035,000	244,970,000	현금및현금성자산	19,935,000	

☞ 말일의 잔액은 합계잔액시산표에서 조회한다.

(5) 1월 ~ 3월 말까지 현금으로 지출된 제조경비는 얼마인가? 555,000원

차 변			계정과목	대 변		
계	대체	현금		현금	대체	계
5,000,000	5,000,000		<노 무 비>			
5,000,000	5,000,000		임 금			
1,555,000	1,000,000	555,000	<제 조 경 비>			
1,025,000	1,000,000	25,000	복 리 후 생 비			

☞ 월~월까지 질문은 월계 표에서 조회한다.

(6) 3월 말 현재 유동자산은 전기대비 얼마 증가하였는가?
    527,075,000 - 279,000,000

관리용	제출용	표준용		
과 목		제 5(당)기 2019년1월1일 ~ 2019년3월31일	제 4(전)기 2018년1월1일 ~ 2018년12월31일
		금액	금액
자산			
Ⅰ.유동자산		527,075,000	279,000,000
① 당좌자산		447,425,000	199,000,000

☞ 유동자산, 유동부채, 당좌자산 등의 단어가 나오면 결산재무제표의 재무상태표에서 조회한다.

(7) 3월 말 현재 매출세금계산서 발행 매수와 공급가액은 얼마인가?
   4매, 204,200,000원

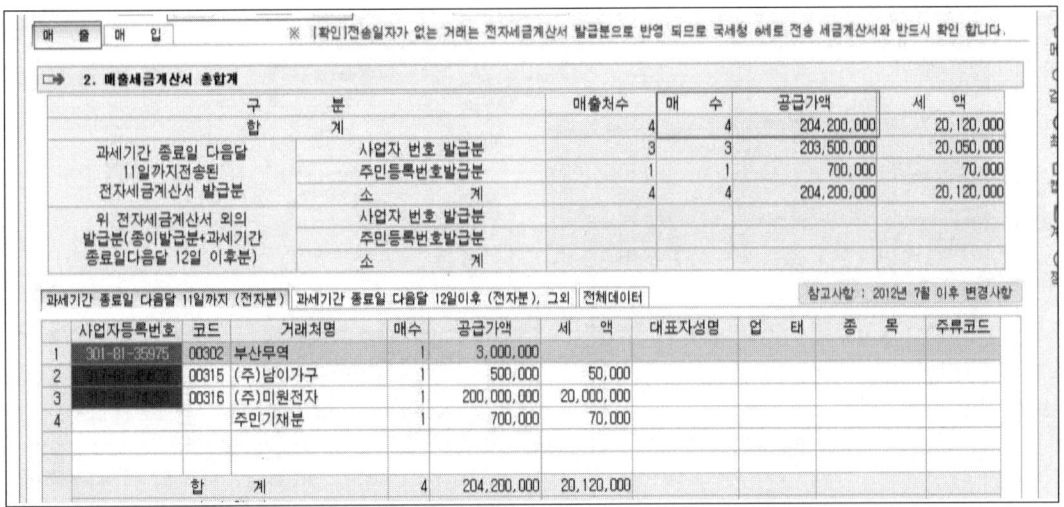

☞ 세금계산서 매수, 공급가액은 세금계산서합계표에서 조회한다.

(8) 1기 예정 부가가치세 ① 과세표준, ② 매출세액, ③ 매입세액, ④ 공제받지 못할 매입세액, ⑤ 납부세액은 얼마인가?

   ① 과세표준 217,400,000원, ② 매출세액 20,640,000원, ③ 매입세액 4,920,000원, ④ 공제받지 못할 매입세액 3,00,000원, ⑤ 납부세액 15,720,000원

(9) 1기 예정신고 기간의 신용카드매출(부가세포함)은 얼마인가? 2,200,000원

☞ 11번 과세, 12번 영세, 13번 면세, 17번 카과, 22번 현과, 51번 과세, 52번 영세, 53번 면세, 54번 불공, 55번 수입, 57번 카과, 61번 현과 등 과세유형과 관련된 문제는 매입매출장에서 조회한다.

(10) 1월 ~ 3월 중 제품매출이 가장 큰월은 몇 월이며, 공급가액은 얼마인가?
3월, 200,000,000원

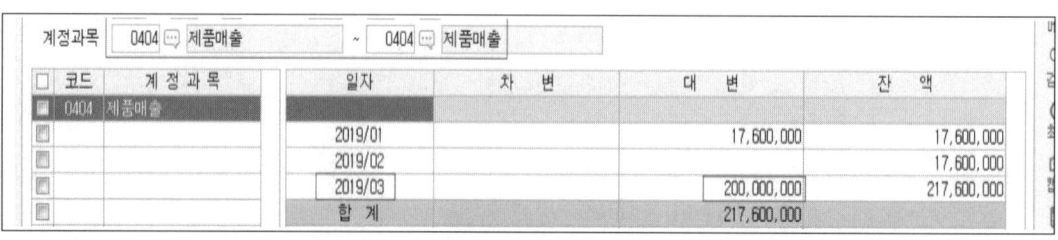

☞ 가장큰월~, 가장 작은월~... 이런 질문은 총계정원장에서 조회한다.

Chapter 3. 기출문제 데이터 설치

- http://www.webhard.co.kr
- 아이디 : ant6545
- 비밀번호 : 1234
- 2025년 기초데이터 및 정오표 → 전산세무회계(한국세무사회)
  → 강선생 전산회계1급(기출문제집)

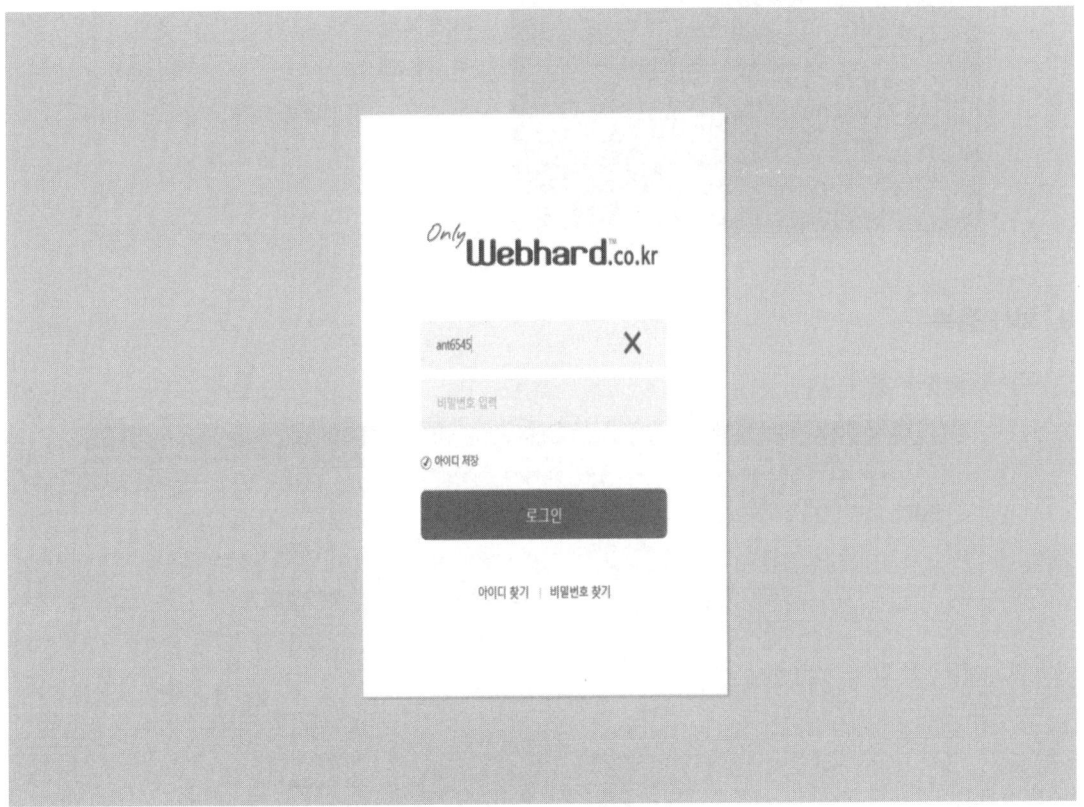

전산회계 1급

1. 데이터를 실행하면 내 컴퓨터 – C 드라이브 – Kclep DB – Kclep 폴더에 데이터가 생성됩니다.

2. 프로그램 실행

 - 케이랩 프로그램 실행

3. 회사 등록

 - 회사등록메뉴 클릭.

4. - F4 회사코드재생성 클릭해서 기출 데이터를 불러온다.

5. 회사코드 확인

- 아래 실행 화면 회사코드에서 F2번을 누른 후 회사를 선택합니다.

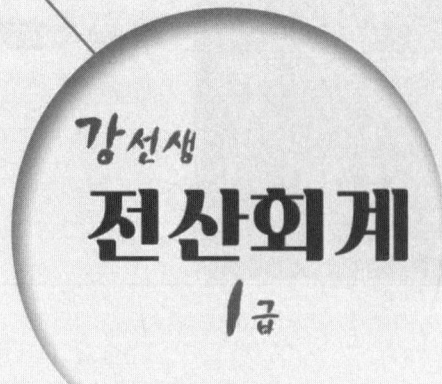

www.nanumant.com

VI
기출문제 및 해답

- 전산회계 1급 기출문제
- 해답

제106회 전산회계1급 기출

이론시험

다음 문제를 보고 알맞은 것을 골라 [이론문제 답안작성] 메뉴에 입력하시오.(객관식 문항당 2점)

―――【 기 본 전 제 】―――
문제에서 한국채택국제회계기준을 적용하도록 하는 전제조건이 없는 경우, 일반기업회계기준을 적용한다.

01. 다음 중 회계정보의 질적특성과 관련된 설명으로 잘못된 것은?

① 유형자산을 역사적 원가로 평가하면 측정의 신뢰성은 저하되나 목적적합성은 제고된다.
② 회계정보는 기간별 비교가 가능해야 하고, 기업실체간 비교가능성도 있어야 한다.
③ 회계정보의 질적특성은 회계정보의 유용성을 판단하는 기준이 된다.
④ 회계정보가 갖추어야 할 가장 중요한 질적특성은 목적적합성과 신뢰성이다.

02. 다음 중 재무상태표가 제공할 수 있는 재무정보로 올바르지 않은 것은?

① 타인자본에 대한 정보　　② 자기자본에 대한 정보
③ 자산총액에 대한 정보　　④ 경영성과에 관한 정보

03. 다음 중 유형자산의 취득원가에 포함하지 않는 것은?

① 토지의 취득세
② 새로운 상품과 서비스를 소개하는데 소요되는 원가
③ 유형자산의 취득과 관련하여 불가피하게 매입한 국공채의 매입금액과 현재가치와의 차액
④ 설계와 관련하여 전문가에게 지급하는 수수료

04. 다음 중 유가증권과 관련한 내용으로 가장 옳은 것은?

① 만기보유증권은 유가증권 형태상 주식 및 채권에 적용된다.
② 매도가능증권은 만기가 1년 이상인 경우에 투자자산으로 분류하며 주식 형태만 가능하다.
③ 단기매매증권은 주식 및 채권에 적용되며 당좌자산으로 분류한다.
④ 만기보유증권은 주식에만 적용되며 투자자산으로 분류한다.

05. 다음 중 자본조정항목으로 분류할 수 없는 계정과목은?

① 감자차익   ② 주식할인발행차금
③ 자기주식   ④ 자기주식처분손실

06. 다음 중 수익의 측정에 대한 설명으로 옳지 않은 것은?

① 로열티수익은 관련된 계약의 경제적 실질을 반영하여 발생기준에 따라 인식한다.
② 이자수익은 원칙적으로 유효이자율을 적용하여 발생기준에 따라 인식한다.
③ 배당금수익은 배당금을 받을 권리와 금액이 확정되는 시점에 인식한다.
④ 수익은 권리의무확정주의에 따라 합리적으로 인식한다.

07. 다음 자료에 의할 때 당기의 매출원가는 얼마인가?

기초상품재고액	500,000원	기말상품재고액	1,500,000원
매입에누리	750,000원	총매입액	8,000,000원
타계정대체금액	300,000원	판매대행수수료	1,100,000원

① 7,050,000원   ② 6,950,000원
③ 6,250,000원   ④ 5,950,000원

08. ㈜연무는 2025년 12월 26일 거래처에 상품을 인도하였으나 상품 판매대금 전액이 2026년 1월 5일에 입금되어 동일자에 전액 수익으로 인식하였다. 위 회계처리가 2025년도의 재무제표에 미치는 영향으로 올바른 것은?(단, 매출원가에 대해서는 고려하지 않는다.)

① 자산의 과소계상   ② 비용의 과대계상
③ 부채의 과소계상   ④ 수익의 과대계상

09. 아래의 자료에서 설명하는 원가행태에 해당하는 것은?

> 조업도의 변동과 관계없이 총원가가 일정한 고정원가와 조업도의 변동에 비례하여 총원가가 변동하는 변동원가가 혼합된 원가

① 전화요금 ② 직접재료원가
③ 감가상각비 ④ 화재보험료

10. 다음 중 개별원가계산에 대한 설명으로 옳지 않은 것은?

① 단일 종류의 제품을 연속생산, 대량생산하는 업종에 적합한 원가계산 방법이다.
② 조선업, 건설업이 개별원가계산에 적합한 업종에 해당한다.
③ 직접원가와 제조간접원가의 구분이 중요하며, 제조간접원가의 배부가 핵심과제이다.
④ 각 제조지시서별로 원가계산을 해야 하므로 많은 시간과 비용이 발생한다.

11. 다음 중 비정상 공손수량은 몇 개인가?

기 초 재 공 품	400개	기 말 재 공 품	200개
당 기 착 수 량	1,000개	공 손 수 량	200개
		정상공손은 완성품 수량의 5%로 한다.	

① 50개 ② 100개 ③ 150개 ④ 200개

12. 다음 자료를 이용하여 당기 총제조원가를 구하면 얼마인가?

기초재공품원가	100,000원	직 접 재 료 원 가	180,000원
기말재공품원가	80,000원	직 접 노 무 원 가	320,000원
공 장 전 력 비	50,000원	공 장 임 차 료	200,000원

① 500,000원 ② 600,000원
③ 730,000원 ④ 750,000원

13. 다음 중 부가가치세법상 과세 대상으로 볼 수 없는 것은?

① 재화의 공급 ② 용역의 공급
③ 재화의 수입 ④ 용역의 수입

14. 다음 중 부가가치세법상 사업자등록에 관한 설명으로 잘못된 것은?

① 사업자는 사업장마다 사업개시일부터 20일 이내에 사업자등록을 신청해야 한다.
② 사업자는 사업자등록의 신청을 사업장 관할 세무서장에게만 할 수 있다.
③ 신규로 사업을 시작하려는 자는 사업개시일 이전이라도 사업자등록을 신청할 수 있다.
④ 사업자는 등록사항이 변경되면 지체 없이 사업장 관할 세무서장에게 신고하여야 한다.

15. 다음 중 부가가치세법상 간이과세에 대한 설명으로 가장 옳지 않은 것은?

① 직전 1역년의 재화·용역의 공급대가의 합계액이 8천만원 미만인 개인사업자가 간이과세자에 해당한다.
② 해당 과세기간의 공급대가의 합계액이 4천800만원 미만인 경우에는 납부세액의 납부의무가 면제된다.
③ 직전연도의 공급대가의 합계액이 4천800만원 미만인 간이과세자는 세금계산서를 발급할 수 없다.
④ 출세액보다 매입세액이 클 경우 환급을 받을 수 있다.

실무시험

남다른패션㈜(회사코드:1063)은 스포츠의류 등의 제조업 및 도소매업을 영위하는 중소기업으로 당기(제7기) 회계기간은 2025.1.1.~2025.12.31.이다. 전산세무회계 수험용 프로그램을 이용하여 다음 물음에 답하시오.

―【 기 본 전 제 】―
- 문제에서 한국채택국제회계기준을 적용하도록 하는 전제조건이 없는 경우, 일반기업회계기준을 적용하여 회계처리 한다.
- 문제의 풀이와 답안작성은 제시된 문제의 순서대로 진행한다.

문제 1 다음은 [기초정보관리] 및 [전기분재무제표]에 대한 자료이다. 각각의 요구사항에 대하여 답하시오. (10점)

[1] 아래의 자료를 바탕으로 다음 계정과목에 대한 적요를 추가 등록하시오. (3점)

- 코드 : 0511
- 현금적요 : NO 9. 생산직원 독감 예방접종비 지급
- 계정과목 : 복리후생비
- 대체적요 : NO 3. 직원 휴가비 보통예금 인출

[2] 다음 자료를 보고 [거래처등록] 메뉴에서 신규 거래처를 등록하시오. (3점)

- 거래처구분 : 일반거래처
- 거래처코드 : 00450
- 대표자명 : 박대박
- 업태 : 제조
- 유형 : 동시
- 거래처명 : ㈜대박
- 사업자등록번호 : 403-81-51065
- 종목 : 원단
- 사업장 주소 : 경상북도 칠곡군 지천면 달서원길 16 (※ 주소 입력 시 우편번호 입력은 생략해도 무방함.)

[3] 전기분 손익계산서를 검토한 결과 다음과 같은 오류가 발견되었다. 전기분 손익계산서, 전기분 잉여금처분계산서, 전기분 재무상태표 중 관련된 부분을 수정하시오. (4점)

계정과목	틀린 금액	올바른 금액
광고선전비	3,800,000원	5,300,000원

문제 2 다음의 거래 자료를 [일반전표입력] 메뉴를 이용하여 입력하시오(일반전표입력의 모든 거래는 부가가치세를 고려하지 말 것). (18점)

【 입력 시 유의사항 】

- 일반적인 적요의 입력은 생략하지만, 타계정 대체거래는 적요번호를 선택하여 입력한다.
- 채권·채무와 관련된 거래는 별도의 요구가 없는 한 반드시 기등록된 거래코드를 선택하는 방법으로 거래처명을 입력한다.
- 제조경비는 500번대 계정코드를, 판매비와관리비는 800번대 계정코드를 사용한다.
- 회계처리 시 계정과목은 별도의 제시가 없는 한 등록된 계정과목 중 가장 적절한 과목으로 한다.

[1] 07월 18일 ㈜괴안공구에 지급할 외상매입금 33,000,000원 중 일부는 아래의 전자어음을 발행하고 나머지는 보통예금 계좌에서 지급하였다. (3점)

전 자 어 음

(주)괴안공구 귀하　　　　　　　　　　　　00512151020123456789

금　이천삼백만원정　　　　　　　　　　　　　　23,000,000원

위의 금액을 귀하 또는 귀하의 지시인에게 지급하겠습니다.

지급기일　2025년 8월 30일　　　발행일　2025년 7월 18일
지 급 지　하나은행　　　　　　　발행지
지급장소　신중동역지점　　　　　주　소　세종특별자치시 가름로 232
　　　　　　　　　　　　　　　　발행인　남다른패션(주)

[2] 07월 30일 매출거래처인 ㈜지수포장의 파산으로 인해 외상매출금 1,800,000원이 회수 불가능할 것으로 판단하여 대손 처리하였다. 대손 발생일 직전 외상매출금에 대한 대손충당금 잔액은 320,000원이다. (3점)

[3] 08월 30일 사무실 이전을 위하여 형제상사와 체결한 건물 임대차계약의 잔금 지급일이 도래하여 임차보증금 5,000,000원 중 계약금 1,500,000원을 제외한 금액을 보통예금 계좌에서 지급하였다. (3점)

[4] 10월 18일 대표이사로부터 차입한 잔액 19,500,000원에 대하여 채무를 면제받았다(해당 차입금은 단기차입금으로 계상되어 있다). (3점)

[5] 10월 25일 시장조사를 위해 호주로 출장을 다녀온 영업부 사원 누리호에게 10월 4일에 지급하였던 출장비 3,000,000원(가지급금으로 처리함) 중 실제 여비교통비로 지출한 2,850,000원에 대한 영수증과 잔액 150,000원을 현금으로 수령하였다(단, 거래처를 입력할 것). (3점)

[6] 11월 04일   확정기여형(DC형) 퇴직연금 불입액 5,000,000원(영업부 2,000,000원, 생산부 3,000,000원)이 보통예금 계좌에서 이체되었다. (3점)

문제 3   다음 거래 자료를 [매입매출전표입력] 메뉴에 입력하시오. (18점)

―――【 입력 시 유의사항 】―――
- 일반적인 적요의 입력은 생략하지만, 타계정 대체거래는 적요번호를 선택하여 입력한다.
- 채권·채무와 관련된 거래는 별도의 요구가 없는 한 반드시 기등록된 거래처코드를 선택하는 방법으로 거래처명을 입력한다.
- 제조경비는 500번대 계정코드를, 판매비와관리비는 800번대 계정코드를 사용한다.
- 회계처리 시 계정과목은 별도의 제시가 없는 한 등록된 계정과목 중 가장 적절한 과목으로 한다.
- 입력화면 하단의 분개까지 처리하고, 전자세금계산서 및 전자계산서는 전자입력으로 반영한다.

[1] 07월 14일   미국에 소재한 HK사에 제품(공급가액 50,000,000원)을 직수출하고, 6월 30일에 수령한 계약금 10,000,000원을 제외한 대금은 외상으로 하였다. (3점)

[2] 08월 05일   ㈜동도유통에 제품을 판매하고 다음과 같이 전자세금계산서를 발급하였다. 대금 중 10,000,000원은 ㈜서도상사가 발행한 어음을 배서양도 받고, 나머지는 다음 달에 받기로 하였다. (3점)

전자세금계산서

승인번호			20250805-15454645-58811886					

공급자	등록번호	320-87-12226	종사업장번호		공급받는자	등록번호	115-81-19867	종사업장번호	
	상호(법인명)	남다른패션㈜	성명	고길동		상호(법인명)	㈜동도유통	성명	남길도
	사업장주소	세종특별자치시 가름로 232				사업장주소	서울시 서초구 강남대로 291		
	업태	제조,도매,무역	종목	스포츠의류 외		업태	도소매	종목	의류
	이메일					이메일			
						이메일			

작성일자	공급가액	세액	수정사유	비고
2025-08-05	10,000,000원	1,000,000원	해당 없음	

월	일	품목	규격	수량	단가	공급가액	세액	비고
08	05	의류				10,000,000원	1,000,000원	

합계금액	현금	수표	어음	외상미수금	위 금액을 (**청구**) 함
11,000,000원			10,000,000원	1,000,000원	

[3] 08월 20일 일반과세자인 함안전자로부터 영업부 직원들에게 지급할 업무용 휴대전화(유형자산) 3대를 4,840,000원(부가가치세 포함)에 구입하고, 법인 명의의 국민카드로 결제하였다. (3점)

[4] 11월 11일 ㈜더람에 의뢰한 마케팅전략특강 교육을 본사 영업부 직원(10명)들을 대상으로 실시하고, 교육훈련비 5,000,000원에 대한 전자계산서를 발급받았다. 교육훈련비는 11월 1일 지급한 계약금을 제외한 나머지를 보통예금 계좌에서 지급하였다(단, 관련 계정을 조회하여 전표 입력할 것). (3점)

[5] 11월 26일 ㈜미래상사로부터 기술연구소의 연구개발에 사용하기 위한 연구용 재료를 10,000,000원(부가가치세 별도)에 구입하면서 전자세금계산서를 발급받고, 대금은 보통예금 계좌에서 지급하였다(단, 연구용 재료와 관련하여 직접 지출한 금액은 무형자산으로 처리할 것). (3점)

[6] 12월 04일 생산부가 사용하는 업무용승용차(2,000cc)의 엔진오일과 타이어를 차차카센터에서 교환하고 전자세금계산서를 발급받았다. 교환비용 825,000원(부가가치세 포함)은 전액 보통예금 계좌에서 이체하였다(단, 교환비용은 차량유지비(제조원가)로 처리할 것). (3점)

문제 4

[일반전표입력] 및 [매입매출전표입력] 메뉴에 입력된 내용 중 다음과 같은 오류가 발견되었다. 입력된 내용을 확인하여 정정하시오. (6점)

[1] 08월 02일 보통예금 계좌에서 지급한 800,000원은 외상으로 매입하여 영업부에서 업무용으로 사용 중인 컴퓨터(거래처 : 온누리)에 대한 대금 지급액으로 확인되었다. 잘못된 항목을 올바르게 수정하시오. (3점)

[2] 11월 19일 차차운송에 현금으로 지급한 운송비 330,000원(부가가치세 포함)은 원재료를 매입하면서 지급한 것으로 회계팀 신입사원의 실수로 일반전표에 입력하였다. 운송 관련하여 별도의 전자세금계산서를 발급받았다. (3점)

전산회계 1급

문제 5 결산정리사항은 다음과 같다. 해당 메뉴에 입력하시오. (9점)

[1] 결산일 현재 재고자산을 실사하던 중 도난, 파손의 사유로 수량 부족이 발생한 제품의 원가는 2,000,000원으로 확인되었다(단, 수량 부족의 원인은 비정상적으로 발생한 것이다). (3점)

[2] 홍보용 계산기를 구매하고 전액 광고선전비(판매비와관리비)로 비용처리하였다. 결산 시 미사용한 2,500,000원에 대해 올바른 회계처리를 하시오(단, 소모품 계정을 사용하며 음수로 입력하지 말 것). (3점)

[3] 당기의 법인세등으로 계상할 금액은 10,750,000원이다(법인세 중간예납세액은 선납세금으로 계상되어 있으며, 이를 조회하여 회계처리할 것). (3점)

문제 6 다음 사항을 조회하여 답안을 [이론문제 답안작성] 메뉴에 입력하시오. (9점)

[1] 6월 말 현재 외상매입금 잔액이 가장 큰 거래처명과 그 금액은 얼마인가? (3점)

[2] 부가가치세 제1기 확정신고 기간(4월~6월)의 차가감하여 납부할 부가가치세액은 얼마인가? (3점)

[3] 2분기(4월~6월) 중 판매비와관리비 항목의 광고선전비 지출액이 가장 많이 발생한 월과 그 금액은 얼마인가? (3점)

제107회 전산회계1급 기출

이론시험

다음 문제를 보고 알맞은 것을 골라 [이론문제 답안작성] 메뉴에 입력하시오.(객관식 문항당 2점)

──────【 기 본 전 제 】──────
문제에서 한국채택국제회계기준을 적용하도록 하는 전제조건이 없는 경우, 일반기업회계기준을 적용한다.

01. 다음 중 재무제표에 대한 설명으로 가장 올바른 것은?

① 자산은 현재 사건의 결과로 기업이 통제하고 있고 미래경제적효익이 기업에 유입될 것으로 기대되는 자원이다.
② 부채는 과거 사건에 의하여 발생하였으며, 경제적효익이 기업으로부터 유출됨으로써 이행될 것으로 기대되는 미래의무이다.
③ 수익은 자산의 유입 또는 부채의 감소에 따라 자본의 증가를 초래하는 특정 회계기간 동안에 발생한 경제적효익의 증가로서 지분참여자에 대한 출연과 관련된 것은 제외한다.
④ 비용은 자산의 유출 또는 부채의 증가에 따라 자본의 감소를 초래하는 특정 회계기간 동안에 발생한 경제적효익의 감소로서 지분참여자에 대한 분배를 제외하며, 정상영업활동의 일환이나 그 이외의 활동에서 발생할 수 있는 차손은 포함하지 않는다.

02. 다음 중 기말재고자산의 수량 결정 방법으로 옳은 것을 모두 고른 것은?

| 가. 총평균법 | 나. 계속기록법 | 다. 선입선출법 |
| 라. 후입선출법 | 마. 실지재고조사법 | |

① 가, 다   ② 나, 마   ③ 가, 나, 다   ④ 다, 라, 마

03. 기업이 보유하고 있는 수표 중 현금및현금성자산으로 분류되지 아니하는 것은?

① 선일자수표　　　　　　　　　② 당좌수표
③ 타인발행수표　　　　　　　　④ 자기앞수표

04. 다음 중 유형자산에 대한 설명으로 옳은 것은?

① 기업이 보유하고 있는 토지는 기업의 보유목적에 상관없이 모두 유형자산으로 분류된다.
② 유형자산의 취득 시 발생한 부대비용은 취득원가로 처리한다.
③ 유형자산을 취득한 후에 발생하는 모든 지출은 발생 시 당기 비용으로 처리한다.
④ 모든 유형자산은 감가상각을 한다.

05. 다음은 ㈜한국의 단기매매증권 관련 자료이다. ㈜한국의 당기 손익계산서에 반영되는 영업외손익의 금액은 얼마인가?

- A사 주식의 취득원가는 500,000원이고, 기말공정가액은 700,000원이다.
- B사 주식의 취득원가는 300,000원이고, 기말공정가액은 200,000원이다.
- 당기 중 A사로부터 현금배당금 50,000원을 받았다.
- 당기 초 250,000원에 취득한 C사 주식을 당기 중 300,000원에 처분하였다.

① 200,000원　　② 250,000원　　③ 300,000원　　④ 400,000원

06. 다음 중 사채의 발행과 관련한 내용으로 옳은 것은?

① 사채를 할인발행한 경우 매년 액면이자는 동일하다.
② 사채를 할증발행한 경우 매년 유효이자(시장이자)는 증가한다.
③ 사채발행 시 발행가액에서 사채발행비를 차감하지 않고 사채의 차감계정으로 처리한다.
④ 사채의 할인발행 또는 할증발행 시 발행차금의 상각액 또는 환입액은 매년 감소한다.

07. 다음 중 계정과목과 자본 항목의 분류가 올바르게 연결된 것은?

① 주식발행초과금 : 이익잉여금　　　　② 자기주식처분손실 : 자본조정
③ 자기주식 : 자본잉여금　　　　　　　④ 매도가능증권평가손익 : 자본조정

08. 유형자산의 자본적지출을 수익적지출로 잘못 처리했을 경우, 당기의 당기순이익과 차기의 당기순이익에 미치는 영향으로 올바른 것은?

	당기 당기순이익	차기 당기순이익
①	과대	과소
②	과소	과소
③	과소	과대
④	과대	과대

09. 다음 중 매몰원가에 해당하지 않는 것은?

① 전기승용차 구입 결정을 함에 있어 사용하던 승용차 처분 시 기존 승용차의 취득원가
② 과거 의사결정으로 발생한 원가로 향후 의사결정을 통해 회수할 수 없는 취득원가
③ 사용하고 있던 기계장치의 폐기 여부를 결정할 때, 해당 기계장치의 취득원가
④ 공장의 원재료 운반용 화물차를 판매 제품의 배송용으로 전환하여 사용할지 여부를 결정할 때, 새로운 화물차의 취득가능금액

10. 다음 중 제조원가에 관한 설명으로 옳지 않은 것은?

① 간접원가는 제조과정에서 발생하는 원가이지만 특정 제품 또는 특정 부문에 직접 추적할 수 없는 원가를 의미한다.
② 조업도의 증감에 따라 총원가가 증감하는 원가를 변동원가라 하며, 직접재료원가와 직접노무원가가 여기에 속한다.
③ 고정원가는 관련범위 내에서 조업도가 증가할수록 단위당 고정원가가 감소한다.
④ 변동원가는 관련범위 내에서 조업도가 증가할수록 단위당 변동원가가 증가한다.

11. ㈜대한은 평균법에 의한 종합원가계산을 채택하고 있다. 재료원가는 공정 초기에 모두 투입되며, 가공원가는 공정 전반에 걸쳐 고르게 투입되는 경우 완성품환산량으로 맞는 것은?

기초재공품 : 100개(완성도 50%)	당기착수수량 : 2,000개
당기완성수량 : 1,800개	기말재공품 : 300개(완성도 70%)

	재료원가 완성품환산량	가공원가 완성품환산량
①	2,100개	2,010개
②	2,100개	2,100개
③	2,100개	1,960개
④	2,100개	1,950개

12. 다음은 제조기업의 원가 관련 자료이다. 매출원가 금액으로 옳은 것은?

당기총제조원가	1,500,000원	기초재공품재고액	500,000원
기초제품재고액	800,000원	기말재공품재고액	1,300,000원
기말제품재고액	300,000원	직접재료원가	700,000원

① 700,000원   ② 800,000원   ③ 1,200,000원   ④ 2,000,000원

13. 다음 중 부가가치세법상 면세에 해당하지 않는 것은?

① 도서대여 용역
② 여성용 생리 처리 위생용품
③ 주무관청에 신고된 학원의 교육 용역
④ 개인택시운송사업의 여객운송 용역

14. 다음 중 부가가치세 신고와 납부에 대한 설명으로 옳지 않은 것은?

① 간이과세를 포기하는 경우 포기신고일이 속하는 달의 마지막 날로부터 25일 이내에 신고, 납부하여야 한다.
② 확정신고를 하는 경우 예정신고 시 신고한 과세표준은 제외하고 신고하여야 한다.
③ 신규로 사업을 시작하는 경우 사업개시일이 속하는 과세기간의 종료일로부터 25일 이내에 신고, 납부하여야 한다.
④ 폐업하는 경우 폐업일로부터 25일 이내에 신고, 납부하여야 한다.

15. 다음 중 부가가치세법상 법인사업자의 사업자등록 정정 사유가 아닌 것은?

① 사업의 종류에 변경이 있을 때
② 상호를 변경하는 때
③ 주주가 변동되었을 때
④ 사업장을 이전할 때

실무시험

세무사랑㈜(회사코드:1073)은 부동산임대업 및 전자제품의 제조·도소매업을 영위하는 중소기업으로 당기(제9기) 회계기간은 2025.1.1.~2025.12.31.이다. 전산세무회계 수험용 프로그램을 이용하여 다음 물음에 답하시오.

【 기 본 전 제 】
- 문제에서 한국채택국제회계기준을 적용하도록 하는 전제조건이 없는 경우, 일반기업회계기준을 적용하여 회계처리 한다.
- 문제의 풀이와 답안작성은 제시된 문제의 순서대로 진행한다.

문제 1 다음은 [기초정보관리] 및 [전기분재무제표]에 대한 자료이다. 각각의 요구사항에 대하여 답하시오. (10점)

[1] 다음 자료를 이용하여 [계정과목 및 적요등록] 메뉴에서 견본비(판매비및일반관리비) 계정과목의 현금적요를 추가로 등록하시오. (3점)

· 코드 : 842   · 계정과목 : 견본비   · 현금적요 : NO.2 전자제품 샘플 제작비 지급

[2] 세무사랑㈜의 기초 채권 및 채무의 올바른 잔액은 다음과 같다. 주어진 자료를 검토하여 잘못된 부분은 오류를 정정하고, 누락된 부분은 추가하여 입력하시오. (3점)

계정과목	거래처	금액
외상매출금	㈜홍금전기	30,000,000원
	㈜금강기업	10,000,000원
외상매입금	삼신산업	30,000,000원
	하나무역	26,000,000원
받을어음	㈜대호전자	25,000,000원

[3] 전기분 재무제표 중 아래의 계정과목에서 다음과 같은 오류를 발견하였다. 관련 재무제표를 적절하게 수정하시오. (4점)

계정과목	관련 부서	수정 전 잔액	수정 후 잔액
전력비	생산부	2,000,000원	4,200,000원
수도광열비	영업부	3,000,000원	1,100,000원

문제 2

다음의 거래 자료를 [일반전표입력] 메뉴를 이용하여 입력하시오(일반전표입력의 모든 거래는 부가가치세를 고려하지 말 것). (18점)

【 입력 시 유의사항 】

- 일반적인 적요의 입력은 생략하지만, 타계정 대체거래는 적요번호를 선택하여 입력한다.
- 채권·채무와 관련된 거래는 별도의 요구가 없는 한 반드시 기등록된 거래처코드를 선택하는 방법으로 거래처명을 입력한다.
- 제조경비는 500번대 계정코드를, 판매비와관리비는 800번대 계정코드를 사용한다.
- 회계처리 시 계정과목은 별도의 제시가 없는 한 등록된 계정과목 중 가장 적절한 과목으로 한다.

---

[1] 07월 03일 영업부 사무실로 사용하기 위하여 세무빌딩과 사무실 임대차계약을 체결하고, 보증금 6,000,000원 중 계약금 600,000원을 보통예금(우리은행) 계좌에서 이체하여 지급하였다. 잔금은 다음 달에 지급하기로 하였다. (3점)

[2] 08월 01일 하나카드의 7월분 매출대금 3,500,000원에서 가맹점수수료 2%를 차감한 금액이 당사의 보통예금 계좌로 입금되었다(단, 신용카드 매출대금은 외상매출금으로 처리하고 있다). (3점)

[3] 08월 16일 영업부 직원의 퇴직으로 인해 발생한 퇴직금은 8,800,000원이다. 당사는 모든 직원에 대해 전액 확정급여형(DB형) 퇴직연금에 가입하고 있으며, 현재 퇴직연금운용자산의 잔액은 52,000,000원이다. 단, 퇴직급여충당부채와 퇴직연금충당부채는 설정하지 않았다. (3점)

[4] 08월 23일 나라은행으로부터 차입한 대출금 20,000,000원(대출기간 : 2022.01.01.~2025.12.31.)을 조기 상환하기로 하고, 이자 200,000원과 함께 보통예금 계좌에서 이체하여 지급하다. (3점)

[5] 11월 05일 ㈜다원의 제품매출 외상대금 4,000,000원 중 3,000,000원은 동점 발행 약속어음으로 받고, 1,000,000원은 금전소비대차계약(1년 대여)으로 전환하였다. (3점)

[6] 11월 20일 사업용 중고트럭 취득과 관련된 취득세 400,000원을 현금으로 납부하였다. (3점)

문제 3 다음 거래 자료를 [매입매출전표입력] 메뉴에 입력하시오. (18점)

【 입력 시 유의사항 】

- 일반적인 적요의 입력은 생략하지만, 타계정 대체거래는 적요번호를 선택하여 입력한다.
- 채권·채무와 관련된 거래는 별도의 요구가 없는 한 반드시 기등록된 거래처코드를 선택하는 방법으로 거래처명을 입력한다.
- 제조경비는 500번대 계정코드를, 판매비와관리비는 800번대 계정코드를 사용한다.
- 회계처리 시 계정과목은 별도의 제시가 없는 한 등록된 계정과목 중 가장 적절한 과목으로 한다.
- 입력화면 하단의 분개까지 처리하고, 전자세금계산서 및 전자계산서는 전자입력으로 반영한다.

[1] 08월 17일 구매확인서에 의해 수출용 제품의 원재료를 ㈜직지상사로부터 매입하고 영세율전자세금계산서를 발급받았다. 매입대금 중 10,000,000원은 외상으로 하고, 나머지 금액은 당사가 발행한 3개월 만기 약속어음으로 지급하였다. (3점)

영세율전자세금계산서

승인번호	20250817-15454645-58811574		

공급자
- 등록번호: 136-81-29187
- 상호(법인명): ㈜직지상사
- 성명: 나인세
- 사업장주소: 서울특별시 동작구 여의대방로 35
- 업태: 도소매
- 종목: 전자제품

공급받는자
- 등록번호: 123-81-95681
- 상호(법인명): 세무사랑㈜
- 성명: 이진우
- 사업장주소: 울산광역시 중구 종가로 405-3
- 업태: 제조 외
- 종목: 전자제품 외

작성일자	공급가액	세액	수정사유	비고
2025-08-17	15,000,000원	0원	해당 없음	

월	일	품목	규격	수량	단가	공급가액	세액	비고
08	17	원재료			15,000,000원	15,000,000원		

합계금액	현금	수표	어음	외상미수금	
15,000,000원			5,000,000원	10,000,000원	위 금액을 (청구) 함

[2] 08월 28일 제조부 직원들에게 지급할 작업복을 이진컴퍼니로부터 공급가액 1,000,000원(부가가치세 별도)에 외상으로 구입하고 종이세금계산서를 발급받았다. (3점)

[3] 09월 15일 우리카센타에서 공장용 화물트럭을 수리하고 수리대금 242,000원(부가가치세 포함)은 현금으로 결제하면서 지출증빙용 현금영수증을 받았다(단, 수리대금은 차량유지비로 처리할 것). (3점)

[4] 09월 27일 인사부가 사용할 직무역량 강화용 책을 ㈜대한도서에서 구입하면서 전자계산서를 수취하고 대금은 외상으로 하다. (3점)

전자계산서

승인번호	20250927-15454645-58811886

공급자
- 등록번호: 120-81-32052
- 상호(법인명): ㈜대한도서
- 성명: 박대한
- 사업장주소: 인천시 남동구 서해2길
- 업태: 도소매
- 종목: 도서

공급받는자
- 등록번호: 123-81-95681
- 상호(법인명): 세무사랑㈜
- 성명: 이진우
- 사업장주소: 울산광역시 중구 종가로 405-3
- 업태: 제조
- 종목: 전자제품

작성일자	공급가액	수정사유	비고
2025-09-27	200,000원	해당 없음	

월	일	품목	규격	수량	단가	공급가액	비고
09	27	도서(직장생활 노하우 외)			200,000원	200,000원	

합계금액	현금	수표	어음	외상미수금	
200,000원				200,000원	위 금액을 **(청구)** 함

[5] 09월 30일 ㈜세무렌트로부터 영업부에서 거래처 방문용으로 사용하는 승용차(배기량 2,000cc, 5인승)의 당월분 임차료에 대한 전자세금계산서를 수취하였다. 당월분 임차료는 다음 달에 결제될 예정이다. (3점)

전자세금계산서

승인번호	20250930-15454645-58811886

공급자
- 등록번호: 105-81-23608
- 상호(법인명): ㈜세무렌트
- 성명: 왕임차
- 사업장주소: 서울시 강남구 강남대로 8
- 업태: 서비스
- 종목: 임대

공급받는자
- 등록번호: 123-81-95681
- 상호(법인명): 세무사랑㈜
- 성명: 이진우
- 사업장주소: 울산광역시 중구 종가로 405-3
- 업태: 제조
- 종목: 전자제품

작성일자	공급가액	세액	수정사유	비고
2025-09-30	700,000원	70,000원	해당 없음	

월	일	품목	규격	수량	단가	공급가액	세액	비고
09	30	차량렌트대금(5인승)	2,000cc	1	700,000원	700,000원	70,000원	

합계금액	현금	수표	어음	외상미수금	
770,000원				770,000원	위 금액을 **(청구)** 함

[6] 10월 15일 우리자동차㈜에 공급한 제품 중 일부가 불량으로 판정되어 반품 처리되었으며, 수정전자세금계산서를 발행하였다. 대금은 해당 매출 관련 외상매출금과 상계하여 처리하기로 하였다(단, 음수(-)로 회계처리할 것). (3점)

전자세금계산서					승인번호		20251015-58754645-58811367		
공급자	등록번호	123-81-95681	종사업장번호		공급받는자	등록번호	130-86-55834	종사업장번호	
	상호(법인명)	세무사랑㈜	성명	이진우		상호(법인명)	우리자동차㈜	성명	신방자
	사업장주소	울산광역시 중구 종가로 405-3				사업장주소	서울특별시 강남구 논현로 340		
	업태	제조	종목	전자제품		업태	제조	종목	자동차(완성차)
	이메일					이메일			
						이메일			
작성일자		공급가액		세액	수정사유		비고		
2025-10-15		-10,000,000원		-1,000,000원	일부 반품		품질 불량으로 인한 반품		
월	일	품목	규격	수량	단가	공급가액	세액	비고	
10	15	제품				-10,000,000원	-1,000,000원		
합계금액		현금		수표	어음	외상미수금	위 금액을 (청구) 함		
-11,000,000원						-11,000,000원			

문제 4 [일반전표입력] 및 [매입매출전표입력] 메뉴에 입력된 내용 중 다음과 같은 오류가 발견되었다. 입력된 내용을 확인하여 정정하시오. (6점)

[1] 07월 06일 ㈜상문의 외상매입금 3,000,000원을 보통예금 계좌에서 이체한 것이 아니라 제품을 판매하고 받은 상명상사 발행 약속어음 3,000,000원을 배서하여 지급한 것으로 밝혀졌다. (3점)

[2] 12월 13일 영업부 사무실의 전기요금 121,000원(공급대가)을 현금 지급한 것으로 일반전표에 회계처리 하였으나, 이는 제조공장에서 발생한 전기요금으로 한국전력공사로부터 전자세금계산서를 수취한 것으로 확인되었다. (3점)

문제 5 결산정리사항은 다음과 같다. 해당 메뉴에 입력하시오. (9점)

[1] 결산일을 기준으로 대한은행의 장기차입금 50,000,000원에 대한 상환기일이 1년 이내에 도래할 것으로 확인되었다. (3점)

[2] 무형자산인 특허권(내용연수 5년, 정액법)의 전기 말 상각후잔액은 24,000,000원이다. 특허권은 2023년 1월 10일에 취득하였으며, 매년 법정 상각범위액까지 무형자산상각비로 인식하고 있다. 특허권에 대한 당기분 무형자산상각비(판)를 계상하시오. (3점)

[3] 당기 법인세비용은 13,500,000원으로 산출되었다(단, 법인세 중간예납세액은 선납세금을 조회하여 처리할 것). (3점)

문제 6 다음 사항을 조회하여 답안을 [이론문제 답안작성] 메뉴에 입력하시오. (9점)

[1] 6월 30일 현재 현금및현금성자산의 전기말 현금및현금성자산 대비 증감액은 얼마인가? 단, 감소한 경우에도 음의 부호(-)를 제외하고 양수로만 입력하시오. (3점)

[2] 2023년 제1기 부가가치세 확정신고기간(2025.04.01.~2025.06.30.)의 매출액 중 세금계산서발급분 공급가액의 합계액은 얼마인가? (3점)

[3] 6월(6월 1일~6월 30일) 중 지예상사에 대한 외상매입금 결제액은 얼마인가? (3점)

제108회 전산회계1급 기출

이론시험

다음 문제를 보고 알맞은 것을 골라 [이론문제 답안작성] 메뉴에 입력하시오.(객관식 문항당 2점)

―【 기 본 전 제 】―
문제에서 한국채택국제회계기준을 적용하도록 하는 전제조건이 없는 경우, 일반기업회계기준을 적용한다.

01. 자기주식을 취득가액보다 낮은 금액으로 처분한 경우, 다음 중 재무제표상 자기주식의 취득가액과 처분가액의 차액이 표기되는 항목으로 옳은 것은?

① 영업외비용
② 자본잉여금
③ 기타포괄손익누계액
④ 자본조정

02. ㈜전주는 ㈜천안에 제품을 판매하기로 약정하고, 계약금으로 제3자인 ㈜철원이 발행한 당좌수표 100,000원을 받았다. 다음 중 회계처리로 옳은 것은?

① (차) 현　　　　　금 100,000원　　(대) 선　수　금　　100,000원
② (차) 당 좌 예 금 100,000원　　(대) 선　수　금　　100,000원
③ (차) 현　　　　　금 100,000원　　(대) 제 품 매 출　100,000원
④ (차) 당 좌 예 금 100,000원　　(대) 제 품 매 출　100,000원

03. 다음 중 기말재고자산을 실제보다 과대계상한 경우 재무제표에 미치는 영향으로 잘못된 것은?

① 자산이 실제보다 과대계상된다.
② 자본총계가 실제보다 과소계상된다.
③ 매출총이익이 실제보다 과대계상된다.
④ 매출원가가 실제보다 과소계상된다.

전산회계 1급

04. 다음 중 일반기업회계기준상 무형자산의 상각에 관한 내용으로 옳지 않은 것은?

① 무형자산의 상각방법은 정액법, 체감잔액법 등 합리적인 방법을 적용할 수 있으며, 합리적인 방법을 정할 수 없는 경우에는 정액법을 적용한다.
② 내부적으로 창출한 영업권은 원가의 신뢰성 문제로 인하여 자산으로 인정되지 않는다.
③ 무형자산의 상각기간은 독점적·배타적인 권리를 부여하고 있는 관계 법령이나 계약에 정해진 경우에도 20년을 초과할 수 없다.
④ 무형자산의 잔존가치는 없는 것을 원칙으로 하나, 예외도 존재한다.

05. 다음 자료를 이용하여 단기투자자산의 합계액을 계산한 것으로 옳은 것은?

현 금	5,000,000원	1년만기 정기예금	3,000,000원
단 기 매 매 증 권	4,000,000원	당 좌 예 금	3,000,000원
우 편 환 증 서	50,000원	외 상 매 출 금	7,000,000원

① 7,000,000원
② 8,000,000원
③ 10,000,000원
④ 11,050,000원

06. 다음 중 비유동부채에 해당하는 것은 모두 몇 개인가?

가. 사채	나. 퇴직급여충당부채
다. 유동성장기부채	라. 선수금

① 1개
② 2개
③ 3개
④ 4개

07. 일반기업회계기준에 근거하여 다음의 재고자산을 평가하는 경우 재고자산평가손익은 얼마인가?

상품명	기말재고수량	취득원가	추정판매가격 (순실현가능가치)
비누	100개	75,000개	65,000원
세제	200개	50,000개	70,000원

① 재고자산평가이익 : 3,000,000원
② 재고자산평가이익 : 4,000,000원
③ 재고자산평가손실 : 3,000,000원
④ 재고자산평가손실 : 1,000,000원

08. 다음 중 수익의 인식에 대한 설명으로 가장 옳은 것은?

① 시용판매의 경우 수익의 인식은 구매자의 구매의사 표시일이다.
② 예약판매계약의 경우 수익의 인식은 자산의 건설이 완료되어 소비자에게 인도한 시점이다.
③ 할부판매의 경우 수익의 인식은 항상 소비자로부터 대금을 회수하는 시점이다.
④ 위탁판매의 경우 수익의 인식은 위탁자가 수탁자에게 제품을 인도한 시점이다.

09. 당기의 원재료 매입액은 20억원이고, 기말 원재료 재고액이 기초 원재료 재고액보다 3억원이 감소한 경우, 당기의 원재료원가는 얼마인가?

① 17억원   ② 20억원   ③ 23억원   ④ 25억원

10. 다음 중 제조원가명세서의 구성요소로 옳은 것을 모두 고른 것은?

| 가. 기초재공품재고액 | 나. 기말원재료재고액 | 다. 기말제품재고액 |
| 라. 당기제품제조원가 | 마. 당기총제조비용 | |

① 가, 나
② 가, 나, 라
③ 가, 나, 다, 라
④ 가, 나, 라, 마

11. 당사는 직접노무시간을 기준으로 제조간접원가를 배부하고 있다. 당기의 제조간접원가 실제 발생액은 500,000원이고, 예정배부율은 200원/직접노무시간이다. 당기의 실제 직접노무시간이 3,000시간일 경우, 다음 중 제조간접원가 배부차이로 옳은 것은?

① 100,000원 과대배부   ② 100,000원 과소배부
③ 200,000원 과대배부   ④ 200,000원 과소배부

12. 다음 중 종합원가계산에 대한 설명으로 옳지 않은 것은?

① 각 공정별로 원가가 집계되므로 원가에 대한 책임소재가 명확하다.
② 일반적으로 원가를 재료원가와 가공원가로 구분하여 원가계산을 한다.
③ 기말재공품이 존재하지 않는 경우 평균법과 선입선출법의 당기완성품원가는 일치한다.
④ 모든 제품 단위가 완성되는 시점을 별도로 파악하기가 어려우므로 인위적인 기간을 정하여 원가를 산정한다.

13. 다음 중 세금계산서 발급 의무가 면제되는 경우로 틀린 것은?

① 간주임대료
② 사업상 증여
③ 구매확인서에 의하여 공급하는 재화
④ 폐업시 잔존재화

14. 다음 중 부가가치세법상 업종별 사업장의 범위로 맞지 않는 것은?

① 제조업은 최종제품을 완성하는 장소
② 사업장을 설치하지 않은 경우 사업자의 주소 또는 거소
③ 운수업은 개인인 경우 사업에 관한 업무를 총괄하는 장소
④ 부동산매매업은 법인의 경우 부동산의 등기부상 소재지

15. 다음 중 부가가치세에 대한 설명으로 옳지 않은 것은?

① 법률상 면세 대상으로 열거된 것을 제외한 모든 재화나 용역의 소비행위에 대하여 과세한다.
② 납세의무자는 개인사업자나 영리법인으로 한정되어 있다.
③ 매출세액에서 매입세액을 차감하여 납부(환급)세액을 계산한다.
④ 납세의무자는 재화 또는 용역을 공급하는 사업자이지만, 담세자는 최종소비자가 된다.

실무시험

고성상사㈜(회사코드:1083)는 가방 등의 제조·도소매업 및 부동산임대업을 영위하는 중소기업으로 당기(제8기) 회계기간은 2025.1.1.~2025.12.31.이다. 전산세무회계 수험용 프로그램을 이용하여 다음 물음에 답하시오.

―【 기 본 전 제 】―
- 문제에서 한국채택국제회계기준을 적용하도록 하는 전제조건이 없는 경우, 일반기업회계기준을 적용하여 회계처리 한다.
- 문제의 풀이와 답안작성은 제시된 문제의 순서대로 진행한다.

문제 1
다음은 [기초정보관리] 및 [전기분재무제표]에 대한 자료이다. 각각의 요구사항에 대하여 답하시오. (10점)

[1] [거래처등록] 메뉴를 이용하여 다음의 신규 거래처를 추가로 등록하시오. (3점)

- 거래처코드 : 3000
- 사업자등록번호 : 108-81-13579
- 유형 : 동시
- 거래처명 : ㈜나우전자
- 업태 : 제조
- 사업장주소 : 서울특별시 서초구 명달로 104(서초동)
- 대표자 : 김나우
- 종목 : 전자제품

※ 주소 입력 시 우편번호 입력은 생략해도 무방함.

[2] 다음 자료를 이용하여 [계정과목및적요등록]을 하시오. (3점)

- 계정과목 : 퇴직연금운용자산
- 대체적요 1. 제조 관련 임직원 확정급여형 퇴직연금부담금 납입

[3] 전기분 재무상태표 작성 시 기업은행의 단기차입금 20,000,000원을 신한은행의 장기차입금으로 잘못 분류하였다. [전기분재무상태표] 및 [거래처별초기이월]을 수정, 삭제 또는 추가입력하시오. (4점)

문제 2
다음의 거래 자료를 [일반전표입력] 메뉴를 이용하여 입력하시오(일반전표입력의 모든 거래는 부가가치세를 고려하지 말 것). (18점)

【 입력 시 유의사항 】

- 일반적인 적요의 입력은 생략하지만, 타계정 대체거래는 적요번호를 선택하여 입력한다.
- 채권·채무와 관련된 거래는 별도의 요구가 없는 한 반드시 기등록된 거래처코드를 선택하는 방법으로 거래처명을 입력한다.
- 제조경비는 500번대 계정코드를, 판매비와관리비는 800번대 계정코드를 사용한다.
- 회계처리 시 계정과목은 별도의 제시가 없는 한 등록된 계정과목 중 가장 적절한 과목으로 한다.

[1] 08월 01일 미국은행으로부터 2024년 10월 31일에 차입한 외화장기차입금 중 $30,000를 상환하기 위하여 보통예금 계좌에서 39,000,000원을 이체하여 지급하였다. 일자별 적용환율은 아래와 같다. (3점)

2024.10.31. (차입일)	2024.12.31. (직전연도 종료일)	2025.08.01. (상환일)
1,210/$	1,250/$	1,300/$

[2] 08월 12일 금융기관으로부터 매출거래처인 ㈜모모가방이 발행한 어음 50,000,000원이 부도처리 되었다는 통보를 받았다. (3점)

[3] 08월 23일 임시주주총회에서 6월 29일 결의하고 미지급한 중간배당금 10,000,000원에 대하여 원천징수세액 1,540,000원을 제외한 금액을 보통예금 계좌에서 지급하였다. (3점)

[4] 08월 31일 제품의 제조공장에서 사용할 기계장치(공정가치 5,500,000원)를 대주주로부터 무상으로 받았다. (3점)

[5] 09월 11일 단기매매차익을 목적으로 주권상장법인인 ㈜대호전자의 주식 2,000주를 1주당 2,000원(1주당 액면금액 1,000원)에 취득하고, 증권거래수수료 10,000원을 포함한 대금을 모두 보통예금 계좌에서 지급하였다. (3점)

[6] 09월 13일 ㈜다원의 외상매출금 4,000,000원 중 1,000,000원은 현금으로 받고, 나머지 잔액은 ㈜다원이 발행한 약속어음으로 받았다. (3점)

문제 3 다음 거래 자료를 [매입매출전표입력] 메뉴에 입력하시오. (18점)

【 입력 시 유의사항 】

- 일반적인 적요의 입력은 생략하지만, 타계정 대체거래는 적요번호를 선택하여 입력한다.
- 채권·채무와 관련된 거래는 별도의 요구가 없는 한 반드시 기등록된 거래코드를 선택하는 방법으로 거래처명을 입력한다.
- 제조경비는 500번대 계정코드를, 판매비와관리비는 800번대 계정코드를 사용한다.
- 회계처리 시 계정과목은 별도의 제시가 없는 한 등록된 계정과목 중 가장 적절한 과목으로 한다.
- 입력화면 하단의 분개까지 처리하고, 전자세금계산서 및 전자계산서는 전자입력으로 반영한다.

[1] 07월 13일 ㈜남양가방에 제품을 판매하고, 대금은 신용카드(비씨카드)로 결제받았다(단, 신용카드 판매액은 매출채권으로 처리할 것). (3점)

신용카드 매출전표

결제정보

카드종류	비씨카드	카드번호	1234-5050-4646-8525
거래종류	신용구매	거래일시	2025-07-13
할부개월	0	승인번호	98465213

구매정보

주문번호	511-B	과세금액	5,000,000원
구매자명	㈜남양가방	비과세금액	0원
상품명	크로스백	부가세	500,000원
		합계금액	5,500,000원

이용상점정보

판매자상호	㈜남양가방
판매자 사업자등록번호	105-81-23608
판매자 주소	서울특별시 동작구 여의대방로 28

[2] 09월 05일 특별주문제작하여 매입한 기계장치가 완성되어 특수운송전문업체인 쾌속운송을 통해 기계장치를 인도받았다. 운송비 550,000원(부가가치세 포함)을 보통예금 계좌에서 이체하여 지급하고 쾌속운송으로부터 전자세금계산서를 수취하였다. (3점)

[3] 09월 06일 정도정밀로부터 제품임가공계약에 따른 제품을 납품받고 전자세금계산서를 수취하였다. 제품임가공비용은 10,000,000원(부가가치세 별도)이며, 전액 보통예금 계좌에서 이체하여 지급하였다(단, 제품임가공비용은 외주가공비 계정으로 처리할 것). (3점)

[4] 09월 25일 제조공장 인근 육군부대에 3D프린터기를 외상으로 구입하여 기증하였고, 아래와 같은 전자세금계산서를 발급받았다. (3점)

전자세금계산서					승인번호	20250925 - 15454645 - 58811889		
공급자	등록번호	220-81-55976	종사업장번호		공급받는자	등록번호	128-81-32658	종사업장번호	
	상호(법인명)	㈜목포전자	성명	정찬호		상호(법인명)	고성상사㈜	성명	현정민
	사업장주소	서울특별시 서초구 명달로 101				사업장주소	서울시 중구 창경궁로5다길 13-4		
	업태	도소매	종목	전자제품		업태	제조,도소매	종목	가방 등
	이메일					이메일			
						이메일			

작성일자	공급가액	세액	수정사유	비고
2025-09-25	3,500,000원	350,000원	해당 없음	

월	일	품목	규격	수량	단가	공급가액	세액	비고
09	25	3D 프린터		1	3,500,000원	3,500,000원	350,000원	

합계금액	현금	수표	어음	외상미수금	위 금액을 (**청구**) 함
3,850,000원				3,850,000원	

[5] 10월 06일 본사 영업부에서 사용할 복합기를 구입하고, 대금은 하나카드로 결제하였다. (3점)

매출전표

단말기번호	A - 1000	전표번호	56421454
회원번호(CARD NO)			
3152-3155-****-****			
카드종류	유효기간	거래일자	
하나카드	12/25	2025.10.06.	
거래유형		취소시 원 거래일자	
신용구매			
결제방법	판 매 금 액	1,500,000원	
일시불	부 가 가 치 세	150,000원	
매입처	봉 사 료		
매입사제출	합 계(TOTAL)	1,650,000원	
전표매입사	승인번호(APPROVAL NO)		
하나카드	35745842		
가맹점명	가맹점번호		
㈜ok사무	5864112		
대표자명	사업자번호		
김사무	204-81-76697		
주소			
경기도 화성시 동탄대로 537, 101호			
서명(SIGNATURE)			
고성상사(주)			

[6] 12월 01일 ㈜국민가죽으로부터 고급핸드백 가방 제품의 원재료인 양가죽을 매입하고, 아래의 전자세금계산서를 수취하였다. 부가가치세는 현금으로 지급하였으며, 나머지는 외상거래이다. (3점)

전자세금계산서					승인번호	20251201 - 15454645 - 58811886		
공급자	등록번호	204-81-35774	종사업장번호		공급받는자	등록번호	128-81-32658	종사업장번호	
	상호(법인명)	㈜국민가죽	성명	김국민		상호(법인명)	고성상사㈜	성명	현정민
	사업장주소	경기도 안산시 단원구 석수로 555				사업장주소	서울시 중구 창경궁로5다길 13-4		
	업태	도소매	종목	가죽		업태	제조,도소매	종목	가방 등
	이메일					이메일			
						이메일			
작성일자		공급가액		세액		수정사유	비고		
2025-12-01		2,500,000원		250,000원		해당 없음			
월	일	품목	규격	수량	단가	공급가액	세액	비고
12	01	양가죽			2,500,000원	2,500,000원	250,000원	
합계금액		현금		수표		어음	외상미수금	위 금액을 (**청구**) 함
2,750,000원		250,000원					2,500,000원	

문제 4

[일반전표입력] 및 [매입매출전표입력] 메뉴에 입력된 내용 중 다음과 같은 오류가 발견되었다. 입력된 내용을 확인하여 정정하시오. (6점)

[1] 07월 22일 제일자동차로부터 영업부의 업무용승용차(공급가액 15,000,000원, 부가가치세 별도)를 구입하여 대금은 전액 보통예금 계좌에서 지급하고 전자세금계산서를 받았다. 해당 업무용승용차의 배기량은 1,990cc이나 회계담당자는 990cc로 판단하여 부가가치세를 공제받는 것으로 회계처리하였다. (3점)

[2] 09월 15일 매출거래처 ㈜댕댕오디오의 파산선고로 인하여 외상매출금 3,000,000원을 회수불능으로 판단하고 전액 대손상각비로 대손처리하였으나, 9월 15일 파산선고 당시 외상매출금에 관한 대손충당금 잔액 1,500,000원이 남아있던 것으로 확인되었다. (3점)

문제 5 결산정리사항은 다음과 같다. 관련 메뉴를 이용하여 결산을 완료하시오. (9점)

[1] 2025년 9월 16일에 지급된 2,550,000원은 그 원인을 알 수 없어 가지급금으로 처리하였던바, 결산일인 12월 31일에 2,500,000원은 하나무역의 외상매입금을 상환한 것으로 확인되었으며 나머지 금액은 그 원인을 알 수 없어 당기 비용(영업외비용)으로 처리하기로 하였다. (3점)

[2] 결산일 현재 필립전자에 대한 외화 단기대여금($30,000)의 잔액은 60,000,000원이다. 결산일 현재 기준환율은 $1당 2,200원이다(단, 외화 단기대여금도 단기대여금 계정과목을 사용할 것). (3점)

[3] 대손충당금은 결산일 현재 미수금(기타 채권은 제외)에 대하여만 1%를 설정한다. 보충법에 의하여 대손충당금 설정 회계처리를 하시오(단, 대손충당금 설정에 필요한 정보는 관련 데이터를 조회하여 사용할 것). (3점)

문제 6 다음 사항을 조회하여 답안을 [이론문제 답안작성] 메뉴에 입력하시오. (9점)

[1] 당해연도 제1기 부가가치세 예정신고기간(1월~3월) 중 카드과세매출의 공급대가 합계액은 얼마인가? (3점)

[2] 2025년 6월의 영업외비용 총지출액은 얼마인가? (3점)

[3] 2025년 제1기 부가가치세 확정신고기간의 공제받지못할매입세액은 얼마인가? (3점)

제109회 전산회계1급 기출

이론시험

다음 문제를 보고 알맞은 것을 골라 [이론문제 답안작성] 메뉴에 입력하시오.(객관식 문항당 2점)

【 기 본 전 제 】
문제에서 한국채택국제회계기준을 적용하도록 하는 전제조건이 없는 경우, 일반기업회계기준을 적용한다.

---

01. 회계분야 중 재무회계에 대한 설명으로 적절한 것은?

① 관리자에게 경영활동에 필요한 재무정보를 제공한다.
② 국세청 등의 과세관청을 대상으로 회계정보를 작성한다.
③ 법인세, 소득세, 부가가치세 등의 세무 보고서 작성을 목적으로 한다.
④ 일반적으로 인정된 회계원칙에 따라 작성하며 주주, 투자자 등이 주된 정보이용자이다.

02. 유가증권 중 단기매매증권에 대한 설명으로 옳지 않은 것은?

① 시장성이 있어야 하고, 단기시세차익을 목적으로 하여야 한다.
② 단기매매증권은 당좌자산으로 분류된다.
③ 기말평가방법은 공정가액법이다.
④ 단기매매증권은 투자자산으로 분류된다.

03. 다음 중 재고자산의 평가에 대한 설명으로 옳지 않은 것은?

① 성격이 상이한 재고자산을 일괄 구입하는 경우에는 공정가치 비율에 따라 안분하여 취득원가를 결정한다.
② 재고자산의 취득원가에는 취득과정에서 발생한 할인, 에누리는 반영하지 않는다.
③ 저가법을 적용할 경우 시가가 취득원가보다 낮아지면 시가를 장부금액으로 한다.
④ 저가법을 적용할 경우 발생한 차액은 전부 매출원가로 회계처리한다.

전산회계 1급

04. 다음 중 유형자산의 자본적지출을 수익적지출로 잘못 처리했을 경우 당기의 자산과 자본에 미치는 영향으로 올바른 것은?

	자산	자본		자산	자본
①	과대	과소	②	과소	과소
③	과소	과대	④	과대	과대

05. ㈜재무는 자기주식 200주(1주당 액면가액 5,000원)를 1주당 7,000원에 매입하여 소각하였다. 소각일 현재 자본잉여금에 감차차익 200,000원을 계상하고 있는 경우 주식소각 후 재무상태표 상에 계상되는 감자차손익은 얼마인가?

① 감자차손 200,000원
② 감자차손 400,000원
③ 감자차익 200,000원
④ 감자차익 400,000원

06. 다음 중 손익계산서에 대한 설명으로 옳지 않은 것은?

① 매출원가는 제품, 상품 등의 매출액에 대응되는 원가로서 판매된 제품이나 상품 등에 대한 제조원가 또는 매입원가이다.
② 영업외비용은 기업의 주된 영업활동이 아닌 활동으로부터 발생한 비용과 차손으로서 기부금, 잡손실 등이 이에 해당한다.
③ 손익계산서는 일정 기간의 기업의 경영성과에 대한 유용한 정보를 제공한다.
④ 수익과 비용은 각각 순액으로 보고하는 것을 원칙으로 한다.

07. ㈜서울은 ㈜제주와 제품 판매계약을 맺고 ㈜제주가 발행한 당좌수표 500,000원을 계약금으로 받아 아래와 같이 회계처리하였다. 다음 중 ㈜서울의 재무제표에 나타난 영향으로 옳은 것은?

(차) 당좌예금 500,000원	(대) 제품매출 500,000원

① 당좌자산 과소계상
② 당좌자산 과대계상
③ 유동부채 과소계상
④ 당기순이익 과소계상

08. ㈜한국상사의 2025년 1월 1일 자본금은 50,000,000원(발행주식 수 10,000주, 1주당 액면금액 5,000원)이다. 2025년 10월 1일 1주당 6,000원에 2,000주를 유상증자하였을 경우, 2025년 기말 자본금은 얼마인가?

① 12,000,000원　　　　② 50,000,000원
③ 60,000,000원　　　　④ 62,000,000원

09. 원가 및 비용의 분류항목 중 제조원가에 해당하는 것은 무엇인가?

① 생산공장의 전기요금　　　② 영업용 사무실의 전기요금
③ 마케팅부의 교육연수비　　④ 생산공장 기계장치의 처분손실

10. 다음 중 보조부문 상호간의 용역수수관계를 고려하여 보조부문원가를 제조부문과 보조부문에 배분함으로써 보조부문간의 상호 서비스 제공을 완전히 반영하는 방법으로 옳은 것은?

① 직접배분법　　　　② 단계배분법
③ 상호배분법　　　　④ 총배분법

11. 다음의 자료에 의한 당기직접재료원가는 얼마인가?

기초원재료	1,200,000원	기초재공품	200,000원
당기원재료매입액	900,000원	기말재공품	300,000원
기말원재료	850,000원	기초제품	400,000원
기말제품	500,000원	직접노무원가	500,000원

① 1,150,000원　　　　② 1,250,000원
③ 1,350,000원　　　　④ 1,650,000원

12. ㈜성진은 직접원가를 기준으로 제조간접원가를 배부한다. 다음 자료에 의하여 계산한 제조지시서 no.1의 제조간접원가 배부액은 얼마인가?

공장전체 발생원가	제조지시서 #1
· 총생산수량 : 10,000개 · 기계시간 : 24시간 · 직접재료원가 : 800,000원 · 직접노무원가 : 200,000원 · 제조간접원가 : 500,000원	· 총생산수량 : 5,200개 · 기계시간 : 15시간 · 직접재료원가 : 400,000원 · 직접노무원가 : 150,000원 · 제조간접원가 : (　?　)원

① 250,000원　② 260,000원　③ 275,000원　④ 312,500원

13. 다음 중 부가가치세법상 과세기간에 대한 설명으로 옳지 않은 것은?

① 간이과세자의 과세기간은 1월 1일부터 12월 31일까지이다.
② 사업자가 폐업하는 경우의 과세기간은 폐업일이 속하는 과세기간의 개시일부터 폐업일까지로 한다.
③ 일반과세자가 간이과세자로 변경되는 경우에 그 변경되는 해의 간이과세자 과세기간은 7월 1일부터 12월 31일까지이다.
④ 간이과세자가 일반과세자로 변경되는 경우에 그 변경되는 해의 간이과세자 과세기간은 1월 1일부터 12월 31일까지이다.

14. 다음 중 세금계산서의 필요적 기재사항에 해당하지 않는 것은?

① 공급연월일
② 공급하는 사업자의 등록번호와 성명 또는 명칭
③ 공급받는자의 등록번호
④ 공급가액과 부가가치세액

15. 다음 중 부가가치세법에 따른 재화 또는 용역의 공급시기에 대한 설명으로 적절하지 않은 것은?

① 위탁판매의 경우 수탁자가 공급한 때이다.
② 상품권의 경우 상품권이 판매되는 때이다.
③ 장기할부판매의 경우 대가의 각 부분을 받기로 한 때이다.
④ 내국물품을 외국으로 반출하는 경우 수출재화를 선적하는 때이다.

실무시험

정민상사㈜(회사코드:1093)는 전자제품의 제조 및 도·소매업을 영위하는 중소기업으로 당기(제9기)의 회계기간은 2025.1.1.~2025.12.31.이다. 전산세무회계 수험용 프로그램을 이용하여 다음 물음에 답하시오.

【 기 본 전 제 】
- 문제에서 한국채택국제회계기준을 적용하도록 하는 전제조건이 없는 경우, 일반기업회계기준을 적용하여 회계처리 한다.
- 문제의 풀이와 답안작성은 제시된 문제의 순서대로 진행한다.

문제 1 다음은 [기초정보관리] 및 [전기분재무제표]에 대한 자료이다. 각각의 요구사항에 대하여 답하시오. (10점)

[1] 다음 자료를 이용하여 [거래처등록] 메뉴에 등록하시오. (3점)

- 거래처코드 : 01230
- 사업자등록번호 : 107-36-25785
- 종목 : 사무기기
- 거래처명 : 태형상사
- 대표자 : 김상수
- 사업장주소 : 서울시 동작구 여의대방로10가길 1(신대방동)
  ※ 주소 입력 시 우편번호 입력은 생략해도 무방함.
- 유형 : 동시
- 업태 : 도소매

[2] 정민상사㈜의 전기말 거래처별 채권 및 채무의 올바른 잔액은 다음과 같다. 주어진 자료를 검토하여 잘못된 부분은 오류를 정정하고, 누락된 부분은 추가하여 입력하시오. (3점)

채권 및 채무	거래처	금 액
받을어음	㈜원수	15,000,000원
	㈜케스터	2,000,000원
단기차입금	㈜이태백	10,000,000원
	㈜빛날통신	13,000,000원
	Champ사	12,000,000원

[3] 전기분 손익계산서를 검토한 결과 다음과 같은 오류가 발견되었다. 전기분재무제표 중 관련 재무제표를 모두 적절하게 수정 또는 삭제 및 추가입력하시오. (4점)

계정과목	오류내용
보험료	제조원가 1,000,000원을 판매비와관리비로 회계처리

문제 2

다음의 거래 자료를 [일반전표입력] 메뉴를 이용하여 입력하시오(일반전표입력의 모든 거래는 부가가치세를 고려하지 말 것). (18점)

【 입력 시 유의사항 】

- 일반적인 적요의 입력은 생략하지만, 타계정 대체거래는 적요번호를 선택하여 입력한다.
- 채권·채무와 관련된 거래는 별도의 요구가 없는 한 반드시 기등록된 거래처코드를 선택하는 방법으로 거래처명을 입력한다.
- 제조경비는 500번대 계정코드를, 판매비와관리비는 800번대 계정코드를 사용한다.
- 회계처리 시 계정과목은 별도의 제시가 없는 한 등록된 계정과목 중 가장 적절한 과목으로 한다.

[1] 08월 20일   인근 주민센터에 판매용 제품(원가 2,000,000원, 시가 3,500,000원)을 기부하였다. (3점)

[2] 09월 02일   대주주인 전마나 씨로부터 차입한 단기차입금 20,000,000원 중 15,000,000원은 보통예금 계좌에서 이체하여 상환하고, 나머지 금액은 면제받기로 하였다. (3점)

[3] 10월 19일   ㈜용인의 외상매입금 2,500,000원에 대해 타인이 발행한 당좌수표 1,500,000원과 ㈜수원에 제품을 판매하고 받은 ㈜수원 발행 약속어음 1,000,000원을 배서하여 지급하다. (3점)

[4] 11월 06일   전월분 고용보험료를 다음과 같이 현금으로 납부하다(단, 하나의 전표로 처리하고, 회사부담금은 보험료로 처리할 것). (3점)

고용보험 납부내역				
사원명	소속	직원부담금	회사부담금	합계
김정직	제조부	180,000원	221,000원	401,000원
이성실	마케팅부	90,000원	110,500원	200,500원
합계		270,000원	331,500원	601,500원

[5] 11월 11일 영업부 직원에 대한 확정기여형(DC) 퇴직연금 7,000,000원을 하나은행 보통예금 계좌에서 이체하여 납입하였다. 이 금액에는 연금운용에 대한 수수료 200,000원이 포함되어 있다. (3점)

[6] 12월 03일 일시보유목적으로 취득하였던 시장성 있는 ㈜세무의 주식 500주(1주당 장부금액 8,000원, 1주당 액면금액 5,000원, 1주당 처분금액 10,000원)를 처분하고 수수료 250,000원을 제외한 금액을 보통예금 계좌로 이체받았다. (3점)

문제 3 [매입매출전표입력] 메뉴를 이용하여 다음의 거래 자료를 입력하시오. (18점)

───────── 【 입력 시 유의사항 】 ─────────
• 일반적인 적요의 입력은 생략하지만, 타계정 대체거래는 적요번호를 선택하여 입력한다.
• 채권·채무와 관련된 거래는 별도의 요구가 없는 한 반드시 기등록된 거래처코드를 선택하는 방법으로 거래처명을 입력한다.
• 제조경비는 500번대 계정코드를, 판매비와관리비는 800번대 계정코드를 사용한다.
• 회계처리 시 계정과목은 별도의 제시가 없는 한 등록된 계정과목 중 가장 적절한 과목으로 한다.
• 입력화면 하단의 분개까지 처리하고, 전자세금계산서 및 전자계산서는 전자입력으로 반영한다.

[1] 07월 28일 총무부 직원들의 야식으로 저팔계산업(일반과세자)에서 도시락을 주문하고, 하나카드로 결제하였다. (3점)

```
           신용카드매출전표
가 맹 점 명 : 저팔계산업
사 업 자 번 호 : 127-10-12343
대 표 자 명 : 김돈육
주      소 : 서울 마포구 상암동 332
롯 데 카 드 : 신용승인
거 래 일 시 : 2025-07-28 20:08:54
카 드 번 호 : 3256-6455-****-1324
유 효 기 간 : 12/24
가맹점번호 : 123412341
매  입  사 : 하나카드(전자서명전표)
   상품명              금액
   도시락세트         220,000
공 급 가 액 :  200,000
부 가 세 액 :   20,000
합     계 :  220,000
```

[2] 09월 03일 공장에서 사용하던 기계장치(취득가액 50,000,000원, 처분 시점까지의 감가상각누계액 38,000,000원)를 보람테크㈜에 처분하고 아래의 전자세금계산서를 발급하였다(당기의 감가상각비는 고려하지 말고 하나의 전표로 입력할 것). (3점)

	전자세금계산서						승인번호	20250903-145654645-58811657		
공급자	등록번호	680-81-32549	종사업장번호			공급받는자	등록번호	110-81-02129	종사업장번호	
	상호(법인명)	정민상사㈜	성명	최정민			상호(법인명)	보람테크㈜	성명	김종대
	사업장주소	경기도 수원시 권선구 평동로79번길 45					사업장주소	경기도 안산시 단원구 광덕서로 100		
	업태	제조,도소매	종목	전자제품			업태	제조	종목	반도체
	이메일						이메일			
							이메일			

작성일자	공급가액	세액	수정사유	비고
2025.09.03.	13,500,000	1,350,000	해당 없음	

월	일	품목	규격	수량	단가	공급가액	세액	비고
09	03	기계장치 매각				13,500,000	1,350,000	

합계금액	현금	수표	어음	외상미수금	위 금액을 (청구) 함
14,850,000	4,850,000			10,000,000	

[3] 09월 22일 마산상사로부터 원재료 5,500,000원(부가가치세 포함)을 구입하고 전자세금계산서를 발급받았다. 대금은 ㈜서울에 제품을 판매하고 받은 ㈜서울 발행 약속어음 2,000,000원을 배서하여 지급하고, 잔액은 외상으로 하다. (3점)

[4] 10월 31일 NICE Co.,Ltd의 해외수출을 위한 구매확인서에 따라 전자제품 100개(@700,000원)를 납품하고 영세율전자세금계산서를 발행하였다. 대금 중 50%는 보통예금 계좌로 입금받고 잔액은 1개월 후에 받기로 하다. (3점)

[5] 11월 04일 영업부 거래처의 직원에게 선물할 목적으로 선물세트를 외상으로 구입하고 아래와 같은 전자세금계산서를 발급받았다. (3점)

전자세금계산서

| 승인번호 | 20251104-15454645-58811889 |

공급자
- 등록번호: 113-18-77299
- 상호(법인명): 손오공상사
- 성명: 황범식
- 사업장주소: 서울특별시 서초구 명달로 102
- 업태: 도매
- 종목: 잡화류

공급받는자
- 등록번호: 680-81-32549
- 상호(법인명): 정민상사㈜
- 성명: 최정민
- 사업장주소: 경기도 수원시 권선구 평동로79번길 45
- 업태: 제조,도소매
- 종목: 전자제품

작성일자	공급가액	세액	수정사유
2025.11.04.	1,500,000	150,000	해당 없음

월	일	품목	규격	수량	단가	공급가액	세액	비고
11	04	선물세트		1	1,500,000	1,500,000	150,000	

합계금액	현금	수표	어음	외상미수금	
1,650,000				1,650,000	위 금액을 **(청구)** 함

---

[6] 12월 05일 공장 신축 목적으로 취득한 토지의 토지정지 등을 위한 토목공사를 하고 ㈜만듬건설로부터 아래의 전자세금계산서를 발급받았다. 대금 지급은 기지급한 계약금 5,500,000원을 제외하고 외상으로 하였다. (3점)

전자세금계산서

| 승인번호 | 20251205-15454645-58811886 |

공급자
- 등록번호: 105-81-23608
- 상호(법인명): ㈜만듬건설
- 성명: 다만듬
- 사업장주소: 서울특별시 동작구 여의대방로 24가길 28
- 업태: 건설
- 종목: 토목공사

공급받는자
- 등록번호: 680-81-32549
- 상호(법인명): 정민상사㈜
- 성명: 최정민
- 사업장주소: 경기도 수원시 권선구 평동로79번길 45
- 업태: 제조,도소매
- 종목: 전자제품

작성일자	공급가액	세액	수정사유
2025.12.05.	50,000,000	5,000,000	해당 없음

월	일	품목	규격	수량	단가	공급가액	세액	비고
12	05	공장토지 토지정지 등			50,000,000	50,000,000	5,000,000	

합계금액	현금	수표	어음	외상미수금	
55,000,000		5,500,000		49,500,000	위 금액을 **(청구)** 함

문제 4 [일반전표입력] 및 [매입매출전표입력] 메뉴에 입력된 내용 중 다음과 같은 오류가 발견되었다. 입력된 내용을 확인하여 정정하시오. (6점)

[1] 11월 10일 공장 에어컨 수리비로 가나상사에 보통예금 계좌에서 송금한 880,000원을 수선비로 회계처리 하였으나, 해당 수선비는 10월 10일 미지급금으로 회계처리한 것을 결제한 것이다. (3점)

[2] 12월 15일 당초 제품을 $10,000에 직수출하고 선적일 당시 환율 1,000원/$을 적용하여 제품매출 10,000,000원을 외상판매한 것으로 회계처리하였으나, 수출 관련 서류 검토 결과 직수출이 아니라 내국신용장에 의한 공급으로 ㈜강서기술에 전자영세율세금계산서를 발급한 외상매출인 것으로 확인되었다. (3점)

문제 5 결산정리사항은 다음과 같다. 관련 메뉴를 이용하여 결산을 완료하시오. (9점)

[1] 거래처 ㈜태명에 4월 1일 대여한 50,000,000원(상환회수일 2026년 3월 31일, 연 이자율 6%)에 대한 기간경과분 이자를 계상하다. 단, 이자는 월할 계산하고, 매년 3월 31일에 받기로 약정하였다. (3점)

[2] 제조공장의 창고 임차기간은 2025.04.01.~2026.03.31.으로 임차개시일에 임차료 3,600,000원을 전액 지급하고 즉시 당기 비용으로 처리하였다. 결산정리분개를 하시오. (3점)

[3] 당기 중 단기간 시세차익을 목적으로 시장성이 있는 유가증권을 75,000,000원에 취득하였다. 당기말 해당 유가증권의 시가는 73,000,000원이다. (3점)

문제 6 다음 사항을 조회하여 답안을 [이론문제 답안작성] 메뉴에 입력하시오. (9점)

[1] 2025년 상반기(1월~6월) 중 판매비및관리비의 급여 발생액이 가장 많은 월(月)과 가장 적은 월(月)의 차액은 얼마인가? (단, 양수로만 기재할 것) (3점)

[2] 일천상사에 대한 제품매출액은 3월 대비 4월에 얼마나 감소하였는가? (단, 음수로 입력하지 말 것) (3점)

[3] 2025년 제1기 예정신고기간(1월~3월) 중 ㈜서산상사에 발행한 세금계산서의 총발행매수와 공급가액은 얼마인가? (3점)

제110회 전산회계1급 기출

이론시험

다음 문제를 보고 알맞은 것을 골라 [이론문제 답안작성] 메뉴에 입력하시오.(객관식 문항당 2점)

---【 기 본 전 제 】---
문제에서 한국채택국제회계기준을 적용하도록 하는 전제조건이 없는 경우, 일반기업회계기준을 적용한다.

---

01. 다음 중 재무상태표에 관한 설명으로 가장 옳은 것은?

① 일정 시점의 현재 기업이 보유하고 있는 자산과 부채 및 자본에 대한 정보를 제공하는 재무보고서이다.
② 일정 기간 동안의 기업의 수익과 비용에 대해 보고하는 보고서이다.
③ 일정 기간 동안의 현금의 유입과 유출에 대한 정보를 제공하는 보고서이다.
④ 기업의 자본변동에 관한 정보를 제공하는 재무보고서이다.

02. 다음 중 유동부채에 포함되지 않는 것은 무엇인가?

① 매입채무
② 단기차입금
③ 유동성장기부채
④ 임대보증금

03. 다음 중 무형자산과 관련된 설명으로 옳지 않은 것은?

① 연구프로젝트에서 발생한 지출이 연구단계와 개발단계로 구분할 수 없는 경우에는 모두 연구단계에서 발생한 것으로 본다.
② 내부적으로 창출한 브랜드, 고객목록과 같은 항목은 무형자산으로 인식할 수 있다.
③ 무형자산은 회사가 사용할 목적으로 보유하는 물리적 실체가 없는 자산이다.
④ 무형자산의 소비되는 행태를 신뢰성 있게 결정할 수 없을 경우 정액법으로 상각한다.

04. 다음 중 일반기업회계기준에 의한 수익 인식 시점에 대한 설명으로 옳지 않은 것은?

① 위탁판매의 경우에는 수탁자가 위탁품을 소비자에게 판매한 시점에 수익을 인식한다.
② 시용판매의 경우에는 상품 인도 시점에 수익을 인식한다.
③ 광고 제작 수수료의 경우에는 광고 제작의 진행률에 따라 수익을 인식한다.
④ 수강료의 경우에는 강의 시간에 걸쳐 수익으로 인식한다.

05. 재고자산의 단가 결정 방법 중 매출 시점에서 해당 재고자산의 실제 취득원가를 기록하여 매출원가로 대응시킴으로써 가장 정확하게 원가 흐름을 파악할 수 있는 재고자산의 단가 결정 방법은 무엇인가?

① 개별법　　　　　　　　　　② 선입선출법
③ 후입선출법　　　　　　　　④ 총평균법

06. 다음 중 영업이익에 영향을 주는 거래로 옳은 것은?

① 거래처에 대한 대여금의 전기분 이자를 받았다.
② 창고에 보관하고 있던 상품이 화재로 인해 소실되었다.
③ 차입금에 대한 전기분 이자를 지급하였다.
④ 일용직 직원에 대한 수당을 지급하였다.

07. 다음의 거래를 적절하게 회계처리 하였을 경우, 당기순이익의 증감액은 얼마인가? 단, 주어진 자료 외의 거래는 없다고 가정한다.

- 매도가능증권 : 장부금액 5,000,000원, 결산일 공정가치 4,500,000원
- 단기매매증권 : 장부금액 3,000,000원, 결산일 공정가치 3,300,000원
- 투자부동산 : 장부금액 9,000,000원, 처분금액 8,800,000원

① 100,000원 감소　　　　　　② 100,000원 증가
③ 400,000원 감소　　　　　　④ 400,000원 증가

08. ㈜수암골의 재무상태가 다음과 같다고 가정할 때, 기말자본은 얼마인가?

기초		기말		당기 중 추가출자	이익 배당액	총수익	총비용
자산	부채	부채	자본				
900,000원	500,000원	750,000원	( )	100,000원	50,000원	1,100,000원	900,000원

① 500,000원　　　　　　　　　② 550,000원
③ 600,000원　　　　　　　　　④ 650,000원

09. 다음 중 원가회계에 대한 설명이 아닌 것은?

① 외부의 정보이용자들에게 유용한 정보를 제공하기 위한 정보이다.
② 원가통제에 필요한 정보를 제공하기 위함이다.
③ 제품원가계산을 위한 원가정보를 제공한다.
④ 경영계획수립과 통제를 위한 원가정보를 제공한다.

10. 다음 중 원가행태에 따라 변동원가와 고정원가로 분류할 때 이에 대한 설명으로 올바른 것은?

① 변동원가는 조업도가 증가할수록 총원가도 증가한다.
② 변동원가는 조업도가 증가할수록 단위당 원가도 증가한다.
③ 고정원가는 조업도가 증가할수록 총원가도 증가한다.
④ 고정원가는 조업도가 증가할수록 단위당 원가도 증가한다.

11. 다음 중 보조부문의 원가 배분에 대한 설명으로 옳지 않은 것은?

① 보조부문의 원가 배분방법으로는 직접배분법, 단계배분법 및 상호배분법이 있으며, 어떤 방법을 사용하더라도 전체 보조부문의 원가는 차이가 없다.
② 상호배분법을 사용할 경우, 부문간 상호수수를 고려하여 계산하기 때문에 어떤 배분방법보다 정확성이 높다고 할 수 있다.
③ 단계배분법을 사용할 경우, 배분순서를 어떻게 하더라도 각 보조부문에 배분되는 금액은 차이가 없다.
④ 직접배분법을 사용할 경우, 보조부문 원가 배분액의 계산은 쉬우나 부문간 상호수수에 대해서는 전혀 고려하지 않는다.

12. 다음 중 개별원가계산과 종합원가계산에 대한 설명으로 옳지 않은 것은?

① 개별원가계산은 작업지시서에 의한 원가계산을 한다.
② 개별원가계산은 주문형 소량 생산 방식에 적합하다.
③ 종합원가계산은 공정별 대량 생산 방식에 적합하다.
④ 종합원가계산은 여러 공정에 걸쳐 생산하는 경우 적용할 수 없다.

13. 다음 중 부가가치세법상 사업자등록 정정 사유가 아닌 것은?

① 상호를 변경하는 경우
② 사업장을 이전하는 경우
③ 사업의 종류에 변동이 있는 경우
④ 증여로 인하여 사업자의 명의가 변경되는 경우

14. 다음 중 부가가치세법상 영세율에 대한 설명으로 가장 옳지 않은 것은?

① 수출하는 재화에 대해서는 영세율이 적용된다.
② 영세율은 수출산업을 지원하는 효과가 있다.
③ 영세율을 적용하더라도 완전면세를 기대할 수 없다.
④ 영세율은 소비지국과세원칙이 구현되는 제도이다.

15. 다음 중 영수증 발급 대상 사업자가 될 수 없는 업종에 해당하는 것은?

① 소매업
② 도매업
③ 목욕, 이발, 미용업
④ 입장권을 발행하여 영위하는 사업

실무시험

오영상사㈜(회사코드:1103)는 가방 등의 제조·도소매업 및 부동산임대업을 영위하는 중소기업으로 당기(제9기) 회계기간은 2025.1.1.~2025.12.31.이다. 전산세무회계 수험용 프로그램을 이용하여 다음 물음에 답하시오.

【 기 본 전 제 】

- 문제에서 한국채택국제회계기준을 적용하도록 하는 전제조건이 없는 경우, 일반기업회계기준을 적용하여 회계처리 한다.
- 문제의 풀이와 답안작성은 제시된 문제의 순서대로 진행한다.

문제 1

다음은 [기초정보관리] 및 [전기분재무제표]에 대한 자료이다. 각각의 요구사항에 대하여 답하시오. (10점)

[1] 다음 자료를 이용하여 거래처등록의 [신용카드] 탭에 추가로 입력하시오. (3점)

- 코드 : 99850
- 거래처명 : 하나카드
- 카드종류 : 사업용카드
- 유형 : 매입
- 카드번호 : 5531-8440-0622-2804

[2] [계정과목및적요등록] 메뉴에서 여비교통비(판매비및일반관리비) 계정에 아래의 적요를 추가로 등록하시오. (3점)

- 현금적요 6번 : 야근 시 퇴근택시비 지급
- 대체적요 3번 : 야근 시 퇴근택시비 정산 인출

[3] 전기분 손익계산서를 검토한 결과 다음과 같은 오류가 발견되었다. 해당 오류와 연관된 재무제표를 모두 올바르게 정정하시오. (4점)

공장 생산직 사원들에게 지급한 명절 선물 세트 1,000,000원이 회계 담당 직원의 실수로 인하여 본사 사무직 사원들에게 지급한 것으로 회계처리 되어 있음을 확인한다.

문제 2
다음의 거래 자료를 [일반전표입력] 메뉴를 이용하여 입력하시오(일반전표입력의 모든 거래는 부가가치세를 고려하지 말 것). (18점)

【 입력 시 유의사항 】
- 일반적인 적요의 입력은 생략하지만, 타계정 대체거래는 적요번호를 선택하여 입력한다.
- 채권·채무와 관련된 거래는 별도의 요구가 없는 한 반드시 기등록된 거래처코드를 선택하는 방법으로 거래처명을 입력한다.
- 제조경비는 500번대 계정코드를, 판매비와관리비는 800번대 계정코드를 사용한다.
- 회계처리 시 계정과목은 별도의 제시가 없는 한 등록된 계정과목 중 가장 적절한 과목으로 한다.

[1] 07월 04일 나노컴퓨터에 지급하여야 할 외상매입금 5,000,000원과 나노컴퓨터로부터 수취하여야 할 외상매출금 3,000,000원을 상계하여 처리하고, 잔액은 당좌수표를 발행하여 지급하였다. (3점)

[2] 09월 15일 투자 목적으로 보유 중인 단기매매증권(보통주 1,000주, 1주당 액면가액 5,000원, 1주당 장부가액 9,000원)에 대하여 1주당 1,000원씩의 현금배당이 보통예금 계좌로 입금되었으며, 주식배당 20주를 수령하였다. (3점)

[3] 10월 05일 제품을 판매하고 ㈜영춘으로부터 받은 받을어음 5,000,000원을 만기 이전에 주거래은행인 토스뱅크에 할인하고, 할인료 55,000원을 차감한 나머지 금액을 보통예금 계좌로 입금받았다. 단, 어음의 할인은 매각거래에 해당한다. (3점)

[4] 10월 30일 영업부에서 대한상공회의소 회비 500,000원을 보통예금 계좌에서 지급하고 납부영수증을 수취하였다. (3점)

[5] 12월 12일 자금 조달을 위하여 발행하였던 사채(액면금액 10,000,000원, 장부가액 10,000,000원)를 9,800,000원에 조기 상환하면서 보통예금 계좌에서 지급하였다. (3점)

[6] 12월 21일 보통예금 계좌를 확인한 결과, 결산이자 500,000원에서 원천징수세액 77,000원을 차감한 금액이 입금되었음을 확인하였다(단, 원천징수세액은 자산으로 처리할 것). (3점)

문제 3 [매입매출전표입력] 메뉴를 이용하여 다음의 거래 자료를 입력하시오. (18점)

─────【 입력 시 유의사항 】─────

- 일반적인 적요의 입력은 생략하지만, 타계정 대체거래는 적요번호를 선택하여 입력한다.
- 채권·채무와 관련된 거래는 별도의 요구가 없는 한 반드시 기등록된 거래처코드를 선택하는 방법으로 거래처명을 입력한다.
- 제조경비는 500번대 계정코드를, 판매비와관리비는 800번대 계정코드를 사용한다.
- 회계처리 시 계정과목은 별도의 제시가 없는 한 등록된 계정과목 중 가장 적절한 과목으로 한다.
- 입력화면 하단의 분개까지 처리하고, 전자세금계산서 및 전자계산서는 전자입력으로 반영한다.

[1] 07월 11일 성심상사에 제품을 판매하고 아래의 전자세금계산서를 발급하였다. (3점)

전자세금계산서

	공급자		공급받는자	
승인번호		20250711-1000000-00009329		
등록번호	124-87-05224	등록번호	134-86-81692	
종사업장번호		종사업장번호		
상호(법인명)	오영상사㈜	상호(법인명)	성심상사	
성명	김하현	성명	황성심	
사업장주소	경기도 성남시 분당구 서판교로6번길 24	사업장주소	경기도 화성시 송산면 마도북로 40	
업태	제조,도소매	업태	제조	
종목	가방	종목	자동차특장	
이메일		이메일		

작성일자	공급가액	세액	수정사유	비고
2025/07/11	3,000,000	300,000	해당 없음	

월	일	품목	규격	수량	단가	공급가액	세액	비고
07	11	제품				3,000,000	300,000	

합계금액	현금	수표	어음	외상미수금	위 금액을 (영수) 함 (청구)
3,300,000	1,000,000			2,300,000	

[2] 08월 25일   본사 사무실로 사용하기 위하여 ㈜대관령으로부터 상가를 취득하고, 대금은 다음과 같이 지급하였다(단, 하나의 전표로 입력할 것). (3점)

- 총매매대금은 370,000,000원으로 토지분 매매가액 150,000,000원과 건물분 매매가액 220,000,000원(부가가치세 포함)이다.
- 총매매대금 중 계약금 37,000,000원은 계약일인 7월 25일에 미리 지급하였으며, 잔금은 8월 25일에 보통예금 계좌에서 이체하여 지급하였다.
- 건물분에 대하여 전자세금계산서를 잔금 지급일에 수취하였으며, 토지분에 대하여는 별도의 계산서를 발급받지 않았다.

[3] 09월 15일   총무부가 사용하기 위한 소모품을 골드팜㈜으로부터 총 385,000원(부가세 포함)에 구매하고 보통예금 계좌에서 이체하였으며, 지출증빙용 현금영수증을 발급받았다. 단, 소모품은 구입 즉시 비용으로 처리한다. (3점)

[4] 09월 30일   경하자동차㈜로부터 본사에서 업무용으로 사용할 승용차(5인승, 배기량 998cc, 개별소비세 과세 대상 아님)를 구입하고 아래의 전자세금계산서를 발급받았다. (3점)

전자세금계산서					승인번호	20250930-145982301203467		
공급자	등록번호	610-81-51299	종사업장번호		공급받는자	등록번호	124-87-05224	종사업장번호	
	상호(법인명)	경하자동차㈜	성명	정선달		상호(법인명)	오영상사㈜	성명	김하현
	사업장주소	울산 중구 태화동 150				사업장주소	경기도 성남시 분당구 서판교로6번길 24		
	업태	제조,도소매	종목	자동차		업태	제조,도소매	종목	가방
	이메일					이메일			
						이메일			

작성일자	공급가액	세액	수정사유	비고
2025/09/30	15,000,000	1,500,000		

월	일	품목	규격	수량	단가	공급가액	세액	비고
09	30	승용차(배기량 998cc)		1		15,000,000	1,500,000	

합계금액	현금	수표	어음	외상미수금	위 금액을 (**청구**) 함
16,500,000				16,500,000	

[5] 10월 17일 미국에 소재한 MIRACLE사에서 원재료 8,000,000원(부가가치세 별도)을 수입하면서 인천세관으로부터 수입전자세금계산서를 발급받고 부가가치세는 보통예금 계좌에서 지급하였다(단, 재고자산에 대한 회계처리는 생략할 것). (3점)

[6] 10월 20일 개인 소비자에게 제품을 판매하고 현금 99,000원(부가가치세 포함)을 받았다. 단, 판매와 관련하여 어떠한 증빙도 발급하지 않았다. (3점)

문제 4   [일반전표입력] 및 [매입매출전표입력] 메뉴에 입력된 내용 중 다음과 같은 오류가 발견되었다. 입력된 내용을 확인하여 정정하시오. (6점)

[1] 08월 31일 운영자금 조달을 위해 개인으로부터 차입한 부채에 대한 이자비용 362,500원을 보통예금 계좌에서 이체하고 회계처리하였으나 해당 거래는 이자비용 500,000원에서 원천징수세액 137,500원을 차감하고 지급한 것으로 이에 대한 회계처리가 누락되었다(단, 원천징수세액은 부채로 처리하고, 하나의 전표로 입력할 것). (3점)

[2] 11월 30일 제품생산공장 출입문의 잠금장치를 수리하고 영포상회에 지급한 770,000원(부가가치세 포함)을 자본적지출로 회계처리하였으나 수익적지출로 처리하는 것이 옳은 것으로 판명되었다. (3점)

문제 5   결산정리사항은 다음과 같다. 관련 메뉴를 이용하여 결산을 완료하시오. (9점)

[1] 2월 11일에 소모품 3,000,000원을 구입하고 모두 자산으로 처리하였으며, 12월 31일 현재 창고에 남은 소모품은 500,000원으로 조사되었다. 부서별 소모품 사용 비율은 영업부 25%, 생산부 75%이며, 그 사용 비율에 따라 배부한다. (3점)

[2] 기중에 현금시재 잔액이 장부금액보다 부족한 것을 발견하고 현금과부족으로 계상하였던 235,000원 중 150,000원은 영업부 업무용 자동차의 유류대금을 지급한 것으로 확인되었으나 나머지는 결산일까지 그 원인이 파악되지 않아 당기의 비용으로 대체하다. (3점)

[3] 12월 31일 결산일 현재 재고자산의 기말재고액은 다음과 같다. (3점)

원재료	재공품	제품
• 장부수량 10,000개(단가 1,000원) • 실제수량 9,500개(단가 1,000원) • 단, 수량차이는 모두 정상적으로 발생한 것이다.	8,500,000원	13,450,000원

문제 6 다음 사항을 조회하여 답안을 [이론문제 답안작성] 메뉴에 입력하시오. (9점)

[1] 2025년 5월 말 외상매출금과 외상매입금의 차액은 얼마인가? (단, 양수로 기재할 것) (3점)

[2] 제1기 부가가치세 확정신고기간(4월~6월)의 영세율 적용 대상 매출액은 모두 얼마인가? (3점)

[3] 6월에 발생한 판매비와일반관리비 중 발생액이 가장 적은 계정과목과 그 금액은 얼마인가? (3점)

제11회 전산회계1급 기출

이론시험

다음 문제를 보고 알맞은 것을 골라 [이론문제 답안작성] 메뉴에 입력하시오.(객관식 문항당 2점)

―【 기 본 전 제 】―
문제에서 한국채택국제회계기준을 적용하도록 하는 전제조건이 없는 경우, 일반기업회계기준을 적용한다.

01. 다음 중 아래의 자료에서 설명하고 있는 재무정보의 질적특성에 해당하지 않는 것은?

> 재무정보가 정보이용자의 의사결정에 유용하게 활용되기 위해서는 그 정보가 의사결정의 목적과 관련이 있어야 한다.

① 예측가치 ② 피드백가치 ③ 적시성 ④ 중립성

02. 다음 중 일반기업회계기준에 따른 재무상태표의 표시에 관한 설명으로 가장 적절하지 않은 것은?

① 비유동자산은 당좌자산, 유형자산, 무형자산으로 구분된다.
② 단기차입금은 유동부채로 분류된다.
③ 자산과 부채는 유동성배열법에 따라 작성된다.
④ 재고자산은 유동자산에 포함된다.

03. 다음은 재고자산 단가 결정방법에 대한 설명이다. 어느 방법에 대한 설명인가?

> • 실제의 물량 흐름에 대한 원가흐름의 가정이 대체로 유사하다.
> • 현재의 수익과 과거의 원가가 대응하여 수익·비용 대응의 원칙에 부적합하다.
> • 물가 상승 시 이익이 과대 계상된다.

① 개별법 ② 선입선출법 ③ 후입선출법 ④ 총평균법

04. 다음 중 현금및현금성자산에 해당하는 항목의 총합계액은 얼마인가?

선 일 자 수 표	500,000원	배 당 금 지 급 통 지 서	500,000원
타 인 발 행 수 표	500,000원	만기6개월 양도성예금증서	300,000원

① 1,000,000원
② 1,300,000원
③ 1,500,000원
④ 1,800,000원

05. 다음 중 자본에 대한 설명으로 옳지 않은 것은?

① 자본금은 발행주식수에 액면가액을 곱한 금액이다.
② 주식발행초과금과 감자차익은 자본잉여금이다
③ 자본조정에는 주식할인발행차금, 감자차손 등이 있다.
④ 주식배당과 무상증자는 순자산의 증가가 발생한다.

06. 다음 중 손익계산서에 나타나는 계정과목으로만 짝지어진 것은?

가. 대손상각비	나. 현금	다. 기부금
라. 퇴직급여	마. 이자수익	바. 외상매출금

① 가, 나
② 가, 다
③ 나, 바
④ 다, 바

07. 다음은 12월 말 결산법인인 ㈜한국의 기계장치 관련 자료이다. ㈜한국이 2025년 12월 31일에 계상할 감가상각비는 얼마인가? (단, 월할 상각할 것)

• 취득일 : 2023년 7월 1일	• 상각방법 : 정률법	• 내용연수 : 5년
• 상각률 : 45%	• 취득원가 : 10,000,000원	• 잔존가치 : 500,000원

① 4,500,000원
② 3,487,500원
③ 2,475,000원
④ 2,250,000원

08. 다음 중 손익계산서상 표시되는 매출원가를 증가시키는 영향을 주지 않는 것은?

① 판매 이외 목적으로 사용된 재고자산의 타계정대체액
② 재고자산의 시가가 장부금액 이하로 하락하여 발생한 재고자산평가손실
③ 정상적으로 발생한 재고자산감모손실
④ 원재료 구입 시 지급한 운반비

09. 다음 중 원가에 대한 설명으로 가장 옳지 않은 것은?

① 기초원가이면서 가공원가에 해당하는 원가는 직접노무원가이다.
② 직접원가란 특정 제품의 생산에 직접적으로 사용되어 명확하게 추적할 수 있는 원가 이다.
③ 변동원가는 생산량이 증가할 때마다 단위당 원가도 증가하는 원가이다.
④ 매몰원가는 과거에 발생하여 현재 의사결정에 영향을 미치지 않는 원가를 말한다.

10. 다음 중 개별원가계산의 적용이 가능한 업종은 무엇인가?

① 제분업　　　　　　　　　　② 정유업
③ 건설업　　　　　　　　　　④ 식품가공업

11. 다음 중 공손 등에 대한 설명으로 옳지 않은 것은?

① 공손은 생산과정에서 발생하는 원재료의 찌꺼기를 말한다.
② 정상공손은 효율적인 생산과정에서 발생하는 공손을 말한다.
③ 비정상공손원가는 영업외비용으로 처리한다.
④ 정상공손은 원가에 포함한다.

12. ㈜서울은 직접노무시간을 기준으로 제조간접원가를 배부하고 있다. 당해연도 초의 예상 직접노무시간은 50,000시간이고, 제조간접원가 예상액은 2,500,000원이었다. 6월의 제조간접원가 실제 발생액은 300,000원이고, 실제 직접노무시간이 5,000시간인 경우, 6월의 제조간접원가 배부차이는 얼마인가?

① 과대배부 40,000원　　　　② 과소배부 40,000원
③ 과대배부 50,000원　　　　④ 과소배부 50,000원

13. 다음 중 부가가치세법상 세부담의 역진성을 완화하기 위한 목적으로 도입한 제도는 무엇인가?

① 영세율제도　　　　　　　② 사업자단위과세제도
③ 면세제도　　　　　　　　④ 대손세액공제제도

14. 다음 중 부가가치세법상 '재화의 공급으로 보지 않는 특례'에 해당하지 않는 것은?

① 담보의 제공　　　　　　② 제품의 외상판매
③ 조세의 물납　　　　　　④ 법률에 따른 수용

15. 다음 중 부가가치세법상 과세표준에 포함하지 않는 것은?

① 할부판매 시의 이자상당액　　② 개별소비세
③ 매출할인액　　　　　　　　　④ 대가의 일부로 받는 운송비

전산회계 1급

실무시험

남예은상사㈜(회사코드 : 1113)는 사무용가구의 제조 · 도소매업 및 부동산임대업을 영위하는 중소기업으로 당기(제14기) 회계기간은 2025.1.1.~2025.12.31.이다. 전산세무회계 수험용 프로그램을 이용하여 다음 물음에 답하시오.

【 기 본 전 제 】
- 문제에서 한국채택국제회계기준을 적용하도록 하는 전제조건이 없는 경우, 일반기업회계기준을 적용하여 회계처리 한다.
- 문제의 풀이와 답안작성은 제시된 문제의 순서대로 진행한다.

문제 1 다음은 [기초정보관리] 및 [전기분재무제표]에 대한 자료이다. 각각의 요구사항에 대하여 답하시오. (10점)

[1] 다음 자료를 이용하여 아래의 계정과목에 대한 적요를 추가로 등록하시오. (3점)

- 계정과목 : 831. 수수료비용
- 현금적요 : (적요NO. 8) 결제 대행 수수료

[2] 당사는 여유자금 활용을 위하여 아래와 같이 신규 계좌를 개설하였다. [거래처등록] 메뉴를 이용하여 해당 사항을 추가로 입력하시오. (3점)

- 코드번호 : 98005
- 거래처명 : 수협은행
- 계좌번호 : 110-146-980558
- 유형 : 정기적금

[3] 다음의 자료를 토대로 각 계정과목의 거래처별 초기이월 금액을 올바르게 정정하시오. (4점)

계정과목	거래처명	수정 전 금액	수정 후 금액
지급어음	천일상사	9,300,000원	6,500,000원
	모닝상사	5,900,000원	8,700,000원
미지급금	대명㈜	8,000,000원	4,500,000원
	㈜한울	4,400,000원	7,900,000원

문제 2

다음의 거래 자료를 [일반전표입력] 메뉴를 이용하여 입력하시오(일반전표입력의 모든 거래는 부가가치세를 고려하지 말 것). (18점)

【 입력 시 유의사항 】

- 일반적인 적요의 입력은 생략하지만, 타계정 대체거래는 적요번호를 선택하여 입력한다.
- 채권·채무와 관련된 거래는 별도의 요구가 없는 한 반드시 기등록된 거래처코드를 선택하는 방법으로 거래처명을 입력한다.
- 제조경비는 500번대 계정코드를, 판매비와관리비는 800번대 계정코드를 사용한다.
- 회계처리 시 계정과목은 별도의 제시가 없는 한 등록된 계정과목 중 가장 적절한 과목으로 한다.
---

[1] 07월 10일 회사는 6월에 관리부 직원의 급여를 지급하면서 원천징수한 근로소득세 20,000원과 지방소득세 2,000원을 보통예금 계좌에서 이체하여 납부하였다. (3점)

[2] 07월 16일 ㈜홍명으로부터 원재료를 구입하기로 계약하고, 계약금 1,000,000원은 당좌수표를 발행하여 지급하였다. (3점)

[3] 08월 10일 비씨카드 7월분 결제대금 2,000,000원이 보통예금 계좌에서 인출되었다. 단, 회사는 신용카드 사용대금을 미지급금으로 처리하고 있다. (3점)

[4] 08월 20일 영업부 김시성 과장이 대구세계가구박람회 참가를 위한 출장에서 복귀하여 아래의 지출결의서와 출장비 600,000원(출장비 인출 시 전도금으로 회계처리함) 중 잔액을 현금으로 반납하였다. (3점)

지출결의서

- 왕복항공권 350,000원
- 식대 30,000원

[5] 09월 12일 제조공장의 기계장치를 우리기계에 처분하고 매각대금으로 받은 약속어음 8,000,000원의 만기가 도래하여 우리기계가 발행한 당좌수표로 회수하였다. (3점)

[6] 10월 28일 중국의 'lailai co. ltd'에 대한 제품 수출 외상매출금 30,000달러(선적일 기준환율 : ₩1,300/$)를 회수하여 즉시 원화 보통예금 계좌로 입금하였다(단, 입금일의 기준환율은 ₩1,380/$이다). (3점)

전산회계 1급

문제 3 다음 거래 자료를 [매입매출전표입력] 메뉴에 입력하시오. (18점)

【 입력 시 유의사항 】

- 일반적인 적요의 입력은 생략하지만, 타계정 대체거래는 적요번호를 선택하여 입력한다.
- 채권·채무와 관련된 거래는 별도의 요구가 없는 한 반드시 기등록된 거래처코드를 선택하는 방법으로 거래처명을 입력한다.
- 제조경비는 500번대 계정코드를, 판매비와관리비는 800번대 계정코드를 사용한다.
- 회계처리 시 계정과목은 별도의 제시가 없는 한 등록된 계정과목 중 가장 적절한 과목으로 한다.
- 입력화면 하단의 분개까지 처리하고, 전자세금계산서 및 전자계산서는 전자입력으로 반영한다.

[1] 07월 06일 ㈜아이닉스에 제품을 판매하고 다음과 같이 전자세금계산서를 발급하였으며, 대금은 한 달 뒤에 받기로 하였다. (3점)

전자세금계산서

| 승인번호 | 20250706-121221589148 |

공급자
- 등록번호: 142-81-05759
- 상호(법인명): 예은상사㈜
- 성명: 한태양
- 사업장 주소: 경기도 고양시 덕양구 통일로 101
- 업태: 제조·도소매
- 종목: 사무용가구

공급받는자
- 등록번호: 214-87-00556
- 상호(법인명): ㈜아이닉스
- 성명: 이소방
- 사업장 주소: 서울시 용산구 한남대로 12
- 업태: 도매 외
- 종목: 의약외품 외

작성일자	공급가액	세액	수정사유	비고
2025/07/06	23,000,000	2,300,000	해당 없음	

월	일	품목	규격	수량	단가	공급가액	세액	비고
7	6	사무용책상 등		1,000	23,000	23,000,000	2,300,000	

합계금액	현금	수표	어음	외상미수금	위 금액을 (**청구**) 함
25,300,000				25,300,000	

[2] 08월 10일 원재료 매입 거래처에 접대목적으로 당사의 제품(원가 300,000원)을 무상으로 제공하였다. 단, 해당 제품의 시가는 500,000원이다. (3점)

[3] 09월 16일 팔팔물산에 제품을 9,000,000원(부가가치세 별도)에 판매하고 전자세금계산서를 발급하였으며, 대금으로 팔팔물산이 발행한 당좌수표를 받았다. (3점)

[4] 09월 26일   회사 건물에 부착할 간판을 잘나가광고에서 주문 제작하였다. 대금 5,500,000원(부가가치세 포함)은 보통예금 계좌에서 송금하고 전자세금계산서를 발급받았다(단, 비품으로 처리할 것). (3점)

[5] 10월 15일   메타가구에서 원재료(50단위, @50,000원, 부가가치세 별도)를 매입하고 아래의 전자세금계산서를 발급받았다. 대금 중 1,000,000원은 ㈜은성가구로부터 제품 판매대금으로 받아 보관 중인 ㈜은성가구 발행 약속어음을 배서양도하고 잔액은 1개월 뒤에 지급하기로 하였다.(3점)

전자세금계산서

| 승인번호 | 20251015-154215452154 |

공급자
- 등록번호: 305-81-13428
- 상호(법인명): 메타가구
- 성명: 윤은영
- 사업장 주소: 전북 김제시 금산면 청도7길 9
- 업태: 제조
- 종목: 가구

공급받는자
- 등록번호: 142-81-05759
- 상호(법인명): 예은상사㈜
- 성명: 한태양
- 사업장 주소: 경기도 고양시 덕양구 통일로 101
- 업태: 제조·도소매
- 종목: 사무용가구

작성일자	공급가액	세액	수정사유	비고
2025/10/15	2,500,000	250,000	해당 없음	

월	일	품목	규격	수량	단가	공급가액	세액	비고
10	15	원재료	PC-5	50	50,000	2,500,000	250,000	

합계금액	현금	수표	어음	외상미수금	
2,750,000			1,000,000	1,750,000	위 금액을 (**청구**) 함

[6] 12월 20일   대표이사 한태양은 본인 자녀의 대학교 입학 축하 선물로 니캉전자에서 디지털카메라를 3,800,000원(부가가치세 별도)에 구매하면서 당사 명의로 전자세금계산서를 발급받고, 대금은 보통예금 계좌에서 지급하였다(단, 대표이사 한태양의 가지급금으로 회계처리할 것). (3점)

문제 4 [일반전표입력] 및 [매입매출전표입력] 메뉴에 입력된 내용 중 다음과 같은 오류가 발견되었다. 입력된 내용을 확인하여 정정하시오. (6점)

[1] 08월 17일   사거리주유소에서 영업부가 사용하는 비영업용 소형승용차(800cc, 매입세액공제 가능 차량)에 경유를 주유하고 유류대 44,000원을 비씨카드(법인카드)로 결제한 건에 대하여 회계담당자는 매입세액을 공제받지 못하는 것으로 판단하였으며, 이를 매입매출전표에 카드면세로 입력하였다. (3점)

[2] 11월 12일   매출거래처 직원의 결혼축하금으로 현금 500,000원을 지급한 것으로 회계처리하였으나 이는 당사의 공장 제조부 직원의 결혼축하금인 것으로 밝혀졌다. (3점)

문제 5 결산정리사항은 다음과 같다. 관련 메뉴를 이용하여 결산을 완료하시오. (9점)

[1] 제2기 부가가치세 확정신고기간에 대한 부가세예수금은 49,387,500원, 부가세대급금은 34,046,000원이다. 부가가치세를 정리하는 회계처리를 하시오(단, 불러온 자료는 무시하고, 납부세액은 미지급세금, 환급세액은 미수금으로 회계처리할 것). (3점)

[2] 2025년 7월 1일 제조부 공장의 화재보험료 1년분(2025년 7월 1일~2026년 6월 30일) 7,200,000원을 전액 납부하고 즉시 비용으로 회계처리하였다. 이에 대한 기간 미경과분 보험료를 월할계산하여 결산정리분개를 하시오. (3점)

[3] 다음은 2025년 4월 15일 제조부에서 사용하기 위하여 취득한 화물차에 대한 자료이다. 아래 주어진 자료에 대해서만 감가상각을 하시오. (3점)

취득일	취득원가	자산코드/명	잔존가치	내용연수	상각방법
2025.04.15.	30,000,000원	[101]/포터	0원	5	정액법

문제 6 다음 사항을 조회하여 답안을 [이론문제 답안작성] 메뉴에 입력하시오. (9점)

[1] 4월(4월 1일~4월 30일)의 외상매출금 회수액은 얼마인가? (3점)

[2] 상반기(1월~6월) 중 제품매출액이 가장 많은 월(月)과 가장 작은 월(月)의 차액은 얼마인가? 단, 양수로 표시할 것) (3점)

[3] 2025년 제1기 부가가치세 확정신고기간(4월~6월)에 세금계산서를 받은 고정자산매입세액은 얼마인가? (3점)

제112회 전산회계1급 기출

이론시험

다음 문제를 보고 알맞은 것을 골라 [이론문제 답안작성] 메뉴에 입력하시오.(객관식 문항당 2점)

---【 기 본 전 제 】---
문제에서 한국채택국제회계기준을 적용하도록 하는 전제조건이 없는 경우, 일반기업회계기준을 적용한다.

---

01. 다음 중 일반기업회계기준에 따른 재무제표의 종류에 해당하지 않는 것은?

① 현금흐름표 ② 주석
③ 제조원가명세서 ④ 재무상태표

02. 다음 중 정액법으로 감가상각을 계산할 때 관련이 없는 것은?

① 잔존가치 ② 취득원가
③ 내용연수 ④ 생산량

03. 다음 중 이익잉여금처분계산서에 나타나지 않는 항목은?

① 이익준비금 ② 자기주식
③ 현금배당 ④ 주식배당

04. 다음 중 수익인식기준에 대한 설명으로 잘못된 것은?

① 위탁매출은 위탁자가 수탁자로부터 판매대금을 지급받는 때에 수익을 인식한다.
② 상품권매출은 물품 등을 제공하거나 판매하면서 상품권을 회수하는 때에 수익을 인식한다.
③ 단기할부매출은 상품 등을 판매(인도)한 날에 수익을 인식한다.
④ 용역매출은 진행기준에 따라 수익을 인식한다.

05. 다음 중 계정과목의 분류가 나머지 계정과목과 다른 하나는 무엇인가?

① 임차보증금 ② 산업재산권
③ 프랜차이즈 ④ 소프트웨어

06. 다음 중 자본의 분류 항목의 성격이 다른 것은?

① 자기주식 ② 주식할인발행차금
③ 자기주식처분이익 ④ 감자차손

07. 실제 기말재고자산의 가액은 50,000,000원이지만 장부상 기말재고자산의 가액이 45,000,000원으로 기재된 경우, 해당 오류가 재무제표에 미치는 영향으로 다음 중 옳지 않은 것은?

① 당기순이익이 실제보다 5,000,000원 감소한다.
② 매출원가 실제보다 5,000,000원 증가한다.
③ 자산총계가 실제보다 5,000,000원 감소한다.
④ 자본총계가 실제보다 5,000,000원 증가한다.

08. 다음의 거래를 회계처리할 경우에 사용되는 계정과목으로 옳은 것은?

> 7월 1일 투자 목적으로 영업활동에 사용할 예정이 없는 토지를 5,000,000원에 취득하고 대금은 3개월 후에 지급하기로 하다. 단, 중개수수료 200,000원은 타인이 발행한 당좌수표로 지급하다.

① 외상매입금 ② 당좌예금
③ 수수료비용 ④ 투자부동산

09. 다음 중 원가 개념에 관한 설명으로 옳지 않은 것은?

① 관련 범위 밖에서 총고정원가는 일정하다.
② 매몰원가는 의사결정에 영향을 주지 않는다.
③ 관련 범위 내에서 단위당 변동원가는 일정하다.
④ 관련원가는 대안 간에 차이가 나는 미래원가로서 의사결정에 영향을 준다.

10. 다음 중 제조원가명세서에서 제공하는 정보가 아닌 것은?

① 기말재공품재고액　　　　② 당기제품제조원가
③ 당기총제조원가　　　　　④ 매출원가

11. 다음 중 보조부문 원가의 배부기준으로 적합하지 않은 것은?

	보조부문원가	배부기준
①	건물 관리 부문	점유 면적
②	공장 인사관리 부문	급여 총액
③	전력 부문	전력 사용량
④	수선 부문	수선 횟수

12. 다음 자료를 토대로 선입선출법에 의한 직접재료원가 및 가공원가의 완성품환산량을 각각 계산하면 얼마인가?

- 기초재공품 5,000개(완성도 70%)　　· 당기착수량 35,000개
- 기말재공품 10,000개(완성도 30%)　　· 당기완성품 30,000개
- 재료는 공정초기에 전량투입되며, 가공원가는 공정 전반에 걸쳐 균등하게 발생한다.

	직접재료원가	가공원가
①	35,000개	29,500개
②	35,000개	34,500개
③	40,000개	34,500개
④	45,000개	29,500개

13. 다음 중 우리나라 부가가치세법의 특징으로 옳지 않은 것은?

① 소비지국과세원칙　　　　② 생산지국과세원칙
③ 전단계세액공제법　　　　④ 간접세

14. 다음 중 부가가치세법상 과세기간 등에 대한 설명으로 옳지 않은 것은?

① 사업개시일 이전에 사업자등록을 신청한 경우에 최초의 과세기간은 그 신청한 날부터 그 신청일이 속하는 과세기간의 종료일까지로 한다.
② 사업자가 폐업하는 경우의 과세기간은 폐업일이 속하는 과세기간의 개시일부터 폐업일까지로 한다.
③ 폐업자의 경우 폐업일이 속하는 과세기간 종료일부터 25일 이내에 확정신고를 하여야 한다.
④ 간이과세자의 과세기간은 1월 1일부터 12월 31일까지로 한다.

15. 다음 중 부가가치세법상 매입세액공제가 가능한 것은?

① 사업과 관련하여 접대용 물품을 구매하고 발급받은 신용카드매출전표상의 매입세액
② 제조업을 영위하는 법인이 업무용 소형승용차(1,998cc)의 유지비용을 지출하고 발급받은 현금영수증상의 매입세액
③ 제조부서의 화물차 수리를 위해 지출하고 발급받은 세금계산서상의 매입세액
④ 회계부서에서 사용할 물품을 구매하고 발급받은 간이영수증에 포함되어 있는 매입세액

실무시험

㈜유미기계(회사코드:1123)는 기계부품 등의 제조·도소매업 및 부동산임대업을 영위하는 중소기업으로 당기(제10기) 회계기간은 2025.01.01.~2025.12.31.이다. 전산세무회계 수험용 프로그램을 이용하여 다음 물음에 답하시오.

― 〈 기 본 전 제 〉 ―

· 문제에서 한국채택국제회계기준을 적용하도록 하는 전제조건이 없는 경우, 일반기업회계기준을 적용하여 회계 처리한다.
· 문제의 풀이와 답안작성은 제시된 문제의 순서대로 진행한다.

문제 1 다음은 [기초정보관리] 및 [전기분재무제표]에 대한 자료이다. 각각의 요구사항에 대하여 답하시오. (10점)

[01] 다음의 신규 거래처를 [거래처등록] 메뉴를 이용하여 추가로 등록하시오. (3점)

· 거래처코드 : 5230
· 거래처명 : ㈜대영토이
· 사업자등록번호 : 108-86-13574
· 업태 : 제조
· 유형 : 동시
· 대표자 : 박완구
· 종목 : 완구제조
· 사업장주소 : 경기도 광주시 오포읍 왕림로 139 ※ 주소입력 시 우편번호 입력은 생략해도 무방함.

[02] ㈜유미기계의 기초 채권 및 채무의 올바른 잔액은 다음과 같다. [거래처별초기이월] 자료를 검토하여 잘못된 부분은 오류를 정정하고, 누락된 부분은 추가하여 입력하시오. (3점)

계정과목	거래처	금액
외상매출금	알뜰소모품	5,000,000원
	튼튼사무기	3,800,000원
받을어음	㈜클래식상사	7,200,000원
	㈜강림상사	2,000,000원
외상매입금	㈜해원상사	4,600,000원

[03] 전기분 재무상태표를 검토한 결과 기말 재고자산에서 다음과 같은 오류가 발견되었다. 관련된 [전기분 재무제표]를 모두 수정하시오. (4점)

계정과목	틀린 금액	올바른 금액	내용
원재료(0153)	73,600,000원	75,600,000원	입력 오류

문제 2
다음의 거래 자료를 [일반전표입력] 메뉴를 이용하여 입력하시오(일반전표입력의 모든 거래는 부가가치세를 고려하지 말 것). (18점)

【 입력 시 유의사항 】

- 일반적인 적요의 입력은 생략하지만, 타계정 대체거래는 적요번호를 선택하여 입력한다.
- 채권·채무와 관련된 거래는 별도의 요구가 없는 한 반드시 기등록된 거래처코드를 선택하는 방법으로 거래처명을 입력한다.
- 제조경비는 500번대 계정코드를, 판매비와관리비는 800번대 계정코드를 사용한다.
- 회계처리 시 계정과목은 별도의 제시가 없는 한 등록된 계정과목 중 가장 적절한 과목으로 한다.

---

[01] 08월 10일 제조부서의 7월분 건강보험료 680,000원을 보통예금으로 납부하였다. 납부한 건강보험료 중 50%는 회사부담분이며, 회사부담분 건강보험료는 복리후생비로 처리한다. (3점)

[02] 08월 23일 ㈜애플전자로부터 받아 보관하던 받을어음 3,500,000원의 만기가 되어 지급제시하였으나, 잔고 부족으로 지급이 거절되어 부도처리하였다(단, 부도난 어음은 부도어음과수표 계정으로 관리하고 있다). (3점)

[03] 09월 14일 영업부서에서 고용한 일용직 직원들의 일당 420,000원을 현금으로 지급하였다(단, 일용직에 대한 고용보험료 등의 원천징수액은 발생하지 않는 것으로 가정한다). (3점)

[04] 09월 26일 영업부서의 사원이 퇴직하여 퇴직연금 5,000,000원을 확정급여형(DB) 퇴직연금에서 지급하였다(단, 퇴직급여충당부채 감소로 회계처리하기로 한다). (3점)

[05] 10월 16일 단기 시세 차익을 목적으로 2025년 5월 3일 취득하였던 ㈜더푸른컴퓨터의 주식 전부를 37,000,000원에 처분하고 대금은 보통예금 계좌로 입금받았다. 단, 취득 당시 관련 내용은 아래와 같다. (3점)

| ·취득 수량 : 5,000주 | ·1주당 취득가액 : 7,000원 | ·취득 시 거래수수료 : 35,000원 |

[06] 11월 29일 액면금액 50,000,000원의 사채(만기 3년)를 49,000,000원에 발행하였다. 대금은 보통예금 계좌로 입금되었다. (3점)

전산회계 1급

문제 3 다음 거래 자료를 [매입매출전표입력] 메뉴에 입력하시오. (18점)

【 입력 시 유의사항 】

- 일반적인 적요의 입력은 생략하지만, 타계정 대체거래는 적요번호를 선택하여 입력한다.
- 채권·채무와 관련된 거래는 별도의 요구가 없는 한 반드시 기등록된 거래처코드를 선택하는 방법으로 거래처명을 입력한다.
- 제조경비는 500번대 계정코드를, 판매비와관리비는 800번대 계정코드를 사용한다.
- 회계처리 시 계정과목은 별도의 제시가 없는 한 등록된 계정과목 중 가장 적절한 과목으로 한다.
- 입력화면 하단의 분개까지 처리하고, 전자세금계산서 및 전자계산서는 전자입력으로 반영한다.

---

[01] 09월 02일 ㈜신도기전에 제품을 판매하고 다음의 전자세금계산서를 발급하였다. 대금 중 어음은 ㈜신도기전이 발행한 것이다. (3점)

전자세금계산서

승인번호	202509021465 2823-1603488

공급자
등록번호	138-81-61276	종사업장번호	
상호(법인명)	㈜유미기계	성명	정현욱
사업장주소	서울특별시 강남구 압구정로 347		
업태	제조,도소매	종목	기계부품
이메일			

공급받는자
등록번호	130-81-95054	종사업장번호	
상호(법인명)	㈜신도기전	성명	윤현진
사업장주소	울산 중구 태화로 150		
업태	제조	종목	전자제품 외
이메일			
이메일			

작성일자	공급가액	세액	수정사유	비고
2025-09-02	10,000,000	1,000,000		

월	일	품목	규격	수량	단가	공급가액	세액	비고
09	02	제품		2	5,000,000	10,000,000	1,000,000	

합계금액	현금	수표	어음	외상미수금	위 금액을 (**청구**) 함
11,000,000			8,000,000	3,000,000	

[02] 09월 12일 제조부서의 생산직 직원들에게 제공할 작업복 10벌을 인천상회로부터 구입하고 우리카드(법인)로 결제하였다(단, 회사는 작업복 구입 시 즉시 전액 비용으로 처리한다). (3점)

```
우리 마음속 첫 번째 금융, 우리카드
2025.09.12.(화) 14:03:54
495,000원
정상승인 | 일시불

결제 정보
카드                    우리카드(법인)
회원번호                 2245-1223-****-1534
승인번호                 76993452
이용구분                 일시불

결제 금액                495,000원
공급가액                 450,000원
부가세                   45,000원
봉사료                   0원

가맹점 정보
가맹점명                 인천상회
사업자등록번호            126-86-21617
대표자명                 김연서

위 거래 사실을 확인합니다.
```

[03] 10월 05일 미국의 PYBIN사에 제품 100개(1개당 판매금액 $1,000)를 직접 수출하고 대금은 보통예금 계좌로 송금받았다(단, 선적일인 10월 05일의 기준환율은 1,000원/$이며, 수출신고번호의 입력은 생략한다). (3점)

[04] 10월 22일 영업부서 직원들의 직무역량 강화를 위한 도서를 영건서점에서 현금으로 구매하고 전자계산서를 발급받았다. (3점)

전자계산서				승인번호	20251022-15454645-58811886		
공급자	등록번호	112-60-61264	종사업장번호	공급받는자	등록번호	138-81-61276	종사업장번호
	상호(법인명)	영건서점	성명	김종인	상호(법인명)	㈜유미기계	성명	정현욱
	사업장주소	인천시 남동구 남동대로 8			사업장주소	서울특별시 강남구 압구정로 347	
	업태	소매	종목	도서	업태	제조,도소매	종목	기계부품
	이메일				이메일			
					이메일			

작성일자	공급가액	수정사유	비고
2025-10-22	1,375,000	해당 없음	

월	일	품목	규격	수량	단가	공급가액	비고
10	22	도서(슬기로운 직장 생활 외)				1,375,000	

합계금액	현금	수표	어음	외상미수금	위 금액을 (청구) 함
1,375,000	1,375,000				

[05] 11월 02일 개인소비자에게 제품을 8,800,000원(부가가치세 포함)에 판매하고 현금영수증(소득공제용)을 발급하였다. 판매대금은 보통예금 계좌로 받았다. (3점)

[06] 12월 19일 매출거래처에 보낼 연말 선물로 홍성백화점에서 생활용품세트를 구입하고 아래 전자세금계산서를 발급받았으며, 대금은 국민카드(법인카드)로 결제하였다. (3점)

전자세금계산서					승인번호	20251219-451542154-542124512		
공급자	등록번호	124-86-09276	종사업장번호		공급받는자	등록번호	138-81-61276	종사업장번호	
	상호(법인명)	홍성백화점	성명	조재광		상호(법인명)	㈜유미기계	성명	정현욱
	사업장주소	서울 강남구 테헤란로 101				사업장주소	서울특별시 강남구 압구정로 347		
	업태	도소매	종목	잡화		업태	제조,도소매	종목	기계부품
	이메일					이메일			
						이메일			
작성일자	공급가액		세액		수정사유	비고		
2025-12-19	500,000		50,000					

월	일	품목	규격	수량	단가	공급가액	세액	비고
12	19	생활용품세트		10	50,000	500,000	50,000	

합계금액	현금	수표	어음	외상미수금	위 금액을 (청구) 함
550,000				550,000	

문제 4

[일반전표입력] 및 [매입매출전표입력] 메뉴에 입력된 내용 중 다음과 같은 오류가 발견되었다. 입력된 내용을 확인하여 정정하시오. (6점)

[01] 07월 31일 경영관리부서 직원을 위하여 확정급여형(DB형) 퇴직연금에 가입하고 보통예금 계좌에서 14,000,000원을 이체하였으나, 회계담당자는 확정기여형(DC형) 퇴직연금에 가입한 것으로 알고 회계처리를 하였다. (3점)

[02] 10월 28일 영업부서의 매출거래처에 선물하기 위하여 다다마트에서 현금으로 구입한 선물 세트 5,000,000원(부가가치세 별도, 전자세금계산서 수취)을 복리후생비로 회계처리를 하였다. (3점)

전산회계 1급

> **문제 5**   결산정리사항은 다음과 같다. 해당 메뉴에 입력하시오. (9점)

[01] 7월 1일에 가입한 토스은행의 정기예금 5,000,000원(만기 1년, 연 이자율 6%)에 대하여 기간 경과분 이자를 계상하다. 단, 이자 계산은 월할 계산하며, 원천징수는 없다고 가정한다. (3점)

[02] 외상매입금 계정에는 중국에 소재한 거래처 상하이에 대한 외상매입금(부채) 2,000,000원($2,000)이 포함되어 있다(결산일 현재 기준환율 : 1,040원/$). (3점)

[03] 매출채권 잔액에 대하여만 1%의 대손충당금을 보충법으로 설정한다(단, 기중의 충당금에 대한 회계처리는 무시하고 아래 주어진 자료에 의해서만 처리한다). (3점)

구 분	기말채권 잔액	기말충당금 잔액	추가설정(△환입)액
외상매출금	15,000,000원	70,000원	80,000원
받을어음	12,000,000원	150,000원	△30,000원

> **문제 6**   다음 사항을 조회하여 답안을 [이론문제 답안작성] 메뉴에 입력하시오. (9점)

[01] 제1기 부가가치세 예정신고에 반영된 자료 중 현금영수증이 발행된 과세매출의 공급가액은 얼마인가? (3점)

[02] 6월 한 달 동안 발생한 제조원가 중 현금으로 지급한 금액은 얼마인가? (3점)

[03] 6월 30일 현재 외상매입금 잔액이 가장 작은 거래처명과 외상매입금 잔액은 얼마인가? (3점)

제113회 전산회계1급 기출

이론시험

다음 문제를 보고 알맞은 것을 골라 [이론문제 답안작성] 메뉴에 입력하시오.(객관식 문항당 2점)

―【 기 본 전 제 】―
문제에서 한국채택국제회계기준을 적용하도록 하는 전제조건이 없는 경우, 일반기업회계기준을 적용한다.

01. 다음 중 회계의 기본가정과 특징이 아닌 것은?

① 기업의 관점에서 경제활동에 대한 정보를 측정·보고한다.
② 기업이 예상가능한 기간동안 영업을 계속할 것이라 가정한다.
③ 기업은 수익과 비용을 인식하는 시점을 현금이 유입·유출될 때로 본다.
④ 기업의 존속기간을 일정한 기간단위로 분할하여 각 기간 단위별로 정보를 측정·보고한다.

02. 다음 중 상품의 매출원가 계산 시 총매입액에서 차감해야 할 항목은 무엇인가?

① 기초재고액
② 매입수수료
③ 매입환출 및 에누리
④ 매입시 운반비

03. 건물 취득 시에 발생한 금액들이 다음과 같을 때, 건물의 취득원가는 얼마인가?

| · 건물 매입금액 | 2,000,000,000원 | · 자본화 대상 차입원가 | 150,000,000원 |
| · 건물 취득세 | 200,000,000원 | · 관리 및 기타 일반간접원가 | 16,000,000원 |

① 21억 5,000만원
② 22억원
③ 23억 5,000만원
④ 23억 6,600만원

04. 다음 중 무형자산에 대한 설명으로 틀린 것은?

① 물리적인 실체는 없지만 식별이 가능한 비화폐성 자산이다.
② 무형자산을 통해 발생하는 미래 경제적 효익을 기업이 통제할 수 있어야 한다.
③ 무형자산은 자산의 정의를 충족하면서 다른 자산들과 분리하여 거래를 할 수 있거나 계약상 또는 법적 권리로부터 발생하여야 한다.
④ 일반기업회계기준은 무형자산의 회계처리와 관련하여 영업권을 포함한 무형자산의 내용연수를 원칙적으로 40년을 초과하지 않도록 한정하고 있다.

05. 다음 중 재무제표에 해당하지 않는 것은?

① 기업의 계정별 합계와 잔액을 나타내는 시산표
② 일정 시점 현재 기업의 재무상태(자산, 부채, 자본)을 나타내는 보고서
③ 기업의 자본에 관하여 일정기간 동안의 변동 흐름을 파악하기 위해 작성하는 보고서
④ 재무제표의 과목이나 금액에 기호를 붙여 해당 항목에 대한 추가 정보를 나타내는 별지

06. 다음 중 유동부채와 비유동부채의 분류가 적절하지 않은 것은?

	유동부채	비유동부채
①	단기차입금	사채
②	외상매입금	유동성장기부채
③	미지급비용	장기차입금
④	지급어음	퇴직급여충당부채

07. 다음의 자본 항목 중 포괄손익계산서에 영향을 미치는 항목은 무엇인가?

① 감자차손
② 주식발행초과금
③ 자기주식처분이익
④ 매도가능증권평가이익

08. 다음 자료 중 빈 칸 (A)에 들어갈 금액으로 적당한 것은?

기초상품 재고액	매입액	기말상품 재고액	매출원가	매출액	매출총이익	판매비와 관리비	당기순손익
219,000원	350,000원	110,000원		290,000원		191,000원	A

① 당기순손실 360,000원 ② 당기순손실 169,000원
③ 당기순이익 290,000원 ④ 당기순이익 459,000원

09. 다음 중 원가행태에 따라 변동원가와 고정원가로 분류할 때 이에 대한 설명으로 틀린 것은?

① 고정원가는 조업도가 증가할수록 단위당 원가도 증가한다.
② 고정원가는 조업도가 증가하여도 총원가는 일정하다.
③ 변동원가는 조업도가 증가하여도 단위당 원가는 일정하다.
④ 변동원가는 조업도가 증가할수록 총원가도 증가한다.

10. 다음 중 보조부문원가를 배분하는 방법 중 옳지 않은 것은?

① 상호배분법은 보조부문 상호 간의 용역수수관계를 완전히 반영하는 방법이다.
② 단계배분법은 보조부문 상호 간의 용역수수관계를 전혀 반영하지 않는 방법이다.
③ 직접배분법은 보조부문 상호 간의 용역수수관계를 전혀 반영하지 않는 방법이다.
④ 상호배분법, 단계배분법, 직접배분법 어떤 방법을 사용하더라도 보조부문의 총원가는 제조부문에 모두 배분된다.

11. 다음 자료에 의한 당기총제조원가는 얼마인가? 단, 노무원가는 발생주의에 따라 계산한다.

· 기초원재료 300,000원   · 당기지급임금액 350,000원
· 기말원재료 450,000원   · 당기원재료매입액 1,300,000원
· 전기미지급임금액 150,000원   · 제조간접원가 700,000원
· 당기미지급임금액 250,000원   · 기초재공품 200,000원

① 2,100,000원   ② 2,300,000원   ③ 2,450,000원   ④ 2,500,000원

12. 다음 중 종합원가계산에 대한 설명으로 옳지 않은 것은?

① 소품종 대량 생산하는 업종에 적용하기에 적합하다.
② 공정 과정에서 발생하는 공손 중 정상공손은 제품의 원가에 가산한다.
③ 평균법을 적용하는 경우 기초재공품원가를 당기에 투입한 것으로 가정한다.
④ 제조원가 중 제조간접원가는 실제 조업도에 예정배부율을 반영하여 계산한다.

13. 다음 중 부가가치세법상 세금계산서를 발급할 수 있는 자는?

① 면세사업자로 등록한 자
② 사업자등록을 하지 않은 자
③ 사업자등록을 한 일반과세자
④ 간이과세자 중 직전 사업연도 공급대가가 4,800만원 미만인 자

14. 다음 중 부가가치세법상 대손사유에 해당하지 않는 것은?

① 소멸시효가 완성된 어음·수표
② 특수관계인과의 거래로 인해 발생한 중소기업의 외상매출금으로서 회수기일이 2년 이상 지난 외상매출금
③ 채무자의 파산, 강제집행, 형의 집행, 사업의 폐지, 사망, 실종, 행방불명으로 인하여 회수할 수 없는 채권
④ 부도발생일부터 6개월 이상 지난 외상매출금(중소기업의 외상매출금으로서 부도발생일 이전의 것에 한정한다)

15. 다음 중 부가가치세법상 공급시기로 옳지 않은 것은?

① 폐업 시 잔존재화의 경우 : 폐업하는 때
② 내국물품을 외국으로 수출하는 경우 : 수출재화의 선적일
③ 무인판매기로 재화를 공급하는 경우 : 무인판매기에서 현금을 인취하는 때
④ 위탁판매의 경우(위탁자 또는 본인을 알 수 있는 경우) : 위탁자가 판매를 위탁한 때

실무시험

㈜혜송상사(회사코드:1133)는 자동차부품 등의 제조 및 도소매업을 영위하는 중소기업으로 당기(제14기) 회계기간은 2025.01.01.~2025.12.31.이다. 전산세무회계수험용프로그램을 이용하여 다음 물음에 답하시오.

〈 기 본 전 제 〉

· 문제에서 한국채택국제회계기준을 적용하도록 하는 전제조건이 없는 경우, 일반기업회계기준을 적용하여 회계 처리한다.
· 문제의 풀이와 답안작성은 제시된 문제의 순서대로 진행한다.

문제 1

다음은 [기초정보관리] 및 [전기분재무제표]에 대한 자료이다. 각각의 요구사항에 대하여 답하시오. (10점)

[01] 다음의 자료를 이용하여 [거래처등록] 메뉴에서 신규거래처를 추가로 등록하시오. (3점)

· 거래처코드 : 00777
· 거래처명 : 슬기로운㈜
· 사업자등록번호 : 253-81-13578
· 업태 : 도매
· 사업장주소 : 부산광역시 부산진구 중앙대로 663(부전동)
· 거래처구분 : 일반거래처
· 유형 : 동시
· 대표자 : 김슬기
· 종목 : 금속
※ 주소 입력 시 우편번호는 생략해도 무방함

[02] 다음 자료를 이용하여 [계정과목및적요등록] 메뉴에서 대체적요를 등록하시오. (3점)

· 코드 : 134   · 계정과목 : 가지급금   · 대체적요 : 8. 출장비 가지급금 정산

[03] 전기분 손익계산서를 검토한 결과 다음과 같은 오류가 발견되었다. 해당 오류와 관련된 [전기분원가명세서] 및 [전기분손익계산서]를 수정하시오. (4점)

공장 일부 직원의 임금 2,200,000원이 판매비및일반관리비 항목의 급여(801)로 반영되어 있다.

전산회계 1급

문제 2 다음의 거래 자료를 [일반전표입력] 메뉴를 이용하여 입력하시오(일반전표입력의 모든 거래는 부가가치세를 고려하지 말 것). (18점)

【 입력 시 유의사항 】

- 일반적인 적요의 입력은 생략하지만, 타계정 대체거래는 적요번호를 선택하여 입력한다.
- 채권·채무와 관련된 거래는 별도의 요구가 없는 한 반드시 기등록된 거래처코드를 선택하는 방법으로 거래처명을 입력한다.
- 제조경비는 500번대 계정코드를, 판매비와관리비는 800번대 계정코드를 사용한다.
- 회계처리 시 계정과목은 별도의 제시가 없는 한 등록된 계정과목 중 가장 적절한 과목으로 한다.

---

[01] 07월 15일 ㈜상수로부터 원재료를 구입하기로 계약하고, 당좌수표를 발행하여 계약금 3,000,000원을 지급하였다. (3점)

[02] 08월 05일 사옥 취득을 위한 자금 900,000,000원(만기 6개월)을 우리은행으로부터 차입하고, 선이자 36,000,000원(이자율 연 8%)을 제외한 나머지 금액을 보통예금 계좌로 입금받았다(단, 하나의 전표로 입력하고, 선이자지급액은 선급비용으로 회계처리할 것). (3점)

[03] 09월 10일 창고 임차보증금 10,000,000원(거래처 : ㈜대운) 중에서 미지급금으로 계상되어 있는 작년분 창고 임차료 1,000,000원을 차감하고 나머지 임차보증금만 보통예금으로 돌려받았다. (3점)

[04] 10월 20일 ㈜영광상사에 대한 외상매출금 2,530,000원 중 1,300,000원이 보통예금 계좌로 입금되었다. (3점)

[05] 11월 29일 장기투자 목적으로 ㈜콘프상사의 보통주 2,000주를 1주당 10,000원(1주당 액면가액 5,000원)에 취득하고 대금은 매입수수료 240,000원과 함께 보통예금 계좌에서 이체하여 지급하였다. (3점)

[06] 12월 08일 수입한 상품에 부과된 관세 7,560,000원을 보통예금 계좌에서 이체하여 납부하였다. (3점)

납부영수증서[납부자용]		File No : 사업자과세
		B/L No. : 45241542434

사업자번호 : 312-86-12548

회계구분	관세청소관 일반회계	납부기한	2025년 12월 08일
회계연도	2025	발행일자	2025년 12월 02일

수입징수관 계좌번호	110288	납부자 번호	0127 040-11-17-6-178461-8	납기내금액	7,560,000
※수납기관에서는 위의 굵은 선 안의 내용을 즉시 전산입력하여 수입징수관에 EDI방식으로 통지될 수 있도록 하시기 바랍니다.				납기후금액	

수입신고번호	41209-17-B11221W		수입징수관서	인천세관
납부자	성명	황동규	상호	㈜혜송상사
	주소	경기도 용인시 기흥구 갈곡로 6(구갈동)		

2025년 12월 2일
수입징수관 인천세관

문제 3 다음 거래 자료를 [매입매출전표입력] 메뉴에 입력하시오. (18점)

【 입력 시 유의사항 】

· 일반적인 적요의 입력은 생략하지만, 타계정 대체거래는 적요번호를 선택하여 입력한다.
· 채권·채무와 관련된 거래는 별도의 요구가 없는 한 반드시 기등록된 거래처코드를 선택하는 방법으로 거래처명을 입력한다.
· 제조경비는 500번대 계정코드를, 판매비와관리비는 800번대 계정코드를 사용한다.
· 회계처리 시 계정과목은 별도의 제시가 없는 한 등록된 계정과목 중 가장 적절한 과목으로 한다.
· 입력화면 하단의 분개까지 처리하고, 전자세금계산서 및 전자계산서는 전자입력으로 반영한다.

[01] 08월 10일 ㈜산양산업으로부터 영업부에서 사용할 소모품(공급가액 950,000원, 부가가치세 별도)을 현금으로 구입하고 전자세금계산서를 발급받았다. 단, 소모품은 자산으로 처리한다. (3점)

[02] 08월 22일 내국신용장으로 수출용 제품의 원재료 34,000,000원을 ㈜로띠상사에서 매입하고 아래의 영세율전자세금계산서를 발급받았다. 대금은 당사가 발행한 3개월 만기 약속어음으로 지급하였다. (3점)

영세율전자세금계산서					승인번호		20250822-14258645-58811657		
공급자	등록번호	124-86-15012	종사업장번호		공급받는자	등록번호	312-86-12548	종사업장번호	
	상호(법인명)	㈜로띠상사	성명	이로운		상호(법인명)	㈜혜송상사	성명	황동규
	사업장	대전광역시 대덕구 대전로1019번길 28-10				사업장	경기도 용인시 기흥구 갈곡로 6		
	업태	제조	종목	부품		업태	제조,도소매	종목	자동차부품
	이메일					이메일	hyesong@hscorp.co.kr		
						이메일			

작성일자	공급가액	세액	수정사유
2025/08/22	34,000,000원		
비고			

월	일	품목	규격	수량	단가	공급가액	세액	비고
08	22	부품 kT_01234				34,000,000원		

합계금액	현금	수표	어음	외상미수금	이 금액을 (청구) 함
34,000,000원			34,000,000원		

[03] 08월 25일 송강수산으로부터 영업부 직원선물로 마른멸치세트 500,000원, 영업부 거래처선물로 마른멸치세트 300,000원을 구매하였다. 대금은 보통예금 계좌에서 이체하여 지급하고 아래의 전자계산서를 발급받았다(단, 하나의 거래로 작성할 것). (3점)

전자계산서

		공급자						공급받는자		
승인번호				20250825-1832324-1635032						
등록번호	850-91-13586		종사업장번호			등록번호	312-86-12548		종사업장번호	
상호(법인명)	송강수산		성명	송강		상호(법인명)	㈜혜송상사		성명	황동규
사업장	경상남도 남해군 남해읍 남해대로 2751					사업장	경기도 용인시 기흥구 갈곡로 6			
업태	도소매		종목	건어물		업태	제조,도소매		종목	자동차부품
이메일						이메일	hyesong@hscorp.co.kr			
						이메일				

작성일자	공급가액	수정사유	비고
2025/08/25	800,000원		

월	일	품목	규격	수량	단가	공급가액	비고
08	25	마른멸치세트		5	100,000원	500,000원	
08	25	마른멸치세트		3	100,000원	300,000원	

합계금액	현금	수표	어음	외상미수금	이 금액을 (영수) 함
800,000원	800,000원				

[04] 10월 16일 업무와 관련없이 대표이사 황동규가 개인적으로 사용하기 위하여 상해전자㈜에서 노트북 1대를 2,100,000원(부가가치세 별도)에 외상으로 구매하고 아래의 전자세금계산서를 발급받았다(단, 가지급금 계정을 사용하고, 거래처를 입력할 것). (3점)

전자세금계산서				승인번호	20251016-15454645-58811886		
공급자	등록번호	501-81-12347	종사업장번호		공급받는자	등록번호	312-86-12548	종사업장번호	
	상호(법인명)	상해전자㈜	성명	김은지		상호(법인명)	㈜혜송상사	성명	황동규
	사업장	서울특별시 동작구 여의대방로 28				사업장	경기도 용인시 기흥구 갈곡로 6		
	업태	도소매	종목	전자제품		업태	제조,도소매	종목	자동차부품
	이메일					이메일	hyesong@hscorp.co.kr		
						이메일			

작성일자	공급가액	세액	수정사유
2025/10/16	2,100,000원	210,000원	해당 없음

| 비고 | |

월	일	품목	규격	수량	단가	공급가액	세액	비고
10	16	노트북		1	2,100,000원	2,100,000원	210,000원	

합계금액	현금	수표	어음	외상미수금	이 금액을 (청구) 함
2,310,000원				2,310,000원	

[05] 11월 04일 개인소비자 김은우에게 제품을 770,000원(부가가치세 포함)에 판매하고, 대금은 김은우의 신한카드로 수취하였다(단, 신용카드 결제대금은 외상매출금으로 회계처리할 것). (3점)

[06] 12월 04일 제조부가 사용하는 기계장치의 원상회복을 위한 수선비 880,000원을 하나카드로 결제하고 다음의 매출전표를 수취하였다. (3점)

하나카드 승인전표

카드번호	4140-0202-3245-9959
거래유형	국내일반
결제방법	일시불
거래일시	2025.12.04.15:35:45
취소일시	
승인번호	98421149

공급가액	800,000원
부가세	80,000원
봉사료	
승인금액	880,000원

가맹점명	㈜뚝딱수선
가맹점번호	00990218110
가맹점 전화번호	031-828-8624
가맹점 주소	경기도 성남시 수정구 성남대로 1169
사업자등록번호	204-81-76697
대표자명	이은샘

하나카드

문제 4 [일반전표입력] 및 [매입매출전표입력] 메뉴에 입력된 내용 중 다음과 같은 오류가 발견되었다. 입력된 내용을 확인하여 정정하시오. (6점)

[01] 09월 09일 ㈜초록산업으로부터 5,000,000원을 차입하고 이를 모두 장기차입금으로 회계처리하였으나, 그중 2,000,000원의 상환기일은 2025년 12월 8일로 확인되었다. (3점)

[02] 10월 15일 바로카센터에서 영업부의 영업용 화물차량을 점검 및 수리하고 차량유지비 250,000원(부가세 별도)을 현금으로 지급하였으며, 전자세금계산서를 발급받았다. 그러나 회계 담당 직원의 실수로 이를 일반전표에 입력하였다. (3점)

문제 5   결산정리사항은 다음과 같다. 해당 메뉴에 입력하시오. (9점)

[01] 결산일 현재 외상매입금 잔액은 2025년 1월 2일 미국에 소재한 원재료 공급거래처 NOVONO로부터 원재료 $5,500를 외상으로 매입하고 미지급한 잔액 $2,000가 포함되어 있다(단, 매입 시 기준환율은 1,100원/$, 결산 시 기준환율은 1,200원/$이다). (3점)

[02] 12월 31일 결산일 현재 단기 매매 목적으로 보유 중인 지분증권에 대한 자료는 다음과 같다. 적절한 결산 분개를 하시오. (3점)

종목	취득원가	결산일 공정가치	비고
㈜가은	56,000,000원	54,000,000원	단기 매매 목적

[03] 2025년 5월 1일 제조부 공장의 1년치 화재보험료(2025년 5월 1일~2026년 4월 30일) 3,600,000원을 보통예금 계좌에서 이체하여 납부하고 전액 보험료(제조경비)로 회계처리하였다(단, 보험료는 월할 계산하고, 거래처입력은 생략할 것). (3점)

문제 6   다음 사항을 조회하여 답안을 [이론문제 답안작성] 메뉴에 입력하시오. (9점)

[01] 2025년 제1기 부가가치세 확정신고(2025.04.01.~2025.06.30.)에 반영된 예정신고누락분 매출의 공급가액과 매출세액은 각각 얼마인가? (3점)

[02] 2분기(4월~6월) 중 제조원가 항목의 복리후생비 지출액이 가장 많이 발생한 월(月)과 그 금액을 각각 기재하시오. (3점)

[03] 4월 말 현재 미지급금 잔액이 가장 큰 거래처명과 그 금액은 얼마인가? (3점)

제14회 전산회계1급 기출

이론시험

다음 문제를 보고 알맞은 것을 골라 【이론문제 답안작성】 메뉴에 입력하시오.(객관식 문항당 2점)

【 기 본 전 제 】

문제에서 한국채택국제회계기준을 적용하도록 하는 전제조건이 없는 경우, 일반기업회계기준을 적용한다.

---

01. 다음 중 거래내용에 대한 거래요소의 결합관계를 바르게 표시한 것은?

	거래요소의 결합관계	거래내용
①	자산의 증가 : 자산의 증가	외상매출금 4,650,000원을 보통예금으로 수령하다.
②	자산의 증가 : 부채의 증가	기계장치를 27,500,000원에 구입하고 구입대금은 미지급하다.
③	비용의 발생 : 자산의 증가	보유 중인 건물을 임대하여 임대료 1,650,000원을 보통예금으로 수령하다.
④	부채의 감소 : 자산의 감소	장기차입금에 대한 이자 3,000,000원을 보통예금에서 이체하는 방식으로 지급하다.

02. 다음 중 재고자산이 아닌 것은?

① 약국의 일반의약품 및 전문의약품
② 제조업 공장의 생산 완제품
③ 부동산매매업을 주업으로 하는 기업의 판매 목적 토지
④ 병원 사업장소재지의 토지 및 건물

03. 다음은 ㈜한국이 신규 취득한 기계장치 관련 자료이다. 아래의 기계장치를 연수합계법으로 감가상각할 경우, ㈜한국의 당기(회계연도 : 매년 1월 1일~12월 31일) 말 현재 기계장치의 장부금액은 얼마인가?

· 기계장치 취득원가 : 3,000,000원 · 잔존가치 : 300,000원	· 취득일 : 2025.01.01. · 내용연수 : 5년

① 2,000,000원　② 2,100,000원　③ 2,400,000원　④ 2,460,000원

04. 다음은 ㈜서울의 당기 지출 내역 중 일부이다. 아래의 자료에서 무형자산으로 기록할 수 있는 금액은 모두 얼마인가?

- 신제품 특허권 취득 비용 30,000,000원
- 신제품의 연구단계에서 발생한 재료 구입 비용 1,500,000원
- A기업이 가지고 있는 상표권 구입 비용 22,000,000원

① 22,000,000원　② 30,000,000원　③ 52,000,000원　④ 53,500,000원

05. 다음 중 매도가능증권에 대한 설명으로 옳지 않은 것은?

① 기말 평가손익은 기타포괄손익누계액에 반영한다.
② 취득 시 발생한 수수료는 당기 비용으로 처리한다.
③ 처분 시 발생한 처분손익은 당기손익에 반영한다.
④ 보유 목적에 따라 당좌자산 또는 투자자산으로 분류한다.

06. 다음 중 채권 관련 계정의 차감적 평가항목으로 옳은 것은?

① 감가상각누계액　② 재고자산평가충당금
③ 사채할인발행차금　④ 대손충당금

07. 다음 중 자본잉여금 항목에 포함되는 것을 모두 고른 것은?

가. 주식발행초과금	나. 자기주식처분손실	다. 주식할인발행차금	라. 감자차익

① 가, 라　② 나, 다　③ 가, 나, 다　④ 가, 다, 라

08. 다음은 현금배당에 관한 회계처리이다. 아래의 괄호 안에 각각 들어갈 회계처리 일자로 옳은 것은?

(가)	(차) 이월이익잉여금	×××원	(대) 이익준비금	×××원
			미지급배당금	×××원
(나)	(차) 미지급배당금	×××원	(대) 보통예금	×××원

	(가)	(나)
①	회계종료일	배당결의일
②	회계종료일	배당지급일
③	배당결의일	배당지급일
④	배당결의일	회계종료일

09. 원가의 분류 중 원가행태(行態)에 따른 분류에 해당하는 것은?

① 변동원가 ② 기회원가
③ 관련원가 ④ 매몰원가

10. 다음은 제조업을 영위하는 ㈜인천의 당기 원가 관련 자료이다. ㈜인천의 당기총제조원가는 얼마인가? 단, 기초재고자산은 없다고 가정한다.

• 기말재공품재고액	300,000원	• 기말제품재고액	500,000원
• 매출원가	2,000,000원	• 기말원재료재고액	700,000원
• 제조간접원가	600,000원	• 직접재료원가	1,200,000원

① 1,900,000원 ② 2,200,000원
③ 2,500,000원 ④ 2,800,000원

11. 평균법에 따른 종합원가계산을 채택하고 있는 ㈜대전의 당기 물량 흐름은 다음과 같다. 재료원가는 공정 초기에 전량 투입되며, 가공원가는 공정 전반에 걸쳐 균등하게 발생한다. 아래의 자료를 이용하여 재료원가 완성품환산량을 계산하면 몇 개인가?

· 기초재공품 수량 : 1,000개(완성도 20%)	· 당기완성품 수량 : 8,000개
· 당기착수량 : 10,000개	· 기말재공품 수량 : 3,000개(완성도 60%)

① 8,000개 ② 9,000개
③ 9,800개 ④ 11,000개

12. 다음 중 개별원가계산에 대한 설명으로 옳지 않은 것은?

① 항공기 제조업은 종합원가계산보다는 개별원가계산이 더 적합하다.
② 제품원가를 제조공정별로 집계한 후 이를 생산량으로 나누어 단위당 원가를 계산한다.
③ 직접원가와 제조간접원가의 구분이 중요하다.
④ 단일 종류의 제품을 대량으로 생산하는 업종에는 적합하지 않은 방법이다.

13. 다음 중 우리나라 부가가치세법의 특징으로 틀린 것은?

① 국세
② 인세(人稅)
③ 전단계세액공제법
④ 다단계거래세

14. 다음 중 부가가치세법상 주된 사업에 부수되는 재화·용역의 공급으로서 면세 대상이 아닌 것은?

① 은행업을 영위하는 면세사업자가 매각한 사업용 부동산인 건물
② 약국을 양수도하는 경우로서 해당 영업권 중 면세 매출에 해당하는 비율의 영업권
③ 가구제조업을 영위하는 사업자가 매각한 사업용 부동산 중 토지
④ 부동산임대업자가 매각한 부동산임대 사업용 부동산 중 상가 건물

15. 다음 중 부가가치세법상 아래의 괄호 안에 공통으로 들어갈 내용으로 옳은 것은?

> 가. 부가가치세 매출세액은 (   )에 세율을 곱하여 계산한 금액이다.
> 나. 재화 또는 용역의 공급에 대한 부가가치세의 (   )(은)는 해당 과세기간에 공급한 재화 또는 용역의 공급가액을 합한 금액으로 한다.
> 다. 재화의 수입에 대한 부가가치세의 (   )(은)는 그 재화에 대한 관세의 과세가격과 관세, 개별소비세, 주세, 교육세, 농어촌특별세 및 교통·에너지·환경세를 합한 금액으로 한다.

① 공급대가
② 간주공급
③ 과세표준
④ 납부세액

실무시험

㈜하나전자(회사코드:1143)는 전자부품의 제조 및 도소매업을 영위하는 중소기업으로 당기(제10기) 회계기간은 2025.01.01.~2025.12.31.이다. 전산세무회계 수험용 프로그램을 이용하여 다음 물음에 답하시오.

— 〈 기 본 전 제 〉 —
· 문제에서 한국채택국제회계기준을 적용하도록 하는 전제조건이 없는 경우, 일반기업회계기준을 적용하여 회계 처리한다.
· 문제의 풀이와 답안작성은 제시된 문제의 순서대로 진행한다.

문제 1 다음은 [기초정보관리] 및 [전기분재무제표]에 대한 자료이다. 각각의 요구사항에 대하여 답하시오. (10점)

[01] 다음의 자료를 이용하여 [거래처등록] 메뉴에서 신규 거래처를 추가로 등록하시오. (3점)

- 거래처코드 : 00500
- 거래처구분 : 일반거래처
- 사업자등록번호 : 134-24-91004
- 업태 : 정보통신업
- 주소 : 경기도 성남시 분당구 판교역로192번길 12 (삼평동)
- 거래처명 : 한국개발
- 유형 : 동시
- 대표자성명 : 김한국
- 종목 : 소프트웨어개발

※ 주소 입력 시 우편번호 입력은 생략함

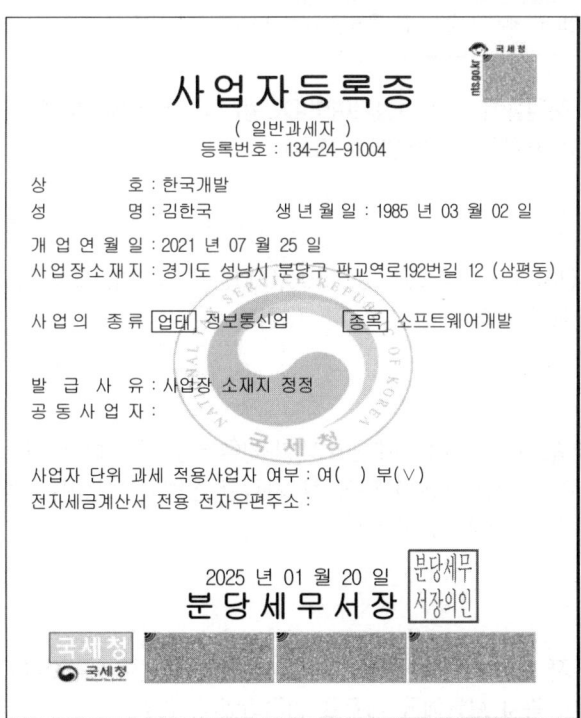

[02] 다음 자료를 이용하여 [계정과목및적요등록]에 반영하시오. (3점)

- 코드 : 862
- 계정과목 : 행사지원비
- 성격 : 경비
- 현금적요 1번 : 행사지원비 현금 지급
- 대체적요 1번 : 행사지원비 어음 발행

[03] 전기분 원가명세서를 검토한 결과 다음과 같은 오류가 발견되었다. 이와 관련된 전기분 재무제표(재무상태표, 손익계산서, 원가명세서, 잉여금처분계산서)를 모두 적절하게 수정하시오. (4점)

해당 연도(2024년)에 외상으로 매입한 부재료비 3,000,000원이 누락된 것으로 확인된다.

문제 2

다음의 거래 자료를 [일반전표입력] 메뉴를 이용하여 입력하시오(일반전표입력의 모든 거래는 부가가치세를 고려하지 말 것). (18점)

【 입력 시 유의사항 】

- 일반적인 적요의 입력은 생략하지만, 타계정 대체거래는 적요번호를 선택하여 입력한다.
- 채권·채무와 관련된 거래는 별도의 요구가 없는 한 반드시 기등록된 거래처코드를 선택하는 방법으로 거래처명을 입력한다.
- 제조경비는 500번대 계정코드를, 판매비와관리비는 800번대 계정코드를 사용한다.
- 회계처리 시 계정과목은 별도의 제시가 없는 한 등록된 계정과목 중 가장 적절한 과목으로 한다.

[01] 07월 05일 영업팀 직원들에 대한 확정기여형(DC형) 퇴직연금 납입액 1,400,000원을 보통예금 계좌에서 이체하여 납입하였다. (3점)

[02] 07월 25일 ㈜고운상사의 외상매출금 중 5,500,000원은 약속어음으로 받고, 나머지 4,400,000원은 보통예금 계좌로 입금받았다. (3점)

[03] 08월 30일 자금 부족으로 인하여 ㈜재원에 대한 받을어음 50,000,000원을 만기일 전에 은행에서 할인받고, 할인료 5,000,000원을 차감한 잔액이 보통예금 계좌로 입금되었다(단, 본 거래는 매각거래이다). (3점)

[04] 10월 03일 단기 투자 목적으로 보유하고 있는 ㈜미학건설의 주식으로부터 배당금 2,300,000원이 확정되어 즉시 보통예금 계좌로 입금되었다. (3점)

[05] 10월 31일 재무팀 강가연 팀장의 10월분 급여를 농협 보통예금 계좌에서 이체하여 지급하였다(단, 공제합계액은 하나의 계정과목으로 회계처리할 것). (3점)

2025년 10월 급여명세서			
이름	강가연	지급일	2025년 10월 31일
기 본 급	4,500,000원	소 득 세	123,000원
식 대	200,000원	지 방 소 득 세	12,300원
자가운전보조금	200,000원	국 민 연 금	90,500원
		건 강 보 험	55,280원
		고 용 보 험	100,000원
급 여 계	4,900,000원	공 제 합 계	381,080원
		지 급 총 액	4,518,920원

[06] 12월 21일 자금 조달을 위하여 사채(액면금액 8,000,000원, 3년 만기)를 8,450,000원에 발행하고, 납입금은 당좌예금 계좌로 입금하였다. (3점)

문제 3 다음 거래 자료를 [매입매출전표입력] 메뉴에 입력하시오. (18점)

【 입력 시 유의사항 】

- 일반적인 적요의 입력은 생략하지만, 타계정 대체거래는 적요번호를 선택하여 입력한다.
- 채권·채무와 관련된 거래는 별도의 요구가 없는 한 반드시 기등록된 거래처코드를 선택하는 방법으로 거래처명을 입력한다.
- 제조경비는 500번대 계정코드를, 판매비와관리비는 800번대 계정코드를 사용한다.
- 회계처리 시 계정과목은 별도의 제시가 없는 한 등록된 계정과목 중 가장 적절한 과목으로 한다.
- 입력화면 하단의 분개까지 처리하고, 전자세금계산서 및 전자계산서는 전자입력으로 반영한다.

[01] 07월 20일 미국 소재법인 NDVIDIA에 직수출하는 제품의 선적을 완료하였으며, 수출대금 $5,000는 차후에 받기로 하였다. 제품수출계약은 7월 1일에 체결하였으며, 일자별 기준환율은 아래와 같다(단, 수출신고번호 입력은 생략할 것). (3점)

일자	계약일 2025.07.01.	선적일 2025.07.20.
기준환율	1,100원/$	1,200원/$

[02] 07월 23일 당사가 소유하던 토지(취득원가 62,000,000원)를 돌상상회에 65,000,000원에 매각(매출)하기로 계약하면서 동시에 전자계산서(면세)를 발급하였다. 대금 중 30,000,000원은 계약 당일 보통예금 계좌로 입금받았으며, 나머지는 다음 달에 받기로 약정하였다. (3점)

[03] 08월 10일 영업팀에서 회사 제품을 홍보하기 위해 광고닷컴에서 홍보용 수첩을 제작하고 현대카드로 결제하였다. (3점)

카드번호 (9876-****-****-1230)	
승인번호	28516480
거래일자	2025년08월10일15:29:44
결제방법	일시불
가맹점명	광고닷컴
가맹점번호	23721275
대표자명	김광고
사업자등록번호	305-35-65424
전화번호	02-651-1212
주소	서울특별시 서초구 명달로 100
공급가액	4,000,000원
부가세액	400,000원
승인금액	4,400,000원
고객센터(1577-8398)	www.hyundaicard.com	
Hyundai Card 현대카드	

[04] 08월 17일 제품 생산에 필요한 원재료를 구입하고, 아래의 전자세금계산서를 발급받았다. (3점)

전자세금계산서				승인번호	20250817-15454645-58811889		
공급자	등록번호	139-81-54313	종사업장번호		공급받는자	등록번호	125-86-65247	종사업장번호	
	상호(법인명)	㈜고철상사	성명	황영민		상호(법인명)	㈜하나전자	성명	김영순
	사업장	서울특별시 서초구 명달로 3				사업장	경기도 남양주시 덕릉로 1067		
	업태	도소매	종목	전자부품		업태	제조,도소매	종목	전자부품
	이메일					이메일			
						이메일			

작성일자	공급가액	세액	수정사유
2025/08/17	12,000,000	1,200,000	해당 없음

비고	

월	일	품목	규격	수량	단가	공급가액	세액	비고
08	17	k-312 벨브		200	60,000	12,000,000	1,200,000	

합계금액	현금	수표	어음	외상미수금	이 금액을 (청구) 함
13,200,000			5,000,000	8,200,000	

[05] 08월 28일 ㈜와마트에서 업무용으로 사용하는 냉장고를 5,500,000원(부가가치세 포함)에 현금으로 구입하고, 현금영수증(지출증빙용)을 수취하였다(단, 자산으로 처리할 것). (3점)

㈜와마트

133-81-05134　　　　　　　　　　　　　　류예린
서울특별시 구로구 구로동로 10　　TEL : 02-117-2727

홈페이지 http://www.kacpta.or.kr

현금영수증(지출증빙용)

구매 2025/08/28/17:27　　　　거래번호 : 0031-0027

상품명	수량	단가	금액
냉장고	1	5,500,000원	5,500,000원
		과 세 물 품 가 액	5,000,000원
		부 가 가 치 세 액	500,000원
		합　　계	5,500,000원
		받 은 금 액	5,500,000원

[06] 11월 08일 대표이사 김영순(거래처코드 : 375)의 호텔 결혼식장 대관료(업무관련성 없음)를 당사의 보통예금 계좌에서 이체하여 지급하고, 아래의 전자세금계산서를 수취하였다. (3점)

전자세금계산서					승인번호		20251108-27620200-4651260	
공급자	등록번호	511-81-53215		종사업장번호		등록번호	125-86-65247	종사업장번호
	상호(법인명)	대박호텔㈜		성명	김대박	상호(법인명)	㈜하나전자	성명 김영순
	사업장	서울특별시 강남구 도산대로 104				사업장	경기도 남양주시 덕릉로 1067	
	업태	숙박,서비스	종목	호텔, 장소대여		업태	제조,도소매	종목 전자부품
	이메일					이메일		
						이메일		

작성일자	공급가액	세액	수정사유
2025/11/08	25,000,000	2,500,000	해당 없음
비고			

월	일	품목	규격	수량	단가	공급가액	세액	비고
11	08	파라다이스 홀 대관			25,000,000	25,000,000	2,500,000	

합계금액	현금	수표	어음	외상미수금	이 금액을 (영수) 함
27,500,000	27,500,000				

문제 4 [일반전표입력] 및 [매입매출전표입력] 메뉴에 입력된 내용 중 다음과 같은 오류가 발견되었다. 입력된 내용을 확인하여 정정하시오. (6점)

[01] 11월 12일 호호꽃집에서 영업부 사무실에 비치할 목적으로 구입한 공기정화식물(소모품비)의 대금 100,000원을 보통예금 계좌에서 송금하고 전자계산서를 받았으나 전자세금계산서로 처리하였다. (3점)

[02] 12월 12일 본사 건물에 엘리베이터를 설치하고 ㈜베스트디자인에 지급한 88,000,000원(부가가치세 포함)을 비용으로 처리하였으나, 건물의 자본적지출로 처리하는 것이 옳은 것으로 판명되었다. (3점)

문제 5 결산정리사항은 다음과 같다. 해당 메뉴에 입력하시오. (9점)

[01] 당기 중 단기시세차익을 목적으로 ㈜눈사람의 주식 100주(1주당 액면금액 100원)를 10,000,000원에 취득하였으나, 기말 현재 시장가격은 12,500,000원이다(단, ㈜눈사람의 주식은 시장성이 있다). (3점)

[02] 기말 현재 미국 GODS사에 대한 장기대여금 $2,000가 계상되어 있다. 장부금액은 2,100,000원이며, 결산일 현재 기준환율은 1,120원/$이다. (3점)

[03] 기말 현재 당기분 법인세(지방소득세 포함)는 15,000,000원으로 산출되었다. 관련된 결산 회계처리를 하시오(단, 당기분 법인세 중간예납세액 5,700,000원과 이자소득 원천징수세액 1,300,000원은 선납세금으로 계상되어 있다). (3점)

문제 6 다음 사항을 조회하여 답안을 [이론문제 답안작성] 메뉴에 입력하시오. (9점)

[01] 3월에 발생한 판매비와일반관리비 중 발생액이 가장 적은 계정과목과 그 금액은 얼마인가? (3점)

[02] 2025년 2월 말 현재 미수금과 미지급금의 차액은 얼마인가? (단, 반드시 양수로 기재할 것) (3점)

[03] 2025년 제1기 부가가치세 확정신고기간(4월~6월)의 공제받지못할매입세액은 얼마인가? (3점)

제115회 전산회계1급 기출

이론시험

다음 문제를 보고 알맞은 것을 골라 [이론문제 답안작성] 메뉴에 입력하시오.(객관식 문항당 2점)

―――――【 기 본 전 제 】―――――
문제에서 한국채택국제회계기준을 적용하도록 하는 전제조건이 없는 경우, 일반기업회계기준을 적용한다.

01. 다음 중 회계순환과정에 있어 기말결산정리의 근거가 되는 가정으로 적절한 것은?

① 발생주의 회계 ② 기업실체의 가정
③ 계속기업의 가정 ④ 기간별 보고의 가정

02. 다음 중 당좌자산에 포함되지 않는 것은 무엇인가?

① 선급비용 ② 미수금 ③ 미수수익 ④ 선수수익

03. 다음에서 설명하는 재고자산 단가 결정방법으로 옳은 것은?

> 실제 물량 흐름과 원가 흐름의 가정이 유사하다는 장점이 있으나, 수익·비용 대응의 원칙에 부적합하고, 물가 상승 시 이익이 과대 계상되는 단점이 있다.

① 개별법 ② 선입선출법
③ 후입선출법 ④ 총평균법

04. 다음 중 유형자산에 대한 추가적인 지출이 발생했을 경우 발생한 기간의 비용으로 처리하는 거래로 옳은 것은?

① 건물의 피난시설을 설치하기 위한 지출 ② 내용연수를 연장시키는 지출
③ 건물 내부 조명기구를 교체하는 지출 ④ 상당한 품질향상을 가져오는 지출

05. 다음 중 무형자산에 대한 설명으로 가장 옳지 않은 것은?

① 무형자산은 상각완료 후 잔존가치로 1,000원을 반드시 남겨둔다.
② 무형자산의 상각방법은 정액법, 정률법 둘 다 사용 가능하다.
③ 무형자산을 상각하는 회계처리를 할 때는 일반적으로 직접법으로 처리하고 있다.
④ 무형자산 중 내부에서 창출한 영업권은 무형자산으로 인정되지 않는다.

06. 다음 중 일반기업회계기준에 따른 부채가 아닌 것은 무엇인가?

① 임차보증금 ② 퇴직급여충당부채
③ 선수금   ④ 미지급배당금

07. 다음의 자본 항목 중 성격이 다른 하나는 무엇인가?

① 자기주식처분이익 ② 감자차익
③ 자기주식   ④ 주식발행초과금

08. 다음의 자료를 이용하여 영업이익을 구하시오(기초재고는 50,000원, 기말재고는 '0'으로 가정한다).

· 총매출액 500,000원	· 매출할인 10,000원	· 당기총매입액 300,000원
· 매입에누리 20,000원	· 이자비용 30,000원	· 급여 20,000원
· 통신비 5,000원	· 감가상각비 10,000원	· 배당금수익 20,000원
· 임차료 25,000원	· 유형자산처분손실 30,000원	

① 60,000원   ② 70,000원   ③ 100,000원   ④ 130,000원

09. 다음 중 보조부문의 원가 배분에 대한 설명으로 옳지 않은 것은?

① 보조부문의 원가 배분방법으로는 직접배분법, 단계배분법 및 상호배분법이 있으며, 이들 배분 방법에 따라 전체 보조부문의 원가에 일부 차이가 있을 수 있다.
② 상호배분법은 부문간 상호수수를 고려하여 계산하기 때문에 다른 배분방법보다 계산이 복잡한 방법이라 할 수 있다.
③ 단계배분법은 보조부문간 배분순서에 따라 각 보조부문에 배분되는 금액에 차이가 있을 수 있다.
④ 직접배분법은 보조부문 원가 배분액의 계산이 상대적으로 간편한 방법이라 할 수 있다.

10. 다음의 원가 분류 중 분류 기준이 같은 것으로만 짝지어진 것은?

> 가. 변동원가   나. 관련원가   다. 직접원가   라. 고정원가   마. 매몰원가   바. 간접원가

① 가, 나   ② 나, 다   ③ 나, 마   ④ 라, 바

11. 다음 자료를 참고하여 2025년 제조작업지시서 #200에 대한 제조간접원가 예정배부율과 예정배부액을 계산하면 각각 얼마인가?

> 가. 2024년 연간 제조간접원가 4,200,000원, 총기계작업시간은 100,000시간인 것으로 파악되었다.
> 나. 2025년 연간 예정제조간접원가 3,800,000원, 총예정기계작업시간은 80,000시간으로 예상하고 있다.
> 다. 2025년 제조작업지시서별 실제기계작업시간은 다음과 같다.
> ・제조작업지시서 #200 : 11,000시간
> ・제조작업지시서 #300 : 20,000시간

	제조간접원가 예정배부율	제조간접원가 예정배부액
①	42원/기계작업시간	462,000원
②	52.5원/기계작업시간	577,500원
③	47.5원/기계작업시간	522,500원
④	46원/기계작업시간	506,000원

12. 다음 중 종합원가계산을 적용할 경우 평균법과 선입선출법에 의한 완성품 환산량의 차이를 발생시키는 주요 원인은 무엇인가?

① 기초재공품 차이   ② 기초제품 차이
③ 기말제품 차이   ④ 기말재공품 차이

13. 다음 중 부가가치세법상 납세의무자에 대한 설명으로 가장 옳지 않은 것은?

① 부가가치세법상 사업자는 일반과세자와 간이과세자이다.
② 국가・지방자치단체도 납세의무자가 될 수 있다.
③ 사업자단위과세사업자는 모든 사업장의 부가가치세를 총괄하여 신고만 할 수 있다.
④ 영세율을 적용받는 사업자도 부가가치세법상의 사업자등록의무가 있다.

14. 다음 중 부가가치세법상 매입세액공제가 가능한 경우는?

① 면세사업에 관련된 매입세액
② 비영업용 소형승용자동차의 유지와 관련된 매입세액
③ 토지의 형질변경과 관련된 매입세액
④ 제조업을 영위하는 사업자가 농민으로부터 구입한 면세 농산물의 의제매입세액

15. 다음 중 부가가치세법상 세금계산서 발급 의무가 면제되지 않는 경우는?

① 택시운송사업자가 공급하는 재화 또는 용역
② 미용업자가 공급하는 재화 또는 용역
③ 제조업자가 구매확인서에 의하여 공급하는 재화
④ 부동산임대업자의 부동산임대용역 중 간주임대료

실무시험

㈜다산컴퓨터㈜(회사코드:1153)는 컴퓨터 등의 제조 및 도소매업을 영위하는 중소기업으로 당기(제11기) 회계기간은 2025.01.01.~2025.12.31.이다. 전산세무회계 수험용 프로그램을 이용하여 다음 물음에 답하시오.

─〈 기 본 전 제 〉─

· 문제에서 한국채택국제회계기준을 적용하도록 하는 전제조건이 없는 경우, 일반기업회계기준을 적용하여 회계 처리한다.
· 문제의 풀이와 답안작성은 제시된 문제의 순서대로 진행한다.

문제 1 다음은 [기초정보관리] 및 [전기분재무제표]에 대한 자료이다. 각각의 요구사항에 대하여 답하시오. (10점)

[01] 다음 자료를 보고 [거래처등록] 메뉴에서 신규 거래처를 등록하시오(단, 주어진 자료 외의 다른 항목은 입력할 필요 없음). (3점)

· 거래처코드 : 02411
· 거래처명 : ㈜구동컴퓨터
· 사업자등록번호 : 189-86-70759
· 업태 : 제조
· 사업장주소 : 울산광역시 울주군 온산읍 종동길 102
· 거래처구분 : 일반거래처
· 유형 : 동시
· 대표자성명 : 이주연
· 종목 : 컴퓨터 및 주변장치

[02] 기초정보관리의 [계정과목및적요등록] 메뉴에서 821.보험료 계정과목에 아래의 적요를 추가로 등록하시오. (3점)

· 현금적요 7번 : 경영인 정기보험료 납부
· 대체적요 5번 : 경영인 정기보험료 미지급
· 대체적요 6번 : 경영인 정기보험료 상계

[03] 다음은 다산컴퓨터㈜의 올바른 선급금, 선수금의 전체 기초잔액이다. [거래처별초기이월] 메뉴의 자료를 검토하여 오류가 있으면 올바르게 삭제 또는 수정, 추가 입력을 하시오. (4점)

계정과목	거래처명	금액
선급금	해원전자㈜	2,320,000원
	공상㈜	1,873,000원
선수금	㈜유수전자	2,100,000원
	㈜신곡상사	500,000원

문제 2

다음의 거래 자료를 [일반전표입력] 메뉴를 이용하여 입력하시오(일반전표입력의 모든 거래는 부가가치세를 고려하지 말 것). (18점)

【 입력 시 유의사항 】

- 일반적인 적요의 입력은 생략하지만, 타계정 대체거래는 적요번호를 선택하여 입력한다.
- 채권·채무와 관련된 거래는 별도의 요구가 없는 한 반드시 기등록된 거래처코드를 선택하는 방법으로 거래처명을 입력한다.
- 제조경비는 500번대 계정코드를, 판매비와관리비는 800번대 계정코드를 사용한다.
- 회계처리 시 계정과목은 별도의 제시가 없는 한 등록된 계정과목 중 가장 적절한 과목으로 한다.

[01] 07월 28일 거래처 ㈜경재전자의 외상매입금 2,300,000원 중 2,000,000원은 당사에서 어음을 발행하여 지급하고 나머지는 면제받았다. (3점)

[02] 09월 03일 하나은행에서 차입한 단기차입금 82,000,000원과 이에 대한 이자 2,460,000원을 보통예금계좌에서 이체하여 지급하였다. (3점)

[03] 09월 12일 중국의 DOKY사에 대한 제품 수출 외상매출금 10,000$(선적일 기준환율 : 1,400원/$)를 회수하여 즉시 원화 보통예금 계좌로 입금하였다(단, 입금일의 기준환율은 1,380원/$이다). (3점)

[04] 10월 07일 주당 액면가액이 5,000원인 보통주 1,000주를 주당 7,000원에 발행하였고, 발행가액 전액이 보통예금 계좌로 입금되었다(단, 하나의 전표로 처리하며 신주 발행 전 주식할인발행차금 잔액은 1,000,000원이고 신주발행비용은 없다고 가정한다). (3점)

[05] 10월 28일 당기분 DC형 퇴직연금 불입액 12,000,000원이 자동이체 방식으로 보통예금 계좌에서 출금되었다. 불입액 12,000,000원 중 4,000,000원은 영업부에서 근무하는 직원들에 대한 금액이고 나머지는 생산부에서 근무하는 직원들에 대한 금액이다. (3점)

[06] 11월 12일 전기에 회수불능으로 일부 대손처리한 ㈜은상전기의 외상매출금이 회수되었으며, 대금은 하나은행 보통예금 계좌로 입금되었다. (3점)

		[보통예금(하나)] 거래 내용				
행	연월일	내용	찾으신 금액	맡기신 금액	잔액	거래점
		계좌번호 120-99-80481321				
1	2025-11-12	㈜은상전기		₩2,500,000	******	1111

문제 3 다음 거래 자료를 [매입매출전표입력] 메뉴에 입력하시오. (18점)

【 입력 시 유의사항 】

- 일반적인 적요의 입력은 생략하지만, 타계정 대체거래는 적요번호를 선택하여 입력한다.
- 채권·채무와 관련된 거래는 별도의 요구가 없는 한 반드시 기등록된 거래처코드를 선택하는 방법으로 거래처명을 입력한다.
- 제조경비는 500번대 계정코드를, 판매비와관리비는 800번대 계정코드를 사용한다.
- 회계처리 시 계정과목은 별도의 제시가 없는 한 등록된 계정과목 중 가장 적절한 과목으로 한다.
- 입력화면 하단의 분개까지 처리하고, 전자세금계산서 및 전자계산서는 전자입력으로 반영한다.

[01] 07월 03일 회사 영업부 야유회를 위해 도시락 10개를 구입하고 현대카드로 결제하였다. (3점)

```
            신용카드매출전표

가 맹 점 명 : 맛나도시락
사업자번호 : 127-10-12343
대 표 자 명 : 김도식
주      소 : 서울 마포구 마포대로 2
롯 데 카 드 : 신용승인
거 래 일 시 : 2025-07-03 11:08:54
카 드 번 호 : 3256-6455-****-1329
유 효 기 간 : 12/26
가맹점번호 : 123412341
매  입  사 : 현대카드(전자서명전표)

     상품명              금액
   한식도시락세트        330,000
  공 급 가 액 :   300,000
  부 가 세 액 :    30,000
  합      계 :   330,000
```

[02] 08월 06일 제품을 만들고 난 후 나온 철 스크랩을 비사업자인 최한솔에게 판매하고, 판매대금 1,320,000원(부가가치세 포함)을 수취하였다. 대금은 현금으로 받고, 해당 거래에 대한 증빙은 아무것도 발급하지 않았다(계정과목은 잡이익으로 하고, 거래처를 조회하여 입력할 것). (3점)

[03] 08월 29일 ㈜선월재에게 내국신용장에 의해 제품을 판매하고 전자세금계산서를 발급하였다. 대금 중 500,000원은 현금으로 받고 나머지는 외상으로 하였다(단, 서류번호입력은 생략할 것). (3점)

영세율 전자세금계산서

| 승인번호 | 20250829-100028100-484650 |

공급자
- 등록번호: 129-81-50101
- 상호(법인명): 다산컴퓨터㈜
- 성명: 박새은
- 사업장주소: 경기도 남양주시 가운로 3-28
- 업태: 제조,도매
- 종목: 컴퓨터

공급받는자
- 등록번호: 601-81-25803
- 상호(법인명): ㈜선월재
- 성명: 정일원
- 사업장주소: 경상남도 사천시 사천대로 11
- 업태: 도소매
- 종목: 컴퓨터 및 기기장치

작성일자	공급가액	세액	수정사유	비고
2025.08.29	5,200,000			

월	일	품목	규격	수량	단가	공급가액	세액	비고
8	29	제품A		1	5,200,000	5,200,000		

합계금액	현금	수표	어음	외상미수금	
5,200,000	500,000			4,700,000	위 금액을 (청구) 함

---

[04] 10월 15일 ㈜우성유통에 제품을 판매하고 다음과 같이 전자세금계산서를 발급하였다. 대금 중 8,000,000원은 하움공업이 발행한 어음을 배서양도 받고, 나머지는 다음 달에 받기로 하였다. (3점)

전자세금계산서

| 승인번호 | 20251015-100028100-484650 |

공급자
- 등록번호: 129-81-50101
- 상호(법인명): 다산컴퓨터㈜
- 성명: 박새은
- 사업장주소: 경기도 남양주시 가운로 3-28
- 업태: 제조,도매
- 종목: 컴퓨터

공급받는자
- 등록번호: 105-86-50416
- 상호(법인명): ㈜우성유통
- 성명: 김성길
- 사업장주소: 서울시 강남구 강남대로 292
- 업태: 도소매
- 종목: 기기장치

작성일자	공급가액	세액	수정사유	비고
2025.10.15	10,000,000	1,000,000	해당 없음	

월	일	품목	규격	수량	단가	공급가액	세액	비고
10	15	컴퓨터				10,000,000	1,000,000	

합계금액	현금	수표	어음	외상미수금	
11,000,000			8,000,000	3,000,000	위 금액을 (청구) 함

[05] 10월 30일 미국의 MARK사로부터 수입한 업무용 컴퓨터(공급가액 6,000,000원)와 관련하여 인천세관장으로부터 수입세금계산서를 발급받고, 해당 부가가치세를 당좌예금 계좌에서 이체하여 납부하였다(단, 부가가치세 회계처리만 할 것). (3점)

[06] 12월 02일 공장 직원들의 휴게공간에 간식을 비치하기 위해 두나과일로부터 샤인머스캣 등을 구매하면서 구매대금 275,000원을 현금으로 지급하고, 지출증빙용 현금영수증을 발급받았다. (3점)

현금영수증 (Hometax, 국세청홈택스)

● 거래정보

거래일시	2025.12.02.
승인번호	G12458265
거래구분	승인거래
거래용도	지출증빙
발급수단번호	129-81-50101

● 거래금액

공급가액	부가세	봉사료	총 거래금액
275,000	-	-	275,000

● 가맹점 정보

상호	두나과일
사업자번호	221-90-43529
대표자명	이두나
주소	경북 고령군 대가야읍 왕릉로 35

● 익일 홈택스에서 현금영수증 발급 여부를 반드시 확인하시기 바랍니다.
● 홈페이지 (http : //www.hometax.go.kr)
   - 조회/발급 > 현금영수증 조회 > 사용내역(소득공제) 조회
                                    > 매입내역(지출증빙) 조회
● 관련문의는 국세상담센터☎126 - 1 - 1)

문제 4 [일반전표입력] 및 [매입매출전표입력] 메뉴에 입력된 내용 중 다음과 같은 오류가 발견되었다. 입력된 내용을 확인하여 정정하시오. (6점)

[01] 11월 01일 ㈜호수의 주식 1,000주를 단기간 차익을 목적으로 1주당 12,000원(1주당 액면가 5,000원)에 현금으로 취득하고 발생한 수수료 120,000원을 취득원가에 포함하였다. (3점)

[02] 11월 26일 원재료 매입 거래처의 워크숍을 지원하기 위해 ㈜산들바람으로부터 현금으로 구매한 선물세트 800,000원(부가가치세 별도, 종이세금계산서 수취)을 소모품비로 회계처리하였다. (3점)

문제 5 결산정리사항은 다음과 같다. 해당 메뉴에 입력하시오. (9점)

[01] 12월 31일 제2기 부가가치세 확정신고기간의 부가가치세 매출세액은 14,630,000원, 매입세액은 22,860,000원, 환급세액은 8,230,000원이다. 관련된 결산 회계처리를 하시오(단, 환급세액은 미수금으로 처리한다). (3점)

[02] 10월 1일에 로배전자에 30,000,000원(상환기일 2026년 9월 30일)을 대여하고, 연 7%의 이자를 상환일에 원금과 함께 수취하기로 약정하였다. 결산 정리분개를 하시오(이자는 월할 계산할 것). (3점)

[03] 12월 31일 현재 신한은행의 장기차입금 중 일부인 13,000,000원의 만기상환기일이 1년 이내에 도래할 것으로 예상되었다. (3점)

문제 6 다음 사항을 조회하여 답안을 `이론문제 답안작성` 메뉴에 입력하시오. (9점)

[01] 6월 말 현재 외상매입금 잔액이 가장 많은 거래처명과 그 금액은 얼마인가? (3점)

[02] 1분기(1월~3월) 중 판매비와관리비 항목의 소모품비 지출액이 가장 적게 발생한 월과 그 금액은 얼마인가? (3점)

[03] 2025년 제1기 확정신고기간(4월~6월) 중 ㈜하이일렉으로부터 발급받은 세금계산서의 총 매수와 매입세액은 얼마인가? (3점)

제116회 전산회계1급 기출

이론시험

다음 문제를 보고 알맞은 것을 골라 [이론문제 답안작성] 메뉴에 입력하시오.(객관식 문항당 2점)

―――――【 기 본 전 제 】―――――
문제에서 한국채택국제회계기준을 적용하도록 하는 전제조건이 없는 경우, 일반기업회계기준을 적용한다.

01. 다음 중 일반기업회계기준에 따른 재무제표에 대한 설명으로 가장 옳지 않은 것은?

① 재무상태표는 일정 시점 현재 기업실체가 보유하고 있는 경제적 자원인 자산과 경제적 의무인 부채, 그리고 자본에 대한 정보를 제공하는 재무보고서이다.
② 손익계산서는 일정 시점 현재 기업실체의 경영성과에 대한 정보를 제공하는 재무보고서이다.
③ 현금흐름표는 일정 기간 동안 기업실체에 대한 현금유입과 현금유출에 대한 정보를 제공하는 재무보고서이다.
④ 자본변동표는 기업실체에 대한 자본의 크기와 그 변동에 관한 정보를 제공하는 재무보고서이다.

02. 다음 중 단기매매증권 취득 시 발생한 비용을 취득원가에 가산할 경우 재무제표에 미치는 영향으로 옳은 것은?

① 자산의 과소계상   ② 부채의 과대계상
③ 자본의 과소계상   ④ 당기순이익의 과대계상

03. ㈜회계는 2024년 1월 1일 10,000,000원에 유형자산(기계장치)을 취득하여 사용하다가 2025년 6월 30일 4,000,000원에 처분하였다. 해당 기계장치의 처분 시 발생한 유형자산처분손실을 계산하면 얼마인가? 단, 내용연수 5년, 잔존가액 1,000,000원, 정액법(월할상각)의 조건으로 2025년 6월까지 감가상각이 완료되었다고 가정한다.

① 2,400,000원   ② 3,300,000원   ③ 5,100,000원   ④ 6,000,000원

전산회계 1급

04. 다음의 자료를 바탕으로 2025년 12월 31일 현재 현금및현금성자산과 단기금융상품의 잔액을 계산한 것으로 옳은 것은?

· 현금시재액 : 200,000원	· 당좌예금 : 500,000원
· 정기예금 : 1,500,000원(만기 2026년 12월 31일)	
· 선일자수표 : 150,000원	· 외상매입금 : 2,000,000원

① 현금및현금성자산 : 700,000원
② 현금및현금성자산 : 2,500,000원
③ 단기금융상품 : 1,650,000원
④ 단기금융상품 : 2,000,000원

05. 다음 중 대손충당금에 대한 설명으로 가장 옳지 않은 것은?

① 대손충당금은 유형자산의 차감적 평가계정이다.
② 회수가 불확실한 채권은 합리적이고 객관적인 기준에 따라 산출한 대손 추산액을 대손충당금으로 설정한다.
③ 미수금도 대손충당금을 설정할 수 있다.
④ 매출 활동과 관련되지 않은 대여금에 대한 대손상각비는 영업외비용에 속한다.

06. 다음 중 자본에 영향을 미치지 않는 항목은 무엇인가?

① 당기순이익 ② 현금배당 ③ 주식배당 ④ 유상증자

07. 다음 중 일반기업회계기준에 따른 수익 인식 시점에 대한 설명으로 옳지 않은 것은?

① 위탁판매의 경우 수탁자가 위탁품을 소비자에게 판매한 시점에 수익을 인식한다.
② 배당금수익은 배당금을 받을 권리와 금액이 확정되는 시점에 수익을 인식한다.
③ 대가가 분할되어 수취되는 할부판매의 경우 대가를 나누어 받을 때마다 수익으로 인식한다.
④ 설치수수료 수익은 재화가 판매되는 시점에 수익을 인식하는 재화의 판매에 부수되는 설치의 경우를 제외하고는 설치의 진행률에 따라 수익으로 인식한다.

08. 다음 중 재고자산에 대한 설명으로 옳지 않은 것은?

① 기업이 생산과정에 사용하거나 판매를 목적으로 보유한 자산이다.
② 취득원가에 매입부대비용은 포함되지 않는다.
③ 기말 평가방법에 따라 기말 재고자산 금액이 다를 수 있다.
④ 수입 시 발생한 관세는 취득원가에 가산하여 재고자산에 포함된다.

09. 다음 중 원가에 대한 설명으로 옳지 않은 것은?

① 원가의 발생형태에 따라 재료원가, 노무원가, 제조경비로 분류한다.
② 특정 제품에 대한 직접 추적가능성에 따라 직접원가, 간접원가로 분류한다.
③ 조업도 증감에 따른 원가의 행태로서 변동원가, 고정원가로 분류한다.
④ 기회비용은 과거의 의사결정으로 인해 이미 발생한 원가이며, 대안 간의 차이가 발생하지 않는 원가를 말한다.

10. 부문별 원가계산에서 보조부문의 원가를 제조부문에 배분하는 방법 중 보조부문의 배분 순서에 따라 제조간접원가의 배분액이 달라지는 방법은?

① 직접배분법
② 단계배분법
③ 상호배분법
④ 총배분법

11. 다음 중 제조원가명세서에서 제공하는 정보는 무엇인가?

① 기부금
② 이자비용
③ 당기총제조원가
④ 매출원가

12. 다음의 자료를 이용하여 평균법에 의한 가공원가 완성품환산량을 구하시오(단, 재료는 공정 초기에 전량 투입되고 가공원가는 공정 전반에 걸쳐 균등하게 발생한다).

| · 당기완성품 : 40,000개 | · 당기착수량 : 60,000개 |
| · 기초재공품 : 10,000개(완성도 30%) | · 기말재공품 : 30,000개(완성도 60%) |

① 52,000개
② 54,000개
③ 56,000개
④ 58,000개

13. 다음 중 부가가치세법상 납세의무자에 대한 설명으로 틀린 것은?

① 사업의 영리 목적 여부에 관계없이 사업상 독립적으로 재화 및 용역을 공급하는 사업자이다.
② 영세율을 적용받는 사업자는 납세의무자에 해당하지 않는다.
③ 간이과세자도 납세의무자에 포함된다.
④ 재화를 수입하는 자는 그 재화의 수입에 대한 부가가치세를 납부할 의무가 있다.

전산회계 1급

14. 다음 중 부가가치세법상 사업장에 대한 설명으로 옳지 않은 것은?

① 사업장은 사업자가 사업을 하기 위하여 거래의 전부 또는 일부를 하는 고정된 장소로 한다.
② 사업장을 설치하지 않고 사업자등록도 하지 않은 경우에는 과세표준 및 세액을 결정하거나 경정할 당시의 사업자의 주소 또는 거소를 사업장으로 한다.
③ 제조업의 경우 따로 제품 포장만을 하거나 용기에 충전만 하는 장소도 사업장에 포함될 수 있다.
④ 부동산상의 권리만 대여하는 경우에는 그 사업에 관한 업무를 총괄하는 장소를 사업장으로 한다.

15. 부가가치세법상 법인사업자가 전자세금계산서를 발급하는 경우 전자세금계산서 발급 명세를 언제까지 국세청장에게 전송해야 하는가?

① 전자세금계산서 발급일의 다음 날
② 전자세금계산서 발급일로부터 1주일 이내
③ 전자세금계산서 발급일이 속하는 달의 다음 달 10일 이내
④ 전자세금계산서 발급일이 속하는 달의 다음 달 25일 이내

실무시험

㈜태림상사(회사코드:1163)는 자동차부품의 제조 및 도소매업을 영위하는 중소기업으로 당기(제11기) 회계기간은 2025.01.01.~2025.12.31.이다. 전산세무회계 수험용 프로그램을 이용하여 다음 물음에 답하시오.

─── 〈 기 본 전 제 〉 ───

· 문제에서 한국채택국제회계기준을 적용하도록 하는 전제조건이 없는 경우, 일반기업회계기준을 적용하여 회계 처리한다.
· 문제의 풀이와 답안작성은 제시된 문제의 순서대로 진행한다.

문제 1
다음은 [기초정보관리] 및 [전기분재무제표]에 대한 자료이다. 각각의 요구사항에 대하여 답하시오. (10점)

[01] [거래처등록] 메뉴를 이용하여 다음의 신규 거래처를 추가로 등록하시오. (3점)

· 거래처코드 : 05000
· 사업자등록번호 : 108-81-13579
· 유형 : 매출
· 거래처명 : ㈜대신전자
· 업태 : 제조
· 대표자 : 김영일
· 종목 : 전자제품
· 사업장주소 : 경기도 시흥시 정왕대로 56(정왕동)

※ 주소 입력 시 우편번호 입력은 생략해도 무방함.

[02] ㈜태림상사의 기초 채권 및 채무의 올바른 잔액은 아래와 같다. [거래처별초기이월] 메뉴의 자료를 검토하여 오류가 있으면 올바르게 삭제 또는 수정, 추가 입력을 하시오. (3점)

계정과목	거래처	금액
외상매출금	㈜동명상사	6,000,000원
받을어음	㈜남북	1,000,000원
지급어음	㈜동서	1,500,000원

[03] 전기분 손익계산서를 검토한 결과 다음과 같은 오류를 발견하였다. 해당 오류사항과 관련된 [전기분원가명세서] 및 [전기분손익계산서]를 수정 및 삭제하시오. (4점)

· 공장 건물에 대한 재산세 3,500,000원이 판매비와관리비의 세금과공과금으로 반영되어 있다.

문제 2 다음의 거래 자료를 [일반전표입력] 메뉴를 이용하여 입력하시오(일반전표입력의 모든 거래는 부가가치세를 고려하지 말 것). (18점)

【 입력 시 유의사항 】
- 일반적인 적요의 입력은 생략하지만, 타계정 대체거래는 적요번호를 선택하여 입력한다.
- 채권·채무와 관련된 거래는 별도의 요구가 없는 한 반드시 기등록된 거래처코드를 선택하는 방법으로 거래처명을 입력한다.
- 제조경비는 500번대 계정코드를, 판매비와관리비는 800번대 계정코드를 사용한다.
- 회계처리 시 계정과목은 별도의 제시가 없는 한 등록된 계정과목 중 가장 적절한 과목으로 한다.

[01] 08월 05일 회사는 운영자금 문제를 해결하기 위해서, 보유 중인 ㈜기경상사의 받을어음 1,000,000원을 한국은행에 할인하였으며 할인료 260,000원을 공제하고 보통예금 계좌로 입금받았다(단, 매각거래로 간주한다). (3점)

[02] 08월 10일 본사관리부 직원의 국민연금 800,000원과 카드결제수수료 8,000원을 법인카드(하나카드)로 결제하여 일괄 납부하였다. 납부한 국민연금 중 50%는 회사부담분, 50%는 원천징수한 금액으로 회사부담분은 세금과공과로 처리한다. (3점)

[03] 08월 22일 공장에서 사용할 비품(공정가치 5,000,000원)을 대주주로부터 무상으로 받았다. (3점)

[04] 09월 04일 ㈜경기로부터 원재료를 구입하기로 계약하고, 계약금 1,000,000원을 보통예금 계좌에서 이체하여 지급하였다. (3점)

[05] 10월 28일 영업부에서 사용할 소모품을 현금으로 구입하고 아래의 간이영수증을 수취하였다(단, 당기 비용으로 처리할 것). (3점)

영 수 증 (공급받는자용)				
No.		㈜태림상사 귀하		
공급자	사업자등록번호	314-36-87448		
	상 호	솔잎문구	성 명	김솔잎 (인)
	사 업 장 소 재 지	경기도 양주시 남방동 25		
	업 태	도소매	종 목	문구점
작성년월일		공급대가 총액		비고
2025.10.28.		70,000원		
위 금액을 정히 **영수**(청구)함.				
월일	품목	수량	단가	공급가(금액)
10.28.	A4	2	35,000원	70,000원
합계				70,000원
부가가치세법시행규칙 제25조의 규정에 의한 (영수증)으로 개정				

[06] 12월 01일 단기시세차익을 목적으로 ㈜ABC(시장성 있는 주권상장법인에 해당)의 주식 100주를 주당 25,000원에 취득하였다. 이와 별도로 발생한 취득 시 수수료 50,000원과 함께 대금은 모두 보통예금 계좌에서 이체하여 지급하였다. (3점)

문제 3 다음 거래 자료를 [매입매출전표입력] 메뉴에 입력하시오. (18점)

─【 입력 시 유의사항 】─

• 일반적인 적요의 입력은 생략하지만, 타계정 대체거래는 적요번호를 선택하여 입력한다.
• 채권·채무와 관련된 거래는 별도의 요구가 없는 한 반드시 기등록된 거래처코드를 선택하는 방법으로 거래처명을 입력한다.
• 제조경비는 500번대 계정코드를, 판매비와관리비는 800번대 계정코드를 사용한다.
• 회계처리 시 계정과목은 별도의 제시가 없는 한 등록된 계정과목 중 가장 적절한 과목으로 한다.
• 입력화면 하단의 분개까지 처리하고, 전자세금계산서 및 전자계산서는 전자입력으로 반영한다.

[01] 07월 05일 제일상사에게 제품을 판매하고 신용카드(삼성카드)로 결제받고 발행한 매출전표는 아래와 같다. (3점)

```
카드매출전표
------------------------------------
카드종류 : 삼성카드
회원번호 : 951-3578-654
거래일시 : 2025.07.05. 11:20:22
거래유형 : 신용승인
매    출 : 800,000원
부 가 세 : 80,000원
합    계 : 880,000원
결제방법 : 일시불
승인번호 : 2025070580001
은행확인 : 삼성카드사
------------------------------------
           - 이 하 생 략 -
```

[02] 07월 11일 ㈜연분홍상사에게 다음과 같은 제품을 판매하고 1,000,000원은 현금으로, 15,000,000원은 어음으로 받고 나머지는 외상으로 하였다. (3점)

전자세금계산서					승인번호	20250711-1000000-00009329		
공급자	등록번호	215-81-69876	종사업장번호		공급받는자	등록번호	134-86-81692	종사업장번호	
	상호(법인명)	㈜태림상사	성명	정대우		상호(법인명)	㈜연분홍상사	성명	이연홍
	사업장주소	경기도 양주시 양주산성로 85-7				사업장주소	경기도 화성시 송산면 마도북로 40		
	업태	제조,도소매	종목	자동차부품 외		업태	제조	종목	자동차특장
	이메일	school_01@taelim.kr				이메일	pink01@hanmail.net		
						이메일			

작성일자	공급가액	세액	수정사유	비고
2025/07/11	30,000,000	3,000,000	해당 없음	

월	일	품목	규격	수량	단가	공급가액	세액	비고
07	11	제품				30,000,000	3,000,000	

합계금액	현금	수표	어음	외상미수금	위 금액을 (영수) 함 (청구)
33,000,000	1,000,000		15,000,000	17,000,000	

[03] 10월 01일 제조공장 직원들의 야근 식사를 위해 대형마트에서 국내산 쌀(면세)을 1,100,000원에 구입하고 대금은 보통예금 계좌에서 이체하였으며, 지출증빙용 현금영수증을 발급받았다. (3점)

현금영수증

승인번호	구매자 발행번호	발행방법
G54782245	215-81-69876	지출증빙
신청구분	발행일자	취소일자
사업자번호	2025.10.01	-

상품명		
쌀		
구분	주문번호	상품주문번호
일반상품	20251001054897	2025100185414

판매자 정보

판매자상호	대표자명
대형마트	김대인
사업자등록번호	판매자전화번호
201-17-45670	02-788-8888
판매자사업장주소	
서울특별시 종로구 종로동 2-1	

금액

공급가액	1	1	0	0	0	0	0
부가세액							
봉사료							
승인금액	1	1	0	0	0	0	0

[04] 10월 30일 미국의 Nice Planet에 $50,000(수출신고일 10월 25일, 선적일 10월 30일)의 제품을 직수출하였다. 수출대금 중 $20,000는 10월 30일에 보통예금 계좌로 입금받았으며, 나머지 잔액은 11월 3일에 받기로 하였다. 일자별 기준환율은 다음과 같다(단, 수출신고필증은 정상적으로 발급받았으며, 수출신고번호는 고려하지 말 것). (3점)

일자	10월 25일	10월 30일	11월 03일
기준환율	1,380원/$	1,400원/$	1,410원/$

[05] 11월 30일 ㈜제니빌딩으로부터 영업부 임차료에 대한 공급가액 3,000,000원(부가가치세 별도)의 전자세금계산서를 수취하고 대금은 다음 달에 지급하기로 한다. 단, 미지급금으로 회계처리 하시오. (3점)

[06] 12월 10일 건축물이 있는 토지를 취득하여 그 건축물을 철거하고 토지만 사용하고자 한다. 건물 철거비용에 대하여 ㈜시온건설로부터 아래의 전자세금계산서를 발급받았다. 대금은 ㈜선유자동차로부터 제품 판매대금으로 받아 보관 중인 ㈜선유자동차 발행 약속어음으로 전액 지급하였다. (3점)

전자세금계산서				승인번호	20251210-12595557-12569886	
공급자	등록번호	105-81-23608	종사업장번호		공급받는자	등록번호	215-81-69876	종사업장번호	
	상호(법인명)	㈜시온건설	성명	정상임		상호(법인명)	㈜태림상사	성명	정대우
	사업장주소	서울특별시 강남구 도산대로 42				사업장주소	경기도 양주시 양주산성로 85-7		
	업태	건설	종목	토목공사		업태	제조, 도소매	종목	자동차부품 외
	이메일	sion@hanmail.net				이메일	school_01@taelim.kr		
						이메일			
작성일자	공급가액	세액	수정사유	비고
2025/12/10	60,000,000	6,000,000	해당 없음	

월	일	품목	규격	수량	단가	공급가액	세액	비고
12	10	철거비용			60,000,000	60,000,000	6,000,000	

합계금액	현금	수표	어음	외상미수금	위 금액을 (영수) 함
66,000,000			66,000,000		

문제 4

[일반전표입력] 및 [매입매출전표입력] 메뉴에 입력된 내용 중 다음과 같은 오류가 발견되었다. 입력된 내용을 확인하여 정정하시오. (6점)

[01] 09월 01일 ㈜가득주유소에서 주유 후 대금은 당일에 현금으로 결제했으며 현금영수증을 수취한 것으로 일반전표에 입력하였다. 그러나 해당 주유 차량은 제조공장의 운반용트럭(배기량 2,500cc)인 것으로 확인되었다. (3점)

[02] 11월 12일 경영관리부서 직원들을 대상으로 확정기여형(DC형) 퇴직연금에 가입하고 보통예금 계좌에서 당기분 퇴직급여 17,000,000원을 이체하였으나, 회계담당자는 확정급여형(DB형) 퇴직연금에 가입한 것으로 알고 회계처리를 하였다(단, 납입 당시 퇴직급여충당부채 잔액은 없는 것으로 가정한다). (3점)

문제 5

결산정리사항은 다음과 같다. 해당 메뉴에 입력하시오. (9점)

---【 입력 시 유의사항 】---
- 적요의 입력은 생략한다.
- 채권·채무와 관련된 거래는 별도의 요구가 없는 한 반드시 기등록된 거래처코드를 선택하는 방법으로 거래처명을 입력한다.
- 회계처리 시 계정과목은 별도의 제시가 없는 한 등록된 계정과목 중 가장 적절한 과목으로 한다.

[01] 7월 1일에 가입한 하나은행의 정기예금 10,000,000원(만기 1년, 연 이자율 4.5%)에 대하여 기간 경과분 이자를 계상하였다(단, 이자 계산은 월할 계산하며, 원천징수는 없다고 가정한다). (3점)

[02] 경남은행으로부터 차입한 장기차입금 중 50,000,000원은 2026년 11월 30일에 상환기일이 도래한다. (3점)

[03] 2025년 제2기 부가가치세 확정신고 기간에 대한 부가세예수금은 52,346,500원, 부가세대급금은 52,749,000원일 때 부가가치세를 정리하는 회계처리를 하시오(단, 납부세액(또는 환급세액)은 미지급세금(또는 미수금)으로 회계처리하고, 불러온 자료는 무시한다). (3점)

문제 6 다음 사항을 조회하여 답안을 「이론문제 답안작성」 메뉴에 입력하시오. (9점)

[01] 3월 말 현재 외상매출금 잔액이 가장 큰 거래처명과 그 금액은 얼마인가? (3점)

[02] 2025년 중 실제로 배당금을 수령한 달은 몇 월인가? (3점)

[03] 2025년 제1기 부가가치세 확정신고서(2025.04.01.~2025.06.30.)의 매출액 중 세금계산서 발급분 공급가액의 합계액은 얼마인가? (3점)

제17회 전산회계1급 기출

이론시험

다음 문제를 보고 알맞은 것을 골라 [이론문제 답안작성] 메뉴에 입력하시오.(객관식 문항당 2점)

―【 기 본 전 제 】―
문제에서 한국채택국제회계기준을 적용하도록 하는 전제조건이 없는 경우, 일반기업회계기준을 적용한다.

01. 다음 중 재무상태표에 기재되지 않는 것은?

① 개발비(무형자산의 인식요건을 충족함) ② 영업권(기업인수에 따른 평가금액)
③ 연구비(연구단계에서 발생한 지출) ④ 선급비용

02. 다음 중 당좌자산에 해당하지 않는 것은?

① 외상매출금 ② 받을어음
③ 현금 및 현금성자산 ④ 단기차입금

03. 다음 중 무형자산에 대한 설명으로 옳지 않은 것은?

① 무형자산의 소비되는 행태를 신뢰성 있게 결정할 수 없을 경우 정률법으로 상각한다.
② 무형자산을 취득하는 경우 수익·비용 대응의 원칙에 따라 합리적인 방법을 이용하여 상각한다.
③ 영업권, 산업재산권, 개발비 등이 무형자산에 해당한다.
④ 영업권 중에서도 내부적으로 창출된 영업권은 무형자산으로 인식할 수 없으나 외부에서 구입한 영업권은 재무상태표에 계상할 수 있다.

04. 기말에 창고의 재고금액을 실사한 결과 300,000원이었고 추가로 아래의 항목을 발견하였다. 아래의 항목을 고려하여 적절히 수정할 경우 정확한 기말재고자산 금액은 얼마인가?

> · 도착지(목적지)인도조건으로 판매하여 기말현재 운송 중인 재고 : 20,000원
> · 위탁자로부터 받아 창고에 보관 중인 수탁품 : 30,000원

① 290,000원　　　　　　　　　　② 300,000원
③ 320,000원　　　　　　　　　　④ 350,000원

05. 다음 중 단기매매증권에 대한 설명으로 가장 옳지 않은 것은?

① 단기매매증권은 당좌자산으로 분류된다.
② 단기매매증권은 주로 단기간 내의 매매차익을 목적으로 취득한 유가증권으로서 매수와 매도가 적극적이고 빈번하게 이루어지는 것을 말한다.
③ 단기매매증권의 취득과 직접 관련된 거래원가는 최초 인식하는 공정가치에 가산한다.
④ 단기매매증권에 대한 미실현보유손익은 당기손익항목으로 처리한다.

06. 다음의 회계처리로 인한 부채의 증가액은 얼마인가?

> 회사는 현금배당을 하기로 하였으며, 아래와 같이 회계처리하였다.
> (차) 이익잉여금　　220,000원　　(대) 미지급배당금　　200,000원
> 　　　　　　　　　　　　　　　　　　법정적립금　　　　20,000원

① 부채 220,000원 증가　　　　　② 부채 200,000원 증가
③ 부채 90,000원 증가　　　　　　④ 부채 100,000원 증가

07. 다음 중 자본에 대한 설명으로 옳지 않은 것은?

① 이익잉여금을 자본 전입하는 주식배당 시, 자본금은 증가하고 이익잉여금은 감소한다.
② 주식발행초과금은 주식의 발행가액이 액면가액을 초과하는 경우 그 초과금액을 말한다.
③ 기말 재무상태표상 미처분이익잉여금은 당기 이익잉여금의 처분사항이 반영되기 전의 금액이다.
④ 주식배당과 무상증자 시 순자산의 증가가 발생한다.

08. 다음 중 영업외수익에 해당하지 않는 것은?

① 외환차익　　② 자산수증이익　　③ 채무면제이익　　④ 매출액

09. ㈜삼척은 직접노무시간을 기준으로 제조간접원가를 배부하고 있다. 당해연도 초의 예상 직접노무시간은 50,000시간이고, 제조간접원가 예상액은 3,000,000원이었다. 6월의 제조간접원가 실제 발생액은 500,000원 이고, 실제 직접노무시간이 3,000시간인 경우 6월의 제조간접원가 배부차이는 얼마인가?

① 과소배부 320,000원　　　　　② 과대배부 320,000원
③ 과소배부 180,000원　　　　　④ 과대배부 180,000원

10. 다음의 항목을 원가행태에 따라 분류할 경우 성격이 가장 다른 하나는 무엇인가?

① 제품의 제조에 사용하는 원재료
② 매월 일정하게 발생하는 임차료
③ 시간당 지급하기로 한 노무비
④ 사용량(kw)에 따라 발생하는 전기료(단, 기본요금은 없음)

11. 다음의 자료를 이용하여 가공원가를 계산하면 얼마인가?

구　분	금액
직접재료원가	1,000,000원
직접노무원가	2,500,000원
제조간접원가	1,800,000원

① 2,500,000원　　② 2,800,000원　　③ 3,500,000원　　④ 4,300,000원

12. 다음 중 원가배분에 대한 설명으로 옳지 않은 것은?

① 직접배분법은 보조부문 상호간의 용역수수관계를 전혀 고려하지 않는 방법이다.
② 직접배분법은 보조부문 상호간의 용역수수관계가 밀접한 경우 정확한 원가배분이 가능하다.
③ 단계배분법은 보조부문간의 일정한 배분 순서를 정한 다음 그 배분 순서에 따라 보조부문비를 배분하는 방법이다.
④ 단계배분법은 용역수수관계를 완전히 반영하지 못하기 때문에 원가계산의 부정확성이 존재한다.

13. 다음 중 부가가치세법상 면세 대상이 아닌 것은?

① 수돗물 ② 일반의약품
③ 미가공식료품 ④ 도서

14. 다음 중 부가가치세법상 재화의 공급시기가 잘못 연결된 것은?

① 할부판매 : 재화가 인도되거나 이용가능한 때
② 반환조건부판매 : 조건이 성취되거나 기한이 지나 판매가 확정되는 때
③ 장기할부판매 : 대가의 각 부분을 수령한 때
④ 폐업 시 잔존재화 : 폐업하는 때

15. 다음 중 부가가치세법상 수출을 지원하는 효과가 있는 제도는 무엇인가?

① 영세율제도 ② 사업자단위과세제도
③ 면세제도 ④ 대손세액공제제도

실무시험

㈜원효상사(회사코드 : 1173)는 자동차부품의 제조 및 도소매업을 영위하는 중소기업으로 당기 (제9기) 회계기간은 2025.1.1.~2025.12.31.이다. 전산세무회계 수험용 프로그램을 이용하여 다음 물음에 답하시오.

───〈 기 본 전 제 〉───
· 문제에서 한국채택국제회계기준을 적용하도록 하는 전제조건이 없는 경우, 일반기업회계기준을 적용하여 회계 처리한다.
· 문제의 풀이와 답안작성은 제시된 문제의 순서대로 진행한다.

문제 1 다음은 [기초정보관리] 및 [전기분재무제표]에 대한 자료이다. 각각의 요구사항에 대하여 답하시오. (10점)

[01] 다음 자료를 이용하여 [계정과목및적요등록] 메뉴에서 대체적요를 등록하시오. (3점)

· 코드 : 812   · 계정과목 : 여비교통비   · 대체적요 : 3. 교통비 가지급금 정산

[02] ㈜원효상사의 기초 채권 및 채무의 올바른 잔액은 다음과 같다. 주어진 자료를 검토하여 잘못된 부분은 오류를 정정하고, 누락된 부분은 추가하여 입력하시오. (3점)

계정과목	거래처명	금액
외상매출금	㈜장전전자	20,000,000원
	㈜부곡무역	10,000,000원
외상매입금	구서기업	30,000,000원
	㈜온천전기	26,000,000원
받을어음	데모산업	20,000,000원

[03] 전기분 재무제표를 검토한 결과 다음과 같은 오류를 확인하였다. 이와 관련된 전기분 재무제표를 적절히 수정하시오. (4점)

운반비(제조원가에 속함) 5,500,000원이 누락 된 것으로 확인되었다.

문제 2

다음의 거래 자료를 [일반전표입력] 메뉴를 이용하여 입력하시오(일반전표입력의 모든 거래는 부가가치세를 고려하지 말 것). (18점)

【 입력 시 유의사항 】

- 일반적인 적요의 입력은 생략하지만, 타계정 대체거래는 적요번호를 선택하여 입력한다.
- 채권·채무와 관련된 거래는 별도의 요구가 없는 한 반드시 기등록된 거래처코드를 선택하는 방법으로 거래처명을 입력한다.
- 제조경비는 500번대 계정코드를, 판매비와관리비는 800번대 계정코드를 사용한다.
- 회계처리 시 계정과목은 별도의 제시가 없는 한 등록된 계정과목 중 가장 적절한 과목으로 한다.

[01] 07월 20일 파주시청에 판매용 제품(원가 20,000,000원, 시가 35,000,000원)을 기부하였다. (3점)

[02] 08월 28일 ㈜나른물산에 제품을 5,000,000원에 판매하기로 계약하고, 판매대금 중 30%를 당좌예금 계좌로 송금받았다. (3점)

[03] 10월 01일 ㈜부곡무역의 외상매출금 중 2,000,000원은 대손요건을 충족하였다(단, 대손발생일 현재 회사의 대손충당금 잔액은 없다). (3점)

[04] 11월 11일 장기투자 목적으로 ㈜부산상사의 보통주 4,000주를 1주당 10,000원(1주당 액면가 5,000원)에 취득하고, 대금은 매입수수료 115,000원과 함께 보통예금 계좌에서 이체하여 지급하였다. (3점)

[05] 12월 04일 외부전문가를 초빙하여 생산부서 직원의 교육을 실시하였다. 강사료는 2,500,000원이고 원천 징수금액을 차감한 2,280,000원을 보통예금 계좌에서 이체하여 지급하였다. (3점)

[06] 12월 28일 ㈜온천전기에 대한 외상매출금 6,900,000원을 ㈜온천전기에 대한 외상매입금과 상계하기로 하였다. (3점)

문제 3 다음 거래 자료를 [매입매출전표입력] 메뉴에 입력하시오. (18점)

【 입력 시 유의사항 】

- 일반적인 적요의 입력은 생략하지만, 타계정 대체거래는 적요번호를 선택하여 입력한다.
- 채권·채무와 관련된 거래는 별도의 요구가 없는 한 반드시 기등록된 거래처코드를 선택하는 방법으로 거래처명을 입력한다.
- 제조경비는 500번대 계정코드를, 판매비와관리비는 800번대 계정코드를 사용한다.
- 회계처리 시 계정과목은 별도의 제시가 없는 한 등록된 계정과목 중 가장 적절한 과목으로 한다.
- 입력화면 하단의 분개까지 처리하고, 전자세금계산서 및 전자계산서는 전자입력으로 반영한다.

[01] 07월 11일 내국신용장에 의하여 ㈜전남에 제품을 16,500,000원에 판매하고, 영세율전자세금계산서를 발급하였다. 판매대금 중 계약금을 제외한 잔금은 ㈜전남이 발행한 약속어음(만기 3개월)으로 수령하였으며, 계약금 5,000,000원은 작년 말에 현금으로 받았다(단, 서류번호 입력은 생략할 것). (3점)

[02] 08월 25일 회사 건물에 부착할 간판 제작대금 5,500,000원(부가가치세 포함) 중 500,000원은 현금으로 빛나는간판에 지급하였다. 나머지는 다음 달에 지급하기로 하고 전자세금계산서를 수취 하였다(단, 자산으로 처리할 것). (3점)

전자세금계산서

		승인번호	20250825-1000000-00009329

공급자	등록번호	731-25-82303	종사업장번호		공급받는자	등록번호	519-85-00312	종사업장번호	
	상호(법인명)	빛나는간판	성명	최찬희		상호(법인명)	㈜원효상사	성명	김효원
	사업장	부산광역시 해운대구 센텀중앙로 145				사업장	부산광역시 해운대구 해운대로 777		
	업태	제조업	종목	간판		업태	제조,도소매	종목	자동차부품
	이메일					이메일			
						이메일			

작성일자	공급가액	세액	수정사유
2025.08.25.	5,000,000	500,000	해당없음

비고	

월	일	품목	규격	수량	단가	공급가액	세액	비고
08	25	간판				5,000,000	500,000	

합계금액	현금	수표	어음	외상미수금	이 금액을 (청구) 함
5,500,000	500,000			5,000,000	

[03] 09월 17일 한수상사에 제품을 5,500,000원에 판매하고 전자세금계산서를 발급하였다. 보통예금으로 2,000,000원을 입금받고 나머지는 이달 말 입금 받을 예정이다. (3점)

전자세금계산서				승인번호	20250917-1000000-00008463		
공급자	등록번호	519-85-00312	종사업장번호	공급받는자	등록번호	154-36-61695	종사업장번호
	상호(법인명)	㈜원효상사	성명	김효원		상호(법인명)	한수상사	성명	김한수
	사업장주소	부산광역시 해운대구 해운대로 777			사업장주소	부산 남구 대연동 125	
	업태	제조,도소매	종목	자동차부품		업태	제조	종목	자동차특장
	이메일				이메일		

작성일자	공급가액	세액	수정사유	비고
2025.09.17.	5,000,000	500,000	해당 없음	

월	일	품목	규격	수량	단가	공급가액	세액	비고
09	17	제품				5,000,000	500,000	

합계금액	현금	수표	어음	외상미수금	위 금액을 (영수)/(청구) 함
5,500,000	2,000,000			3,500,000	

[04] 10월 02일 비사업자인 나누리에게 제품을 1,100,000원(부가가치세 포함)에 판매하였다. 대금은 현금으로 받고 현금영수증을 발행하였다(단, 공급처명을 입력할 것).(3점)

Hometax 국세청홈택스 현금영수증

● 거래정보

거래일시	2025.10.02.
승인번호	G54782245
거래구분	승인거래
거래용도	소득공제
발급수단번호	101-****-1234

● 거래금액

공급가액	부가세	봉사료	총 거래금액
1,000,000	100,000	-	1,100,000

● 가맹점 정보

상호	㈜원효상사
사업자번호	519-85-00312
대표자명	김효원
주소	부산광역시 해운대구 해운대로 777

[05] 11월 19일 해외거래처인 Winstom으로부터 제품 생산에 필요한 원재료를 수입하면서 부산세관으로 부터 아래의 수입전자세금계산서를 발급받고, 부가가치세는 현금으로 납부하였다 (단, 재고 자산에 대한 회계처리는 생략할 것). (3점)

수입전자세금계산서				승인번호		20251119-11324560-11134348		
세관명	등록번호	601-83-00048	종사업장번호		등록번호	519-85-00312	종사업장번호	
	세관명	부산세관	성명	김부산	상호(법인명)	㈜원효상사	성명	김효원
	세관주소	부산광역시 남구 용당동 121			사업장주소	부산광역시 해운대구 해운대로 777		
	수입신고번호 또는 일괄발급기간(총건)				업태	제조, 도매	종목	자동차부품
납부일자	과세표준		세액		수정사유	비고		
2025.11.19.	2,600,000		260,000		해당 없음			
월	일	품목	규격	수량	단가	공급가액	세액	비고
11	19	수입신고필증 참조				2,600,000	260,000	
합계금액					2,860,000			

[06] 12월 01일 본사 관리팀에서 회사 이미지 개선을 위해 광고대행사에 광고를 의뢰하고, 우리카드(법인 카드)로 결제하고 아래와 같이 카드영수증을 수취하였다. (3점)

```
                       카드매출전표
 2025.12.01  14:03:54
 정상승인 | 일시불
   결제 정보
   카드                                        우리카드(법인)
   회원번호                                  2245-1223-****-1537
   승인번호                                              76993452
   이용구분                                                 일시불
   결제 금액                                           3,300,000원
   공급가액                                             3,000,000원
   부가세                                                 300,000원
   봉사료                                                       0원
   가맹점 정보
   가맹점명                                              ㈜광고나라
   사업자등록번호                                      126-86-21617
   대표자명                                                  김사라
                   위 거래 사실을 확인합니다.
```

문제 4 [일반전표입력] 및 [매입매출전표입력] 메뉴에 입력된 내용 중 다음과 같은 오류가 발견되었다. 입력된 내용을 확인하여 정정하시오. (6점)

[01] 7월 13일 ㈜정모상사로부터 12,000,000원을 차입하고 이를 모두 장기차입금으로 회계처리하였으나, 그 중 2,000,000원의 상환기일은 2025년 12월 15일로 확인되었다(단, 하나의 전표로 처리할 것). (3점)

[02] 11월 10일 공장건물에 운반 목적의 엘리베이터를 설치하고 대금 11,000,000원(부가가치세 포함)을 다온 테크㈜의 보통예금 계좌로 이체하여 지급하였다. 해당 엘리베이터 설치는 건물의 자본적 지출에 해당하지만 착오로 인해 수익적 지출(수선비)로 처리하였다. (3점)

문제 5 결산정리사항은 다음과 같다. 해당 메뉴에 입력하시오. (9점)

[01] 12월 11일에 실제 현금보유액이 장부상 현금보다 670,000원이 많아서 현금과부족으로 처리하였던 금액 중 340,000원은 결산일에 선수금(㈜은비상사)으로 밝혀졌으나, 330,000원은 그 원인을 알 수 없다. (3점)

[02] 2024년 7월 1일에 제품 생산공장의 1년분(2025년 7월 1일~2026년 6월 30일) 임차료 1,200,000원을 지불하고 전액 비용으로 일반전표에 회계처리 하였다. 이에 대한 기간 미경과분 임차료를 월할계산하여 결산정리분개를 하시오. (3점)

[03] 회계연도 말 현재 퇴직금 추계액은 다음과 같다. 회사는 확정기여형(DC형) 퇴직연금에 올해 처음 가입하였고, 회계연도 말(12월 31일) 당기분 퇴직연금을 보통예금 계좌에서 전액 이체하여 납입하였다. (단, 납입일 현재 퇴직급여충당부채 잔액은 없다). (3점)

근무부서	회계연도 말 현재 퇴직금 추계액
생산부서	22,000,000원
판매관리부서	18,000,000원
합 계	40,000,000원

문제 6   다음 사항을 조회하여 답안을 이론문제 답안작성 메뉴에 입력하시오. (9점)

[01] 2025년 제1기 예정신고기간(1월~3월) 중 ㈜행복에 발급한 전자세금계산서의 총발행매수와 공급대가는 얼마인가? (3점)

[02] 2025년 6월 한 달 동안 발생한 영업외비용 중 발생액이 가장 많은 계정과목과 가장 적은 계정과목의 차액은 얼마인가? (3점)

[03] 4월 중 거래처 리제상사로부터 회수한 외상매출금은 얼마인가? (3점)

정답 전산회계1급 기출

제106회 기출문제

이론시험

01	02	03	04	05	06	07	08	09	10	11	12	13	14	15
①	④	②	③	①	④	④	①	①	①	③	④	④	②	④

01. ① 유형자산을 역사적 원가로 평가하면 일반적으로 검증가능성이 높으므로 측정의 신뢰성은 제고되나 목적적합성은 저하될 수 있다.

02. ④ 손익계산서는 일정 기간 동안 기업의 경영성과에 대한 정보를 제공하는 보고서이다. 손익계산서는 당해 회계기간의 경영성과를 나타낼 뿐만 아니라 기업의 미래현금흐름과 수익창출능력 등의 예측에 유용한 정보를 제공한다.

03. ② 새로운 상품과 서비스를 제공하는데 소요되는 원가는 취득원가에 포함하지 않는다.

04. ③ 만기보유증권은 채권에만 적용되며, 매도가능증권은 주식, 채권에 적용 가능하다.

05. ① 감자차익은 자본잉여금에 속한다.
   • 주식할인발행차금, 자기주식, 자기주식처분손실은 자본조정에 속한다.

06. ④ 재화의 판매, 용역의 제공, 이자, 배당금, 로열티로 분류할 수 없는 기타의 수익은 다음 조건을 모두 충족할 때 발생기준에 따라 합리적인 방법으로 인식한다.
   (1) 수익가득과정이 완료되었거나 실질적으로 거의 완료되었다.
   (2) 수익금액을 신뢰성 있게 측정할 수 있다.
   (3) 경제적 효익의 유입 가능성이 매우 높다.

07. ④ 5,950,000원 = 기초상품재고액 500,000원 + 당기순매입액 7,250,000원 − 타계정대체금액 300,000원 − 기말상품재고액 1,500,000원
   • 순매입액 : 총매입액 8,000,000원 − 매입에누리금액 750,000원 = 7,250,000원

	상품(자산)		(단위 : 원)
기초상품재고액	500,000	매출원가	5,950,000
총매입액	8,000,000	타계정대체금액	300,000
매입에누리금액	(750,000)	기말상품재고액	1,500,000
(증가)		(감소)	
	7,750,000		7,750,000

08. ① 자산 과소계상 및 수익 과소계상
 • 아래의 올바른 회계처리가 누락되어 자산(외상매출금)과 수익(상품매출)이 과소계상된다.
  2025.12.26.   (차)   외상매출금   (대)   상품매출

09. ① 자료에서 설명하는 원가는 준변동원가로, 기본요금 및 사용량에 따른 요금이 부과되는 전화요금이 이에 해당한다.
 • 변동원가 : 직접재료원가, 직접노무원가
 • 고정원가 : 감가상각비, 화재보험료 등
 • 준변동원가 : 전력비, 전화요금, 가스요금 등
 • 준고정원가 : 생산관리자의 급여, 생산량에 따른 설비자산의 임차료 등

10. ① 단일 종류의 제품을 연속생산, 대량생산하는 업종에 적합한 원가계산 방법은 종합원가계산이다. 개별원가계산은 다품종 소량생산, 주문생산하는 업종에 적합하다.

11. ③ 150개 = 공손수량 200개 – 정상공손수량 50개
 • 당기 완성품 수량 : 기초재공품 400개 + 당기착수량 1,000개 – 기말재공품 200개 – 공손수량 200개 = 1,000개
 • 정상공손수량 : 당기 완성품 수량 1,000개 × 5% = 50개
 • 영업외비용으로 처리할 공손은 비정상공손을 말한다.

12. ④ 750,000원 = 직접재료원가 180,000원 + 직접노무원가 320,000원 + 제조간접원가 250,000원
 • 제조간접원가 : 공장 전력비 50,000원 + 공장 임차료 200,000원 = 250,000원

13. ④ 부가가치세는 다음 각 호의 거래에 대하여 과세한다.
  1. 사업자가 행하는 재화 또는 용역의 공급
  2. 재화의 수입

14. ② 사업자는 사업자등록의 신청을 사업장 관할 세무서장이 아닌 다른 세무서장에게도 할 수 있다. 이 경우 사업장 관할 세무서장에게 사업자등록을 신청한 것으로 본다.

15. ④ 간이과세자의 경우 매입세금계산서 등 수취세액공제 및 신용카드매출전표 등 발행세액공제에 따른 금액의 합계액이 각 과세기간의 납부세액을 초과하는 경우에는 그 초과하는 부분은 없는 것으로 본다.

실무시험

문제 1

[1] [계정과목및적요등록]>511.복리후생비> • 현금적요>적요NO : 9, 생산직원 독감 예방접종비 지급
　　　　　　　　　　　　　　　　　　　 • 대체적요>적요NO : 3, 직원 휴가비 보통예금 인출

[2] [기초정보관리]>거래처등록>일반거래처> • 거래처코드 : 00450
　　　　　　　　　　　　　　　　　　　　　 • 거래처명 : ㈜대박
　　　　　　　　　　　　　　　　　　　　　 • 유형 : 3.동시
　　　　　　　　　　　　　　　　　　　　　 • 사업자등록번호 : 403-81-51065
　　　　　　　　　　　　　　　　　　　　　 • 대표자 : 박대박
　　　　　　　　　　　　　　　　　　　　　 • 업태 : 제조
　　　　　　　　　　　　　　　　　　　　　 • 종목 : 원단
　　　　　　　　　　　　　　　　　　　　　 • 사업장주소 : 경상북도 칠곡군 지천면 달서원길 16

[3]
1. [전기분손익계산서]> • 광고선전비(판) 3,800,000원 → 5,300,000원으로 수정
　　　　　　　　　　　 • 당기순이익 88,020,000원 → 86,520,000원으로 변경 확인
2. [전기분잉여금처분계산서]> • 6.당기순이익 88,020,000원 → 86,520,000원으로 수정(또는 F6불러오기)
　　　　　　　　　　　　　　　 • Ⅰ.미처분이익잉여금 164,900,000원 → 163,400,000원으로 변경 확인
3. [전기분재무상태표]> • 이월이익잉여금 164,900,000원 → 163,400,000원으로 수정
　　　　　　　　　　　 • 대차차액이 없음을 확인

문제 2

[1] 일반전표입력
2025.07.18.　(차) 외상매입금(㈜괴안공구)　33,000,000원　(대) 지급어음(㈜괴안공구)　23,000,000원
　　　　　　　　　　　　　　　　　　　　　　　　　　　　　　　　 보통예금　　　　　　　10,000,000원

[2] 일반전표입력
2025.07.30.　(차) 대손충당금(109)　　　　　320,000원　(대) 외상매출금(㈜지수포장)　1,800,000원
　　　　　　　　　 대손상각비(판)　　　　1,480,000원

[3] 일반전표입력
2025.08.30.　(차) 임차보증금(형제상사)　 5,000,000원　(대) 선급금(형제상사)　　　1,500,000원
　　　　　　　　　　　　　　　　　　　　　　　　　　　　　　　 보통예금　　　　　　　3,500,000원

[4] 일반전표입력
2025.10.18.　(차) 단기차입금(대표이사)　19,500,000원　(대) 채무면제이익　　　　　19,500,000원

[5] 일반전표입력
2025.10.25.　(차) 여비교통비(판)　　　　2,850,000원　(대) 가지급금(누리호)　　　3,000,000원
　　　　　　　　　 현금　　　　　　　　　　150,000원

[6] 일반전표입력
2025.11.04.　(차) 퇴직급여(판)　　　　　2,000,000원　(대) 보통예금　　　　　　　5,000,000원
　　　　　　　　　 퇴직급여(제)　　　　　3,000,000원

문제 3

[1] 매입매출전표입력
유형: 16.수출 공급가액: 50,000,000원 부가세: 0원 거래처: HK사 분개: 혼합
영세율구분:①직접수출(대행수출 포함)
2025.07.14. (차) 선수금   10,000,000원   (대) 제품매출   50,000,000원
              외상매출금   40,000,000원

[2] 매입매출전표입력
유형: 11.과세 공급가액: 10,000,000원 부가세: 1,000,000원 거래처: ㈜동도유통 전자: 여 분개: 혼합
2025.08.05. (차) 받을어음(㈜서도상사) 10,000,000원 (대) 부가세예수금   1,000,000원
              외상매출금   1,000,000원   제품매출   10,000,000원

[3] 매입매출전표입력
유형: 57.카과 공급가액: 4,400,000원 부가세: 440,000원 거래처: 함안전자 분개: 혼합 또는 카드
신용카드사:국민카드
2025.08.20. (차) 부가세대급금   440,000원   (대) 미지급금(국민카드)   4,840,000원
              비품   4,400,000원

[4] 매입매출전표입력
유형: 53.면세 공급가액: 5,000,000원 부가세: 0원 거래처: ㈜더람 전자: 여 분개: 혼합
2025.11.11. (차) 교육훈련비(판)   5,000,000원 (대) 선급금   1,000,000원
                                              보통예금   4,000,000원

[5] 매입매출전표입력
유형: 51.과세 공급가액: 10,000,000원 부가세: 1,000,000원 거래처: ㈜미래상사 전자: 여 분개: 혼합
2025.11.26. (차) 부가세대급금   1,000,000원   (대) 보통예금   11,000,000원
              개발비   10,000,000원

[6] 매입매출전표입력
유형: 54.불공 공급가액: 750,000원 부가세: 75,000원 거래처: 차차카센터 전자: 여 분개: 혼합
불공제사유: ③비영업용 소형승용자동차차 구입·유지 및 임차
2025.12.04. (차) 차량유지비(제)   825,000원   (대) 보통예금   825,000원

전산회계 1급

문제 4

[1] 일반전표입력
- 수정 전 : 2025.08.02. (차) 외상매입금(온누리) 800,000원 (대) 보통예금 800,000원
- 수정 후 : 2025.08.02. (차) 미지급금(온누리) 800,000원 (대) 보통예금 800,000원

[2]
- 수정 전 : 일반전표입력
  2025.11.19. (차) 운반비(판) 330,000원 (대) 현금 330,000원
- 수정 후 : 일반전표 삭제 후 매입매출전표입력
  유형: 51.과세 공급가액: 300,000원 부가세: 30,000원 거래처: 차차운송 전자: 여 분개: 현금 또는 혼합
  2025.11.19. (차) 부가세대급금 30,000원 (대) 현금 330,000원
  　　　　　　　　원재료 300,000원

문제 5

[1] 일반전표입력
2025.12.31. (차) 재고자산감모손실 2,000,000원 (대) 제품 2,000,000원
　　　　　　　　　　　　　　　　　　　　　　　　　(적요 8. 타계정으로 대체액)

[2] 일반전표입력
2025.12.31. (차) 소모품 2,500,000원 (대) 광고선전비(판) 2,500,000원

[3]
1. [결산자료입력] > 기간 : 1월~12월
   　　　　　　　　> 9. 법인세등 > 1). 선납세금 결산반영금액 6,500,000원 입력 　 > F3전표추가
   　　　　　　　　　　　　　　　2). 추가계상액 결산반영금액 4,250,000원 입력
2. 일반전표입력
   2025.12.31. (차) 법인세등 10,750,000원 (대) 선납세금 6,500,000원
   　　　　　　　　　　　　　　　　　　　　　　　　미지급세금 4,250,000원

문제 6

[1] 다솜상사, 63,000,000원
- [거래처원장] > 기간 : 1월 1일~6월 30일 > 계정과목 : 외상매입금(251) 조회

[2] 11,250,700원
- [부가가치세신고서] > 기간 : 4월 1일~6월 30일 > 차가감하여 납부할세액(환급받을세액) 확인

[3] 6월, 5,000,000원
- [총계정원장] > 기간 : 4월 1일~6월 30일 > 계정과목 : 광고선전비(833) 조회

제107회 기출문제

이론시험

01	02	03	04	05	06	07	08	09	10	11	12	13	14	15
③	②	①	②	①	①	②	③	④	④	①	③	④	④	③

01. ③
- 자산 : 자산은 과거의 거래나 사건의 결과로서 현재 기업실체에 의해 지배되고 미래에 경제적 효익을 창출할 것으로 기대되는 자원이다.
- 부채 : 부채는 과거의 거래나 사건의 결과로 현재 기업실체가 부담하고 있고 미래에 자원의 유출 또는 사용이 예상되는 의무이며, 기업실체가 현재 시점에서 부담하는 경제적 의무이다.
- 비용 : 비용은 차손을 포함한다.

02. ② 계속기록법과 실지재고조사법을 통해 기말재고자산의 수량을 결정한다.

03. ① 선일자수표는 받을어음으로 처리한다.

04. ②
- 기업이 보유하고 있는 토지는 보유목적에 따라 재고자산, 투자자산, 유형자산으로 분류될 수 있다.
- 유형자산을 취득한 후에 발생하는 비용은 성격에 따라 당기 비용 또는 자산의 취득원가에 포함한다.
- 토지와 건설중인자산은 감가상각을 하지 않는다.

05. ① 200,000원 = 단기매매증권평가이익 200,000원 − 단기매매증권평가손실 100,000원 + 배당금수익 50,000원 + 단기매매증권처분이익 50,000원
- 단기매매증권평가이익 : A주식 기말공정가액 700,000원 − 취득원가 500,000원 = 200,000원
- 단기매매증권평가손실 : B주식 취득원가 300,000원 − 기말공정가액 200,000원 = 100,000원
- 단기매매증권처분이익 : C주식 처분가액 300,000원 − 취득원가 250,000원 = 50,000원

06. ① 사채의 액면발행, 할인발행, 할증발행 여부와 관계없이 액면이자는 매년 동일하다.
- 할증발행 시 유효이자는 매년 감소한다.
- 사채발행비는 사채발행가액에서 차감한다.
- 할인발행 또는 할증발행 시 발행차금의 상각액 및 환입액은 매년 증가한다.

07. ②
- 주식발행초과금 : 자본잉여금
- 자기주식 : 자본조정
- 매도가능증권평가손익 : 기타포괄손익누계액

08. ③ 자본적지출을 수익적지출로 잘못 처리했을 경우 당기 비용은 과대계상되어 당기의 당기순이익은 과소계상되고, 차기의 당기순이익은 과대계상된다.

09. ④ 자산을 다른 용도로 사용하는 것은 기회원가에 해당한다. 대체 자산 취득 시 기존 자산의 취득원가는 의사결정에 영향을 주지 않는 경우 매몰원가에 해당한다.

10. ④ 변동원가는 관련범위 내에서 조업도가 증가하면 변동원가 총액이 증가하고, 단위당 변동원가는 일정하다.

11. ①
- 재료원가 : 당기완성 1,800개 + 기말재공품 300개 = 2,100개
- 가공원가 : 당기완성 1,800개 + 기말재공품 300개 × 70% = 2,010개

12. ③ 1,200,000원 = 기초제품 800,000원 + 당기제품제조원가 700,000원 - 기말제품 300,000원
- 당기제품제조원가 : 기초재공품 500,000원 + 당기총제조원가 1,500,000원 - 기말재공품 1,300,000원 = 700,000원

13. ④ 다음 각 호의 재화 또는 용역의 공급에 대하여는 부가가치세를 면제한다.
　　7. 여객운송 용역. 다만, 다음 각 목의 어느 하나에 해당하는 여객운송 용역으로서 대통령령으로 정하는 것은 제외한다.
　　　가. 항공기, 고속버스, 전세버스, 택시, 특수자동차, 특종선박(特種船舶) 또는 고속철도에 의한 여객운송 용역

14. ④ 사업자는 각 과세기간에 대한 과세표준과 납부세액 또는 환급세액을 그 과세기간이 끝난 후 25일(폐업하는 경우 제5조 제3항에 따른 폐업일이 속한 달의 다음 달 25일) 이내에 대통령령으로 정하는 바에 따라 납세지 관할 세무서장에게 신고하여야 한다.

15. ③ 법인사업자의 주주가 변동된 것은 사업자등록 정정 사유가 아니다.

실무시험

문제 1

[1] [계정과목 및 적요등록] > 842. 견본비 > 현금적요 > 적요NO : 2. 전자제품 샘플 제작비 지급

[2] [거래처별초기이월] > • 외상매출금 : ㈜홍금전기 3,000,000원 → 30,000,000원으로 수정
　　　　　　　　　　　• 외상매입금 : 하나무역 12,000,000원 → 26,000,000원으로 수정
　　　　　　　　　　　• 받을어음 : ㈜대호전자 25,000,000원 추가 입력

[3] • [전기분원가명세서] > • 전력비 수정 : 2,000,000원 → 4,200,000원
　　　　　　　　　　　　• 당기제품제조원가 변경 확인 : 94,300,000원 → 96,500,000원
　• [전기분손익계산서] > • 당기제품제조원가 수정 : 94,300,000원 → 96,500,000원
　　　　　　　　　　　　• 제품매출원가 변경 확인 : 121,650,000원 → 123,850,000원
　　　　　　　　　　　　• 수도광열비(판) 수정 : 3,000,000원 → 1,100,000원
　　　　　　　　　　　　• 당기순이익 변경 확인 : 88,200,000원〉 → 87,900,000원
　• [전기분잉여금처분계산서] > • F6 불러오기
　　　　　　　　　　　　　　　• 당기순이익 변경 확인 88,200,000원 → 87,900,000원
　　　　　　　　　　　　　　　• 미처분이익잉여금 및 차기이월미처분이익잉여금 변경 확인 :
　　　　　　　　　　　　　　　　134,800,000원 → 134,500,000원
　• [전기분재무상태표] > • 이월이익잉여금 수정 : 134,800,000원 → 134,500,000원
　　　　　　　　　　　　• 대차 금액 일치 확인

문제 2

[1] 일반전표입력
2025.07.03.　(차) 선급금(세무빌딩)　　600,000원　(대) 보통예금　　　　　　600,000원

[2] 일반전표입력
2025.08.01.　(차) 보통예금　　　　　3,430,000원　(대) 외상매출금(하나카드)　3,500,000원
　　　　　　　　수수료비용(판)　　　　70,000원

[3] 일반전표입력
2025.08.16.　(차) 퇴직급여(판)　　　8,800,000원　(대) 퇴직연금운용자산　　8,800,000원

[4] 일반전표입력
2025.08.23.　(차) 장기차입금(나라은행) 20,000,000원　(대) 보통예금　　　　20,200,000원
　　　　　　　　이자비용　　　　　　200,000원

[5] 일반전표입력
2025.11.05　(차) 받을어음(㈜다원)　　3,000,000원　(대) 외상매출금(㈜다원)　4,000,000원
　　　　　　　단기대여금(㈜다원)　　1,000,000원

[6] 일반전표입력
2025.11.20.　(차) 차량운반구　　　　　400,000원　(대) 현금　　　　　　　　400,000원

문제 3

[1] 매입매출전표입력
유형: 52.영세 공급가액: 15,000,000원 거래처: ㈜직지상사 전자: 여 분개: 혼합
2025.08.17. (차) 원재료   15,000,000원   (대) 지급어음   5,000,000원
                                                  외상매입금   10,000,000원

[2] 매입매출전표입력
유형: 51.과세 공급가액: 1,000,000원 부가세: 100,000원 거래처: 이진컴퍼니 전자: 부 분개: 혼합
2025.08.28. (차) 부가세대급금   100,000원   (대) 미지급금   1,100,000원
             복리후생비(제)   1,000,000원

[3] 매입매출전표입력
유형: 61.현과 공급가액: 220,000원 부가세: 22,000원 거래처: 우리카센타 분개: 현금 또는 혼합
2025.09.15. (차) 부가세대급금   22,000원   (대) 현금   242,000원
             차량유지비(제)   220,000원

[4] 매입매출전표입력
유형: 53.면세 공급가액: 200,000원 거래처: ㈜대한도서 전자: 여 분개: 혼합
2025.09.27. (차) 도서인쇄비(판)   200,000원   (대) 미지급금   200,000원
             (또는 교육훈련비(판))

[5] 매입매출전표입력
유형: 54.불공 공급가액: 700,000원 부가세: 70,000원 거래처: ㈜세무렌트 전자: 여 분개: 혼합
불공제사유: ③비영업용 소형승용자동차 구입·유지 및 임차
2025.09.30. (차) 임차료(판)   770,000원   (대) 미지급금   770,000원

[6] 매입매출전표입력
유형: 11.과세 공급가액: -10,000,000원 부가세: -1,000,000원 거래처: 우리자동차㈜ 전자: 여
분개: 외상 또는 혼합
2025.10.15. (차) 외상매출금   -11,000,000원   (대) 부가세예수금   -1,000,000원
                                                  제품매출   -10,000,000원

문제 4

[1] 일반전표입력
- 수정 전 : 2025.07.06. (차) 외상매입금(㈜상문)   3,000,000원   (대) 보통예금   3,000,000원
- 수정 후 : 2025.07.06. (차) 외상매입금(㈜상문)   3,000,000원   (대) 받을어음(상명상사) 3,000,000원

[2]
- 수정 전 : 일반전표입력
  2025.12.13.   (차) 수도광열비(판)   121,000원   (대) 현금   121,000원
- 수정 후 : 일반전표 삭제 후 매입매출전표입력
  유형: 51.과세 공급가액: 110,000원 부가세: 11,000원 거래처: 한국전력공사 전자: 여 분개: 현금 또는 혼합
  2025.12.13.   (차) 부가세대급금   11,000원   (대) 현금   121,000원
                 전력비(제)   110,000원

문제 5

[1] 일반전표입력
2025.12.31. (차) 장기차입금(대한은행) 50,000,000원 (대) 유동성장기부채(대한은행) 50,000,000원

[2]
- [결산자료입력]>기간 : 2025년 01월~2025년 12월
  >4. 판매비와 일반관리비
  >6). 무형자산상각비
  >특허권 결산반영금액란>6,000,000원 입력>F3전표추가
- 또는 일반전표입력
2025.12.31. (차) 무형자산상각비(판)   6,000,000원   (대) 특허권   6,000,000원
- 특허권 취득가액 : 전기말 상각후잔액 24,000,000원×5/4=30,000,000원
- 무형자산상각비 : 30,000,000원×1/5=6,000,000원

[3]
1. [결산자료입력]>기간 : 2025년 01월~2025년 12월
   >9. 법인세등> · 1). 선납세금 6,800,000원 입력
   >F3전표추가 · 2). 추가계상액 6,700,000원 입력
2. 또는 일반전표입력
2025.12.31. (차) 법인세등   13,500,000원   (대) 선납세금   6,800,000원
                                              미지급세금   6,700,000원

문제 6

[1] 191,786,000원=6월 30일 284,609,000원-전기말 92,823,000원
- [재무상태표]>기간 : 6월>[제출용] 탭

[2] 390,180,000원
   = 과세 세금계산서 발급분 공급가액 351,730,000원+영세 세금계산서발급분 공급가액 38,450,000원
- [부가가치세신고서]>기간 : 4월 1일~6월 30일 조회

[3] 40,000,000원
- [거래처원장]>기간 : 6월 1일~6월 30일>계정과목 : 251.외상매입금>지예상사 차변 금액

제108회 기출문제

이론시험

01	02	03	04	05	06	07	08	09	10	11	12	13	14	15
④	①	②	③	①	②	④	①	③	④	①	③	③	④	②

01. ④ 자기주식처분손실은 자본조정 항목이다.

02. ① 계약금은 선수금으로 회계처리하고, 타인이 발행한 당좌수표를 수취한 경우에는 현금으로 회계처리한다.

03. ② 기말재고자산을 실제보다 과대계상한 경우, 매출원가가 실제보다 과소계상되고, 매출총이익 및 당기순이익은 과대계상되어 자본총계도 과대계상된다.

04. ③ 무형자산의 상각기간은 독점적·배타적인 권리를 부여하고 있는 관계 법령이나 계약에 정해진 경우를 제외하고는 20년을 초과할 수 없다.

05. ① 7,000,000원 = 1년 만기 정기예금 3,000,000원 + 단기매매증권 4,000,000원
- 현금및현금성자산 : 현금, 당좌예금, 우편환증서
- 매출채권 : 외상매출금

06. ② 2개
- 비유동부채 : 사채, 퇴직급여충당부채
- 유동부채 : 유동성장기부채, 선수금

07. ④ 재고자산평가손실 1,000,000원 = 비누(취득원가 75,000원 − 순실현가능가치 65,000원) × 100개
- 세제의 경우 평가이익에 해당하나 최초의 취득가액을 초과하는 이익은 저가법상 인식하지 않는다.

08. ①
- 예약판매계약 : 공사결과를 신뢰성 있게 추정할 수 있을 때에 진행기준을 적용하여 공사수익을 인식한다.
- 할부판매 : 이자부분을 제외한 판매가격에 해당하는 수익을 판매시점에 인식한다. 이자부분은 유효이자율법을 사용하여 가득하는 시점에 수익으로 인식한다.
- 위탁판매 : 위탁자는 수탁자가 해당 재화를 제3자에게 판매한 시점에 수익을 인식한다.

09. ③ 23억원 = 당기 원재료 매입액 20억원 + 원재료 재고 감소액 3억원
- 당기원재료비 : 기초 원재료 재고액 A + 당기 원재료 매입액 20억원 − 기말 원재료 재고액 B

10. ④ 기말제품재고액은 재무상태표와 손익계산서에서 확인할 수 있다.
- 기초재공품재고액, 기말원재료재고액, 당기제품제조원가, 당기총제조비용은 제조원가명세서에서 확인할 수 있다.

11. ① 100,000원 과대배부 = 제조간접원가 예정배부액 600,000원 - 실제 제조간접원가 발생액 500,000원
• 제조간접원가 예정배부액 : 실제 직접노무시간 3,000시간 × 예정배부율 200원 = 600,000원

12. ③ 기초재공품이 존재하지 않는 경우에 평균법과 선입선출법의 당기완성품원가와 기말재공품원가가 일치한다.

13. ③ 구매확인서에 의하여 공급하는 재화는 영세율 적용 대상 거래이지만 세금계산서 발급의무가 있다.

14. ④ 부동산매매업은 법인의 경우 법인의 등기부상 소재지

15. ② 사업자 또는 재화를 수입하는 자 중 어느 하나에 해당하는 자로서 개인, 법인(국가·지방자치단체와 지방자치단체조합을 포함한다), 법인격이 없는 사단·재단 또는 그 밖의 단체는 이 법에 따라 부가가치세를 납부할 의무가 있다.

전산회계 1급

실무시험

문제 1

[1] [거래처등록] > • 코드 : 3000
　　　　　　　　• 거래처명 : ㈜나우전자
　　　　　　　　• 유형 : 3.동시
　　　　　　　　• 사업자등록번호 : 108-81-13579
　　　　　　　　• 대표자성명 : 김나우
　　　　　　　　• 업종 : 업태-제조, 종목-전자제품
　　　　　　　　• 주소 : 서울특별시 서초구 명달로 104 (서초동)

[2] [계정과목 및 적요 등록] > 186. 퇴직연금운용자산
　　　　　　　　　　　　　> • 적요NO : 1
　　　　　　　　　　　　　　• 대체적요 : 제조 관련 임직원 확정급여형 퇴직연금부담금 납입

[3] [전기분재무상태표] > • 260.단기차입금 20,000,000원 추가입력
　　　　　　　　　　　• 장기차입금 > 20,000,000원 → 삭제
　　[거래처별초기이월] > • 260.단기차입금 : 기업은행 20,000,000원 추가입력

문제 2

[1] 일반전표입력
2025.08.01. (차) 외화장기차입금(미국은행)　37,500,000원　(대) 보통예금　39,000,000원
　　　　　　　　　외환차손　　　　　　　　　1,500,000원

[2] 일반전표입력
2025.08.12. (차) 부도어음과수표(㈜모모가방) 50,000,000원　(대) 받을어음(㈜모모가방) 50,000,000원

[3] 일반전표입력
2025.08.23. (차) 미지급배당금　　　　　　10,000,000원　(대) 보통예금　　　　8,460,000원
　　　　　　　　　　　　　　　　　　　　　　　　　　　　　　예수금　　　　　1,540,000원

[4] 일반전표입력
2025.08.31. (차) 기계장치　　　　　　　　5,500,000원　(대) 자산수증이익　　5,500,000원

[5] 일반전표입력
2025.09.11. (차) 단기매매증권　　　　　　4,000,000원　(대) 보통예금　　　　4,010,000원
　　　　　　　　　수수료비용(984)　　　　　　10,000원
• 단기매매증권의 취득과 직접 관련된 거래원가는 비용(일반적인 상거래에 해당하지 않으므로 영업외비용 항목의 수수료비용)으로 처리한다.

[6] 일반전표입력
2025.09.13. (차) 현금　　　　　　　　　　1,000,000원　(대) 외상매출금(㈜다원)　4,000,000원
　　　　　　　　　받을어음(㈜다원)　　　　3,000,000원

문제 3

[1] 매입매출전표입력
유형: 17.카과 공급가액: 5,000,000원 부가세: 500,000원 거래처: ㈜남양가방 분개: 카드 또는 혼합
신용카드사:비씨카드
2025.07.13. (차) 외상매출금(비씨카드) 5,500,000원   (대) 부가세예수금   500,000원
                                                        제품매출   5,000,000원

[2] 매입매출전표입력
유형: 51.과세 공급가액: 500,000원 부가세: 50,000원 거래처: 쾌속운송 전자: 여 분개: 혼합
2025.09.05. (차) 부가세대급금   50,000원   (대) 보통예금   550,000원
              기계장치   500,000원

[3] 매입매출전표입력
유형: 51.과세 공급가액: 10,000,000원 부가세: 1,000,000원 거래처: 정도정밀 전자: 여 분개: 혼합
2025.09.06. (차) 부가세대급금   1,000,000원   (대) 보통예금   11,000,000원
              외주가공비(제)   10,000,000원

[4] 매입매출전표입력
유형: 54.불공 공급가액: 3,500,000원 부가세: 350,000원 거래처: ㈜목포전자 전자: 여 분개: 혼합
불공제사유: ②사업과 직접 관련 없는 지출
2025.09.25. (차) 기부금   3,850,000원   (대) 미지급금   3,850,000원
• 국가 및 지방자치단체에 무상으로 공급하는 재화의 경우, 취득 당시 사업과 관련하여 취득한 재화이면 매입세액을 공제하고, 사업과 무관하게 취득한 재화이면 매입세액을 공제하지 아니한다.

[5] 매입매출전표입력
유형: 57.카과 공급가액: 1,500,000원 부가세: 150,000원 거래처: ㈜ok사무 분개: 카드 또는 혼합
신용카드사:하나카드
2025.10.06. (차) 부가세대급금   150,000원   (대) 미지급금(하나카드)   1,650,000원
              비품   1,500,000원

[6] 매입매출전표입력
유형: 51.과세 공급가액: 2,500,000원 부가세: 250,000원 거래처: ㈜국민가죽 전자: 여 분개: 혼합
2025.12.01. (차) 부가세대급금   250,000원   (대) 현금   250,000원
              원재료   2,500,000원   외상매입금   2,500,000원

문제 4

[1]
- 수정 전
  유형: 51.과세 공급가액: 15,000,000원 부가세: 1,500,000원 거래처: 제일자동차 전자: 여 분개: 혼합
  2025.07.22. (차) 부가세대급금   1,500,000원   (대) 보통예금   16,500,000원
               차량운반구   15,000,000원

- 수정 후
  유형: 54.불공 공급가액: 15,000,000원 부가세: 1,500,000원 거래처: 제일자동차 전자: 여 분개: 혼합
  불공제사유: ③비영업용 소형승용자동차 구입·유지 및 임차
  2025.07.22. (차) 차량운반구   16,500,000원   (대) 보통예금   16,500,000원

[2] 일반전표입력
- 수정 전 : 2025.09.15. (차) 대손상각비   3,000,000원   (대) 외상매출금(㈜댕댕오디오) 3,000,000원
- 수정 후 : 2025.09.15. (차) 대손충당금(109) 1,500,000원   (대) 외상매출금(㈜댕댕오디오) 3,000,000원
                           대손상각비(판)   1,500,000원

문제 5

[1] 일반전표입력
2025.12.31. (차) 외상매입금(하나무역)   2,500,000원   (대) 가지급금   2,550,000원
             잡손실   50,000원

[2] 일반전표입력
2025.12.31. (차) 단기대여금(필립전자)   6,000,000원   (대) 외화환산이익   6,000,000원
- 대여일 기준환율 : 60,000,000원 ÷ $30,000 = 2,000원/$
- 외화환산이익 : $30,000 × (결산일 기준환율 2,200원 – 대여일 기준환율 2,000원) = 6,000,000원

[3]
1. [결산자료입력] > 기간 : 1월~12월 > F8 대손상각 > · 대손율(%) : 1.00 입력
                                              · 미수금 외 채권 : 추가설정액 0원 입력
        > 결산반영 > F3 전표추가
2. [결산자료입력] > 7.영업외비용 > 2).기타의대손상각 > 미수금 결산반영금액 300,000원 입력 > F3 전표추가
3. 또는 일반전표입력
        2025.12.31. (차) 기타의대손상각비   300,000원   (대) 대손충당금(121)   300,000원
   - 대손충당금(미수금) : 미수금 잔액 40,000,000원 × 1% – 대손충당금(121) 잔액 100,000원
                     = 300,000원

문제 6

[1] 1,330,000원
- [매입매출장] > 기간 : 01월 01일~03월 31일 > 구분 : 2.매출 > 유형 : 17.카과 > 분기계 합계 금액 확인

[2] 131,000원
- [일계표/월계표] > [월계표] > 조회기간 : 6월~6월 > 8.영업외비용 차변 계 확인

[3] 3,060,000원
- [부가가치세신고서] > 기간 : 4월 1일~6월 30일 > 16.세액(공제받지못할매입세액) 금액 확인

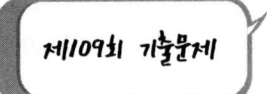

이론시험

01	02	03	04	05	06	07	08	09	10	11	12	13	14	15
④	④	②	②	①	④	③	③	①	③	②	③	④	①	②

01. ④ 일반목적의 재무제표 작성을 목적으로 하며 주주, 투자자, 채권자 등이 회계정보이용자이다.
  ① 원가관리회계의 목적이다.
  ② 세무회계의 정보이용자에 해당한다.
  ③ 세무회계의 목적이다.

02. ④ 단기매매증권은 유동자산 중 당좌자산으로 분류된다.

03. ② 재고자산의 매입원가는 매입금액에 매입운임, 하역료 및 보험료 등 취득과정에서 정상적으로 발생한 부대비용을 가산한 금액이다. 매입과 관련된 할인, 에누리 및 기타 유사한 항목은 매입원가에서 차감한다.

04. ② 자본적지출을 수익적지출로 잘못 처리하게 되면, 자산은 과소계상, 비용은 과대계상되므로 자본은 과소계상하게 된다.

05. ① 감자차손 200,000원 = 200주 × (취득가액 7,000원 − 액면가액 5,000원) − 감자차익 200,000원
  • 기인식된 감자차익 200,000원을 상계하고 감자차손은 200,000원만 인식한다.

06. ④ 수익과 비용은 각각 총액으로 보고하는 것을 원칙으로 한다.

07. ③ 선수금을 제품매출로 인식함에 따라 유동부채가 과소계상된다.
  • 옳은 회계처리 :   (차) 현금   500,000원   (대) 선수금   500,000원
  • 당좌자산의 금액은 차이가 없으나, 영업수익(제품매출)은 과대계상 하였으므로 당기순이익도 과대계상된다.

08. ③ 60,000,000원 = 기초 자본금 50,000,000원 + (2,000주 × 액면금액 5,000원)

09. ①
  • 판매비와관리비 : 영업용 사무실의 전기요금, 마케팅부의 교육연수비
  • 영업외손익 : 유형자산의 처분으로 인한 손익

10. ③ 상호배분법

11. ② 1,250,000원 = 기초원재료 1,200,000원 + 당기원재료매입액 900,000원 − 기말원재료 850,000원

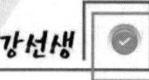

12. ③ 275,000원=(직접재료원가 400,000원+직접노무원가 150,000원)×배부율 0.5원
  • 제조간접원가 배부율 : 제조간접원가 500,000원÷(직접재료원가 800,000원+직접노무원가 200,000원)
    =0.5원/직접원가당

13. ④ 간이과세자가 일반과세자로 변경되는 경우 : 그 변경되는 해의 1월 1일부터 6월 30일까지

14. ① 공급연월일은 임의적 기재사항이며, 작성연월일이 필요적 기재사항이다.

15. ② 상품권이 현물과 교환되어 재화가 실제로 인도되는 때를 공급시기로 본다.

실무시험

문제 1

[1] [기초정보관리]>[거래처등록]>[일반거래처]> • 코드 : 01230 • 거래처명 : 태형상사
 • 유형 : 3.동시
 • 사업자등록번호 : 107-36-25785
 • 대표자성명 : 김상수   • 업태 : 도소매
 • 종목 : 사무기기
 • 사업장주소 : 서울시 동작구 여의대방로10가길 1(신대방동)

[2] [거래처별 초기이월]> • 받을어음>㈜원수 10,000,000원→15,000,000원으로 수정
 • 단기차입금>㈜이태백 10,000,000원 추가입력
 • 단기차입금>㈜빛날통신 3,000,000원→13,000,000원으로 수정

[3] [전기분원가명세서]> • 보험료(제) 1,000,000원 추가입력
 • 당기제품제조원가 93,000,000원→94,000,000원 금액 변경 확인
[전기분손익계산서]> • 제품매출원가>당기제품제조원가 93,000,000원→94,000,000원으로 수정
 • 매출원가 금액 120,350,000원→121,350,000원 변경 확인
 • 보험료(판) 3,000,000원→2,000,000원으로 수정
 • 당기순이익 356,150,000원 변동 없음.
 따라서 재무상태표, 잉여금처분계산서는 변동사항 없음.

문제 2

[1] 일반전표입력
2025.08.20.   (차) 기부금   2,000,000원   (대) 제품   2,000,000원
                                                     (적요 8. 타계정으로 대체액)
 • 제품을 기부하였을 경우 해당 비용은 원가의 금액으로 하며, 적요는 8. 타계정으로 대체 처리한다.

[2] 일반전표입력
2025.09.02.   (차) 단기차입금(전마나) 20,000,000원   (대) 보통예금   15,000,000원
                                                        채무면제이익   5,000,000원

[3] 일반전표입력
2025.10.19.   (차) 외상매입금(㈜용인) 2,500,000원   (대) 현금   1,500,000원
                                                        받을어음(㈜수원) 1,000,000원

[4] 일반전표입력
2025.11.06.   (차) 예수금   270,000원   (대) 현금   601,500원
                  보험료(제)   221,000원
                  보험료(판)   110,500원

[5] 일반전표입력
2025.11.11.   (차) 퇴직급여(판)   6,800,000원   (대) 보통예금   7,000,000원
                  수수료비용(판)   200,000원

[6] 일반전표입력
2025.12.03.   (차) 보통예금   4,750,000원   (대) 단기매매증권   4,000,000원
                                                      단기매매증권처분이익 750,000원
 • 처분금액 : 10,000원×500주 − 처분수수료 250,000원 = 4,750,000원
 • 장부금액 : 8,000원×500주 = 4,000,000원
 • 처분손익 : 처분금액 4,750,000원 − 장부금액 4,000,000원 = 처분이익 750,000원

문제 3

[1] 매입매출전표입력
유형: 57.카과 공급가액: 200,000원 부가세: 20,000원 거래처: 저팔계산업 분개: 카드 또는 혼합
신용카드사: 하나카드

2025.07.28.	(차) 부가세대급금	20,000원	(대) 미지급금(하나카드)	220,000원
	복리후생비(판)	200,000원		

[2] 매입매출전표입력
유형: 11.과세 공급가액: 13,500,000원 부가세: 1,350,000원 거래처: 보람테크㈜ 전자: 여 분개: 혼합

2025.09.03.	(차) 감가상각누계액	38,000,000원	(대) 부가세예수금	1,350,000원
	현금	4,850,000원	기계장치	50,000,000원
	미수금	10,000,000원	유형자산처분이익	1,500,000원

[3] 매입매출전표입력
유형: 51.과세 공급가액: 5,000,000원 부가세: 500,000원 거래처: 마산상사 전자: 여 분개: 혼합

2025.09.22.	(차) 부가세대급금	500,000원	(대) 받을어음(㈜서울)	2,000,000원
	원재료	5,000,000원	외상매입금	3,500,000원

[4] 매입매출전표입력
유형: 12.영세 공급가액: 70,000,000원 거래처: NICE Co.,Ltd 전자: 여 분개: 혼합
영세율구분: ③내국신용장·구매확인서에 의하여 공급하는 재화

2025.10.31.	(차) 외상매출금	35,000,000원	(대) 제품매출	70,000,000원
	보통예금	35,000,000원		

[5] 매입매출전표입력
유형: 54.불공 공급가액: 1,500,000원 부가세: 150,000원 거래처: 손오공상사 전자: 여 분개: 혼합
불공제사유: ④접대비 및 이와 유사한 비용 관련

2025.11.04.	(차) 접대비(판)	1,650,000원	(대) 미지급금	1,650,000원

[6] 매입매출전표입력
유형: 54.불공 공급가액: 50,000,000원 부가세: 5,000,000원 거래처: ㈜만듬건설 전자: 여 분개: 혼합
불공제사유: ⑥토지의 자본적지출 관련

2025.12.05.	(차) 토지	55,000,000원	(대) 선급금	5,500,000원
			미지급금	49,500,000원

문제 4

[1] 일반전표입력
- 수정 전 : 2025.11.10. (차) 수선비(제)　　　880,000원　　(대) 보통예금　　　880,000원
- 수정 후 : 2025.11.10. (차) 미지급금(가나상사) 880,000원　(대) 보통예금　　　880,000원

[2] 매입매출전표입력
- 수정 전
  유형: 16.수출 공급가액: 10,000,000원 거래처: ㈜강서기술 전자: 부 분개: 혼합
  영세율구분:①직수출(대행수출 포함)
  2025.12.15.　(차) 외상매출금　　　10,000,000원　(대) 제품매출　　10,000,000원
- 수정 후
  유형: 12.영세 공급가액: 10,000,000원 거래처: ㈜강서기술 전자: 여 분개: 혼합
  영세율구분:③내국신용장·구매확인서에 의하여 공급하는 재화
  2025.12.15.　(차) 외상매출금　　　10,000,000원　(대) 제품매출　　10,000,000원

문제 5

[1] 일반전표입력
2025.12.31.　(차) 미수수익　　　2,250,000원　(대) 이자수익　　2,250,000원
- 이자수익 : 50,000,000원×6%×9/12 = 2,250,000원

[2] 일반전표입력
2025.12.31.　(차) 선급비용　　　900,000원　(대) 임차료(제)　　900,000원

[3] 일반전표입력
2025.12.31.　(차) 단기매매증권평가손실　2,000,000원　(대) 단기매매증권　2,000,000원

문제 6

[1] 3,000,000원 = 3월 8,400,000원 - 1월 5,400,000원
- [총계정원장]>기간 : 1월 1일~6월 30일>계정과목 : 801.급여 조회

[2] 8,140,000원 = 3월 13,000,000원 - 4월 4,860,000원
- [거래처원장]> · 기간 : 3월 1일~3월 31일>계정과목 : 404.제품매출>거래처 : 일천상사 조회>대변합계
  　　　　　　 · 기간 : 4월 1일~4월 30일>계정과목 : 404.제품매출>거래처 : 일천상사 조회>대변합계

[3] 6매, 10,320,000원
- [세금계산서합계표]>매출>기간 : 1월~3월 조회

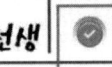

제110회 기출문제

이론시험

01	02	03	04	05	06	07	08	09	10	11	12	13	14	15
①	④	②	②	①	④	②	④	①	①	③	④	④	③	②

01. ① 재무상태표는 일정 시점 현재 기업이 보유하고 있는 자산과 부채, 그리고 자본에 대한 정보를 제공하는 재무보고서이다.
    - 일정 기간 동안의 기업의 수익과 비용에 대해 보고하는 보고서는 손익계산서이다.
    - 일정 기간 동안의 현금의 유입과 유출의 정보를 제공하는 보고서는 현금흐름표이다.
    - 기업의 자본변동에 관한 정보를 제공하는 재무보고서는 자본변동표이다.

02. ④ 임대보증금은 비유동부채에 포함된다.

03. ② 내부적으로 창출한 브랜드, 고객목록과 같은 항목은 무형자산으로 인식할 수 없다.

04. ② 시용판매의 경우에는 소비자가 매입의사를 표시하는 시점에 수익을 인식한다.

05. ① 매출 시점에 실제 취득원가를 기록하여 매출원가로 대응시켜 원가 흐름을 가장 정확하게 파악할 수 있는 재고자산의 단가 결정 방법은 개별법이다.

06. ④ 일용직 직원에 대한 수당은 잡급(판)으로 처리한다. 이자수익은 영업외수익으로, 재해손실과 이자비용은 영업외비용으로 처리한다.

07. ② 100,000원 증가 = 단기매매증권평가이익 300,000원 − 투자자산처분손실 200,000원
    - 결산일에 매도가능증권을 공정가치로 평가하여 발생하는 손익은 기타포괄손익누계액(자본)으로 회계처리하도록 규정하고 있다.
    - 단기매매증권평가이익 : 공정가치 3,300,000원 − 장부금액 3,000,000원 = 300,000원
    - 투자자산처분손실 : 처분금액 8,800,000원 − 장부금액 9,000,000원 = △200,000원

08. ④ 650,000원 = 기초자본 400,000원 + 추가출자 100,000원 − 이익배당액 50,000원 + 당기순이익 200,000원
    - 기초자본 : 기초자산 900,000원 − 기초부채 500,000원 = 400,000원
    - 당기순이익 : 총수익 1,100,000원 − 총비용 900,000원 = 200,000원

09. ① 외부의 정보이용자들에게 유용한 정보를 제공하는 것은 재무회계의 목적이다.

10. ① 변동원가는 조업도가 증가할수록 총원가는 증가하지만 단위당 원가는 변동이 없다. 고정원가는 조업도가 증가할 때 총원가는 일정하며 단위당 원가는 감소한다.

11. ③ 단계배분법을 사용할 경우, 배부순서에 따라 각 보조부문에 배분되는 금액은 차이가 발생한다.

12. ④ 공정별 원가계산에 적합한 것이 종합원가계산이다.

13. ④ 증여로 인하여 사업자의 명의가 변경되는 경우
- 증여로 인하여 사업자의 명의가 변경되는 경우는 폐업 사유에 해당한다. 증여자는 폐업, 수증자는 신규 사업자등록 사유이다.

14. ③ 영세율은 완전면세제도이다.

15. ② 도매업

전산회계 1급

실무시험

문제 1

[1] [거래처등록]>[신용카드] 탭>
- 코드 : 99850
- 거래처명 : 하나카드
- 유형 : 2.매입
- 카드번호 : 5531-8440-0622-2804
- 카드종류 : 3.사업용카드

[2] [계정과목및적요등록]>812.여비교통비>
- 현금적요 NO.6, 야근 시 퇴근택시비 지급
- 대체적요 NO.3, 야근 시 퇴근택시비 정산 인출

[3]
- [전기분원가명세서]>
  - 511.복리후생비 9,000,000원>10,000,000원
  - 당기제품제조원가 94,200,000원>95,200,000원
- [전기분손익계산서]>
  - 당기제품제조원가 94,200,000원>95,200,000원
  - 455.제품매출원가 131,550,000원>132,550,000원
  - 811.복리후생비 30,000,000원>29,000,000원
  - 당기순이익 61,390,000원 확인
- [전기분이익잉여금처분계산서]>미처분이익잉여금이나 이월이익잉여금에 변동이 없으므로 정정 불필요
- [전기분재무상태표]>당기순이익에 변동이 없으므로 정정 불필요

문제 2

[1] 일반전표입력
2025.07.04. (차) 외상매입금(나노컴퓨터) 5,000,000원 (대) 외상매출금(나노컴퓨터) 3,000,000원
                                                        당좌예금   2,000,000원

[2] 일반전표입력
2025.09.15. (차) 보통예금 1,000,000원 (대) 배당금수익 1,000,000원

[3] 일반전표입력
2025.10.05. (차) 보통예금   4,945,000원 (대) 받을어음(㈜영춘) 5,000,000원
              매출채권처분손실   55,000원

[4] 일반전표입력
2025.10.30. (차) 세금과공과(판) 500,000원 (대) 보통예금 500,000원

[5] 일반전표입력
2025.12.12. (차) 사채 10,000,000원 (대) 보통예금   9,800,000원
                                       사채상환이익   200,000원

[6] 일반전표입력
2025.12.21. (차) 보통예금 423,000원 (대) 이자수익 500,000원
              선납세금   77,000원

문제 3

[1] 매입매출전표입력
유형: 11.과세 공급가액: 3,000,000원 부가세: 300,000원 거래처: 성심상사 전자: 여 분개: 혼합
2025.07.11. (차) 외상매출금   2,300,000원   (대) 부가세예수금   300,000원
              현금   1,000,000원   제품매출   3,000,000원

[2] 매입매출전표입력
유형: 51.과세 공급가액: 200,000,000원 부가세: 20,000,000원 거래처: ㈜대관령 전자: 여 분개: 혼합
2025.08.25. (차) 부가세대급금   20,000,000원   (대) 선급금   37,000,000원
              토지   150,000,000원   보통예금   333,000,000원
              건물   200,000,000원

[3] 매입매출전표입력
유형: 61.현과 공급가액: 350,000원 부가세: 35,000원 거래처: 골드팜㈜ 분개: 혼합
2025.09.15. (차) 부가세대급금   35,000원   (대) 보통예금   385,000원
              소모품비(판)   350,000원

[4] 매입매출전표입력
유형: 51.과세 공급가액: 15,000,000원 부가세: 1,500,000원 거래처: 경하자동차㈜ 전자: 여 분개: 혼합
2025.09.30. (차) 부가세대급금   1,500,000원   (대) 미지급금   16,500,000원
              차량운반구   15,000,000원
※ 개별소비세 과세 대상 차량이 아닌 승용차는 매입세액 공제 대상이다.

[5] 매입매출전표입력
유형: 55.수입 공급가액: 8,000,000원 부가세: 800,000원 거래처: 인천세관 전자: 여 분개: 혼합
2025.10.17. (차) 부가세대급금   800,000원   (대) 보통예금   800,000원

[6] 매입매출전표입력
유형: 14.건별 공급가액: 90,000원 부가세: 9,000원 분개: 현금 또는 혼합
2025.10.20. (차) 현금   99,000원   (대) 부가세예수금   9,000원
                                                      제품매출   90,000원

문제 4

[1] 일반전표입력 수정
- 수정 전 : 2025.08.31. (차) 이자비용　　　362,500원　　(대) 보통예금　　　362,500원
- 수정 후 : 2025.08.31. (차) 이자비용　　　500,000원　　(대) 보통예금　　　362,500원
　　　　　　　　　　　　　　　　　　　　　　　　　　　　예수금　　　　137,500원

[2] 매입매출전표입력 수정
- 수정 전
　유형: 51.과세 공급가액: 700,000 원 부가세: 70,000 원 거래처: 영포상회 전자: 여 분개: 혼합
　2025.11.30.　(차) 부가세대급금　　　70,000원　　(대) 보통예금　　　770,000원
　　　　　　　　　　건물　　　　　　　700,000원

- 수정 후
　유형: 51.과세 공급가액: 700,000 원 부가세: 70,000 원 거래처: 영포상회 전자: 여 분개: 혼합
　2025.11.30.　(차) 부가세대급금　　　70,000원　　(대) 보통예금　　　770,000원
　　　　　　　　　　수선비(제)　　　　700,000원

문제 5

[1] 일반전표입력
2025.12.31.　(차) 소모품비(제)　　1,875,000원　　(대) 소모품　　　2,500,000원
　　　　　　　　　소모품비(판)　　　625,000원
- 소모품비(판) : (3,000,000원 − 500,000원) × 25% = 625,000원
- 소모품비(제) : (3,000,000원 − 500,000원) × 75% = 1,875,000원

[2] 일반전표입력
2025.12.31.　(차) 차량유지비(판)　　150,000원　　(대) 현금과부족　　235,000원
　　　　　　　　　잡손실　　　　　　85,000원

[3] [결산자료입력]>기간 : 1월~12월>① 원재료 9,500,000원 입력>F3전표추가
　　　　　　　　　　　　　　　　　② 재공품 8,500,000원 입력
　　　　　　　　　　　　　　　　　③ 제품 13,450,000원 입력
- 원재료 : 9,500개 × 1,000원 = 9,500,000원(정상적인 수량차이는 원가에 포함한다.)

문제 6

[1] 40,465,000원 = 외상매출금 107,700,000원 - 외상매입금 67,235,000원
   • [재무상태표]>기간 : 2025년 05월 조회

[2] 48,450,000원 = 12.영세 38,450,000원 + 16.수출 10,000,000원
   1. [매입매출장]>조회기간 : 2025년 04월 01일~2025년 06월 30일
                  >구분 : 2.매출
                  > • 유형 : 12.영세>⓪ 전체>분기계 합계 금액 확인
                    • 유형 : 16.수출>분기계 합계 금액 확인

   2. [부가가치세신고서]>조회기간 : 2025년 4월 1일~2025년 6월 30일
                    >과세표준및매출세액>영세> • 세금계산서발급분 금액
                                         • 기타 금액

[3] 도서인쇄비, 10,000원
   • [일계표(월계표)]>[월계표] 탭>조회기간 : 2025년 06월~2025년 06월

제111회 기출문제

이론시험

01	02	03	04	05	06	07	08	09	10	11	12	13	14	15
④	①	②	①	④	②	②	①	③	③	①	④	③	②	③

01. ④ 회계정보의 질적 특성 중 목적 적합성에 관련된 설명이며, 예측가치, 피드백가치, 적시성이 이에 해당한다. 중립성은 표현의 충실성, 검증가능성과 함께 신뢰성에 해당하는 질적 특성이다.

02. ① 당좌자산은 유동자산으로 구분된다.

03. ② 원가흐름 가정 중 선입선출법은 먼저 입고된 자산이 먼저 출고된 것으로 가정하여 입고 일자가 빠른 원가를 출고 수량에 먼저 적용한다. 선입선출법은 실제 물량 흐름에 대한 원가흐름의 가정이 유사하다는 장점이 있으나, 수익·비용 대응의 원칙에 부적합하고, 물가 상승 시 이익이 과대 계상되는 단점이 있다.

04. ① 1,000,000원 = 배당금지급통지서 500,000원 + 타인발행수표 500,000원
- 현금성자산에 해당하는 것은 배당금지급통지서, 타인발행수표이다.

05. ④ 주식배당과 무상증자는 순자산의 증가가 발생하지 않는다.

06. ② 대손상각비, 기부금, 퇴직급여, 이자수익이 손익계산서에 나타나는 계정과목이다. 현금, 외상매출금은 재무상태표에 나타나는 자산 계정과목이다.

07. ② 3,487,500원 = (취득원가 10,000,000원 − 감가상각누계액 2,250,000원) × 45%
- 2023년 12월 31일 감가상각비 : 취득원가 10,000,000원 × 45% × 6/12 = 2,250,000원

08. ① 기업의 정상적인 영업활동의 결과로써 재고자산은 제조와 판매를 통해 매출원가로 대체된다. 그러나 재고자산이 외부 판매 이외의 용도로 사용될 경우 '타계정대체'라 하며 이때는 매출원가가 증가하지 않는다.

09. ③ 변동원가는 생산량이 증가할 경우 총원가는 증가하지만, 단위당 원가는 일정하다.

10. ③ 건설업
- 정유업, 제분업, 식품가공업은 종합원가계산의 적용이 가능한 업종으로 개별원가계산은 적합하지 않다.

11. ① 생산과정에서 나오는 원재료의 찌꺼기는 작업폐물이다.

12. ④ 과소배부 50,000원 = 실제발생액 300,000원 – 예정배부액 250,000원
- 예정배부율 : 제조간접원가 예상액 2,500,000원/예상 직접노무시간 50,000시간 = 50원/시간
- 예정배부액 : 6월 실제 직접노무시간 5,000시간 × 예정배부율 50원/시간 = 250,000원
  (제조간접원가 장부계상액)

13. ③ 면세제도

14. ② 제품의 외상판매는 재화의 공급에 해당한다.
- 재화의 공급으로 보지 않는 특례 – 사업의 양도
  (사업양수 시 양수자 대리납부의 경우 재화의 공급으로 인정)
   – 담보의 제공·조세의 물납·법률에 따른 공매·경매
   – 법률에 따른 수용·신탁재산의 이전

15. ③ 매출할인액은 과세표준에서 제외한다.

실무시험

문제 1

[1] [기초정보관리]>[계정과목및적요등록]>831.수수료비용>현금적요NO.8, 결제 대행 수수료

[2] [거래처등록]>[금융기관] 탭> • 거래처코드 : 98005
　　　　　　　　　　　　　　　• 거래처명 : 수협은행
　　　　　　　　　　　　　　　• 유형 : 3.정기적금
　　　　　　　　　　　　　　　• 계좌번호 : 110-146-980558

[3] [거래처별초기이월]> • 지급어음> • 천일상사 9,300,000원→6,500,000원으로 수정
　　　　　　　　　　　　　　　　　• 모닝상사 5,900,000원→8,700,000원으로 수정
　　　　　　　　　• 미지급금> • 대명㈜ 8,000,000원→4,500,000원으로 수정
　　　　　　　　　　　　　　　• ㈜한울 4,400,000원→7,900,000원으로 수정

문제 2

[1] 일반전표입력
2025.07.10. (차) 예수금　　　　　　　22,000원　(대) 보통예금　　　　　　22,000원

[2] 일반전표입력
2025.07.16. (차) 선급금(㈜홍명)　1,000,000원　(대) 당좌예금　　　　1,000,000원

[3] 일반전표입력
2025.08.10. (차) 미지급금(비씨카드) 2,000,000원 (대) 보통예금　　　　2,000,000원

[4] 일반전표입력
2025.08.20. (차) 여비교통비(판)　　380,000원　(대) 전도금　　　　　　600,000원
　　　　　　　　　현금　　　　　　　220,000원

[5] 일반전표입력
2025.09.12. (차) 현금　　　　　　8,000,000원　(대) 미수금(우리기계)　8,000,000원

[6] 일반전표입력
2025.10.28. (차) 보통예금　　　　41,400,000원　(대) 외상매출금(lailai co. ltd.) 39,000,000원
　　　　　　　　　　　　　　　　　　　　　　　　　외환차익　　　　　2,400,000원

문제 3

[1] 매입매출전표입력
유형: 11.과세 공급가액: 23,000,000원 부가세: 2,300,000원 거래처: ㈜아이닉스 전자: 여 분개: 외상 또는 혼합
2025.07.06. (차) 외상매출금   25,300,000원   (대) 부가세예수금   2,300,000원
                                                   제품매출   23,000,000원

[2] 매입매출전표입력
유형: 14.건별 공급가액: 500,000원 부가세: 50,000원 거래처: 없음 전자: 부 분개: 혼합
2025.08.10. (차) 접대비(제)   350,000원   (대) 부가세예수금   50,000원
                                                   제품   300,000원
                                                   (적요 8. 타계정으로 대체액)

[3] 매입매출전표입력
유형: 11.과세 공급가액: 9,000,000원 부가세: 900,000원 거래처: 팔팔물산 전자: 여 분개: 현금 또는 혼합
2025.09.16. (차) 현금   9,900,000원   (대) 부가세예수금   900,000원
                                                   제품매출   9,000,000원

[4] 매입매출전표입력
유형: 51.과세 공급가액: 5,000,000원 부가세: 500,000원 거래처: 잘나가광고 전자: 여 분개: 혼합
2025.09.26. (차) 부가세대급금   500,000원   (대) 보통예금   5,500,000원
             비품   5,000,000원

[5] 매입매출전표입력
유형: 51.과세 공급가액: 2,500,000원 부가세: 250,000원 거래처: 메타가구 전자: 여 분개: 혼합
2025.10.15. (차) 부가세대급금   250,000원   (대) 받을어음(㈜은성가구) 1,000,000원
             원재료   2,500,000원   외상매입금   1,750,000원

[6] 매입매출전표입력
유형: 54.불공 공급가액: 3,800,000원 부가세: 380,000원 거래처: 니캉전자 전자: 여 분개: 혼합
불공제사유:② 사업과 직접 관련 없는 지출
2025.12.20. (차) 가지급금(한태양)   4,180,000원   (대) 보통예금   4,180,000원

문제 4

[1] 매입매출전표입력 수정
- 수정 전: 유형: 58.카면 공급가액: 44,000원 거래처: 사거리주유소 분개: 카드 또는 혼합
  신용카드사:비씨카드
  2025.08.17. (차) 차량유지비(판)   44,000원   (대) 미지급금(비씨카드)   44,000원
- 수정 후: 유형: 57.카과 공급가액: 40,000원 부가세: 4,000원 거래처: 사거리주유소 분개: 카드 또는 혼합
  신용카드사:비씨카드
  2025.08.17. (차) 부가세대급금   4,000원   (대) 미지급금(비씨카드)   44,000원
              차량유지비(판)   40,000원

[2] 일반전표입력 수정
- 수정 전 : 2025.11.12.   (차) 접대비(판)   500,000원   (대) 현금   500,000원
- 수정 후 : 2025.11.12.   (차) 복리후생비(제)   500,000원   (대) 현금   500,000원

문제 5

[1] 일반전표입력
2025.12.31. (차) 부가세예수금   49,387,500원   (대) 부가세대급금   34,046,000원
                                              미지급세금   15,341,500원

[2] 일반전표입력
2025.12.31. (차) 선급비용   3,600,000원   (대) 보험료(제)   3,600,000원

[3]
1. [결산자료입력]>F7감가상각>차량운반구(제조) 결산반영금액 입력>결산반영>F3전표추가
2. 또는 [결산자료입력]>2. 매출원가
         >2). 일반감가상각비>차량운반구 결산반영금액 입력>F3전표추가
3. 또는 일반전표입력
2025.12.31. (차) 감가상각비(제)   4,500,000원   (대) 감가상각누계액(209)   4,500,000원
                      또는 4,250,000원   또는 4,250,000원
                      또는 4,290,410원   또는 4,290,410원

문제 6

[1] 40,000,000원
- [계정별원장]>기간 : 4월 1일~4월 30일>계정과목 : 108.외상매출금 조회>대변 월계금액 확인

[2] 117,630,000원
 = 6월 매출액 147,150,000원 - 2월 매출액 29,520,000원
- [총계정원장]>[월별] 탭>기간 : 01월 01일~06월 30일>계정과목 : 404.제품매출 조회>대변 금액 확인

[3] 6,372,000원
- [부가가치세신고서]>기간 : 4월 1일~6월 30일>11.고정자산매입(세금계산서수취분) 세액란 금액 확인

제112회 기출문제

이론시험

01	02	03	04	05	06	07	08	09	10	11	12	13	14	15
③	④	②	①	①	③	④	④	①	④	②	①	②	③	③

01. ③ 재무제표는 재무상태표, 손익계산서, 현금흐름표, 자본변동표로 구성되며, 주석을 포함한다.

02. ④ 생산량은 생산량비례법을 계산할 때 필수요소이다.

03. ② 자기주식은 이익잉여금처분계산서에 나타나지 않는다.

04. 위탁매출은 수탁자가 해당 재화를 제3자에게 판매한 시점에 수익으로 인식한다.

05. ① 임차보증금은 기타비유동자산으로 분류하고, 나머지는 무형자산으로 분류한다.

06. 자기주식처분이익은 자본잉여금으로 분류되고, 자기주식, 주식할인발행차금, 감자차손은 자본조정으로 분류된다.

07. ④ 기말재고자산을 실제보다 낮게 계상한 경우, 매출원가가 과대계상되므로 그 결과 당기순이익과 자본은 과소계상된다.

08. ④ 회계처리 : (차) 투자부동산   5,200,000원   (대) 미지급금   5,000,000원
                                                          현금   200,000원

09. ① 총고정원가는 관련 범위 내에서 일정하고, 관련 범위 밖에는 일정하다고 할 수 없다.

10. ④ 매출원가는 손익계산서에서 제공되는 정보이다.

11. ② 공장 인사 관리 부문의 원가는 종업원의 수를 배부기준으로 하는 것이 적합하다.

12. ①
- 직접재료원가 완성품환산량 : 완성품 30,000개 + 기말재공품 10,000개 - 기초재공품 5,000개 = 35,000개
- 가공원가 완성품환산량 : 완성품 30,000개 + 기말재공품 10,000개 × 30% - 기초재공품 5,000개 × 70% = 29,500개

13. ② 생산지국과세원칙
- 우리나라 부가가치세법은 소비지국과세원칙을 채택하고 있다.

14. ③ 폐업자의 경우 폐업일이 속하는 달의 다음 달 25일까지 확정신고를 하여야 한다.

15. ③ 비영업용 소형승용차가 아니므로 매입세액공제 가능하다.
- 접대비는 매입세액불공제 대상이다.
- 비영업용소형승용차의 구입, 유지, 임차를 위한 비용은 매입세액을 불공제한다.
- 세금계산서, 신용카드매출전표, 현금영수증에 기재된 매입세액은 공제가능하다.

실무시험

문제 1

[1] [기초정보관리]>[거래처등록]>[일반거래처] 탭> · 거래처코드 : 5230
· 거래처명 : ㈜대영토이
· 유형 : 3.동시
· 사업자등록번호 : 108-86-13574
· 대표자 : 박완구
· 업태 : 제조
· 종목 : 완구제조
· 사업장주소 : 경기도 광주시 오포읍 왕림로 139

[2] [전기분재무제표]>[거래처별초기이월]> · 외상매출금>튼튼사무기 8,300,000원→3,800,000원
· 받을어음>㈜강림상사 20,000,000원→2,000,000원
· 외상매입금>㈜해원상사 4,600,000원 추가 입력

[3] [전기분재무제표]> · [전기분재무상태표]> · 원재료 73,600,000원→75,600,000원 수정
· [전기분원가명세서]> · 기말원재료재고액 73,600,000원 → 75,600,000원 확인
· 당기제품제조원가 505,835,000원→503,835,000원 확인
· [전기분손익계산서]> · 당기제품제조원가 505,835,000원→503,835,000원 수정
· 당기순이익 131,865,000원→133,865,000원 확인
· [전기분잉여금처분계산서]> · 당기순이익 131,865,000원→133,865,000원 수정
· 미처분이익잉여금 169,765,000원→171,765,000원 확인
· [전기분재무상태표]> · 이월이익잉여금 169,765,000원→171,765,000원 수정

문제 2

[1] 일반전표입력
2025.08.10. (차) 예수금 340,000원 (대) 보통예금 680,000원
복리후생비(제) 340,000원

[2] 일반전표입력
2025.08.23. (차) 부도어음과수표(㈜애플전자) 3,500,000원 (대) 받을어음(㈜애플전자) 3,500,000원

[3] 일반전표입력
2025.09.14. (차) 잡급(판) 420,000원 (대) 현금 420,000원

[4] 일반전표입력
2025.09.26. (차) 퇴직급여충당부채 5,000,000원 (대) 퇴직연금운용자산 5,000,000원

[5] 일반전표입력
2025.10.16. (차) 보통예금 37,000,000원 (대) 단기매매증권 35,000,000원
단기매매증권처분이익 2,000,000원
※ 단기매매증권의 취득과 관련된 거래원가(취득수수료)는 수수료비용(영업외비용)으로 처리한다.

[6] 일반전표입력
2025.11.29. (차) 보통예금 49,000,000원 (대) 사채 50,000,000원
사채할인발행차금 1,000,000원

문제 3

[1] 매입매출전표입력
유형: 11.과세 공급가액: 10,000,000 원 부가세: 1,000,000 원 공급처명: ㈜신도기전 전자: 여 분개: 혼합
2025.09.02.　(차) 받을어음　　　　　8,000,000원　(대) 부가세예수금　　　1,000,000원
　　　　　　　　　　외상매출금　　　　3,000,000원　　　제품매출　　　　　10,000,000원

[2] 매입매출전표입력
유형: 57.카과 공급가액: 450,000 원 부가세: 45,000 원 공급처명: 인천상회 분개: 카드 또는 혼합
신용카드사:우리카드(법인)
2025.09.12.　(차) 부가세대급금　　　　45,000원　(대) 미지급금(우리카드(법인)) 495,000원
　　　　　　　　　　복리후생비(제)　　　450,000원　　　(또는 미지급비용)

[3] 매입매출전표입력
유형: 16.수출 공급가액: 100,000,000 원 거래처: PYBIN사 분개: 혼합
영세율구분:①직접수출(대행수출 포함)
2025.10.05.　(차) 보통예금　　　　100,000,000원　(대) 제품매출　　　　100,000,000원

[4] 매입매출전표입력
유형: 53.면세 공급가액: 1,375,000 원 거래처: 영건서점 전자: 여 분개: 현금 또는 혼합
2025.10.22.　(차) 도서인쇄비(판)　　1,375,000원　(대) 현금　　　　　　　1,375,000원

[5] 매입매출전표입력
유형: 22.현과 공급가액: 8,000,000 원 부가세: 800,000 원 공급처명: 없음 분개: 혼합
2025.11.02.　(차) 보통예금　　　　　8,800,000원　(대) 부가세예수금　　　　800,000원
　　　　　　　　　　　　　　　　　　　　　　　　　제품매출　　　　　8,000,000원
※ 거래처는 입력하지 않아도 무방함

[6] 매입매출전표입력
유형: 54.불공 공급가액: 500,000 원 부가세: 50,000 원 공급처명: 홍성백화점 전자: 여 분개: 카드 또는 혼합
불공제사유:④접대비 및 이와 유사한 비용 관련
2025.12.19.　(차) 접대비(판)　　　　550,000원　(대) 미지급금(국민카드)　550,000원
　　　　　　　　　　　　　　　　　　　　　　　　　(또는 미지급비용)

문제 4

[1] 일반전표입력
- 수정 전 : 2025.07.31. (차) 퇴직급여(판)　　　14,000,000원　　(대) 보통예금　　　14,000,000원

- 수정 후 : 2025.07.31. (차) 퇴직연금운용자산　14,000,000원　　(대) 보통예금　　　14,000,000원

[2] 매입매출전표
- 수정 전 :
  유형: 51.과세 공급가액: 5,000,000 원 부가세: 500,000 원 공급처명: 다다마트 전자: 여 분개: 현금
  2025.10.28.　　(차) 부가세대급금　　　500,000원　　(대) 현금　　　5,500,000원
  　　　　　　　　　　복리후생비(판)　　5,000,000원
- 수정 후 :
  유형: 54.불공 공급가액: 5,000,000 원 부가세: 500,000 원 공급처명: 다다마트 전자: 여 분개: 현금 또는 혼합
  불공제사유:④접대비 및 이와 유사한 비용 관련
  2025.10.28.　　(차) 접대비(판)　　　5,500,000원　　(대) 현금　　　5,500,000원

문제 5

[1] 일반전표입력
2025.12.31.　　　　　(차) 미수수익　　150,000원　　(대) 이자수익　　　150,000원

- 5,000,000원×6%×6/12 = 150,000원

[2] 일반전표입력
2025.12.31.　　　　　(차) 외화환산손실　80,000원　　(대) 외상매입금(상하이)　80,000원

- 외화환산손실 : (결산일 기준환율 1,040원×$2,000) - 장부금액 2,000,000원 = 80,000원

[3]
1]. [결산자료입력]>기간 : 1월~12월>F8대손상각> · 외상매출금 80,000원 입력>결산반영>F3전표추가
   - 받을어음 -30,000원 입력
2]. 또는 일반전표입력
2025.12.31.　　(차) 대손상각비(835)　　80,000원　　(대) 대손충당금(109)　　　80,000원
　　　　　　　　　　대손상각비(835)　　-30,000원　　　　대손충당금(111)　　　-30,000원
　　　또는　(차) 대손상각비(835)　　50,000원　　(대) 대손충당금(109)　　　80,000원
　　　　　　　　　　　　　　　　　　　　　　　　　　　　대손충당금(111)　　　-30,000원

문제 6

[1] 700,000원
- [매입매출장]>조회기간 : 2025년 01월 01일~2025년 03월 31일>구분 : 2.매출>유형 : 22.현과

[2] 3,162,300원
- [일(월)계표]>조회기간 : 2025년 06월 01일~2025년 06월 30일>5.제조원가 차변 현금액 확인

[3] 전설유통, 700,000원
- [거래처원장]>조회기간 : 2025년 1월 1일~2025년 6월 30일>계정과목 : 251.외상매입금 조회

제113회 기출문제

이론시험

01	02	03	04	05	06	07	08	09	10	11	12	13	14	15
③	③	③	④	①	②	④	①	①	②	②	④	③	②	④

01. ③ 회계는 발생주의를 기본적 특징으로 한다. 위 내용은 현금주의에 대한 설명이다.
 ① 기업실체의 가정, ② 계속기업의 가정, ④ 기간별보고의 가정

02. ③ 상품의 매입환출 및 매입에누리는 매출원가 계산 시 총매입액에서 차감하는 항목이다.

03. ③ 23억5,000만원
 = 매입금액 20억원 + 자본화차입원가 1억 5,000만원 + 취득세 2억원
 · 관리 및 기타 일반간접원가는 판매비와관리비로서 당기 비용처리한다.

04. ④ 일반기업회계기준은 무형자산의 회계처리와 관련하여 영업권을 포함한 무형자산의 내용연수를 원칙적으로 20년을 초과하지 않도록 한정하고 있다.

05. ① 합계잔액시산표에 관한 설명으로 합계잔액시산표는 재무제표에 해당하지 않는다. 재무제표는 재무상태표, 손익계산서, 현금흐름표 및 자본변동표와 주석으로 구성되어 있다.
 ② 재무상태표 ③ 자본변동표 ④ 주석

06. ② 유동성장기부채는 비유동부채였으나 보고기간 종료일 현재 만기가 1년 이내 도래하는 부채를 의미하므로 영업주기와 관계없이 유동부채로 분류한다.

07. ④ 매도가능증권평가이익은 기타포괄손익누계액에 포함되는 항목으로 매도가능증권평가이익의 증감은 포괄손익계산서상의 기타포괄손익에 영향을 미친다.

08. ① 당기순손실 360,000원

기초상품 재고액	매입액	기말상품 재고액	매출원가	매출액	매출총이익	판매비와 관리비	당기순손익
219,000원	350,000원	110,000원	459,000원	290,000원	-169,000원	191,000원	-360,000원

09. ① 고정원가는 조업도가 증가할수록 단위당 원가는 감소한다.

10. ② 단계배분법은 보조부문 상호 간의 용역수수관계를 일부 인식하는 방법이다.

11. ② 2,300,000원

        = 직접재료원가 1,150,000원 + 직접노무원가 450,000원 + 제조간접원가 700,000원
- 당기총제조원가 : 직접재료원가 + 직접노무원가 + 제조간접원가
- 직접재료원가 : 기초원재료 300,000원 + 당기원재료매입액 1,300,000원 − 기말원재료 450,000원 = 1,150,000원
- 직접노무원가 : 당기지급임금액 350,000원 + 당기미지급임금액 250,000원 − 전기미지급임금액 150,000원 = 450,000원

12. ④ 개별원가계산에 대한 설명이다.

13. ③ 사업자등록을 한 일반과세자

14. ② 중소기업의 외상매출금 및 미수금(이사 "외상매출금등"이라 한다)으로서 회수기일이 2년 이상 지난 외상매출금 등은 부가가치세법상 대손 사유에 해당한다. 다만, 특수관계인과의 거래로 인하여 발생한 외상매출금 등은 제외한다.

15. ④ 위탁판매의 경우 부가가치세법상 공급시기는 위탁받은 수탁자 또는 대리인이 실제로 판매한 때이다.

실무시험

문제 1

[1] [기초정보관리]>[거래처등록]>[일반거래처]> · 코드 : 00777
· 거래처명 : 슬기로운㈜
· 유형 : 3.동시
· 사업자번호 : 253-81-13578
· 대표자성명 : 김슬기
· 업태 : 도매
· 종목 : 금속
· 사업장주소 : 부산광역시 부산진구 중앙대로 663(부전동)

[2] [계정과목및적요등록]>134.가지급금>대체적요란>적요NO 8 : 출장비 가지급금 정산

[3] · [전기분 원가명세서]>임금 45,000,000원 → 47,200,000원 수정
　　　　　　　　　　　>당기제품제조원가 398,580,000원 → 400,780,000원 변경 확인
　· [전기분 손익계산서]>제품매출원가>당기제품제조원가 398,580,000원 → 400,780,000원 수정
　　　　　　　　　　　>매출원가 391,580,000원 → 393,780,000원 변경 확인
　　　　　　　　　　　>급여 86,500,000원 → 84,300,000원 수정
　　　　　　　　　　　>당기순이익 74,960,000원 확인
　· 전기분재무상태표 및 전기분잉여금처분계산서 변동 없음

문제 2

[1] 일반전표입력
2025.07.15.　(차) 선급금(㈜상수)　3,000,000원　(대) 당좌예금　3,000,000원

[2] 일반전표입력
2025.08.05.　(차) 보통예금　864,000,000원　(대) 단기차입금(우리은행)　900,000,000원
　　　　　　　　선급비용　36,000,000원

[3] 일반전표입력
2025.09.10.　(차) 미지급금(㈜대운)　1,000,000원　(대) 임차보증금(㈜대운)　10,000,000원
　　　　　　　　보통예금　9,000,000원

[4] 일반전표입력
2025.10.20.　(차) 보통예금　1,300,000원　(대) 외상매출금(㈜영광상사)　1,300,000원

[5] 일반전표입력
2025.11.29　(차) 매도가능증권(178)　20,240,000원　(대) 보통예금　20,240,000원

[6] 일반전표입력
2025.12.08.　(차) 상품　7,560,000원　(대) 보통예금　7,560,000원

문제 3

[1] 매입매출전표입력
유형: 51.과세 공급가액: 950,000 원 부가세: 95,000 원 공급처명: ㈜산양산업 전자: 여 분개: 현금 또는 혼합
2025.08.10.	(차) 부가세대급금	95,000원	(대) 현금	1,045,000원
	소모품	950,000원		

[2] 매입매출전표입력
유형: 52.영세 공급가액: 34,000,000원 부가세: 0원 공급처명: ㈜로띠상사 전자: 여 분개: 혼합
2025.08.22.	(차) 원재료	34,000,000원	(대) 지급어음	34,000,000원

[3] 매입매출전표입력
유형: 53.면세 공급가액: 800,000 원 공급처명: 송강수산 전자: 여 분개: 혼합
2025.08.25.	(차) 복리후생비(판)	500,000원	(대) 보통예금	800,000원
	기업업무추진비(판)	300,000원		

[4] 매입매출전표입력
유형: 54.불공 공급가액: 2,100,000 원 부가세: 210,000 원 공급처명: 상해전자㈜ 전자: 여 분개: 혼합
불공제사유: ②사업과 직접 관련 없는 지출
2025.10.16.	(차) 가지급금(황동규)	2,310,000원	(대) 미지급금	2,310,000원

[5] 매입매출전표입력
유형: 17.카과 공급가액: 700,000 원 부가세: 70,000 원 공급처명: 김은우 분개: 카드 또는 혼합
신용카드사:신한카드
2025.11.04.	(차) 외상매출금(신한카드)	770,000원	(대) 부가세예수금	70,000원
			제품매출	700,000원

[6] 매입매출전표입력
유형: 57.카과 공급가액: 800,000 원 부가세: 80,000 원 공급처명: ㈜뚝딱수선 분개: 카드 또는 혼합
신용카드사:하나카드
2025.12.04.	(차) 부가세대급금	80,000원	(대) 미지급금(하나카드)	880,000원
	수선비(제)	800,000원	(또는 미지급비용)	

문제 4

[1] 일반전표입력 수정
• 수정 전 : 2,025.0909. (차) 보통예금 5,000,000원 (대) 장기차입금(㈜초록산업) 5,000,000원
• 수정 후 : 2,025.0909. (차) 보통예금 5,000,000원 (대) 장기차입금(㈜초록산업) 3,000,000원
                                                  단기차입금(㈜초록산업) 2,000,000원

[2]
• 수정 전 : 일반전표입력
2025.10.15	(차) 차량유지비(판)	275,000원	(대) 현금	275,000원

• 수정 후 : 일반전표 삭제 후 매입매출전표입력
유형: 51.과세 공급가액: 250,000 원 부가세: 25,000 원 공급처명: 바로카센터 전자: 여 분개: 현금 또는 혼합
2025.10.15	(차) 부가세대급금	25,000원	(대) 현금	275,000원
	차량유지비(판)	250,000원		

문제 5

[1] 일반전표입력
2025.12.31.　　　(차) 외화환산손실　200,000원　(대) 외상매입금(NOVONO)　200,000원

- 기말환산액 : $2,000×결산 시 기준환율 1,200원=2,400,000원
- 장부금액 : $2,000×매입 시 기준환율 1,100원=2,200,000원
- 외화환산손실 : 기말환산액 2,400,000원-장부금액 2,200,000원=200,000원, 외화부채이므로 외화환산손실로 처리한다.

[2] 일반전표입력
2025.12.31.　　　(차) 단기매매증권평가손실　원 2,000,000　(대) 단기매매증권　2,000,000원

[3]
2025.12.31.　　　(차) 선급비용　1,200,000원　(대) 보험료(제)　1,200,000원

문제 6

[1] 공급가액 5,100,000원, 세액 300,000원
- [부가가치세신고서]>조회기간 : 2025년 4월 1일~2025년 6월 30일 조회
  　　　　　　　　>과세표준 및 매출세액란>예정신고누락분 금액 및 세액 확인
  　　　　　　　(또는 7.매출(예정신고누락분) 합계 금액 및 세액 확인)

[2] 4월, 416,000원
- [총계정원장]>[월별] 탭>기간 : 2025년 04월 01일~2025년 06월 30일>계정과목 : 0511.복리후생비 조회

[3] 세경상사, 50,000,000원
- [거래처원장]>[잔액] 탭>기간 : 2025년 1월 1일~2025년 4월 30일>계정과목 : 0253.미지급금 조회

제114회 기출문제

이론시험

01	02	03	04	05	06	07	08	09	10	11	12	13	14	15
②	④	②	③	②	④	①	③	①	④	④	②	②	④	③

01. ②(차)기계장치　　27,500,000원(자산 증가)　　　　(대)미지급금　　27,500,000원(부채 증가)

02. ④ 병원 사업장소재지의 토지 및 건물은 병원의 유형자산이다.

03. ② 2,100,000원
　　　　= 취득원가 3,000,000원 – 감가상각누계액 900,000원
　　・1차연도 감가상각비 : (취득원가 3,000,000원 – 잔존가치 300,000원) × 5/(5+4+3+2+1) = 900,000원

04. ③ 52,000,000원
　　　　= 신제품 특허권 구입 비용 30,000,000원 + A기업의 상표권 구입 비용 22,000,000원
　　・연구단계에서 발생한 비용은 기간비용으로 처리한다.

05. ② 매도가능증권을 취득하는 경우에 발생한 수수료는 취득원가에 가산한다.

06. ④ 대손충당금은 자산의 채권 관련 계정의 차감적 평가항목이다.

07. ① 가, 라
　　・자본잉여금 : 주식발행초과금, 감자차익
　　・자본조정 : 자기주식처분손실, 주식할인발행차금

08. ③ (가)는 배당결의일의 회계처리이고, (나)는 배당지급일의 회계처리이다.

09. ① 변동원가
　　・원가행태에 따른 분류에는 변동원가, 고정원가, 혼합원가, 준고정원가가 있다.

10. ④ 2,800,000원
　　　　= 당기제품제조원가 2,500,000원 + 기말재공품 300,000원 – 기초재공품 0원
　　・당기제품제조원가 : 기말제품 500,000원 + 매출원가 2,000,000원 – 기초제품 0원 = 2,500,000원

11. ④ 11,000개
= 당기완성품 수량 8,000개 + 기말재공품 완성품환산량 3,000개

12. ② 종합원가계산에 대한 설명이다.

13. ② 부가가치세법은 인적사항을 고려하지 않는 물세이다.

14. ④ 부동산임대업자가 해당 사업에 사용하던 건물을 매각하는 경우는 과세 대상이다.

15. ③ 과세표준

실무시험

문제 1

[1] [기초정보관리]>[거래처등록]> · 코드 : 00500
· 거래처명 : 한국개발
· 유형 : 3.동시
· 사업자등록번호 : 134-24-91004
· 대표자성명 : 김한국
· 업태 : 정보통신업
· 종목 : 소프트웨어개발
· 주소 : 경기도 성남시 분당구 판교역로192번길 12 (삼평동)

[2] [기초정보관리]>[계정과목및적요등록]>862.행사지원비
>성격 : 3.경비
>현금적요 NO.1, 행사지원비 현금 지급
>대체적요 NO.1, 행사지원비 어음 발행

[3]
· [전기분원가명세서]>부재료비>당기부재료매입액 3,000,000원 추가입력
>당기제품제조원가 87,250,000원→90,250,000원으로 변경 확인
· [전기분손익계산서]>당기제품제조원가 87,250,000원→90,250,000원
>당기순이익 81,210,000원→78,210,000원으로 변경 확인
· [전기분잉여금처분계산서]>F6불러오기>당기순이익 81,210,000원→78,210,000원으로 변경 확인
>미처분이익잉여금 93,940,000원→90,940,000원으로 변경 확인
· [전기분재무상태표]>이월이익잉여금 90,940,000원으로 수정
>외상매입금 90,000,000원으로 수정

문제 2

[1] 일반전표입력
2025.07.05. (차) 퇴직급여(판) 1,400,000원 (대) 보통예금 1,400,000원

[2] 일반전표입력
2025.07.25. (차) 보통예금 4,400,000원 (대) 외상매출금(㈜고운상사) 9,900,000원
받을어음(㈜고운상사) 5,500,000원

[3] 일반전표입력
2025.08.30. (차) 보통예금 45,000,000원 (대) 받을어음(㈜재원) 50,000,000원
매출채권처분손실 5,000,000원

[4] 일반전표입력
2025.10.03. (차) 보통예금 2,300,000원 (대) 배당금수익 2,300,000원

[5] 일반전표입력
2025.10.31. (차) 급여(판) 4,900,000원 (대) 예수금 381,080원
보통예금 4,518,920원

[6] 일반전표입력
2025.12.21. (차) 당좌예금 8,450,000원 (대) 사채 8,000,000원
사채할증발행차금 450,000원

문제 3

[1] 매입매출전표입력
유형: 16.수출 공급가액: 6,000,000 원 부가세: 0 원 공급처명: NDVIDIA 분개: 외상 또는 혼합
영세율구분:①직접수출(대행수출 포함)

| 2025.07.20. | (차) 외상매출금(NDVIDIA) | 6,000,000원 | (대) 제품매출 | 6,000,000원 |

[2] 매입매출전표입력
유형: 13.면세 공급가액: 65,000,000 원 공급처명: 돌상상회 전자: 여 분개: 혼합

| 2025.07.23. | (차) 보통예금 | 30,000,000원 | (대) 토지 | 62,000,000원 |
| | 미수금 | 35,000,000원 | 유형자산처분이익 | 3,000,000원 |

[3] 매입매출전표입력
유형: 57.카과 공급가액: 4,000,000원 부가세: 400,000원 공급처명: 광고닷컴 분개: 카드 또는 혼합
신용카드사:현대카드

| 2025.08.10. | (차) 부가세대급금 | 400,000원 | (대) 미지급금(현대카드) | 4,400,000원 |
| | 광고선전비(판) | 4,000,000원 | 또는 미지급비용(현대카드) | |

[4] 매입매출전표입력
유형: 51.과세 공급가액: 12,000,000원 부가세: 1,200,000원 공급처명: ㈜고철상사 전자: 여 분개: 혼합

| 2025.08.17. | (차) 원재료 | 12,000,000원 | (대) 지급어음 | 5,000,000원 |
| | 부가세대급금 | 1,200,000원 | 외상매입금 | 8,200,000원 |

[5] 매입매출전표입력
유형: 61.현과 공급가액: 5,000,000 원 부가세: 500,000 원 공급처명: ㈜와마트 분개: 현금 또는 혼합

| 2025.08.28. | (차) 비품 | 5,000,000원 | (대) 현금 | 5,500,000원 |
| | 부가세대급금 | 500,000원 | | |

[6] 매입매출전표입력
유형: 54.불공 공급가액: 25,000,000 원 부가세: 2,500,000 원 공급처명: 대박호텔㈜ 전자: 여 분개: 혼합
불공제사유:②사업과 직접 관련 없는 지출

| 2025.11.08. | (차) 가지급금(김영순) | 27,500,000원 | (대) 보통예금 | 27,500,000원 |

• 해당 거래는 사업과 관련없는 거래로 불공제 처리하고 가지급금으로 처리한다.

문제 4

[1] 매입매출전표입력
• 수정 전 :
  유형: 51.과세 공급가액: 90,909 원 부가세: 9,091 원 공급처명: 호호꽃집 전자: 여 분개: 혼합
  2025.11.12.　　(차) 부가세대급금　　　　　9,091원　　(대) 보통예금　　　　　100,000원
  　　　　　　　　　　소모품비(판)　　　　　90,909원

• 수정 후 :
  유형: 53.면세 공급가액: 100,000 원 공급처명: 호호꽃집 전자: 여 분개: 혼합
  2025.11.12.　　(차) 소모품비(판)　　　　100,000원　　(대) 보통예금　　　　　100,000원

[2] 매입매출전표입력
• 수정 전 :
  51.과세 공급가액: 80,000,000 원 부가세: 8,000,000 원 공급처명: ㈜베스트디자인 전자: 여 분개: 혼합
  2025.12.12.　　(차) 수선비(판)　　　　80,000,000원　　(대) 보통예금　　　　88,000,000원
  　　　　　　　　　　부가세대급금　　　　8,000,000원

• 수정 후 :
  유형: 51.과세 공급가액: 80,000,000 원 부가세: 8,000,000 원 공급처명: ㈜베스트디자인 전자: 여 분개: 혼합
  2025.12.12.　　(차) 건물　　　　　　　80,000,000원　　(대) 보통예금　　　　88,000,000원
  　　　　　　　　　　부가세대급금　　　　8,000,000원

문제 5

[1] 일반전표입력
2025.12.31.　　(차) 단기매매증권　　　2,500,000원　　(대) 단기매매증권평가이익　2,500,000원

[2] 일반전표입력
2025.12.31.　　(차) 장기대여금(미국 GODS사) 140,000원　　(대) 외화환산이익　　　140,000원

• ($2,000×1,120원) − 2,100,000원 = 140,000원

[3]
1]. [결산자료입력]>9. 법인세등 > · 1). 선납세금 결산반영금액 7,000,000원 입력　　　> F3 전표추가
　　　　　　　　　　　　　　· 2). 추가계상액 결산반영금액 8,000,000원 입력

2]. 또는 일반전표입력
2025.12.31.　　(차) 법인세등　　15,000,000원　　(대) 선납세금　　　　　7,000,000원
　　　　　　　　　　　　　　　　　　　　　　　　　　미지급세금　　　　8,000,000원

문제 6

[1] 기업업무추진비, 50,000원
• [일계표(월계표)]>[월계표] 탭>조회기간 : 2025년 03월~2025년 03월

[2] 5,730,000원
　　 = 미수금 22,530,000원 − 미지급금 16,800,000원
• [재무상태표] 기간 : 2025년 02월 조회

[3] 3,060,000원
• [부가가치세신고서]>조회기간 : 4월 1일~6월 30일>공제받지못할매입세액(16)란의 세액 확인

제115회 기출문제

이론시험

01	02	03	04	05	06	07	08	09	10	11	12	13	14	15
④	④	②	③	①	①	③	③	①	③	③	①	③	④	③

01. ④ 재무제표의 기본가정 중 기간별 보고의 가정이 기말결산정리의 근거가 되는 가정이다.

02. ④ 선수수익은 유동부채 항목이다.

03. ②
- 원가 흐름의 가정 중 선입선출법은 먼저 입고된 자산이 먼저 출고된 것으로 가정하여 입고 일자가 빠른 원가를 출고 수량에 먼저 적용한다. 선입선출법은 실제 물량 흐름과 원가 흐름의 가정이 유사하다는 장점이 있으나, 수익·비용 대응의 원칙에 부적합하고, 물가 상승 시 이익이 과대 계상되는 단점이 있다.

04. ③ 건물 내부의 조명기구를 교체하는 지출은 수선유지를 위한 지출에 해당하며 이는 자본적 지출에 해당하지 않으므로 발생한 기간의 비용으로 인식한다.

05. ① 무형자산의 잔존가치는 원칙적으로 '0'인 것으로 본다.

06. ① 임차보증금은 기타비유동자산으로서 자산계정에 해당한다.

07. ③ 자기주식은 자본조정 항목이고, 자기주식처분이익과 감자차익, 주식발행초과금은 자본잉여금 항목이다.

08. ③ 100,000원
- 순매출액 : 총매출액 500,000원 - 매출할인 10,000원 = 490,000원
- 매출원가 : 기초재고 50,000원 + (당기총매입액 300,000원 - 매입에누리 20,000원) = 330,000원
- 판매비와관리비 : 급여 20,000원 + 통신비 5,000원 + 감가상각비 10,000원 + 임차료 25,000원 = 60,000원
- 영업이익 : 순매출액 490,000원 - 매출원가 330,000원 - 판매비와관리비 60,000원 = 100,000원
- 이자비용과 유형자산처분손실은 영업외비용, 배당금수익은 영업외수익이다.

09. ① 보조부문의 원가 배분방법으로는 직접배분법, 단계배분법 및 상호배분법이 있으며, 이들 배분 방법에 관계없이 전체 보조부문의 원가는 동일하다.

10. ③ 나, 마
- 가, 라 : 원가행태에 따른 분류
- 나, 마 : 의사결정과의 관련성에 따른 분류

• 다, 바 : 원가 추적가능성에 따른 분류

11. ③
  • 제조간접원가 예정배부율 : 3,800,000원/80,000시간＝47.5원/기계작업시간
  • 제조간접원가 예정배부액 : 11,000시간(#200 실제기계작업시간)×47.5원/기계작업시간＝522,500원

12. ① 평균법과 선입선출법에 의한 완성품 환산량의 차이는 기초재공품의 차이에서 발생한다.

13. ③ 사업자단위과세사업자는 모든 사업장의 부가가치세를 총괄하여 신고 및 납부할 수 있다.

14. ④ 부가가치세법 제42조, 사업자가 부가가치세를 면제받아 공급받거나 수입한 농·축·수산물 또는 임산물을 원재료로 하여 제조·가공한 재화 또는 창출한 용역의 공급에 대하여 부가가치세가 과세되는 경우 면세 농산물 등에 매입세액이 있는 것으로 보아 매입세액을 공제할 수 있다.

15. ③ 내국신용장 또는 구매확인서에 의하여 공급하는 재화는 세금계산서 발급 의무가 있다.

전산회계 1급

실무시험

문제 1

[1] [기초정보관리]>거래처등록>일반거래처> • 거래처코드 : 02411
· 거래처명 : ㈜구동컴퓨터
· 등록번호 : 189-86-70759
· 유형 : 3.동시
· 대표자 : 이주연
· 업태 : 제조
· 종목 : 컴퓨터 및 주변장치
· 사업장주소 : 울산광역시 울주군 온산읍 종동길 102

[2] [계정과목및적요등록]>821.보험료> • 현금적요 NO.7, 경영인 정기보험료 납부
· 대체적요 NO.5, 경영인 정기보험료 미지급
· 대체적요 NO.6, 경영인 정기보험료 상계

[3] [거래처별초기이월]>선급금> · 공상㈜ 1,873,000원 입력
· 해원전자㈜ 1,320,000원 → 2,320,000원으로 수정
>선수금> · ㈜유수전자 210,000원 → 2,100,000원으로 수정
· 데회전자 500,000원 삭제(또는 금액을 0원으로 수정)

문제 2

[1] 일반전표입력
2025.07.28. (차) 외상매입금(㈜경재전자) 2,300,000원 (대) 지급어음(㈜경재전자) 2,000,000원
  채무면제이익 300,000원

[2] 일반전표입력
2025.09.03. (차) 단기차입금(하나은행) 82,000,000원 (대) 보통예금 84,460,000원
  이자비용 2,460,000원

[3] 일반전표입력
2025.09.12. (차) 보통예금 13,800,000원 (대) 외상매출금(DOKY사) 14,000,000원
  외환차손 200,000원

[4] 일반전표입력
2025.10.07. (차) 보통예금 7,000,000원 (대) 자본금 5,000,000원
  주식할인발행차금 1,000,000원
  주식발행초과금 1,000,000원

[5] 일반전표입력
2025.10.28. (차) 퇴직급여(제) 8,000,000원 (대) 보통예금 12,000,000원
  퇴직급여(판) 4,000,000원

[6] 일반전표입력
2025.11.12. (차) 보통예금 2,500,000원 (대) 대손충당금(109) 2,500,000원

문제 3

[1] 매입매출전표입력
유형: 57.카과, 공급가액: 300,000 원, 부가세: 30,000 원, 공급처명: 맛나도시락, 분개: 카드 또는 혼합
신용카드사:현대카드

2025.07.03.	(차) 부가세대급금	30,000원	(대) 미지급금(현대카드)	330,000원
	복리후생비(판)	300,000원	또는 미지급비용	

[2] 매입매출전표입력
유형: 14.건별, 공급가액: 1,200,000 원, 부가세: 120,000 원, 공급처명: 최한솔, 분개: 현금 또는 혼합

2025.08.06.	(차) 현금	1,320,000원	(대) 부가세예수금	120,000원
			잡이익	1,200,000원

[3] 매입매출전표입력
유형: 12.영세, 공급가액: 5,200,000 원, 공급처명: ㈜선월재, 전자: 여, 분개: 혼합
영세율구분:③내국신용장·구매확인서에 의하여 공급하는 재화

2025.08.29.	(차) 현금	500,000원	(대) 제품매출	5,200,000원
	외상매출금	4,700,000원		

[4] 매입매출전표입력
유형: 11.과세, 공급가액: 10,000,000 원, 부가세: 1,000,000 원, 공급처명: ㈜우성유통, 전자: 여, 분개: 혼합

2025.10.15.	(차) 받을어음(하움공업)	8,000,000원	(대) 부가세예수금	1,000,000원
	외상매출금	3,000,000원	제품매출	10,000,000원

[5] 매입매출전표입력
유형: 55.수입, 공급가액: 6,000,000 원, 부가세: 600,000 원, 공급처명: 인천세관, 전자: 여 또는 부, 분개: 혼합

2025.10.30.	(차) 부가세대급금	600,000원	(대) 당좌예금	600,000원

[6] 매입매출전표입력
유형: 62.현면, 공급가액: 275,000 원, 공급처명: 두나과일, 분개: 현금 또는 혼합

2025.12.02.	(차) 복리후생비(제)	275,000원	(대) 현금	275,000원
	또는 출금전표 복리후생비(제) 275,000원			

문제 4

[1] 일반전표입력
- 수정 전 : 2025.11.01. (차) 단기매매증권 12,120,000원 (대) 현금 12,120,000원

- 수정 후 : 2025.11.01. (차) 단기매매증권 12,000,000원 (대) 현금 12,120,000원
　　　　　　　　　　　　　수수료비용(984) 120,000원

[2] 매입매출전표입력
- 수정 전 :
　유형: 51.과세, 공급가액: 800,000 원, 부가세: 80,000 원, 공급처명: ㈜산들바람, 전자: 부, 분개: 혼합
　2025.11.26.　(차) 부가세대급금　　　　80,000원　(대) 현금　　　　　　880,000원
　　　　　　　　　　소모품비(제)　　　800,000원
- 수정 후 :
　유형: 54.불공, 공급가액: 800,000 원, 부가세: 80,000 원, 공급처명: ㈜산들바람, 전자: 부, 분개: 현금 또는 혼합
　불공제사유:④기업업무추진비 및 이와 유사한 비용 관련
　2025.11.26.　(차) 기업업무추진비(제)　880,000원　(대) 현금　　　　　　880,000원
　　　　또는 출금전표 기업업무추진비(제) 880,000원

문제 5

[1] 일반전표입력
2025.12.31.　(차) 부가세예수금　14,630,000원　(대) 부가세대급금　22,860,000원
　　　　　　　　　미수금　　　　　8,230,000원

[2] 일반전표입력
2025.12.31.　(차) 미수수익　　　　525,000원　(대) 이자수익　　　　525,000원
- 당기분 이자 : 30,000,000원×7%×3/12 = 525,000원

[3]
2025.12.31　(차) 장기차입금(신한은행) 13,000,000원　(대) 유동성장기부채(신한은행) 13,000,000원

문제 6

[1] 민선전자, 36,603,000원
- [거래처원장]>[잔액]>조회기간 : 1월 1일~6월 30일>계정과목 : 251.외상매입금 조회

[2] 2월, 800,000원
- [총계정원장]>기간 : 1월 1일~3월 31일 → 계정과목 : 소모품비(830) 조회

[3] 2매, 440,000원
- 세금계산서합계표>2025년 4월~2025년 6월 조회>매입>㈜하이일렉의 매수와 세액 확인

제116회 기출문제

이론시험

01	02	03	04	05	06	07	08	09	10	11	12	13	14	15
②	④	②	①	①	③	③	②	④	②	③	④	②	③	①

01. ② 손익계산서는 일정 기간 동안 기업실체의 경영성과에 대한 정보를 제공하는 재무보고서이다.

02. ④ 단기매매증권 취득 시 발생한 거래원가는 당기비용으로 처리한다. 만약 이를 자산으로 계상 시 자산의 과대계상으로 이어지고 이는 자본 및 당기순이익의 과대계상을 초래한다.

03. ② 3,300,000원
- 2024년 감가상각비 : (10,000,000원 − 1,000,000원)/5년 = 1,800,000원
- 2025년 감가상각비 : (10,000,000원 − 1,000,000원)/5년 × 6/12 = 900,000원
- 처분손실 : (10,000,000원 − 1,800,000원 − 900,000원) − 4,000,000원 = 3,300,000원

04. ①
- 현금및현금성자산 : 현금시재액 200,000원 + 당좌예금 500,000원 = 700,000원
- 단기금융상품 : 정기예금 1,500,000원(보고기간 종료일로부터 1년 이내에 만기가 도래)

05. ① 대손충당금은 채권의 차감적 평가계정이다.

06. ③ 주식배당
① 미처분이익잉여금을 증가시킴(자본증가)
② 미처분이익잉여금을 감소시킴(자본감소)
③ 미처분이익잉여금을 감소시킴과 동시에 자본금을 증가시킴(영향 없음)
④ 자본금 및 자본잉여금을 증가시킴(자본증가)

07. ③ 대가가 분할되어 수취되는 할부판매의 경우에는 이자부분을 제외한 판매가격에 해당하는 수익을 판매시점에 인식한다. 판매가격은 대가의 현재가치로서 수취할 할부금액을 내재이자율로 할인한 금액이다.

08. ② 취득원가에 매입부대비용은 포함된다.

09. ④ 매몰비용(매몰원가)에 대한 설명이다.

10. ② 단계배분법은 보조부문원가의 배분순서를 정하여 그 순서에 따라 보조부문원가를 다른 보조부문과 제조부문에 단계적으

로 배분하는 방법이다.

11. ③ 나머지는 손익계산서에서 제공하는 정보이다.

12. ④ 58,000개
    - 가공원가 완성품환산량 : 당기완성품 40,000개 + 기말재공품 30,000개 × 60%(완성도) = 58,000개

13. ② 영세율을 적용받는 사업자도 납세의무자에 해당한다.

14. ③ 제조업의 경우 따로 제품 포장만을 하거나 용기에 충전만 하는 장소는 사업장에서 제외한다.

15. ① 전자세금계산서는 발급일의 익일까지 국세청장에게 전송하여야 한다.

실무시험

문제 1

[1] [기초정보관리]>거래처등록>일반거래처> · 거래처코드 : 05000
· 거래처명 : ㈜대신전자
· 사업자등록번호 : 108-81-13579
· 유형 : 1.매출
· 대표자성명 : 김영일
· 업태 : 제조
· 종목 : 전자제품
· 사업장주소 : 경기도 시흥시 정왕대로 56(정왕동)

[2] [거래처별초기이월]>외상매출금> · ㈜동명상사 5,000,000원 → 6,000,000원으로 수정
>받을어음> · ㈜남북 2,500,000원 → 1,000,000원으로 수정
>지급어음> · ㈜동서 1,500,000원 추가 입력

[3] [전기분원가명세서]>세금과공과금 3,500,000원 입력
>당기제품제조원가 104,150,000원 → 107,650,000원으로 수정 확인
[전기분손익계산서]>당기제품제조원가 107,650,000원으로 수정
>판매비와관리비 세금과공과금 3,500,000원 삭제
>(※ 또는 세금과공과금 금액을 0원으로 수정)
>당기순이익 18,530,000원 변동 없음 확인

문제 2

[1] 일반전표입력
2025.08.05.　(차) 보통예금　　　　740,000원　(대) 받을어음(㈜기경상사)　1,000,000원
　　　　　　　　　 매출채권처분손실　260,000원

[2] 일반전표입력
2025.08.10.　(차) 세금과공과(판)　400,000원　(대) 미지급금(하나카드)　808,000원
　　　　　　　　　 수수료비용(판)　　8,000원　　　 또는 미지급비용
　　　　　　　　　 예수금　　　　　400,000원

[3] 일반전표입력
2025.08.22.　(차) 비품　　　　　5,000,000원　(대) 자산수증이익　5,000,000원

[4] 일반전표입력
2025.09.04.　(차) 선급금(㈜경기)　1,000,000원　(대) 보통예금　1,000,000원

[5] 일반전표입력
2025.10.28.　(차) 소모품비(판)　　70,000원　(대) 현금　70,000원

[6] 일반전표입력
2025.12.01.　(차) 단기매매증권　2,500,000원　(대) 보통예금　2,550,000원
　　　　　　　　　 수수료비용(984)　50,000원

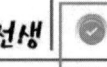

문제 3

[1] 매입매출전표입력
유형: 17.카과, 공급가액: 800,000 원, 부가세: 80,000 원, 공급처명: 제일상사, 분개: 카드 또는 혼합
신용카드사:삼성카드
2025.07.05.　(차) 외상매출금(삼성카드)　880,000원　　(대) 제품매출　　800,000원
　　　　　　　　　　　　　　　　　　　　　　　　　　　　부가세예수금　80,000원

[2] 매입매출전표입력
유형: 11.과세, 공급가액: 30,000,000 원, 부가세: 3,000,000 원, 공급처명: ㈜연분홍상사, 전자: 여, 분개: 혼합
2025.07.11.　(차) 외상매출금　17,000,000원　　(대) 제품매출　　30,000,000원
　　　　　　　　받을어음　　15,000,000원　　　　부가세예수금　3,000,000원
　　　　　　　　현금　　　　 1,000,000원

[3] 매입매출전표입력
유형: 62.현면, 공급가액: 1,100,000 원, 부가세: 0 원, 공급처명: 대형마트, 분개: 혼합
2025.10.01.　(차) 복리후생비(제)　1,100,000원　　(대) 보통예금　　1,100,000원

[4] 매입매출전표입력
유형: 16.수출, 공급가액: 70,000,000 원, 부가세: 0 원, 공급처명: Nice Planet 분개: 혼합
영세율구분: ①직접수출(대행수출 포함)
2025.10.30.　(차) 보통예금　　28,000,000원　　(대) 제품매출　　70,000,000원
　　　　　　　　외상매출금　42,000,000원

[5] 매입매출전표입력
유형: 51.과세, 공급가액: 3,000,000 원, 부가세: 300,000 원, 공급처명: ㈜제니빌딩, 전자: 여, 분개: 혼합
2025.11.30.　(차) 임차료(판)　　3,000,000원　　(대) 미지급금　　3,300,000원
　　　　　　　　부가세대급금　 300,000원

[6] 매입매출전표입력
유형: 54.불공, 공급가액: 60,000,000 원, 부가세: 6,000,000 원, 공급처명: ㈜시온건설, 전자: 여, 분개: 혼합
불공제사유: ⑥토지의 자본적지출 관련
2025.12.10.　(차) 토지　　66,000,000원　　(대) 받을어음(㈜선유자동차)　　66,000,000원

문제 4

[1]
- 수정 전 :
  2025.09.01.   (차) 차량유지비(판)   110,000원   (대) 현금   110,000원
- 수정 후 : 일반전표에 입력된 내용 삭제하고 매입매출전표에 다음과 같이 입력
  유형: 61.현과, 공급가액: 100,000 원, 부가세: 10,000 원, 공급처명: ㈜가득주유소, 분개: 현금 또는 혼합
  2025.09.01.   (차) 차량유지비(제)   100,000원   (대) 현금   110,000원
              부가세대급금   10,000원

[2] 일반전표입력
- 수정 전 :
  2025.11.12.   (차) 퇴직연금운용자산   17,000,000원   (대) 보통예금   17,000,000원
- 수정 후 :
  2025.11.12.   (차) 퇴직급여(판)   17,000,000원   (대) 보통예금   17,000,000원

문제 5

[1] 일반전표입력
2025.12.31.   (차) 미수수익   225,000원   (대) 이자수익   225,000원
- 10,000,000원×4.5%×6/12 = 225,000원

[2] 일반전표입력
2025.12.31.   (차) 장기차입금(경남은행) 50,000,000원   (대) 유동성장기부채(경남은행) 50,000,000원

[3]
2025.12.31.   (차) 부가세예수금   52,346,500원   (대) 부가세대급금   52,749,000원
              미수금   402,500원

문제 6

[1] 양주기업, 50,000,000원
- [거래처원장]>[잔액] 탭>기간 : 2025년 1월 1일~2025년 3월 31일>계정과목 : 0108.외상매출금 조회

[2] 4월
- [계정별원장]>배당금수익 조회

[3] 295,395,000원
- [부가가치세신고서]>기간 : 4월 1일~6월 30일 조회
- 과세 세금계산서 발급분 공급가액 290,395,000원+영세 세금계산서 발급분 공급가액 5,000,000원

제117회 기출문제

이론시험

01	02	03	04	05	06	07	08	09	10	11	12	13	14	15
③	④	①	①	③	②	④	④	①	②	④	②	②	③	①

01. ③ 연구단계에서 발생한 지출은 당기 비용으로 처리한다.

02. ④ 단기차입금은 유동부채에 해당한다.

03. ① 무형자산의 소비되는 행태를 신뢰성 있게 결정할 수 없을 경우 정액법으로 상각한다.

04. ① 290,000원
- 300,000원(실사금액) + 20,000원$^{(주1)}$ − 30,000원$^{(주2)}$ = 290,000원

$^{(주1)}$ 일반기업회계기준 실7.5(문단7.3)의 (1)미착상품 : 목적지 인도조건인 경우에는 상품이 목적지에 도착하여 매입자가 인수한 시점에 소유권이 매입자에게 이전되기 때문에 매입자의 재고자산에 포함하지 않는다.

$^{(주2)}$ 일반기업회계기준 실7.5(문단7.3)의 (3)적송품 : 적송품은 수탁자가 제3자에게 판매하기 전까지는 위탁자의 재고자산에 포함한다.

05. ③ 최초 인식 이후 공정가치로 측정하고 공정가치의 변동을 당기손익으로 인식하는 금융자산, 즉, 단기매매증권 등의 취득과 직접 관련된 거래원가는 당기비용으로 처리한다.

06. ② 이익잉여금(자본), 미지급배당금(부채), 법정적립금(이익잉여금)

07. ④ 주식배당과 무상증자는 순자산의 증가가 발생하지 않는다.

08. ④ 기업의 주된 영업활동에서 발생하는 매출액은 영업수익이다.

09. ① 과소배부 320,000원
- 과소배부 : 실제 발생액 500,000원 − 예정 배부액 180,000원 = 320,000원
- 예정배부율 : 예상액 3,000,000원/50,000시간 = 60원/시간
- 예정배부액 : 실제 직접노무시간 3,000시간 × 예정배부율 60원/시간 = 180,000원

10. ② 고정원가에 해당한다. 나머지는 변동원가에 해당한다.

11. ④ 4,300,000원
- 가공원가 : 직접노무원가 2,500,000원 + 제조간접원가 1,800,000원 = 4,300,000원

12. ② 직접배분법은 보조부문 상호간의 용역수수관계가 밀접한 경우 부정확한 원가배분을 초래하는 단점이 있다.

13. ② 약사의 조제의약품은 면세 대상이나, 일반의약품은 과세 대상이다.

14. ③ 장기할부판매는 대가의 각 부분을 받기로 한 때를 공급시기로 한다.

15. ① 영세율제도 : 주로 수출하는 기업에 영세율을 적용하여 부가가치세가 환급되므로 수출을 지원하는 효과가 있다.

실무시험

문제 1

[1] [계정과목및적요등록]>812.여비교통비>대체적요란>적요NO.3 : 교통비 가지급금 정산

[2] [거래처별초기이월]>외상매출금> • ㈜장전전자 2,000,000원 → 20,000,000원으로 수정
　　　　　　　　　　　>외상매입금> • 구서기업 23,000,000원 → 30,000,000원으로 수정
　　　　　　　　　　　>받을어음> • 데모산업 20,000,000원 추가 입력

[3] • [전기분원가명세서]>운반비 5,500,000원 추가 입력
　　　　　　　　　　　>당기제품제조원가 74,650,000원 → 80,150,000원으로 수정 확인
　　• [전기분손익계산서]>제품매출원가>당기제품제조원가 74,650,000원 → 80,150,000원으로 수정
　　　　　　　　　　　>당기순이익 24,030,000원 → 18,530,000원으로 수정 확인
　　• [전기분잉여금처분계산서]>F6불러오기>당기순이익 24,030,000원 → 18,530,000원으로 수정 확인
　　　　　　　　　　　　　　>미처분이익잉여금 42,260,000원 → 36,760,000원으로 수정 확인
　　• [전기분재무상태표]>이월이익잉여금 42,260,000원 → 36,760,000원으로 수정
　　　　　　　　　　　>대차차액 0원 확인

문제 2

[1] 일반전표입력
2025.07.20.　(차) 기부금　　　　　20,000,000원　(대) 제품　　　　　　　20,000,000원
　　　　　　　　　　　　　　　　　　　　　　　　　　　(적요8.타계정으로 대체액)
• 제품을 파주시청(지방자치단체)에 기부하였을 경우 해당 비용은 원가의 금액으로 하며, 적요는 8.타계정으로 대체 처리한다.

[2] 일반전표입력
2025.08.28.　(차) 당좌예금　　　　1,500,000원　(대) 선수금(㈜나른물산)　1,500,000원

[3] 일반전표입력
2025.10.01.　(차) 대손상각비(835)　2,000,000원　(대) 외상매출금(㈜부곡무역)　2,000,000원

[4] 일반전표입력
2025.11.11.　(차) 매도가능증권(178)　40,115,000원　(대) 보통예금　　　　40,115,000원

[5] 일반전표입력
2025.12.04.　(차) 교육훈련비(525)　2,500,000원　(대) 예수금　　　　　　220,000원
　　　　　　　　　　　　　　　　　　　　　　　　　　　보통예금　　　　　2,280,000원

[6] 일반전표입력
2025.12.28.　(차) 외상매입금(㈜온천전기) 6,900,000원　(대) 외상매출금(㈜온천전기)　6,900,000원

문제 3

[1] 매입매출전표입력
유형: 12.영세, 공급가액: 16,500,000 원, 부가세: 0 원, 공급처명: ㈜전남, 전자: 여, 분개: 혼합
영세율구분:③내국신용장·구매확인서에 의하여 공급하는 재화
2025.07.11.　　(차) 선수금　　　　　　5,000,000원　　(대) 제품매출　　　　16,500,000원
　　　　　　　　　　받을어음　　　　　11,500,000원

[2] 매입매출전표입력
유형: 51.과세, 공급가액: 5,000,000 원, 부가세: 500,000 원, 공급처명: 빛나는간판 전자: 여, 분개: 혼합
2025.08.25.　　(차) 비품　　　　　　　5,000,000원　　(대) 현금　　　　　　　 500,000원
　　　　　　　　　　부가세대급금　　　　 500,000원　　　　 미지급금　　　　 5,000,000원

[3] 매입매출전표입력
유형: 11.과세, 공급가액: 5,000,000 원, 부가세: 500,000 원, 공급처명: 한수상사, 전자: 여, 분개: 혼합
2025.09.17.　　(차) 외상매출금　　　　3,500,000원　　(대) 부가세예수금　　　 500,000원
　　　　　　　　　　보통예금　　　　　 2,000,000원　　　　 제품매출　　　　 5,000,000원

[4] 매입매출전표입력
유형: 22.현과, 공급가액: 1,000,000 원, 부가세: 100,000 원, 공급처명: 나누리, 분개: 현금
2025.10.02.　　(차) 현금　　　　　　　1,100,000원　　(대) 제품매출　　　　 1,000,000원
　　　　　　　　　　　　　　　　　　　　　　　　　　　　　부가세예수금　　　 100,000원

[5] 매입매출전표입력
유형: 55.수입, 공급가액: 2,600,000 원, 부가세: 260,000 원, 공급처명: 부산세관, 전자: 여, 분개: 현금 또는 혼합
2025.11.19.　　(차) 부가세대급금　　　　260,000원　　(대) 현금　　　　　　　 260,000원

[6] 매입매출전표입력
유형: 57.카과, 공급가액: 3,000,000 원, 부가세: 300,000 원, 공급처명: ㈜광고나라, 분개: 카드 또는 혼합
신용카드사:우리카드(법인)
2025.12.01.　　(차) 부가세대급금　　　　300,000원　　(대) 미지급금(우리카드(법인)) 3,300,000원
　　　　　　　　　　광고선전비(판)　　 3,000,000원　　　　 또는 미지급비용

전산회계 1급

문제 4

[1] 일반전표입력
- 수정 전 : 2025.07.13. (차) 보통예금 12,000,000원 (대) 장기차입금(㈜정모상사) 12,000,000원
- 수정 후 : 2025.07.13. (차) 보통예금 12,000,000원 (대) 장기차입금(㈜정모상사) 10,000,000원
  단기차입금(㈜정모상사) 2,000,000원

[2] 매입매출전표입력
- 수정 전 :
  유형: 51.과세, 공급가액: 10,000,000 원, 부가세: 1,000,000 원, 공급처명: 다온테크㈜, 분개: 혼합
  2025.11.10. (차) 부가세대급금 1,000,000원 (대) 보통예금 11,000,000원
  수선비(제) 10,000,000원
- 수정 후 :
  유형: 51.과세, 공급가액: 10,000,000 원, 부가세: 1,000,000 원, 공급처명: 다온테크㈜, 분개: 혼합
  2025.11.10. (차) 부가세대급금 1,000,000원 (대) 보통예금 11,000,000원
  건물 10,000,000원

문제 5

[1] 일반전표입력
2025.12.31. (차) 현금과부족 670,000원 (대) 선수금(㈜은비상사) 340,000원
  잡이익 330,000원

[2] 일반전표입력
2025.12.31. (차) 선급비용 600,000원 (대) 임차료(제) 600,000

- 선급비용 : 1,200,000원×6개월/12개월=600,000원

[3]
2025.12.31. (차) 퇴직급여(제) 22,000,000원 (대) 보통예금 40,000,000원
  퇴직급여(판) 18,000,000원

문제 6

[1] 9매, 72,050,000원
- 세금계산서합계표〉매출〉기간(1월~3월 조회)

[2] 960,000원
- 일계표(월계표)〉월계표 6월 조회
- 가장 많은 계정과목 : 이자비용 1,460,000원
- 가장 적은 계정과목 : 기부금 500,000원
- 차액 : 1,460,000원-500,000원=960,000원

[3] 16,300,000원
- [거래처원장]〉기간 : 4월 1일~4월 30일〉계정과목 : 108.외상매출금 조회〉거래처 : 리제상사〉대변 합계금액 확인

강선생 전산회계1급 기출문제 풀이집

편 저	강원훈	10판발행 | 2025년 1월 20일
발 행 인	이윤근	
발 행 처	나눔에이엔티	

등 록	제307-2009-58호
주 소	서울시 성북구 보문로35길 39
홈 페 이 지	www.nanumant.com
전 화	02-924-6545
팩 스	02-924-6548
ISBN	978-89-6891-434-8 (13320)

@2025 나눔에이엔티

가격 22,000원

파본은 구입하신 서점이나 출판사에서 교환해 드립니다.

나눔 A&T는 정확한 지식과 정보를 독자분들께 제공하고자 최선의 노력을 다하고 있습니다. 본서가 모든 경우에 완벽성을 갖는 것은 아니므로 주의를 기울이시고 필요한 경우 전문가와 사전 논의를 하시기 바랍니다. 본서의 수록내용은 특정사안에 대한 구체적인 의견 제시가 될 수 없으므로 본서의 적용결과에 대해서 책임지지 않습니다.